公共财政管理

Public Finance Administration

周小林等 编著

图书在版编目(CIP)数据

公共财政管理/周小林等编著. —北京:北京大学出版社,2018.3
(21世纪经济与管理规划教材·财政学系列)
ISBN 978-7-301-29340-9

Ⅰ. ①公… Ⅱ. ①周… Ⅲ. ①公共财政-财政管理-高等学校-教材 Ⅳ. ①F810.2

中国版本图书馆 CIP 数据核字(2018)第 032270 号

书　　　名	公共财政管理 GONGGONG CAIZHENG GUANLI
著作责任者	周小林　等编著
策 划 编 辑	兰　慧
责 任 编 辑	兰　慧
标 准 书 号	ISBN 978-7-301-29340-9
出 版 发 行	北京大学出版社
地　　　址	北京市海淀区成府路 205 号　100871
网　　　址	http://www.pup.cn
微信公众号	北京大学经管书苑(pupembook)
电 子 邮 箱	编辑部 em@pup.cn　总编室 zpup@pup.cn
电　　　话	邮购部 010-62752015　发行部 010-62750672　编辑部 010-62752926
印 刷 者	北京虎彩文化传播有限公司
经 销 者	新华书店
	850 毫米×1168 毫米　16 开本　19.25 印张　445 千字 2018 年 3 月第 1 版　2025 年 8 月第 5 次印刷
印　　　数	8001—9000 册
定　　　价	42.00 元

未经许可,不得以任何方式复制或抄袭本书之部分或全部内容。
版权所有,侵权必究
举报电话:010-62752024　电子邮箱:fd@pup.cn
图书如有印装质量问题,请与出版部联系,电话:010-62756370

丛书出版前言

作为一家综合性的大学出版社,北京大学出版社始终坚持为教学科研服务,为人才培养服务。呈现在您面前的这套"21世纪经济与管理规划教材"是由我国经济与管理领域颇具影响力和潜力的专家学者编写而成,力求结合中国实际,反映当前学科发展的前沿水平。

"21世纪经济与管理规划教材"面向各高等院校经济与管理专业的本科生,不仅涵盖了经济与管理类传统课程的教材,还包括根据学科发展不断开发的新兴课程教材;在注重系统性和综合性的同时,注重与研究生教育接轨、与国际接轨,培养学生的综合素质,帮助学生打下扎实的专业基础和掌握最新的学科前沿知识,以满足高等院校培养精英人才的需要。

针对目前国内本科层次教材质量参差不齐、国外教材适用性不强的问题,本系列教材在保持相对一致的风格和体例的基础上,力求吸收国内外同类教材的优点,增加支持先进教学手段和多元化教学方法的内容,如增加课堂讨论素材以适应启发式教学,增加本土化案例及相关知识链接,在增强教材可读性的同时给学生进一步学习提供指引。

为帮助教师取得更好的教学效果,本系列教材以精品课程建设标准严格要求各教材的编写,努力配备丰富、多元的教辅材料,如电子课件、习题答案、案例分析要点等。

为了使本系列教材具有持续的生命力,我们将积极与作者沟通,争取三年左右对教材不断进行修订。无论您是教师还是学生,您在使用本系列教材的过程中,如果发现任何问题或者有任何意见或建议,欢迎及时与我们联系(发送邮件至em@pup.cn)。我们会将您的宝贵意见或建议及时反馈给作者,以便修订再版时进一步完善教材内容,更好地满足教师教学和学生学习的需要。

最后,感谢所有参与编写和为我们出谋划策提供帮助的专家学者,以及广大使用本系列教材的师生,希望本系列教材能够为我国高等院校经管专业教育贡献绵薄之力。

北京大学出版社
经济与管理图书事业部

21世纪经济与管理规划教材
财政学系列

前　　言

党的二十大对全面建设社会主义现代化国家、全面推进中华民族伟大复兴进行了战略谋划,对统筹推进"五位一体"总体布局、协调推进"四个全面"战略布局做出了全面部署。财政部门作为为党中央治国理政、当家理财的经济保障,在全面建成社会主义现代化强国、实现第二个百年奋斗目标,以中国式现代化全面推进中华民族伟大复兴的历史进程中承担重要职责、肩负重要使命。在新的征程中,财政部门要进一步完善财政支持创新发展、协调发展、绿色发展、开放发展、共享发展的政策举措;要推动解决不平衡不充分的发展问题;要持续深化财税体制改革,加强改革系统集成、协同高效,要在健全现代预算制度、优化税制结构、完善财政转移支付体系等方面取得新突破;要进一步改进和完善支持就业、教育、养老、医疗、社会保障、住房等领域财税政策;要推动改革发展成果更多更公平惠及全体人民,在推进高质量发展中推动共同富裕取得更为明显的实质性进展。新的征程中,必将有更多的经济资源通过公共部门进行配置与分配,因此,政府公共部门及其管理人员只有不断提高公共财政的管理水平,才能更加公平、公正、科学、高效地配置资源和分配资金,从而保障新时代伟大目标的实现。

"公共财政管理"是为今后可能进入政府各类公共部门工作的学生而设计的,这是一门以财政理论和管理理论为基础、以政府财政活动总体概貌为主体的综合性课程。希望学生能通过对本课程的学习了解政府财政活动的总体概貌;熟习重大财政行为与制度法规的决策程序及运作机制;学会将规范的财政理论所描述的是非标准用于对财政实践活动的评判;将先进的管理理论与思想运用于不同的管理对象。以使自己在今后拥有足够的智慧与能力去提高公共组织机构(政府机构)的工作效率,成为优秀的公共管理人才,成为一流的政府行政官员。

该门课程坚持以培养通用性的公共管理人才为目标。将"公共财政管理"定位于一门综合性的课程,它既要涉及财政学的内容,又要涉及管理学的内容;它既要对现实政府财政管理活动实际运作状况进行反映,又不能仅仅停留在对各种规章制度和实际做法的烦琐介绍上。

因此,在教学中必须注重将"财政学"和"管理学"的理论知识融会贯通于对财政管理实践活动的讨论分析之中,注重让学生认识和把握财政管理活动内容的整体性及体系感,并把对先进管理制度的分析与我国面临的财政改革问题结合起来。

本书在内容上是这样设计的:以现代管理理论为基础,以财政管理实践活动为主体来安排教材的结构,将全书分为两个部分共十七章。上篇"公共财政管理的基本原理",由五章组成,主要按现代管理理论和财政理论所描述的政府财政活动的本质特征与基本要求,从总体上对公共财政管理的含义、原则、职能、方法,财政管理的机构设置、人员配备等基本问题进行讨论和研究;下篇"公共财政管理的基本范畴"由十二章组成,主要以实践中实施与开展公共财政管理的具体范畴为线索来进行讨论,主要包括政府会计管理、政府预算管理、税收管理、政府收费管理、国有资产管理、国债管理、政府采购管理、社会保障管理、国库管理、财政风险管理、财政监督与审计管理等。

本书编写中注意以财政管理实践活动的主要内容为主体,对具体的管理方法和相关的管理制度进行介绍,并运用财政理论、管理理论对一些具体财政管理方法的利弊进行一定的分析。对每一特定管理内容的具体管理方法主要从总体上去进行介绍,重点讨论为实现这一特定内容的管理目标所应选择的规范性制度和管理措施,讨论这些制度和措施的必要性和作用,即重点讨论"为什么要这样做",而对"怎样做"的细节则不做过多的介绍。由于在内容上基本包括了政府财政管理的各个方面,学生只需要通过这一门课程的学习,就能较完整地了解政府财政管理活动的基本内容,并有能力根据自己的兴趣和今后的就业方向来选择某个特定的管理内容进行更加深入的学习。教师在使用本书时也可以根据所教专业的培养目标对内容进行选择与取舍。

本书第一、二、三、四、五、六、七、八、九、十、十五章由周小林撰写;第十一章由武振荣撰写;第十二章由郭佩霞撰写;第十三章由廖常勇撰写;第十四章由鄢杰撰写;第十六、十七章由周雪飞撰写。此外,冯李婷参与了第八章的撰写;许森林参与了第十章的撰写;黄登辉、刘雨欣参与了第十五章的撰写;全书由周小林总纂。

管理学是一门不断发展的科学,许多新的管理方法、制度不断产生,新的管理思想和管理理论也在不断丰富;公共财政管理的实践活动更是丰富多彩,特别是我国财政的总体制度和某些重要活动内容都正处在一个不断调整和变革的时期,需要深入研究的内容还非常多。由于我们水平有限,不足之处在所难免,望各方人士能在对本书的使用中提出宝贵的批评与建议。

编 者

2017 年 8 月

2022 年 11 月修改

目　录

上篇　公共财政管理的基本原理

第一章　公共财政管理概述 ·· 3
第一节　公共财政管理的对象与内容 ·································· 3
第二节　公共财政管理的理论基础 ···································· 10

第二章　公共财政管理的原则 ·· 22
第一节　透明度原则 ·· 22
第二节　分权原则 ·· 28
第三节　权责利相结合原则 ·· 35

第三章　公共财政管理的职能 ·· 40
第一节　管理职能的理论描述 ·· 40
第二节　公共财政管理的基本职能 ···································· 41

第四章　公共财政管理的方法 ·· 52
第一节　制度管理的方法 ··· 52
第二节　计划管理的方法 ··· 58
第三节　现代管理中的管理理念与方法 ······························· 63

第五章　公共财政的管理系统 ·· 69
第一节　公共财政管理活动的构成 ···································· 69
第二节　公共财政管理系统的构建 ···································· 70
第三节　公共财政管理人员的配备 ···································· 74

下篇　公共财政管理的基本范畴

第六章　政府会计管理 ………………………………………………………… 81
　　第一节　政府会计概述 ……………………………………………………… 81
　　第二节　政府会计的特点 …………………………………………………… 85
　　第三节　政府会计的基本前提、目标和一般原则 ………………………… 88
　　第四节　政府会计的基本方法 ……………………………………………… 92

第七章　政府预算管理 ………………………………………………………… 101
　　第一节　政府预算管理概述 ………………………………………………… 101
　　第二节　决定和影响政府预算活动的因素 ………………………………… 104
　　第三节　政府预算周期 ……………………………………………………… 107
　　第四节　政府预算编制的类型 ……………………………………………… 112

第八章　税收管理 ……………………………………………………………… 122
　　第一节　税收管理概述 ……………………………………………………… 122
　　第二节　税收法治管理 ……………………………………………………… 127
　　第三节　税收征收管理 ……………………………………………………… 135

第九章　政府收费管理 ………………………………………………………… 143
　　第一节　政府收费概述 ……………………………………………………… 143
　　第二节　政府收费的作用 …………………………………………………… 145
　　第三节　政府收费的项目管理 ……………………………………………… 147
　　第四节　政府收费的价格管理 ……………………………………………… 151
　　第五节　政府收费的其他管理制度 ………………………………………… 154

第十章　国有资产管理 ………………………………………………………… 156
　　第一节　国有资产管理概述 ………………………………………………… 156
　　第二节　经营性国有资产管理 ……………………………………………… 159
　　第三节　非经营性国有资产管理 …………………………………………… 167
　　第四节　资源性国有资产管理 ……………………………………………… 170

第十一章　国债管理 …………………………………………………………… 175
　　第一节　国债管理概述 ……………………………………………………… 175

第二节　国债的决策管理 …………………………………………………… 181
　　第三节　国债的操作管理 …………………………………………………… 184
　　第四节　国债收入使用的管理 ……………………………………………… 194

第十二章　政府采购管理 ……………………………………………………… 197
　　第一节　政府采购概述 ……………………………………………………… 197
　　第二节　政府采购的管理 …………………………………………………… 201
　　第三节　国外政府采购制度简介 …………………………………………… 208
　　第四节　我国政府采购管理状况与对策 …………………………………… 218

第十三章　社会保障管理 ……………………………………………………… 225
　　第一节　社会保障管理概述 ………………………………………………… 225
　　第二节　社会保障制度的选择与构建 ……………………………………… 228
　　第三节　社会保障项目的收支方法选择 …………………………………… 235
　　第四节　社会保险基金的经营管理 ………………………………………… 241

第十四章　国库管理 …………………………………………………………… 244
　　第一节　国库管理概述 ……………………………………………………… 244
　　第二节　国库管理的职能与内容 …………………………………………… 246
　　第三节　国库集中收付制度 ………………………………………………… 249
　　第四节　发达国家国库管理制度 …………………………………………… 253

第十五章　财政风险管理 ……………………………………………………… 262
　　第一节　财政风险管理概述 ………………………………………………… 262
　　第二节　地方政府财政风险的管理 ………………………………………… 265
　　第三节　政府行政事业单位的风险管理 …………………………………… 274

第十六章　财政监督 …………………………………………………………… 279
　　第一节　财政监督概述 ……………………………………………………… 279
　　第二节　财政监督的机构设置 ……………………………………………… 281
　　第三节　财政监督的主要方式与基本程序 ………………………………… 284

第十七章　审计管理 …………………………………………………………… 289
　　第一节　审计管理概述 ……………………………………………………… 289
　　第二节　财政审计的内容 …………………………………………………… 290
　　第三节　财政审计的方法与一体化模式 …………………………………… 294

21世纪经济与管理规划教材

财政学系列

上 篇

公共财政管理的基本原理

第一章　公共财政管理概述
第二章　公共财政管理的原则
第三章　公共财政管理的职能
第四章　公共财政管理的方法
第五章　公共财政的管理系统

第一章　公共财政管理概述

第一节　公共财政管理的对象与内容

一、管理的一般概念

从现代社会来看，管理是一个使用十分广泛的概念。这说明管理这一事物存在的普遍性，美国学者戴维·B.赫尔茨说，管理是出心智所驱使的唯一无处不在的活动。戴维·E.利连撒尔也说过管理工作是人类活动中最广泛最苛求的活动。由此可知，只要人们的活动是有目的的，是用心想过的，是计划、安排了去进行的，那么，在这种活动中就存在管理。这样看来，不仅国家以及企业单位的活动中存在管理，个人和家庭的活动中也都存在管理，这是一个广义的管理概念。而管理学所研究的管理则主要是指对一定组织系统的管理，这被称为狭义的管理。正如马克思在《资本论》中所指出的"一切规模较大的直接社会劳动或共同劳动，都或多或少地需要指挥，以协调个人的活动，并执行生产总体的运动——不同于这一总体的独立器官的运动——所产生的各种一般的职能"（1974：第431页）。管理学家康纳利也提出，管理就是由一个或更多的人来协调他人的活动，以便收到个人单独活动所收不到的效果。而现代管理学者哈罗德·孔茨则认为管理是设计和维持一种环境，使集体工作的人们能够有效地完成预定目标的过程。从这些描述我们可以看出管理具有以下的特征：

（一）管理是对组织的管理

群体与组织是现代社会普遍存在的现象，当一群人（两个以上）为了一个共同的兴趣而协同工作时，就形成了组织。现代社会绝大部分活动都被包含在一定的组织系统之中，这些组织系统最早是由一些非正式的、特别的群体延伸发展而逐渐形成正式的、高度结构性组织的。军事活动和宗教活动就是其中最早形成正规组织的活动。随着人类社会的发展，各种复杂的组织系统应运而生，通过不断地完善，形成了现代社会的各种组织系统，如国家、政府、政党、社团、企业、学校等。由此可见，组织就是指为一个共同目标工作而结为一体的人群。当人们的活动是通过组织去进行时，在组织内就必然存在选择和确定统一的活动目标，为实现既定目标而进行的指挥、分工，以及对组织成员的行为进行协调和控制的要求。这样就产生了对组织的管理，因此，管理总是在一定的组织内进行的，没有管理，组织就维持不下去；缺乏有效的管理，组织的运作就会出现这样或那样的问题，组织的目标就难以实现。同时，组织又是管理的对象和载体，不同的组织有着不同的组织目标，这也就决定着不同的组织有不同的性质，从而，对管理活动提出更为具体的要求。因此，人们常用组织的名称区别不同组织的管理，如政府管理、国家管理、企业管理、学校管理等。但无论是什么样的组织，其基本的特点都是由人所组成，从这个意义上讲，对组织的管理实质上就是对人的管理,对人的行为的管理。

(二)管理是一种具有特殊职能的活动

管理又一定是对某种具体业务活动的管理,每一种组织都有自己的特定目标和具体的业务工作内容,这些目标和工作内容各不相同,不同的业务活动内容构成了人们实施管理的具体内容,从而形成了有针对性的管理方法和管理手段。因此,人们也常用不同的被管理内容来区分不同内容的管理,如公共财政管理、财务管理、生产管理、教学管理、行政管理等。虽然被管理的业务活动的内容多种多样,但却都是在一定的组织机构内进行的,因此,它仍然是对组织的管理,对人的管理。这就使管理活动具有基本一致的职能,即对组织活动的指挥决策、组织分工、领导协调和控制监督。首先,任何组织的任何活动都必须要确定其活动的目标,这就是管理的指挥决策职能;其次,为了充分有效地实现既定目标,就必须对组织要从事的工作和可利用的资源进行合理的安排与分配,这便是管理组织分工的职能;最后,组织作为一个有着统一目标的群体,其内部的机构之间、成员之间在行为上必须受指挥与分工的约束,以便协同一致地为实现组织目标而工作,这就是管理的领导协调和控制监督的职能。管理的特殊职能是管理活动区别于其他活动的本质特征,是任何管理都具备的共性。

(三)管理的目的是使组织的活动更加有效

人们之所以结成一定的组织去开展各种活动,其目的就是使活动能更加低成本、高效率地进行。因此,在形成组织后,对组织进行的管理也必然以提高组织活动的效率为根本目的。正是由于各种人类活动的内容不同,因而形成了不同组织和不同的活动目标,这样对不同的组织而言,其效率的表现形式就有所不同。但有一点则是共同的,即在既定组织目标基本正确的前提下,组织内部的各种资源(人力、物力、财力以及信息、时间等)是否得到了充分的调动和合理的利用,以使组织的目标得到更好的实现。一般而言,管理水平越高,组织内的资源越能得到充分的利用,组织成员对组织及组织目标实现的满意程度也就越高,所以管理的目的是使组织的活动更加有效。

在理解管理特征时,应注意的是,人们以组织名称来区分不同的管理时,强调的是不同组织的特征,而人们用不同的被管理内容来区别不同的管理时,则强调的是被管理内容的特征。虽然人们有时爱用被管理内容来称呼某种特殊的管理活动,但无论是对什么内容的管理,同样都必须以一定的组织为载体,因为所有的人类活动都是由组织中的人来进行的。因此,在现代管理学中,理解管理一般的关键应该是,管理总是对一定组织的管理,它具有基本一致的职能,而管理的根本目的是提高组织活动的效率。但不同性质的组织和不同的被管理内容反过来又会对具体的管理原则与管理方法提出不同的要求。

从以上对管理一般的分析可知,任何一种管理都是对一定组织系统的管理,但同时又都是对一定具体活动内容的管理,而不同性质的组织和不同的被管理内容反过来又会对具体的管理原则和管理方法提出不同的要求。因此,要正确认识公共财政管理,明确它的含义,就必须分析实施公共财政管理所涉及的组织系统是什么,公共财政管理所要管理的活动内容是什么。

二、公共财政管理的对象

管理的对象是组织，公共财政管理的对象应该是什么样的组织呢？公共财政管理是对市场条件下的公共权力机构（政府）获得资源和使用资源活动（公共收支活动）的管理。那么与这种收支活动相关的组织和个人应是公共财政管理所涉及的管理对象。

从公共财政的定义可知，在现代市场经济条件下，公共财政是一种公共利用资源的行为，是以社会成员的共同需要为前提的，从公众中去获取资源、再按照公众对共同需要的选择去安排使用这些资源的活动。国家和社会正是一定地域范围内的人们为了共同的需要而形成的组织。因此，公共财政活动所涉及的组织系统，一定是一个国家的整个社会。一切公共收支活动都与全体社会成员的相关行为紧密相连，要进行公共收支活动的管理，就要对一国社会中的所有组织成员与公共收支活动相关的行为进行一定的协调和控制。从这个意义上讲，公共财政管理所覆盖的组织系统应是一个国家的整个社会，这是一个相对开放的组织系统，是由私人（无数的法人、自然人）部门和公共（政府）部门两大部门所构成的。公共财政管理在组织机构上的这种特殊性，也就决定了其复杂性，面对这两种不同的组织机构，公共财政管理所要管理的组织的性质是不同的，所要调整的人的行为也是不同的。因此，所要遵循的管理原则和选择的管理方法也是要有所区别的。

（一）私人部门

私人组织机构的涉及面非常广，包括各种不同性质的法人组织和处于不同阶层的自然人。在市场条件下，私人部门成员的经济活动是创造社会财富的基础，也是公共收入的来源。这决定了：首先，公共财政管理必须以尊重和保护市场经济的运行规则为前提，它能够调整和控制的私人部门成员的行为只能是与公共收支活动相关的部分，而不能像计划体制下那样，对其生产、交换、分配甚至消费的方方面面都要进行安排和控制。其次，公共收支活动应如何进行也必须充分尊重所有社会成员的意见。由于私人部门组织机构的数量众多，性质各异，因而对于公共收支活动的偏好会有所不同，任何一种公共收支活动的决策都不可能做到让所有社会成员都满意，这就必然要求公共财政管理的手段和方法具有透明性与稳定性。从公共收入来看，收入形式的选择必须是公开的；征收必须是公平、公正的；集中程度必须是有限度的。从公共支出来看，支出内容安排的决策过程必须是公开的；购买性支出的使用必须遵守市场法则，使每个供应商都获得向政府供应商品的均等机会；转移性支出的原则必须是公开透明的，对待同等条件的社会成员补助的标准必须是一致的。

（二）公共（政府）部门

公共财政活动的范围虽然覆盖一国的整个社会，涉及所有的社会成员，但组织和实施公共收支活动的主体只能是作为公共权力代表的一国政府。按照公共财政理论的分析，政府正是一个为满足公共需要而产生的组织。作为政府获得资源和分配资源唯一工具的公共财政活动将贯穿政府一切活动的始终。政府本身是一个特殊的相对封闭的组织机构，政府部门又是一个组织结构非常复杂的系统。从一国的空间范围上来看，政府机构的设置包括中央、地方等多个级次；从现代市场条件下人们对公共需要的多样性来看，每一级次的政府又要由许多具体的职能部门来组成。这样一个庞大而复杂的组织机构事实上既是公共收支活动产生的原因,又是公共收支活动发展的必然结果。从现实来看,公共收入活动是由政府的公共收入部门来实施和操作的,而对通过公共收入所获公共资源进行使用的公共支出活动,也主要是由政府部门来执行和控制的,其中的绝大部分又正是由政府部门花掉的。各级政府、政府各部门,以及所有政府官员和工作人员的行为都会对公共收支活动的合理进行和公共资源的有效利用产生重大的影响。从这个意义上讲,公共财政管理中最重要的被管理对象,正是政府机构本身这一特定的组织系统,需要被管理和约束的正是各级政府及其官员与公共收支相关的各种行为。所有由政府部门所进行的公共收支活动的全过程都必须是可控制和可监督的。

综上可知,公共财政管理的组织机构,从宏观上看是一个国家的整个社会,它是由私人部门和公共部门两大系统所构成的;而从微观上看主要是政府机构本身。这种组织机构构成上的复杂性也就决定了公共财政管理的复杂性。

三、公共财政管理的内容

如前所述,抽象的管理在现实中是不存在的,任何一种管理都是有具体的被管理内容的。公共财政管理,顾名思义就是对公共财政活动的管理,即对政府公共收支活动的管理。因此,要分析公共财政管理的具体内容,实际上就是要分析公共财政的内容是什么。

(一)公共财政活动的内容

在不同的社会经济体制中,人们对公共财政活动的内容界定是不同的,这正是管理理论中所强调的环境因素,必须充分认识其对管理的影响作用。而与市场经济体制相协调的政府收支正是我们所说的公共财政,因此我们有必要按照公共财政理论的规范分析来认识公共财政活动的内容。

1. 公共财政的三大基本职能

以马斯格雷夫为代表的现代主流经济学派的公共财政理论认为,经济的基本命题是如何有效利用有限的人类资源,即解决生产什么、怎样生产和为谁生产的问题。人们通过配置资源来解决生产什么和怎样生产的问题,通过分配生产成果(收入)来解决为谁生产的问题。而市场正是市场经济制度中人们选择的一种利用资源的方式,并且被认为是迄今为止最有效率的一种方式。但这种方式也不是完美的,它在配置资源和分配收入上都存在缺陷。而正是因为这些缺陷的存在,才需要政府和由此而产生的公共收支活动。

(1)资源配置缺陷。市场有效配置资源的前提条件是:① 充分的竞争。任何一个市场都拥有众多的市场主体(卖者和买者,或生产者和消费者),任何一个市场主体都不具有控制市场和价格的能力。② 排他原则。所有的商品和劳务的成本与效益都是完全内在化的,都具有完全的排他性。③ 充分的信息。每个市场主体都能够充分了解其所有可选择行为的全部效用和特性。④ 完全的流动性。所有要素资源都可以在任何行业间迅速流动。然而,在现实的市场中,上述前提条件往往是不能被充分满足的,这样就产生了市场在资源配置上的缺陷。第一,竞争的淘汰、产品的非替代性和生产成本的递减都会使一些领域产生人为垄断和自然垄断;第二,有些物品(公共品和半公共品)是不具充分排他性和竞争性,或收益不能完全内在化的,因而市场不会提供或不能充分提供,而有的物品的成本外溢,市场又会过度提供;第三,生产与市场的扩大使生产者和消费者都越来越难以获得充分的信息,从而造成错误的生产选择和消费选择;第四,市场结构的日益复杂和规模的日益扩大,生产工艺的复杂和有机构成的提高等原因都使要素的迅速流动日益困难。市场在配置上的这些缺陷最终导致供求在总量和结构上的不协调,程度较轻时使资源不能充分有效使用;程度较重时便造成经济衰退,引发经济危机。

(2) 收入分配缺陷。市场分配收入的规则是按照各种生产要素在生产过程中的贡献大小进行分配。这种分配规则是市场追求效率的结果,但在社会追求分配结果的公平上却存在极大的缺陷。这首先是因为不同的要素在性质上存在巨大差别,资本要素可以不断增值,而劳动要素则不能;其次是因为每个社会成员个人所拥有的要素无论是在体力、智力和资本的数量上天然就会存在很大差异,这些差异会使得按市场规则进行的分配在社会成员间造成贫富差距,而这种差距又会进一步加大人们在要素拥有上的差异,从而使得贫富差距日益悬殊。收入分配上的悬殊差距不仅有悖人类追求社会公平的诉求,同时也会产生许多社会问题并最终影响到市场的效率。

上述缺陷确定了市场条件下政府活动的内容和范围。为了克服市场在资源配置上的缺陷,首先,政府必须在市场不配置资源和不能充分配置资源的领域承担一定的资源配置职能。如向社会提供公共品(国防、治安、污染防治等)和半公共品(教育、交通、医疗等);介入和管理自然垄断行业;颁布法律法规去克服垄断、维护竞争、保护创造发明、控制外部成本;发布提供更多的市场信息,帮助要素流动;等等。其次,为了克服市场在收入分配上的缺陷,政府必须对市场形成的收入分配状况进行调整改善,承担起收入再分配的职能。最后,当市场出现严重的供求失衡面临经济危机时,政府必须从宏观上对经济进行调节,承担起稳定经济的职能。这就是我们常说的政府的三大经济职能:**配置资源以弥补市场配置的缺陷;再分配收入以矫正市场收入分配的过大差距;稳定经济以克服市场经济的周期波动**。政府实现这些职能的主要手段就是公共财政活动,因而这些职能又被称为市场条件下政府公共财政的三大职能,即公共财政的基本职能。

2. 公共财政的收支内容

公共财政是通过具体的公共支出活动和公共收入活动来实现上述这些职能的。

首先,公共支出活动是实现政府及公共财政三大职能的主要公共财政活动。在市场运行基本正常的情况下,满足政府实现以上公共职能的公共支出基本上可划分为五个方面:① 公共管理支出。这是政府履行行政管理职能所需的经费开支。② 公共安全支出。这是政府用于保障国家安全和社会公众安全的各种军事及治安支出。③ 公共事业支出。这是政府为提高社会公众素质和生活品质而用于发展公共事业(文化、教育、科学、卫生、环境保护、公共交通、供电、供水、通信、信息等)的支出。④ 公共工程支出。这是政府为社会公众提供公用基础设施的支出。⑤ 社会保障支出。这是政府为因各种原因而面临生活困境的社会成员提供的保障与救济的各种补助性支出。前四项支出构成政府的购买性支出,主要是通过政府建立的各公共部门来使用的。第五项支出是政府的转移性支出,政府只对其进行管理而不能使用。公共支出的框架主要说明了政府在市场条件下的大致活动范围和领域,其与计划体制中公共财政支出框架最大的不同就在于它主要将政府活动的范围局限在了提供各种公共服务的领域,而不介入以获取商业利润为目的的竞争性生产流通领域。但在经济严重衰退以至于出现危机时,政府也必须适当介入商业性的生产流通活动,但介入的程度(规模及期限)则必须以恢复市场正常运行的客观要求为限度。这样在政府的支出框架中就还包括一项——国有经济支出,主要是政府用以建立和维持商业性国有企业的各种支出。从一个较长的时期来看,真正规范的市场经济体制中,政府公共支出中的国有经济支出应该是非常少的。在市场经济化和政治宪政化的条件下,公共支出管理常常是公共财政管理中最经常和最主要的内容。因为,通常公共收入制度是相对稳定的,而如何安排和使用公共支出就成为公众最关注的公共财政活动。

其次,从公共收入活动来看,公共收入活动的主要作用是为公共支出活动筹集资金,但在收入过程中同样也应该去为实现政府改善市场资源配置、矫正收入分配和稳定经济的三大职能发挥作用。在市场经济中,政府取得公共收入的形式必须与市场经济中的基本产权制度和分配制度相协调,因而可运用的收入手段主要有四种:① 税收,是政府凭借政治权力完全以无偿和强制的方式取得的一种公共财政收入;② 政府收费,是指政府公共部门中的行政事业单位在向社会提供行政管理服务和事业服务时以管理者或供应者的权力向被管理对象或消费服务的消费者收取的费用;③ 国有经济收入,是指政府通过对工商金融资产的经营或凭借对这些资产的所有权所获得的盈利性收入;④ 债务收入,是指政府以债务人的身份凭借借贷的权力运用信用形式所获得的公共财政收入。上述四种公共财政收入由于反映了政府在获取收入过程中所凭借的不同权力和采用的不同手段,因而对市场经济的影响是不同的,但在市场经济中这四种收入形式都有其存在的理由,公共财政管理的一个重要内容就是必须根据市场经济下的基本产权制度和分配制度的客观要求以及社会经济发展不同时期的特定情况来确定每一种收入手段的具体运作方式和作用范围,并使其具有相对稳定的运作机制。

(二) 公共财政管理的内容

概括地讲,公共财政管理的内容就是上述公共财政收支活动的内容。然而,从科学实施管理的要求看,则有必要对这些公共财政收支活动进一步分类。

从公共财政活动的总体运行来看,公共财政活动可分为获得资源的公共收入活动和使用资源的公共支出活动,因此在公共财政管理上也可划分为收入管理和支出管理两大部分。公共收入活动主要表现为资源从私人部门向公共部门的转移,因而管理的主要对象是构成私人组织的法人和自然人。公共支出活动主要表现为政府部门对已获得资源的安排使用,因而,主要的管理对象是组成公共部门的政府各职能部门。

公共财政活动的内容也可分为宏观公共财政活动和微观公共财政活动两大部分,宏观公共财政活动的内容主要包括:如何选择收入形式、安排支出结构和确定收支规模等政策目标的决策活动;微观公共财政活动则主要是完成各项收入征收和落实支出使用的实务性工作。因此,公共财政活动在管理上也可分为宏观的公共财政管理和微观的公共财政管理,这两种管理在制度的建立和管理手段选择上是有差异的,但从公共财政活动目标的实现上看,两种管理却常常是相互交织在一起并互为因果的。例如:支出的总体规模与结构的决策、收入制度的建立、宏观调控手段的选择等虽然都是宏观公共财政管理的问题,但它们的真正贯彻落实和作用的正常发挥则又必须以有效的微观公共财政管理为基础,而有效的微观管理又必须以合理的宏观决策为前提。

从细化管理内容和有效管理的目的出发,也可按公共财政活动的不同范畴来实施和开展公共财政管理,这些管理的内容包括政府会计管理、政府预算管理、国家金库管理、国家税收管理、国有资产管理、政府收费管理、国债管理、政府采购管理、社会保障管理、财政风险管理、财政监督与审计管理等。不同的公共财政范畴有着各自特点不同的活动内容,其对管理制度的设计和管理手段的选择都有着更为具体的不同要求,因而,在公共财政管理的实际工作中正是按上述的分类方式实施管理的。这也就为公共财政管理实务研究提供了研究对象。但无论管理的公共财政活动的具体内容有多么不同,其公共财政的基本特征是一致的,应遵循的管理的主要原则和基本职能也是一致的。

四、对公共财政管理定义的描述

通过以上的讨论,我们明确了,管理活动是人类活动中一种具有特殊功能和作用的活动,它是在人类社会发展到一定阶段、出现了各种组织后才产生的。它是指由组织中的管理者通过指挥决策、组织分工、领导协调和控制监督等职能,运用一定的管理方法和手段,调动组织中各种资源去实现组织目标的一种特殊活动。虽然这种特殊的活动,抽象来看的管理职能是基本一致的,但现实社会中,抽象的管理是不存在的,任何管理都有其特定的管理对象(组织系统)和具体的被管理内容(业务活动)。公共财政管理正是一种具有特定管理对象和具体被管理业务活动的专门的管理活动,但无论是就公共财政管理所面对的组织机构来看,还是从公共财政管理所应管理的具体业务活动的内容来看,它都是一种比一般的组织管理(如企业管理、学校管理等)和一般的专业活动管理(如财务管理、生产管理、教学管理等)复杂得多的管理活动,这也正是公共财政管理的特殊性所在。对此,我们可以这样来描述公共财政管理:公共财政管理主要是由政府(一定辖区社会的公共权力机构)的公共财政管理机构和专门的公共财政管理人员通过指挥决策、组织分工、领导协调和控制监督等管理职能,运用符合市场经济运行要求的组织公共收支活动的方法与手段,对市场条件下的公共收支活动所进行的组织管理。

有的人认为,公共财政管理主要是对决策后的收支执行活动的管理。但我们认为,公共收支框架是市场条件下政府公共财政活动内容和范围的基本规范,是市场条件下公共财政管理的基本内容。但每一时期,每一级政府具体的公共收支活动到底是怎样进行的,它是否符合市场条件下公共财政的性质,则只能通过公共财政管理的过程来实现。因此,公共财政管理的过程正是一个根据公共财政涉及的组织机构的特点,按公共财政活动的基本内容的要求来确定管理原则、落实管理职能、选择管理方法和构建管理系统的过程,它应该包括从政策目标决策到实务工作运行的全过程。而正确地完成这一系列的管理工作又正是保证政府公共财政活动真正具有公共性的必要条件。

与公共财政管理有着密切联系的另一个概念是公共管理。一般而言,公共管理是指由一定辖区的公共权力机构对辖区内的公共事务进行的管理,也可称为公共治理。理论上讲,辖区的范围是公共管理的组织边界,决定着公共权力机构的性质和被管理公共事务的内容。当辖区为世界时,公共权力机构是世界性组织(如联合国、世界贸易组织等),管理的是全球性公共事务;当辖区为多边性区域共同体时,公共权力机构是多边性区域组织(如欧盟管理委员会等),管理的是共同体内部的公共事务;当辖区为国家时,公共权力机构就是一国的政府,管理的内容是一国辖区内的各种公共事务。除此之外,一国内部也存在以未设置政府机构的居民社区为组织边界(如我国农村地区的村、城市地区的居民区等)的公共管理,其管理机构为社区的委员会,管理的内容为该社区内的公共事务。本书所指的公共管理主要是以国家为组织边界的,由一国的政府部门进行的公共事务的管理。从一国内部来看,地域上又会被划分为多级辖区,公共权力机构也是由多级政府所组成的,它们分别管理着不同级次区域范围内的公共事务。就我国而言,通常有中央政府对全国性公共事务的管理和各级地方政府(省、市、县、乡)对不同级次的区域性公共事务的管理。

广义来看,公共事务一般是指一定国家辖区内社会成员通过私人活动不能得到满足的各种公共需求,因此,必须通过政府的各公共职能部门来提供。政府通过建立职能部门去履行职责,满足各种公共需求的过程就是在实施公共管理。如:为满足人们对治安的需要,政府就应建立警察局、检察院、法院等职能部门来履行向社会提供秩序和安全的职责;为满足人们对环境卫生的需要,政府就应建立环卫、防疫相关职能部门来履行向社会提供城市清洁、防治污染的职责;人们需要公共基础教育,政府就应建立公共教育机构来承担向社会提供基础教育的职责;人们需要社会保障,政府就应建立社会保障制度及其管理机构来承担向社会成员提供保障的职能……因此,在广义的公共事务概念下,凡是由政府公共部门承担的公共需求生产和供应过程都是在进行公共管理,其管理的目标就是为社会提供各种优质的公共物品与服务。但仔细分析,政府公共部门又可大致分为两类:一类是行政管理部门,主要为社会提供政策、秩序、规则等公共物品和服务;另一类是公共事业部门,主要为社会提供各种旨在提高全体社会成员的精神与身体素质的公共物品和服务。狭义的公共管理又主要是指前一类公共部门所进行的管理活动。无论是广义的公共管理还是狭义的公共管理,公共管理职能的实现都需要获得资源的配置和分配,为政府实现公共管理职能去筹集和供应资源的公共收支活动是公共财政活动,对这些收支活动的管理就是公共财政管理。

概括地讲,辖区社会成员的公共需要产生了公共事务,为满足公共需求产生了对公共事务进行管理的公共部门,为公共部门配置资源产生了公共收支活动,为使公共收支活动更加合理有效地进行,产生了公共收支(公共财政)的管理。市场条件下的公共收支活动也是一种公共事务,因此,公共财政管理也是公共管理的一个组成部分,但却是最为特殊的一部分。公共收支活动所进行的资源筹集和配置分配活动是政府实现公共管理的物质基础,其规模和内容的变化不仅影响着政府公共管理职能的大小,同时还决定着政府公共管理职能的多少。因为,在一定时期,满足哪些公共需要和不满足哪些公共需要,以及不同公共需要的满足程度,最终都是由公共财政决策(公共预算)来安排决定的。同时公共部门公共管理的效果和效率如何,也在很大程度上取决于对其公共资源使用过程所进行的公共财政管理。

第二节 公共财政管理的理论基础

人们在从事和开展某种活动时必须要确定一些应牢牢遵守和坚持的基本理念与指导

思想,这就是人们在从事这一活动时所要遵守的原则。人们选择和确定原则是为了在从事这种活动时能够把这种活动的本质特征和基本要求更好地体现出来。公共财政管理首先是一种管理活动,因此,原则的选择必须体现管理活动的基本特征和要求,其次,公共财政管理是对公共收支活动这种特殊事物的管理,其管理原则的确定也必须符合公共财政活动的本质特征和基本要求。为了更好地确定公共财政管理的原则,我们将在本节讨论及分析管理活动的一般原理和公共财政活动的基本要求,并以此作为分析公共财政管理的理论基础。

一、关于管理的一般原理

管理的原理是对管理这一事物的实质与客观规律的认识,是对所有具体管理活动的共性方面所进行的客观而抽象的概括,因此,周三多等(2003:第121页)认为"管理原理和一切科学原理一样,都是确定的、巩固的、具有'公理的性质'"。认识和理解管理原理会对所有具体的管理活动产生指导作用。

(一)系统原理

如前所述,现代管理是对组织的管理,而组织则是一个由特定人群及其与之相关的资源、信息等要素所构成的有机整体。这种将组织看作有机整体的观点就是管理的系统原理。进一步来看,特定组织系统的内部会有一些更小的组织系统——子系统,而组织与组织之间也会因某种特定功能在更高层次上形成新的更大的组织系统。不同层次的管理,实质是对不同层次系统的管理。比如:一个国家是一个由公共部门和私人部门构成的系统,公共部门又是由各级政府构成的,各级政府又是由各个公共职能部门所构成的……系统的原理说明了一切被管理对象的本质特征。不同层面的管理面对的是结构复杂程度不同的系统。但只要是对系统的管理,就应在管理中注重维护系统的统一性、整体性和综合性,因为任何系统都是一个有机的整体。而也正因为被管理的是结构复杂的系统,所以在管理中又必须注重对权力和责任的分配。

(二)人本原理

人本原理认为任何组织系统最重要的构成因素都是人,所以一切管理都主要是对人的管理,其目的就是使组织中人的作用得到最大限度的发挥,从而实现组织的最大利益。人本原理要求一切管理都必须在充分认识人的行为特征的基础上去确定管理的职能,选择最有利于调动人的主观能动性的管理方法与手段。

(三)责任原理

要对由人这一主要因素所构成的组织系统进行有效的管理,一个根本的原理就是要让组织中的每一个人都对自己的工作承担责任。根据组织目标在组织内所进行的分工,其实质就是一种对权力和责任的分配。而恰当的权责分配是协调组织工作、实现管理目标的重要前提。正如亨利·法约尔所说,职权和职责是一对孪生子,它们必须是对等的。在进行组织结构设计和组织分工时既要明确规定每一管理层次和各个部门的职责范围,又要赋予完成其职责所必需的管理权限。职责和职权必须协调一致,要履行一定的职责,就应该有相应的职权,这就是权责一致原则的要求。只有职责没有职权,或权限太小,则其职责承担者的积极性、主动性必然会受到束缚,实际上也不可能承担起应有的责任;反之,只有职权而无任何责任,或责任程度小于职权,则会导致权力的滥用。同时,由于组织归根到底是由人组成的,职权和职责也都是由具体的人来承担的,怎样才能使人更好地去行使权力、承担责任,去提高工作绩效呢?这又涉及一个在管理中必须遵循的重要原则,即激励原则。现代管理理论中关于激励的理论很多,同时人们也越来越认为,对现代人能产生激励作用的因素是多种多样的。但几乎所有的激励理论都承认:物质利益一直是并将继续是一个至关重要的激励因素(虽然不是唯一的激励因素)。归纳起来看,明确的责任,恰当的权力,以及按工作绩效进行利益分配的激励机制,是一切管理活动的要则。

(四)效益原理

效益在这里指的是有效产出与投入之间的比例。我们所知的一切人类的组织活动,无一不是为了一定的目标而去使用(耗费)资源。组织的目标可以是经济的,也可以是非经济的(社会的),但无论是何种目标,都可以用组织既定目标实现的合意程度来说明组织的产出,而组织为实现目标所进行的资源耗费则是组织的投入。因此,在资源耗费一定时,组织目标实现的合意程度越高,效益就越好,而当目标的合意程度一定时,则资源的耗费越少越好。管理的效益原理说明,一切管理的根本目的是提高组织活动的效益,也就是更好地实现组织活动的目标。

(五)伦理原理

伦理一般是指人与人相处的道德规范,比如尊老爱幼、同情弱者、救助他人等。因此,伦理所表达的规范通常具有扬善性。伦理是一种非强制、非官方的行为约束机制,是靠社会舆论、传统习惯和内心信念起作用的。由于是受社会人群广泛认可的,从而对人们的行为选择产生规范与约束作用。无论是个人还是组织都是存在于一定的社会环境之中的,因而其所有的行为都必须符合相关社会环境下的伦理标准。虽然组织管理所追求的最重要的目的就是最大化组织的效益,最好地实现组织的目标,但这种追求也必须被控制在社会伦理所能接受的范围以内。比如,在劳动力供应过剩的情况下,企业为实现利润最大化,也不能将劳动工资压低到社会伦理所能接受的水平以下。

上述管理的一般原理适用于所有的管理活动,因为任何一种具体的管理都是对一定组织系统的管理,都是对这个系统中人的管理,都有相应的权力和责任要分配,都会追求组织活动的效益并面临相关道德伦理的约束。这就是一切管理所具有的共性(本质特征),因此,所有具体管理原则的选择和确定都要以管理的这些一般原理为基础。但是各种具体的管理又是不一样的。它们面对的组织系统的结构不同,针对的人群特点不同,所要分配的权力、责任的内容不同,追求的效益目标不同,对其进行约束的道德伦理标准也会有所不同。因此,每种具体管理所要选择和确立的具体原则也就会存在差异。公共财政管理是一种特定的管理,是对一国公共财政活动的管理,它所面对的组织系统和人群是特定的,所要分配的权力和责任是特殊的,追求的效益和受到的伦理约束也是特殊的。因此,公共财政管理原则的选择和确立,在遵循管理一般原理的基础上,还应充分地考虑公共财政活动的本质特征和基本要求。

二、公共财政活动的本质特征

我们将公共财政定义为市场经济下的一种公共收支活动模式,并且在上一节从现代市场经济制度的缺陷出发讨论了公共财政活动的主要内容。那么这些内容众多的公共财政活动的本质特征是什么呢？那就是它的公共性。这种公共性是从以下几个方面体现出来的：

（一）公共需求是公共财政得以产生、存在和发展的基础

公共需求就是一国社会成员的共同需要，这种需求的特点是：靠每个私人的个人选择是不能充分获得满足的；是社会全体成员或多数成员所共同认可的；社会全体成员对满足这种需求的物品和服务享有平等的消费权。由上一节的讨论可知：公共财政活动的组织系统是一个国家的整个社会，面对的人群是该国的全体社会成员。正是一国社会成员的共同需要构成了公共财政产生、存在和发展的基础。从人类社会的发展过程来看，为了使社会摆脱霍布斯状态（弱肉强食的自然状态），产生了对公共秩序的需要；为了既定边界内的国家安全，产生了对国防和外交的需要；为了扩大市场交易的范围和规模，产生了对公共设施的需要；为了克服外部性和公地悲剧，产生了对产权制度安排的需要；为了稳定经济、改善收入分配状况和追求社会持续的文明进步，产生了对科学、教育、文化、医疗卫生、环境保护、社会保障等更多公共事业的需要。公共需求是人类以社会的方式存在、生产、生活的必然产物。这些需求的内容也是随着人类社会的发展而发展变化的，总体的趋势是日益增多和不断丰富的。公共需求的满足必然要耗费资源，形成公共支出，正是这些公共需求内容的增加使得公共财政支出的内容越来越多，规模越来越大。所以说，没有社会的公共需要就没有公共财政支出，公共财政支出的目的就是满足公共需要。

（二）公共提供是满足公共需求物品的主要供应方式

公共需求是一种社会成员的共同需求，对满足这种需求的物品和服务，每个社会成员应拥有平等的消费权。因此，公共需求必须主要由公共提供的方式来满足。

提供在这里是指人们获得消费（满足需求）的方式。当某种物品由私人提供或市场提供时，消费是由私人通过市场购买的方式来实现的。而当某种物品由公共提供时，人们的消费则一定是由政府买单的。因此，在公共财政的范畴里，公共提供就是指由公共支出承担公共物品的生产成本，人们可以免费获得的消费。那么，公共需求的满足是否都是由公共支出来买单的呢？我们有必要先分析一下用来满足公共需求的物品（包括劳务）的性质。首先，许多公共需求是由纯公共品来满足的。如国防、治安、公路、灯塔、环境保护、公共卫生等各种无排他与非竞争的公共服务和公共设施。其次，也有不少的公共需求是由一些准公共品来满足的。如具有较强正外部性的基础教育、基本医疗；无排他有竞争的公用设施、公共服务（公路、桥梁、开放的公园、图书馆，有限的公共教育、医疗、交通服务等）。最后，也有些公共需求是由私人品来满足的。如高等教育、社会保障中的各种个人获得的补贴、公费医疗、公费教育中那些可排他有竞争的资源等。可见，由于现代社会公共需求的内容众多，满足公共需求的物品也具有了多样性。正如詹姆斯·M.布坎南（2002：第20、31页）所说："对任何商品的需求要素都可以分解为私人和集体的两个方面。""任何集团或社团因为任何原因决定通过组织提供的商品和服务，都可以定义为公共商品或服务。"显然，那些具有非排他性和非竞争性的公共品是不可能让社会成员以私人提供的方式来为消费付费的。因此，这类公共需求的满足也就只能由公共提供。而那些由可排他的准公共品和私人品来满足的公共需求，在技术上完全可以让社会成员通过私人购买来

获得消费,而不用公共提供。不过,这样一来,这些需求就不再是公共需求了。比如,当教育、医疗、养老都完全由私人自己来买单时,我们能说这是公共需求吗?因此,当我们把基础教育、基本医疗和养老保险这类需求列为公共需求时,就意味着我们必须用公共提供的方式来向全体社会成员供应,而每个社会成员对满足这种需求的供给都拥有平等的消费权。在某些公共需求的满足不能充分供给时,对于那些用于满足这些公共需求的可排他的准公共品和私人品也可以采用按消费数量部分收费的半公共提供方式,如公共交通收费、公园门票、教材、药品收费等。由于这种收费一般都只占到提供这些服务和物品成本耗费的很少部分,而大部分的成本仍然是由公共支出来承担的,因此,半公共提供方式仍然是符合公共需求公共提供这一特性的。

(三)公共(众)分担是公共提供时公共支出的主要分担方式

圣经故事曾说道:当古代的以色列人需要国王带领他们去打仗,或是需要国王对他们的纠纷进行仲裁时,他们就得交纳自己放牧羊群的 1/10 来分担国王(政府)为提供国防和治安所耗费的成本(公共支出)。在现代社会,当公共需求主要由公共提供的方式来满足时,所耗费的成本(公共支出)自然也只能由全体社会成员来共同分担。那么,人们应该如何来分担这些成本呢,即如何来征收公共收入呢?由于在公共提供的方式下,人们在满足公共需求时的消费权是完全平等的,因此,从理论上讲,全体社会成员应平等地来分担公共支出——交纳公共收入。这是一种义务,或者叫作责任,这种责任对于每一个社会成员来说应该是绝对平等的。如果仅从这一点出发,公共收入就应该以平均的方式在社会成员中分配(就像古代的人头税那样)。但是,在现实中至少有两个问题必须加以考虑和研究。第一,人们对不同的公共需求的消费效用和消费数量实际上是存在很大差异的,但面对不排他的公共提供,人们又是绝对不会诚实地去表达自己的真实效用和实际需求的。因此,完全以平均的方式来分担公共收入未必就是合理的。第二,市场条件下的个人收入水平存在很大差异,人们之间的经济负担能力因此也是极不相等的。改善市场造就的收入分配状况,缩小收入差距也已经成为现代社会的一种公共需求。因此,完全以平均的方式让社会成员分担公共支出、交纳公共收入,也是同这种公共需求的要求不相符的。在考虑了上述两个问题之后,现代各国在现实的公共收入活动中一般主要奉行两个基本的收入原则:一个是量能原则,另一个是受益原则。量能原则一般通过建立相应的税制来实施,用以解决绝大部分公共支出的来源。受益原则则主要是体现在对那些可排他的,可测量到个人消费数量的半公共提供的物品和服务的收费制度上。

(四)公共选择是决定公共需求内容和公共收入方法的决策方式

公共选择又称为集体选择,其含义可从两个方面来理解:首先,从选择的对象来理解,公共选择的对象是公共事务而不是私人事务。其次,从选择的主体来理解,既然是对集体公共事务的选择,那么,就应由所有与被选择对象利益相关的社会成员共同来选择。因此,公共选择的主体不是个人,而是集体(公众)。但是,在不同的政治制度设计下,社会成员对公共选择的参与程度有所不同。一是全体社会成员都有权参与的直接民主决策方式;二是由不同社会集团选出的代表来进行决策的代议制民主决策方式;三是由掌握公权力的统治集团或最高领导人来进行的独裁(集中)决策方式(只要统治集团和最高领导人是由全体社会成员共同选举产生的,其决策权又是由宪法授予的,则独裁仍然是一种合法的公共选择方式)。

公共需求由公共提供,公共提供的成本由全体公众共同分担是公共财政公共性特征的必然体现,这就必然造成公共财政的收入与支出活动的分离性,即人们对公共需求满足的消费与人们对公共需求供应成本的分担是分离的。这种分离性就使公共财政具有了无偿性和强制性的特点。从无偿性来看,人们获得满足公共需求的消费是无偿的,因而人们为分担公共支出的税收缴纳也是无偿的;从强制性来看,人们对公共提供的用于满足公共需求的物品和服务必须接受,因而对于分担公共支出的税收责任也必须履行。尽管,我们将公共需求定义为社会成员的共同需求,但由于现代社会公共需求内容的多样性,使得不同社会成员(集团)对于不同的公共需求的偏好程度是有差别的。比如,富人会更偏好治安,而穷人则会更偏好社会保障。同时,公共支出分担的具体方式不同(公共收入制度设计不同),人们的具体负担比例也会很不相同(如税收是主要以流转税课征还是由所得税课征)。但无论个人对公共需求(公共支出)内容的偏好如何,对公共收入方式的看法如何,只要关于公共收支的决策确定以后,每个社会成员就必须遵从。正是这种公共财政的公共性中所包含的无偿性和强制性,使得人们更加重视公共收支的决策方式。市场经济的一个重要特征就是对每个人的正当财产与利益都给予充分尊重和保护。而公共财政收支活动中的无偿性与强制性却经常会在增加一些人福利的同时损害到另一些人的福利(这也是公共财政收入再分配职能的体现)。因此,为了使这种受益与受损的程度控制在人们所能接受的范围以内,公共收支的决策方式(规则)就必须具有正当性。什么样的决策方式是正当的呢?只有合法程序下的公共选择方式才是正当的。因为,只有在这样的方式下,社会成员对于公共收支决策的意见才能得到直接或间接的体现。也只有在合理合法的公共选择方式下,直接或间接得到全体社会成员一致认可或多数认可的公共收支决策方案,才是正当的,才能顺利地得到执行。

(五)公共部门是满足公共需求物品的主要生产者

在公共财政学理论中,狭义的公共部门就是指政府部门,正如上一节所描述的,政府正是一个为满足公共需要而产生的组织。从一国的空间范围上来看,政府机构的设置包括中央、地方等多个级次;从现代市场条件下人们对公共需要的多样性来看,每一级次的政府又要由许多具体的公共职能部门来组成。

公共需求由公共提供,公共提供的成本公共分担,而公共部门则是满足公共需求物品和服务的主要生产者。这首先是因为,人类社会最早产生的公共需求正是对国家安全和社会秩序的需求,而满足这些需求的物品与服务只能由统治者、军队、警察等公权力机构所构成的公共部门才能生产供应。由此形成了公共需求的物品由公共部门生产的传统。其次,从公共需求主要应以公共提供的方式来满足的特点来看,其成本最终都是要由公共支出来支付的,因此,最简便的方法就是建立直接使用公共支出的公共部门来组织生产,再免费向全体社会成员提供。随着人类社会公共需求的内容不断扩展,从事公共物品供应和公共服务的政府部门也就越来越庞大和复杂,各种不同的公共职能部门正是为生产满足不同公共需求的不同物品与服务而产生的。由于公共部门使用的是无偿获得的公共资源,又无追求利润的动力与竞争的压力,公共部门的生产效率问题越来越受到人们的关注与质疑。因此,各国都出现了许多以引入竞争机制和增加与私人订立合同的方式去生产公共物品的创新性建议和改革。但到目前为止,由公共部门生产公共物品与公共服务仍是各国满足公共需求的主要生产方式。

公共财政活动的公共性特征说明,在市场条件下,公共财政存在的意义只能是满足公共需求;所有为满足公共需求所提供的物品与服务的消费权必须是公共的(非排他的,即每个社会成员拥有平等的消费权);为满足公共需求所提供物品与服务的成本(支出)和弥补这些成本(支出)的收入来源也都是公共的(全体社会成员共同分担的)。因此,确定公共需求内容和公共成本分担方式的选择方式也就必须具有公共性。而到目前为止,公共部门仍然是满足公共需求物品与服务的主要生产者。公共财政的公共性是人们对市场条件下政府公共财政活动的一种规范性的理想要求,而现实中的公共财政活动却并非都能很好地体现这种公共性。因此,好的公共财政管理的一个重要作用就是要通过管理来保障和提高公共财政活动的公共性,这从确立管理原则开始就应给予充分的考虑。

三、公共财政活动的基本要求

公共财政活动既是一种公共性活动,同时也是一种经济活动,因此也被称为公共经济活动。作为经济活动,它同所有的经济活动一样是一种使用资源去追求特定效益的活动,但作为一种公共性活动,它所追求的效益又不同于一般的经济活动。公共财政活动又是一种具有特定组织系统的活动,有必须面对的人群与社会环境,因而也必然受到特有的社会伦理约束。这种对效益的追求和对基本社会伦理的追求就是人们对公共财政活动的基本要求,在经典的公共财政学理论中也被描述为公共财政活动的效率原则和公平原则。公共财政管理就是要通过管理使这些基本要求得到更好的实现。

(一)公共财政活动的效益要求

公共财政活动与所有的经济活动一样,都是为了一定的目的去使用资源。因此,其效益要求也可以简单地表述为:以更少的投入增加更多的产出。公共财政活动,投入的是公共资源(公共收入转化的公共支出),产出的是满足社会公共需求的公共物品。因此它的效益要求包括两个方面的含义:一个是由公共财政支出所提供的公共物品是不是社会最需要的,人们对其的消费是否最大化地增加了社会福利(最好地满足社会的公共需求);另一个是为进行公共物品生产所投入的公共支出是不是最节约的,社会成员因此而分担的成本是不是最小的,因而其福利损失是最少的。前一个效益的实现,取决于一个好的公共收支决策;后一个效益的实现则取决于一个高效的公共部门。我们可以将前一种效益称为公共财政活动的决策效益或宏观效益,将后一种效益称为公共财政活动的生产效益或微观效益。

1. 公共财政活动的决策效益或宏观效益

首先让我们来分析一下公共财政活动的决策效益或宏观效益。怎样的公共物品的提供才是最有效益的呢?福利经济学的基本原理告诉我们,迄今为止,一切人类经济活动实质上都是在通过资源的利用来满足人们的各种需求。因此,汉斯和本(1999:第18页)认为"福利是被作为一个含义宽泛的概念出现的,它是指人类任何一种基于稀缺资源的需要满足程度"。从社会宏观的角度来看,福利又包括个人福利和社会福利。个人福利是个人在可支配收入约束下能够获得的经济福利。当个人的可支配收入被最恰当地依次用于对他而言最有效用的物品消费时,个人的效用满足程度最高,个人福利最大。社会福利是一个群体中所有人的共同福利,一般而言,每个人的福利水平越高,社会的总福利水平也就越高。个人的福利水平又是由两个因素来决定的:一个是个人可支配的收入,另一个是满足个人效用排序的物品供给(按新福利经济学的观点,效用的大小是按个人对不同物品的偏好程度排序的,越偏好的物品带给人的效用越大)。从个人可支配收入来看,收入水平越高,个人可选择物品的种类和数量就越多,个人的福利水平也就会随之增加。再从满足个人效用的物品供给来看,由于社会中的个人需求总是由私人需求和公共需求两部分构成的,私人需求可以由个人在市场供给中自由选择私人物品来满足,而公共需求则只能由公共部门提供的公共物品来满足。因此当我们确定每个社会成员个人福利中由私人物品满足的部分能够在个人自由选择的情况下实现最大化时,则社会福利的增进就主要取决于个人从公共财政活动中所获得的福利了,每个人从公共财政活动中所获得的福利越多,则由每个人福利所构成的社会福利就越大,公共财政活动的宏观效益也就越好。然而,公共财政活动是从支出与收入两个方面对个人福利产生影响的,其影响的结果是正负不同的。公共收入从负面对个人福利产生影响,因为它要求社会成员无偿地拿出个人的收入来负担公共物品的成本,从而会减少个人可支配的收入,降低个人从私人需求满足中获得的福利水平。公共财政支出则从正面对个人福利产生影响,因为它主要以无偿的方式提供公共物品来满足人们的公共需求,从而增进全体社会成员的共同福利。由此看来,只有当公共支出活动所带来的福利增进大于公共收入活动所造成的福利降低时,公共财政活动才是宏观有效的,即所谓"帕累托改进"的。

怎样才能做到这一点呢?首先要肯定的是,对每个社会成员而言,仅有私人品的消费不能实现福利最大化,因此,为提供公共物品而进行公共收支活动是增进社会福利所必需的。问题的关键是,提供什么样的公共物品才能够最大化社会福利? 如何分担公共支出成本才是福利损失最小的?

我们先假定,人们从公共物品中获得多少效用与他们对公共支出的分担无关(因为只有在这种情况下,人们才会真实地去表达自己对不同公共物品的真实效用)。那么,最大化社会福利的公共物品供应就应该是每个社会成员从这些物品的消费中所获得的个人效用最大。如果所有社会成员的偏好都有一个一致的排序,那么,按照这个排序来安排公共物品的供应就能实现社会福利的最大化。人们对公共物品的偏好会有一个一致性的看法吗? 著名经济学家阿罗的看法是:不可能(参见"阿罗不可能定理")。不仅完全一致是不可能的,即便是多数的一致都存在困难。这就是公共选择所面临的困境。而经济学家阿马蒂亚·森则认为,集体选择中必然存在基本价值判断约束,伦理因素会起重要作用。因此人们在对一些公共需求的看法上也会在基本价值观的影响下形成相对一致的选择结果。综合阿罗与森的观点,从现代市场经济下现实的公共选择中,可以看到人们在一些共同认可的基本价值观下会形成对某些公共需求排序的一致看法(比如,救助贫困会被看作现代社会最重要的公共职责),但不同的人们实际从这些公共物品中获得的效用却不可能完全一致(比如,治安与社会保障对于富人和穷人的效用就是完全不同的)。因此,现实的公共物品供应实际只能是一个包括多种内容的公共物品组合,是对这些公共物品具有不同效用的利益集团之间相互协调的结果。一般而言,对大多数人有利的公共物品供应才能更多地增进社会福利,而要做到这一点,一个能让全体社会成员充分表达其对公共物品供应意愿并合理加以整合的决策机制至关重要。

现在,我们加入对公共收入分担这一影响社会福利水平的因素,假定人们已经达成了一个相对最有利于增进社会福利的公共支出方案,那么如何分担公共收入,社会福利的损失会是最小的呢?公共财政理论中的"维克塞尔-林达尔均衡"告诉我们,只有当每个社会成员都按照自己对公共物品的真实效用来分担公共支出时,公共收支活动所造成的福利损失才是最小的,因而效益也是最大的。但在现实中却存在两个问题:第一,由于公共物品公共提供所具有的非排他性,当人们知道今后要根据自己从公共物品中获得的效用满足程度来分担其成本时,人们就不再会真实地去表露自己的消费效用了。第二,由于市场所造就的收入差距,有的人对某些公共物品的需求效用很高,但其支付能力却很弱。而同时,救助这些群体,改善他们的福利状况也是人们对公共财政活动的另一个基本要求(这个问题我们将在下一个基本要求中再详细讨论),因此,即便仅把效益追求作为公共收支活动的唯一要求,也不可能以这种方式来处理公共收入的分担问题,因为这样做的结果只能是致使"搭便车"行为盛行,人们将无法获得能共同增进社会福利水平的恰当的公共物品的供应。所以在现代民主国家的公共选择制度中,公共收支的决策一般是分离的。而在公共收入活动的决策中,对效益的要求主要表现在两个方面:第一,公共收入政策中的量能分担原则应控制在什么程度才能保证在一定的收入再分配效应下的反激励作用最低。第二,在社会总体状况相对稳定时,公共收入政策和制度也必须具有相对的稳定性,这样才能对每年的公共支出决策形成一定的约束,避免不同利益集团的人们在不考虑成本分担的情况下,争相夸大对公共物品的需求,也可以控制政府公共部门为追求庞大预算而增大公共物品的生产成本。由此可知,在大多数情况下,公共财政收支活动的宏观效益,主要是由一个合法而稳定的收入制度约束下的年度公共支出决策来实现的。这也使得对公共财政支出活动的决策管理成为年度政府公共财政预算管理的重点。

2. 公共财政活动的生产效益或微观效益

现在,我们再来分析一下公共财政活动的生产效益或微观效益。从微观角度所说的生产效益就是指每一个从事资源使用的主体在一定资源投入下的产出最大化或是一定产出下的投入最小化。福利是人类基于稀缺资源的需要满足程度,前面的分析讨论让我们知道了有限的资源首先要根据人们对不同物品的偏好排序组合来决定生产什么,才能在产出一定时实现效用(福利)最大化。那么,在生产什么已定的情况下,生产过程中的资源耗费同样也会影响到人们的福利增进。因为耗费越少,产出就越大,人们通过有限资源所获得的物品的种类和数量就越多,其需求满足的程度也就越高。只有在产出最大化下的效用最大化才是真正的效用最大化(即所谓在生产可能性边界上的效用最大)。一般认为在市场有效的私人品生产上的"生产性"是令人惊异的,私人企业会竭尽全力去追求生产效益。公共物品虽然是由公共部门来生产的,但对其生产效益的要求与私人部门并无二致。那就是要求公共部门在一定投入下,能生产出最多的令社会满意的公共物品,或是在公共物品产出一定时能最节约地使用公共资源(公共支出最少)。因此,公共财政活动的生产效益也就是公共部门的微观效益,我们也可以简称为"公共生产效益"。只有在好的公共生产效益下,人们在获得一定福利增进时的福利损失才是真正最小的。

综合来看,公共财政活动的宏观效益主要表现为公共收支决策所确定的公共收入约束下的公共物品构成的合理性;而公共财政活动的微观效益则主要表现为公共部门在从事这些公共物品生产时资源耗费的节约性。两者共同构成了公共财政活动的效益要求。

(二) 公共财政活动的社会伦理要求

在前面讨论管理的伦理原理中,我们是这样定义伦理的:"伦理一般是指人与人相处的道德规范,伦理所表达的规范通常具有扬善性,伦理是一种非强制、非官方的行为约束机制,是靠社会舆论、传统习惯和内心信念起作用的。由于是社会人群广泛认可的,从而对人们的行为选择产生规范与约束作用。"在以"自利"为特点去实现效率追求的市场经济中,为了激发人们创造财富的积极性,大多数法律规范都是为保障个人的自由权益而建立的。因此,只要合法,一个人就可以完全以自我为中心去追求利益的最大化,而不用去顾及他人的状况。这就有了我们在上一节有关市场缺陷讨论中所提到的,即使是一个效率完美的市场运行结果,也存在遗憾,那就是巨大的收入差距和由此导致的消费水平的差距。富人可以用牛奶喂猫,穷人的孩子却缺乏营养。我们需要这样的制度,因为它可以创造更多的财富。但在这样的制度下,作为扬善性的伦理道德,"同情与利他"就必然成为一个重要的主题。正如亚当·斯密(2000:第27页)所指出的:"人们不应把自己看作某一离群索居的独立的个人,而应该把自己看成世界中的一个公民,是自然界巨大国民体中的一个成员""为了这个团体的利益,人们应当随时心甘情愿地牺牲自己的微小利益""人道、公正、慷慨大方和热心公益是最有益于他人的品质"。当这种伦理道德成为社会的共同信念,当人们发现仅靠个人行为其作用甚微时,就会把这种伦理追求转变为一种公共需求。"社会有责任救助贫弱、为社会成员提供更加平等的机会,改善市场竞争所造成的收入差距"等就成为人们对公共财政活动的伦理要求。在这种被福利经济学称为"公平原则"的伦理要求下,公共财政通过在公共支出中安排更多的社会福利和社会保障支出,通过公共收入的量能分担机制来缩小收入与消费水平上的巨大差距。当这种追求公平的伦理要求通过公共收支决策转变为一种集体行动时,它就不再是非强制、非官方的了。而实现这种伦理要求的公共财政活动的实质也表现为以强制方式牺牲一些人的福利(都是正当得来的)来增进另一些人的福利。因此,不同利益集团的人们自然会对这种以公平为目的伦理追求是否合理存在一些不同看法。这些不同看法也通过理论研究反映出来。旧福利经济学曾经认为,有效率的资源配置创造的财富只是实现社会福利的物质基础,只有当这些财富被人们消费产生效用后才能真正实现福利,并且个人的消费效用随消费水平的提高而递减,在不同的收入水平上,等量货币带给富人(高收入者)的效用小于带给穷人(低收入者)的效用。因此,更加公平地分配收入,不仅可以增进穷人的福利,而且会增大社会总福利水平。因此,由政府来进行的利他性收入再分配不但在伦理要求上是合理的,即使从效益的角度来说也是有好处的。新福利经济学则认为,效用是每个人的主观感受,不能简单地在人际进行比较,富人的收入高,但不能认为这些收入带给他的效用一定是小于穷人的。因此,任何收入再分配都只能是以减少一些人的福利去增加另一些人的福利,并不能增大社会总福利,做得不恰当甚至有可能损害社会福利,这样的公共政策应该受到严格的限制。为了进一步发展福利经济学的研究,阿马蒂亚·森提出,人的福利不能只用收入与财富来判断,个人的幸福是他所能自由地去做各种事情的函数。这个观点是要说明:社会福利水平的提高应来自个人能力的培养和个人能力的提高,而当这种能力对于穷人而言是无法获得的奢侈品时,社会就会将帮助每个人获得这种自由能力的再分配作为最值得选择的公共需求。这样的公共需求效用就不仅是合乎伦理的,也是合乎效益的。无论人们以什么观点来看待公共财政活动的再分配效应,其以强制方式牺牲一些人的福利来增进另一些人的福利的结果都是不变的。因此,在公共收支决策时,人们要考虑的就是,什么样的收入不平等是伦理上不可以接受的,因而强制的再分配应控制在什么程度将是人们可以接受的。

其实,只要公共收支活动是分离的,只要不可能要求人们按照自己对公共物品消费的真实效用来分担公共支出,公共财政活动中就必然存在再分配效应。只不过在考虑了公平分配的伦理要求以后,这种再分配效应应主要以增加穷人的福利为目标。这应成为公共财政管理的一种责任。

综合地来看公共财政活动的两大基本要求,无论是效益要求还是伦理要求,最终都是通过具体的公共收支活动内容来实现的。因此,在对公共财政活动的管理中必须随时牢记这两个要求,并通过管理来更好地保证两大要求所追求目标的实现。这从确立其管理原则开始就应给予充分的考虑。

本章小结

公共财政管理是运用管理活动指挥决策、组织分工、领导协调和控制监督的基本职能对公共财政活动进行的管理。其管理的对象包括一个国家社会中的私人部门与公共部门,其管理的内容是公私部门中与公共财政相关的行为与活动。因此,公共财政管理需要按照管理活动基本原理的要求,通过有效的管理来体现公共财政活动的公共性特征和实现公共财政活动的效益目标与社会伦理目标。

本章主要参考文献

1. 〔美〕阿马蒂亚·森:《伦理学与经济学》,商务印书馆,2001年。
2. 〔美〕阿马蒂亚·森著,任赜、于真译,刘民权、刘柳校:《以自由看待发展》,中国人民大学出版社,2002年。
3. 〔美〕B. J. 理德、约翰·W. 斯韦恩著,朱萍等译:《公共财政管理》(第二版),中国财经出版社,2001年。
4. 财政部国际合作司编:《国外财政考察与借鉴》,中国财政经济出版社,2001年。
5. 〔美〕弗里蒙特·E. 卡斯特、詹姆斯·E. 罗森茨韦克:《组织与管理》,中国社会科学出版社,1985年。
6. 〔美〕哈维·S. 罗森:《财政学》(第4版),中国人民大学出版社,2000年。
7. 〔荷〕汉斯·范登·德尔、本·范·韦尔瑟芬著,陈刚等译:《民主与福利经济学》,中国社会科学出版社,1999年。

8.〔英〕简·莱恩著,赵成根等译:《新公共管理》,中国青年出版社,2004年。

9.〔美〕杰克·瑞宾、托马斯·D.林奇主编,丁学东等译:《国家预算与财政管理》,中国财政经济出版社,1990年。

10.〔美〕理查德·A.马斯格雷夫等著,邓子基、邓力平译校:《财政理论与实践》(第五版),中国财政经济出版社,2003年。

11. 刘剑文主编:《财政税收法》,法律出版社,2000年。

12.《马克思恩格斯全集(第25卷)》,人民出版社,1974年。

13. 杨文士、张雁主编:《管理学原理》,中国人民大学出版社,1998年。

14. 袁晖、曹现强:《行政管理学纲要》,山东人民出版社,2001年。

15.〔美〕詹姆斯·M.布坎南:《民主财政论》,商务印书馆,2002年。

16. 中国财政学会编:《构建预算管理新模式》,经济科学出版社,2001年。

17. 周健临主编:《管理学》,上海财经大学出版社,1997年。

18. 周三多等编著:《管理学——原理与方法》,复旦大学出版社,2003年。

第二章 公共财政管理的原则

通过上一章的讨论,我们了解了管理活动的一般原理以及公共财政活动的本质特征和基本要求。好的公共财政管理必须充分体现公共财政活动的本质特征和实现它的基本要求,而要保证体现公共财政活动本质特征和实现其基本要求的公共财政管理又必须有效地遵循管理原理的基本要求。将两者结合起来,我们可以确立一些在整个公共财政管理过程中都必须始终贯彻和坚持的最基本的原则。

第一节 透明度原则

对于公共财政管理而言,要始终牢记和坚持的第一个原则就是透明度原则。

一、透明度原则的含义

在公共财政管理上所说的透明度是指一切公共财政活动的内容和过程都必须具有公开性,与公共财政相关的任何社会组织与个人都有权了解和获得与之相关的一切信息。对公共财政透明度的要求源自知情权(the right to know),即"知"的权利。1945年美国记者肯特·库伯首次提出知情权这一作为一种权利主张的法学概念,其基本含义是公民有权知道他应该知道的事情,国会应最大限度地确认和保障公民知悉获取信息尤其是政务信息的权利。"'知情权',今天其涵义已特指'社会组织和公民对国家活动享有了解的权利'。直接体现为公民有通过各种途径要求得到必要的官方情报的权利。行政公开原则已经成为'知情权'的载体。"(吴建依,2000)知情权是国际社会普遍认同的基本人权和民主权利,是建立现代民主政治的基本性权利,是民主社会的基石,也是现代法治国家的基本特征。联合国于1946年第一次大会上第59(1)号决议宣布:"信息自由是一项基本人权,也是联合国追求的所有自由的基石。"因此,公共事务管理上的公开透明首先是政治文明的要求。而在所有的公共行政和公共管理的信息中,公共财政信息是最重要的,公共财政知情权也是最重要的知情权。为了让公众充分享有公共财政知情权,公共财政活动就必须公开,必须坚持透明度原则。

二、公共财政管理为什么要遵循透明度原则

为什么在公共财政管理中必须要坚持透明度原则呢?这当然是由公共财政活动的本质特征和它的基本要求所决定的。

(一)是公共收支决策制度特殊性的要求

公共财政活动的公共性特征说明,只有充分体现和整合了全体社会成员(或多数成员)对公共物品偏好的公共财政支出决策才能更好地增进社会福利,产生好的宏观效益;

也只有能得到全体社会成员(或多数成员)同意的公共收入决策才能将收入再分配的程度控制在适当的范围内,而使其产生的宏观效益损失更小。而这些决策都是在一定的公共选择模式下进行的。从现实来看,为了保证公共财政活动的公正公平和社会福利增进,人们在长期的社会实践中逐渐构建了以下几种在合法的行政政府组织下所进行的公共收支决策模式。

(1) 直接民主的决策模式。在这种模式下,每个社会成员都有平等参与公共收支决策的权利。这种决策模式又有两种决策原则。一种是"一致同意原则"。在这种原则下,任何公共收支决策都必须全体同意,只要有一个人不同意都不能通过。这种决策方式的好处是,体现了市场决策中的完全竞争原则,每个人都能完全自由充分地表达自己的意见,可以保证公共收支决策的帕累托最优,因为理性的个人不会同意对自己不利的公共收支决策。因此,在一致同意原则下,只要是通过的决策,就一定是能让每个人都有福利增进的。但在现实中,这种决策方式也存在困境:一是对每个成员而言的福利增加可能是不均等的,因而福利增进相对少的人可能会出于嫉妒而反对通过;二是人们会因缺乏信息而不能对公共收支决策的利益作出正确判断;三是个人否决的作用过强会形成对集体的要挟;四是包含再分配效应的公共收支决策(哪怕是能产生较好的宏观效益的)会因人们不同的伦理评价标准而很难通过。有鉴于此,这种公共选择的决策原则不适合用于对日常公共收支活动的选择,而主要被用在布坎南所说的"立宪选择"的层面上,即对公共选择的基本规则的选择上。比如,由于人们认识到,不同的公共收支决策会使不同的利益群体有不同的受益和受损,但受益和受损的群体会不断发生变化。因而,人们就会一致同意去选择一个多数通过的公共选择(决策)原则。因此,直接民主在用于公共选择时采用另一种原则——"多数决原则"。但是,多数决的直接民主决策模式仍然存在两个难题:第一,要在一个人数众多的较大的辖区去组织全体成员直接参加每个公共收支的决策,其成本会很高;第二,多数人所赞成的结果未必就是一个最合理的结果(所谓"多数的暴政")。因此,直接民主的决策方式在现实的公共选择中其实用得也较少,对于大的政治辖区而言,一般只用在对重大政治问题的决策上,如:最高领导人的选举,与国家最基本制度及前途相关的最重大政策的选择等(所谓全民公决)。而只有在那些社会成员人数较少的最基层的辖区的公共收支决策,才会较多地选择这样的决策方式。

(2) 代议制的决策模式。为了降低公共选择的决策成本,凡是较大政治辖区的公共事务选择都是采用代议制(也称为"间接民主")的公共选择模式。在这种决策模式下,首先通过直接民主的方式选出代表,组成议会或人民代表大会,代替社会成员对重要的公共选择进行决策。各级政府的公共收支决策基本上都是以这种方式来进行的。这种决策模式的好处是:第一,既可以有效地减少参加公共选择决策的人数,又能保证不同利益集团的意见都能得到表达;第二,以竞选方式当选的代表会有更好的素质,可以更理性地去寻求达成一致的公共收支的决策方案。但是由于现代社会公共需求内容的多样性,公共收支决策内容是很复杂的,而代表们各自代表不同的利益集团,如果由他们分别去提出不同的公共收支方案再来进行选择,同样会增大决策成本。因此,在代议制决策模式中,仍然需要一个拥有更加集中的公共权力的机构来提出备选的公共收支方案。这个公共权力机构就是执政的行政政府。由执政的行政政府(包括各公共职能部门)来主导进行的公共选择就是第三种公共选择模式——**集中决策模式**。现代民主国家的合法执政的行政政府在宪法授权下,通常具有一定的主导公众去进行各种日常公共事务决策的权力,其中对公共收支的决策是最重要和最经常的内容。合法的行政政府有权提出有关每年如何提供公共物品的公共支出方案,有权在每年收入预测的基础上去提出借债等特殊的收入筹集计划,有权对税收制度提出改革方案。虽然这些决策最终要经由议会以多数决的方式通过才能生效,但实际上议会对政府方案的修改非常有限。

总的来看,现代市场经济体制下,大部分国家的公共选择制度都是一种包含上述三种决策方式的复合模式。对于公共财政活动的决策而言,其合法的决策程序就表现为:人们以直接民主的方式选择行政执政者和议会代表,行政执政者提出具体的公共收支决策方案,议会代表进行审议通过。在不同的国家和各不同级次的政治辖区中,公共选择模式设计的差异就主要体现在对上述三种决策模式运用程度的不同上。一般认为直接民主方式运用得越多、越频繁的制度是最民主的制度(比如瑞士或一国的基层辖区),议会权力较大的制度是较民主的制度,行政政府权力较大的制度是民主程度较差的制度。事实上,无论是最民主的制度还是最不民主的制度,只有能作出更好地增进社会福利和能将收入再分配的程度控制在适当的范围内,而使其产生的宏观效益损失更小的公共收支决策的制度才是好的决策制度。从各国的实践来看,还没有被认为是完美无缺的公共选择制度。而无论在哪一种模式下,提高公共收支决策宏观效益和保证公正公平的最重要的管理措施就是要增加公众对各种公共收支活动可能给他带来的损益情况的了解。而要做到这一点,就必须让公众充分了解公共财政活动的信息,要充分了解就必须保证公共财政收支决策内容的公开和透明。在直接选举阶段,被选举者(行政长官和议会代表)的政治主张和执政方针必须是透明的,因为这些主张和方针最终都会演化为他们所偏好的公共收支方案。在大选过后的执政阶段,每年的公共收支决策实际上就由政府主导和由议会监督控制,公众则不再直接参与。在这一阶段有关公共收支决策的行动对议会则又必须是透明的,议会才能真正行使其监督控制的权力。而行政与议会的行动对公众仍然必须是透明的,因为,只有透明,公众才能了解当选的执政者和议会代表是不是履行了他们在竞选时提出的政治主张与方针政策。由此可知,在公共财政管理中坚持透明度原则首先就是由公共收支决策制度的特殊性所决定的。

(二) 是公共部门特殊性的要求

从公共财政活动的公共性特点可知,到目前为止,公共部门仍然是公共物品与公共服务的主要生产者。公共部门这种作为一个社会公共物品主要生产者甚至是唯一生产者的身份,会对公共物品最终将如何供应产生重大的影响。首先,经由代议制公共决策合法程序通过的公共收支方案是由生产各种公共物品的公共职能部门来执行的,公共职能部门在执行中是否讲求微观效益会对既定投入下的公共物品产出数量和质量产生影响,因而对最终的社会福利增进程度产生影响。其次,由于各公共职能部门在公共物品生产上的垄断性,因此只有他们掌控了相关公共物品投入产出关系的各种信息。现代社会公共需求的内容越多,公共部门的构成越复杂,人们对公共物品投入产出关系的信息就越难获得。在这种情况下,任何由行政政府所提出的公共收支计划方案尤其是公共支出预算方案,实际上都是按各公共职能部门的官僚们提供的数据作出来的。因此,能否更有效地供应公共物品就在很大程度上取决于官僚们(公共部门中的公务人员)的行为选择了。

传统的行政理论曾认为,真正的官僚是政治中性的,他们的职业荣耀在于忠实履行政治家赋予他们的职责,因此他们会努力高效地执行公共收支方案,会真实地向政治家们提供公共物品生产中的所有信息。然而,现实中的官僚面对的是一个不存在竞争压力的工作环境,他们不用像企业家一样去拼命追求利润,也不用像政治家那样去拼命争取选票。那么,他们的行为动机是什么呢?汉斯·范登·德尔和本·范·韦尔瑟芬(1999:第157页)指出:"唐斯(1967)认为:官僚的基本动机可以分为两类;一类是作为公共部门职业人士的动机,就是忠诚地为公共大众事业服务;另一类是'专制主义动机',就是为了权力、收入、地位或安全而斗争。"

从现实来考察,对于每一个具体的官僚而言,可能只有一种动机,也可能同时具有两种动机。有时这种动机占上风,有时那种动机占上风。有时两种动机也会交织在一起。这些基本动机最终会导致官僚在公共收支的决策和执行上如何行动呢?有三种代表性的看法。

(1) 加尔布雷斯(1967:pp.166—178)的产出最大化模型。该模型认为:官僚都是公共部门中的管理技术精英,他们会追求扩大公共部门(扩大公共物品的产出)来体现自身的价值,同时也会从中获得更大的权力、更高的威望、更多的收入,从而为自己带来安全感和满足感。因此在公共收支的决策中,他们会努力说服政治家进行更大的公共政策投入,将更多的商品生产活动纳入公共部门,扩大公共生产的规模。

(2) 尼斯卡宁(1971:pp.36—41)的预算最大化模型。该模型认为:政治家为了赢得更多的选票,一般都希望提出一个高产出低投入的预算(公共收支方案),但公共物品生产的成本却是由官僚的工资、服务条件构成的,而更多的工资和更好的服务条件都能增加官僚的个人效用水平。因此,他们会为政治家提供一个最大化公共支出的预算。

(3) 威廉森(1964:pp.29—37)的投入最大化模型。该模型认为:官僚追求的是更多的投入以增加自身可自由支配的预算收入。他们雇用更多的额外人员,更慷慨地花公款来增大自己的效用。因此,掌握了公共生产成本信息的官僚会为政治家提供一个高投入低产出的预算。

加尔布雷斯模型和尼斯卡宁的模型在对官僚扩大公共支出的基本动机上的看法不同,但产生的结果却是一样的,即造就一个超过最优公共品供应规模的过大的公共预算,形成过量的公共物品产出。因此,这样的公共收支活动在宏观上是低效的,也被称为经济(配置)低效。而威廉森的投入最大化模型,则主要说明官僚在自利的动机下,会在公共生产的过程中大量地浪费公共资源。因此,即使是在一个有效的公共物品供应规模下,其生产也是低效的,这种低效也被称作技术低效(X-无效率)。无论是经济低效还是技术低效,都不符合公共财政活动效益要求,而由此导致的增加官僚阶层效用的收入再分配效应也不符合社会伦理要求。而所有这些行为之所以能够实现,正是因为官僚对公共物品生产信息的垄断。因此,要防止官僚以公共物品生产的信息垄断权来谋求私利的行为,就必须保证公共物品生产过程的透明度,也就是公共行政的透明度和公共收支计划执行的透明度。

(三) 是妥善处理多级政府间公共财政关系的要求

在绝大部分国家,作为公共财政活动主体的政府都是由多级政府构成的一个组织系统。为了更有效地提供公共物品,绝大部分国家都实行了分级的公共财政管理体制(这个问题将在下一个基本原则中详细讨论),分别来承担不同层次和不同范围的公共物品的生产供应。在这种情况下,各级政府之间就面临一个如何分担公共支出责任和如何分享公共收入权力的问题。尽管各国所选择的分级公共财政管理体制的制度设计有所不同,有的则更倾向于分散权力,有的更倾向于集中权力。但无论在哪一种体制下,上下级政府之间各自承担的收支责任必须是清楚透明的。在倾向于集权的管理体制下,上级政府是公共收支活动的主要决策者,各上级政府有更多的公共财政权力和责任,所辖区域内公共财政收支活动的决策都是由上级政府作出的,而下级政府则只是扮演着执行者的角色。要维持这种体制的良好运行,作为决策者的上级政府实际上被授予了代替全辖区的社会成员进行公共选择的权力。因此,其对辖区内具体公共收支的决策活动就必须是公开透明的,必须让各下级政府以及全辖区内的所有居民对于这种公共收支活动的所有安排都有所了解,以判断这些安排是否充分体现了宏观效益目标和公平目标。而在这种体制下的下级政府的作用在实质上就等同于上述公共部门官僚的作用,因此也就存在与部门官僚同样的行为选择的可能性。一方面,在执行中浪费公共资源以增大自身效用;另一方面通过掌控的相关信息来为自己或自己的小辖区谋求更多的公共资源配置。为了控制和克服这些行为,各下级政府作为公共收支计划的执行者,其执行过程就必须是透明的。在倾向于分权的管理体制下,各下级政府被赋予了在本辖区内进行公共收支决策的自主权,主要代替本辖区的居民进行公共物品供应的选择,其公共收支决策活动对辖区居民而言的透明度要求是不言而喻的。而从公共财政管理体制的要求来看,分权制下的各级政府的公共财政活动在相互间也应该是透明的。因为在这种体制下,各上级政府与下级政府之间必然建立起一种以清楚划分支出职责和收入权力为前提的转移支付制度。首先,各级政府的支出责任必须是透明的,才能合理地确定一个收入分配制度。而在既定收入制度下的收入状况也必须是透明的,才能确定一个合理的转移支付制度。进而在既定转移支付制度下的转移支付活动也必须是透明的,才能最终保证在这一制度下公共资源在政府间配置的效率和公平。

综上可知,无论从公共收支活动的决策过程来看,还是从公共收支活动的执行来看,以及从公共财政活动由各级政府的分担来看,都要求其保持高度的透明性,因此对于公共财政的管理来说,首先要坚持的管理原则就是透明度原则。

三、如何在公共财政管理中实现透明度原则

为了推动各成员国提高公共财政透明度的工作,国际货币基金组织于1998年推出了《财政透明度》手册和公共财政透明度问卷,为各成员国提供行动指引。正像国际货币基金组织所指出的那样,这些"行动指引"并不是要求各成员国必须采纳的"最优做法",而是可供成员国选择的"良好做法"。按照国际货币基金组织的看法,公共财政透明度主要包括以下四个方面的内容:

1. 政府作用和责任的澄清

国际货币基金组织认为,澄清政府的作用与职责,主要包括两方面内容:界定政府范围和明确公共财政管理框架。国际货币基金组织为此推荐的最佳做法是:① 在明确界定政府范围方面:应当明确政府的结构和职能;明确界定各级政府以及行政、立法和司法机关的责任;对于预算和预算外活动,应建立明确的协调和管理机制;对于政府和非政府公共部门,应明确安排其相互关系;政府介入私人部门,应采取公开方式,并奉行非歧视性的规则和程序。② 在明确公共财政管理框架方面:对公共资金的任何承诺或支出,都应受到综合的预算法律和公开的行政管理规定的约束;税、费应建立在明确的法律基础上,坚持依法征税。同时,应将税法公之于众,使税法通俗易懂,并建立明确的执法规范,限制税收机构的自由裁量权;应确定公务员的行为道德规范,并公之于众。

2. 使公众获得信息

信息具有公共物品属性。由于存在"收益外溢"现象,仅靠市场机制的作用,公共信息的有效供给必然低于社会最优水平。因此,需要增加政府(广义的)在披露公共财政决策和公共财政运行信息方面的义务。在这方面,国际货币基金组织推荐的做法是:① 提供有关过去、现在和预测的政府公共财政活动的充分信息,具体包括:年度预算及其他公共财政报告应包括中央政府预算和预算外的全部活动,并应公布中央政府合并的公共财政状况;应提供与年度预算信息可比的前两个公共财政年度的预算执行结果以及对后两年主要预算总量的预测;预算文件应描述中央或有负债、税收支出,以及准公共财政活动的性质及其公共财政重要性;中央政府应发布有关其债务及金融资产规模和结构变动的全面信息;如果地方政府规模较大,中央政府还应公布其加总后的公共财政状况和广义政府合并后的公共财政状况。② 应明确政府公布公共财政信息的义务,具体包括:就及时公布公共财政信息作出承诺;预先宣布公共财政信息的发布日程。

3. 公开预算过程(预算的编制、执行和决算报告)

预算是最主要的公共财政政策工具。公开预算的编制、执行和实施结果,是预算透明度的核心内容。国际货币基金组织推荐的良好做法是:① 在编制预算文件方面,年度预算应包括对公共财政目标的声明和对公共财政可持续性的评估;应明确编制预算所奉行的公共财政规则;应在全面、一致和量化的宏观经济框架内编制和表述年度预算,应向公众提供编制预算所采用的主要假设;应明确表述年度预算所体现的新政策;应当识别并尽可能量化主要的公共财政风险。② 在表述预算文件方面,应在总量基础上报告预算数据,区分收入、支出和融资,并根据经济、职能和行政类别对政府支出进行分类;应申明主要预算目标所要达到的政策目标;反映政府公共财政状况的指标应当是广义政府的总体差额;当非政府公共部门进行重大的准公共财政活动时,应报告其收支差额状况。③ 在披露预算执行程序方面,应建立全面、统一的会计制度,为评估支付拖欠提供可靠的基础;有关政府采购和就业的规定应当标准化,并为有关各方所了解;应对预算执行情况进行内部审计,审计程序应经得起检验;税收当局应受到法律保护,并免受政治影响,税收当局应定期向公众汇报其活动。④ 在编制和发布公共财政报告方面,应向立法当局提供有关预算发展情况的年中报告,还应更频繁地(至少每季度一次)公布其报告;应在公共财政年度结束后一年内向立法当局提供决算账户;应每年向立法当局报告主要预算项目目标的实现情况。

4. 保证公共财政信息的真实性

公共财政信息失真会使增加公共财政透明度失去意义。国际货币基金组织为此推荐的良好做法是：① 在数据质量方面，预算数据应能够反映收入和支出的最近发展趋势、潜在的宏观经济发展状况以及明确界定的政策承诺；年度预算和决算账户应说明其会计基础，以及用于编制和表述预算数据的标准；应就公共财政数据的质量提供具体保证，以保证公共财政报告中数据的内部一致性，并与其他来源的数据进行协调。② 使公共财政信息接受公开、独立的监督，具体包括：由独立于行政机关的国家审计机构及时向立法当局和公众报告公共财政数据的真实性；应邀请独立的专家对公共财政预测及其依据（宏观经济预测及其潜在假设）进行评估；从体制上确保国家统计机构的独立性，以便于其核实公共财政数据的质量。

第二节 分权原则

对于公共财政管理而言，应该坚持的第二个基本原则是分权原则。

一、分权原则的含义

分权思想首先来自宪政理论，主要是指对公共权力的分享与制衡。"宪政"的含义就是对政府权力的制约，如斯科特·戈登（2001：第5页）所说"简单地说，我用'宪政'来指国家的强制性权力受到约束这种观念"，斯蒂芬·L.埃尔金（1997：第27页）所说"在传统上，西方宪政思想的突出主题是要设计一些政治制度来限制政治权力的行使"，卡尔罗·爱德华·索乌坦（1997：第92页）所说"在过去的200年中，有限政府一直是宪政主义者们最基本的要求"。分权思想是宪政理论的核心，认为只有通过划分政治权力，使立法权和执行权得以分立才能限制政府的权力。孟德斯鸠明确提出了三权分立原则，他认为，立法、行政、司法权如果不分别由不同的机关和人来掌握，公民的自由就无法得到保障。这种分权一般又称为横向分权，针对的是政治上的全权主义。此外，宪政理论还包含对公共权力行使中的中央集权的限制，因此完整的分权原则还包括一个纵向的分权，即认为：公共权力还应当在一个由下而上构建的多级政府间进行分配，这种纵向分权的政治制度又被称为联邦制。作为一种纵向分权的政治秩序，联邦制要求国家中至少有两套独立的政府层级，其中较低层级的政府必须是全面自治的，这两级政府之间有独立的管辖范围，在职能上交叉而不重复，彼此都对对方的权力构成制约，各自都只能按照法律所规定的方式行使权力。在一个主权完整的国家横向分权和纵向分权的制度设计都能通过宪法来确定。

管理理论上所说的分权，是指在组织的管理中，管理权限必须在构成组织的各分系统间进行分配。

公共财政管理上所要遵循的分权原则，主要是指对有关公共财政收支活动管理权的分散与分享，特别是对公共收支活动决策权的分享。这种分权也包含横向分权和纵向分权两个层面。横向分权主要是指在现代政治制度中由宪法和相关法律规范下的公共收支决策权在一级政府的行政、立法和司法之间的分享;而纵向分权则主要是指公共支出权和公共收入权在一个多重决策中心的政府架构中由各级政府来分享。

二、公共财政管理为什么要遵循分权原则

(一)公共财政管理坚持横向分权的必要性分析

首先我们来分析公共财政管理必须要遵循横向分权的理由。在进行分析之前,我们有必要对公共财政管理中横向分权的内容做进一步说明。从目前各国公共财政管理活动的实践来看,公共财政管理横向分权的内容可划分为两个层次:第一层次的分权是指在公共财政收支活动决策上的政治性分权;第二层次的分权则是指公共财政活动执行过程中的管理权限在同级行政政府内部进行的分配。本章主要讨论第一层次的分权问题,而第二层次的分权问题则将在第五章"公共财政的管理系统"中进行具体的分析讨论。

公共财政收支决策上横向分权的必要性首先是来自公共财政活动的政治性特征,这是一个通过公权力(政府)对公共事务的处理过程。而公权力是由一小部分人所掌握着的。洛克(1996:第89页)在论述分权的必要性时说"人性有一个弱点,就是要受权力的诱惑,如果同一批人同时有立法和执法权,他们动辄就会攫取权力"。孟德斯鸠(1997:第156页)说"一切有权力的人都容易滥用权力,这是万古不变的一条经验。有权力的人们使用权力一直到遇有界限的地方才休止……从事物的性质来说,要防止滥用权力,就必须以权力约束权力"。麦迪逊(1995:第264页)说得更生动:用分权和制衡的方法"来控制政府的弊病,可能是对人性的一种耻辱。但是政府本身若不是对人性的最大耻辱,又是什么呢?如果人都是天使,就不需要任何政府了。如果是天使统治人,就不需要对政府有任何外来的或内在的控制了"。公共财政活动正是为了满足人们的公共需要而存在的,不同的公共支出决策代表人们对不同公共需求的选择。公共权力的滥用首先就表现在以权力拥有者个人的偏好来替代公众的偏好,以权力者的需求替代公众需求去进行公共需求的选择。人类社会发展的历程已充分说明,正是由于不受限制的公权力的滥用,造成了许多错误的公共选择,带给人们太多由独裁者的人祸所造就的战争和贫困。因此,作为代表社会进行公共需求选择的公权力的行使必须通过分权制衡的方式来加以约束。如前所述,在现代市场经济体制下,绝大部分国家都选择了一种包含从直接民主、间接民主和集中决策三种方式的复合决策模式来决定公共事务的选择,其目的就是增加公共决策的民主性。但作为公共事务中内容最多、发生最频繁的公共财政活动的决策,则主要是在间接民主与集中决策这两个层面上来处理的。因此,在公共财政决策层面上权力行使中的分权机制设计就显得尤为重要。

公共财政收支决策上横向分权的必要性还源于公共财政活动所具有的强烈的再分配特征。正如前文所述,由于人们从不同支出活动中的受益不同,不同的公共收入分担方式下人们的受损也不同,甚至在既定的收支方案下不同的公共品生产的方式,也还会给不同的利益群体带来不同的损益。因此丹尼斯·C.缪勒(1999:第49页)认为"在公共物品的配置中,以一种政治过程分配集体行动的利益之问题要比私人物品的配置中以一种市场交换过程分配利益问题更为清晰。极有可能,这种问题会占据政治过程的主导地位"。由此可知,在以公共财政收支活动为主的公共选择过程中,配置效率和分配问题不可避免地纠缠在一起。阿兰森和奥迪肖克更是把所有的政府活动都视为受再分配动机驱策。他们认为，一座桥不仅使那些想过河的人受益，它的建造给修建此座桥的承包者、建筑师、工程师和工人提供收入；给为了它的建造而供应钢铁、水泥和其他原材料的制造商利润。那些在桥梁两端的入口处拥有餐馆和其他店铺的人的收入会上升，其财产的价值也会升值。正是收入与财富的这些转移，使得我们可以把政府提供公共物品的活动解释为政府进行收入和财富再分配这种活动的一种纯粹的副产品。这种观点自然是来自人们都受自利所驱使这一理性人的假说。但我们在人类社会发展的过程中可以看到，长期以来，人们争夺和控制公共权力正是为了利用其来为自己转移财富。因此，在公共财政收支活动上的分权制衡就不仅是为了限止权力滥用而造成公共事务选择和处理的不当，更重要的是为了防止权力滥用过程中产生的极度不公的利益分配。

（二）公共财政管理坚持纵向分权的必要性分析

公共财政管理坚持纵向分权的必要性，首先仍然是出于对公共权力的宪政要求，是一种政治上的必要性。从政治上看，横向分权是通过建立权力制衡机制来限制公共决策中的全权主义，因此是对每一个公共决策权力中心的要求。而纵向分权则是通过构建联邦制的政府结构来限制公共决策上的中央集权主义，它要求在大的政治辖区中的公共决策权要分别由从下至上的多级自治的决策中心来分享，而不能只由一个高度集中的中央政府独占。事实上，从民主政治的角度来看，以多数原则通过的公共选择的集体事物覆盖的辖区范围越大，其中利益受损的少数人（反对派）的数量就越多。而建立在地方自治之上的联邦制治理机制则可以对民主原则和简单多数原则形成一种制衡和过滤。联邦制下的多重决策方式就意味着"多重的多数原则"，联邦的决策实行多数原则，每个地方的决策也都实行多数原则。双重或多重的自主自治就意味着双重或多重的多数决策，这就可以最大限度地避免在政治上形成一个绝对多数的局面，因为在多重多数下达成的公共决策，已不再体现任何人、任何群体的简单意志。从政治的角度看，无论是横向分权还是纵向分权，其根本目的都是造就一个有限政府，以保证不同利益群体的权益和每个个人（人民）的权益不被过度侵犯。公共财政活动是公共决策中的重要内容，因此，仅从政治的角度看也必须在其管理中坚持纵向分权的原则。

公共财政管理上的纵向分权原则一般又被称为财政联邦主义，对其必要性的论证更多地着眼于一个效率要求，认为公共财政的纵向分权管理，更有助于资源配置效率的改善，能更加有效地在一国内去供应公共物品。而效率要求既是公共财政活动的一个最基本的要求，也是公共财政管理所要追求的重要目标。许多学者对此有论述：

斯蒂格勒（Stigler，1957）在"地方政府功能的适当范围"一文中认为：地方政府存在的理由首先是它比中央政府更加接近民众，也就是说比中央政府更加了解所管辖的民众的需求和效用。其次是一个国家内部不同地区的人有权对不同种类和数量的公共服务进行不同的选择，而地方政府就是实现不同地区不同选择的机制。

奥茨在《财政联邦主义》一书中提出了奥茨定理："对中央或各地方政府来说，一种公益物品由全部人口中各地方的人消费，该公益物品在每个管辖单位内每种产出水平的供给成本是相等的，由地方政府对其各自的管辖单位提供帕累托效率水平的公益物品，总是比由中央政府向所有各辖区提供任一特定的和统一产出水平的供给更加有效（或至少是同等有效)。"(2012：第39页)奥茨定理表明,即使中央政府能够有效地提供同样的公益物品,并且享用这种公益物品对所有人或者所有地方的人来说都是同等的,这时由地方政府来提供这种公益物品,也比中央政府要有效。

布坎南用俱乐部理论来说明地方分权的必要性。假定地方是一个由自愿聚合在一起的人们的聚合体或者社群(俱乐部)。这时,如果某一个俱乐部接收新的成员,那么现有的俱乐部原来分担的公益物品的成本就可以由更多的成员来分担了。这时假定公益物品供给的边际成本为零,那么吸收更多成员,实际上等于是在固定成本情况下由更多的人来分担,也就是说供给的边际成本为零,但是平均成本却因此而下降了。但随着新成员的增加,到一定程度就会产生拥挤效应,公益物品的边际收益也会呈现递减状态。这就有一个俱乐部最佳规模的确定问题。布坎南认为,一个俱乐部的最佳规模就在外部不经济所产生的边际成本(拥挤成本)正好等于由于新成员分担运转成本所带来的边际节约这个点上。俱乐部理论实际上论证了地方政府适当规模的问题。也就是说,一个地方政府的规模,应该确定在外部不经济所产生的边际成本(拥挤成本)正好等于由于新成员分担运转成本所带来的边际节约这个点上。只要存在多个适当规模的地方政府,就可以通过人们在不同辖区之间进行移居来提高资源配置的效率。布坎南在"经济自由与联邦主义"一文中说:"只要人们可以联合起来通过政治机构来分享由共同提供的物品和服务的好处或共同为之筹措资金,那么,竞争性联邦制所具有的潜在的退出选择,将会对类似于私人物品的垄断者的那种剥削实施限制。"(1998：第40页)

蒂伯特在"一个关于地方支出的纯理论"一文中进一步明确地提出了地方政府之间的竞争理论(Tiebout,1956)。他认为:人们之所以选择某一个地方作为自己的居住地,是因为他们想在一个国家内部寻找地方政府所提供的公共服务与所征税收之间的最佳关系,这种组合关系能够实现自己的效用最大化。一旦人们能够根据自己的效用最大化原理去寻找适当的地方居住,并倾向于在高成本的地方政府和低成本的地方政府之间选择低成本的地方政府,充分自由选择的结果,就会实现地方公共服务的最佳供给局面。地方政府之间要进行竞争,其最为重要的条件就是各地方政府要有充分的公共财政活动的自主权。

财政联邦主义理论虽然都从效率的角度去充分说明了在公共财政活动中坚持纵向分权的必要性,但纵向分权并不是说公共财政活动的一切权力都在地方,将政府作为一个完整的公共管理机构来看,分权原则要解决的实质问题是在政府内部不同级次的政府间应如何合理有效地分配权力的问题。它不仅包含对基层或地方政府的分权要求,也包含对中央政府及各上级政府的适当集权的要求。传统的公共财政理论认为,政府一般承担三种责任——配置、分配和稳定(Musgrave,1959)。在这三种职能中,经济稳定和再分配职能,都比较适合于中央能政府来承担。就是在资源配置职能方面,分权必要性的理论在论证了地方分权的理由时也部分地论证了中央集权的理由。首先,地方公益物品应该由地方来供应,那么显然全国性的公益物品就应该由国家政府来供应了。其次,地方政府之间要实现公平有益的竞争,除了要有地方分权,还应赋予中央政府为撤除地方壁垒,保证人口、资本等要素在全国范围内完全自由地流动去构建相应制度的权力。此外,当地方政府的供给能力有所不同时,尤其是当地方经济发展因为地方要素禀赋差异而出现很大的差距造成政府之间出现公益物品供给的巨大差异时,中央政府就有必要拥有在地方之间进行财力再分配的权力。由此可知,公共财政管理上的纵向分权和公共财政联邦主义的完整含义实质上包括合理的中央集权和地方分权两个内容。毛寿龙说,在集权与分权问题上,集权处于主动的地位,就像在生产者和消费者之间生产者处于主动地位一样,因此在生产者和消费者之间需要有消费者主权原则,在集权与分权之间也需要有"分权主权"原则。分权主权的原则表明,应该优先考虑分权的需要,优先考虑分权的选择,优先考虑分权的价值,由分权的需要确定集权的需要,集权应该为分权服务。在分权主权的原则条件下,划分中央与地方的事权和财权。

(三)再从组织管理的视角来分析

管理的系统原理说明,一切对组织而言有效的管理活动都必须合理地在组织内对权力和责任进行分配,尤其是对那些大而复杂的组织管理来说更是如此。管理学家孔茨就曾以《圣经》"出埃及记"为例说明了分散管理权对提高组织活动效率的作用。西蒙也认为,组织就是作为决策者的个人所组成的系统。在组织中,决策贯穿于管理的全过程,管理就是决策。一个组织的高层领导的主要职责,是对总目标和总方针进行决策,中层管理者的执行和基层组织的操作及一般工作人员对技术方法的选择同样存在决策问题,可以说决策存在于组织的各个层次和各级各类人员当中,正是通过这种层层决策、人人决策,组织才得以统一起来,凝结为一个整体。组织在本质上是决策功能的分配与组合这一特点,是由人类解决问题的活动程序与人类理性抉择的特点引申而来。因此,在研究组织时,绝不能把组织成员视为单纯的、机械的工具,而应看成有欲望、有动机、有进取心的个人。由于个人的知识、学习潜能和解决问题的能力都是有限的,因而组织就是个人的扩大,根据其需要和环境的互动来作出决策的行为。

对公共财政活动而言,人们组成国家社会就是为了更好地对公共事务的选择进行决策,政府作为公共权力机构所拥有的公共权力的实质也是一种管理权,其与一般组织管理权不同的是,公共权力是对一个特定政治辖区范围内公共事务的管理权,其面对的组织机构更加复杂,决策所涉及的内容更加庞大。因此,分权原则作为对一般组织管理的基本原则,对于公共事务的管理而言就更加不可或缺。哈维·S.罗森也从公共财政管理体制创新角度说明分权有利于制度创新:各地方可以充分发挥能动性,对各种公共政策进行试验创新,从而更可能发现一些别开生面、更好更优的思路和做法。这也正好说明了分权在政府这一组织内部所能产生的管理效率。

三、如何在公共财政管理中体现分权原则的要求

(一)横向分权的一般要求

公共财政收支活动决策横向分权的一般要求是,在任何一个大的政治辖区内,任何重大的公共收支决策都必须由在宪政基础上构建的权力平行并相互制约的两个(或三个)机构来分享。现代各国的一般做法是,行政政府拥有公共收支计划的建议权;立法机构拥有审议批准权;而司法机构则拥有宪法解释权(维宪),以此来监督行政与立法之间的公共收支权力分配真正达到相互制衡以及解决可能产生的纠纷。事实上,由于公共财政活动是一个国家和社区日常发生最多的也是对社会成员福利影响最直接的公共事务,因此,各国

都把对公共财政决策权的管理看成最重要的宪政内容,预算权已成为美国国会最重要的一项权力,它是"牵制平衡的宪政大厦赖以矗立的中柱;如果这一中柱动摇,大厦必将倾覆"。各国为公共财政管理横向分权的实施机制而做的制度设计和法律规则往往是整个公共决策机制中最为关键和内容最多的部分,对此我们将在后文中进一步深入讨论。

(二)纵向分权的实施要求

如果说公共财政活动的横向分权原则的贯彻更多表现为一个国家的基本政治制度问题。那么,公共财政活动中的纵向分权则具有更多专业管理的特征,与公共财政的管理活动有更为密切的联系。它主要是通过各国公共财政管理中的一项具有基础性的制度建设,也就是人们称之为公共财政管理体制的建设来贯彻实施的。如何构建一个具有效率约束的恰如其分的分权制的公共财政管理体制呢？人们对此有过许多讨论,美国佐治亚州立大学政策研究院院长、经济学教授 Roy Bahl 在"公共财政分权制的实施原则"一文中提出了12条原则,其中有些也是人们长期以来的共识。对于我们这种正在实现经济市场化并致力于构建一个与之相应的公共财政模式的国家来说,做到以下几点是尤为重要的。

1. 地方政府应有充分的自治权

公共财政分权的实质是"财政联邦主义",因此其运行的前提必须是各级政府具有实质性的辖区行政管理权力。如美国的宪法规定,除了宪法规定赋予联邦政府的权力,其他所有的权力均归州。由此可知,公共财政联邦主义能够真正实施的前提是政府行政的分权化,其不可缺少的政治基础是政体的联邦化。如果没有这个前提,任何处理政府间关系的公共财政体制最后都会体现出中央和上级政府的集权倾向。在我国实行"包干制"公共财政体制时,中央政府频繁调整"包干年限"和"分成方式"的做法就是最好的佐证。正如Roy Bahl 所说的"在公共财政分权体制设计中,政治上的自主性可能是最关键的因素。议会必须由地方选举产生,如果地方上的领导是由更高一级政府任命的话,他们就会对上级负责而不是对本地区的居民负责,这样,作为公共财政分权制的核心效率,也就不再能够获得。因而由地方议会来任命地方官员也是非常重要的一点,否则的话,执行公共财政分权制对地方就没有直接的意义,那就类似于由中央政府直接向地方来提供服务了"。

明晰的行政权责和有效的分权管理又要求有恰当的政府分级和规模适当的行政区划。从国际经验的比较来看,最适合分权公共财政体制的政府分级是不能过多的,从美国和日本的情况来看,都是实行的三级行政的政体,同时三级都有相对独立的边界清晰的行政权。

2. 事权决定财权

这是我们非常熟悉的一个关于建立公共财政管理体制时要遵循的原则,然而正确的顺序是应首先明确地方政府的支出责任,然后再确定其收入权力。只有当地方承担了明确的支出责任,并且拥有了明确的收入权力,并在此基础上自主地制定预算,保证预算的透明性和硬约束后才能真正保证(要求)地方政府在赋予它们的权力范围内行使职权,并且对他们所作出的决定承担责任。事权决定财权的重要性还体现在中央政府在解决全国的收入安排问题之前,首先要确定各个级次政府的支出需要。经济高效地作出收入安排,需要与不同的支出安排相匹配。例如,一些可以确定价格的服务,如公用事业、公共汽车等,应大部分由使用者付费;一些受益范围主要是某个地区的服务,如公路、公园等,则应

公共财政管理

由地方税收收入来开支;而那些具有明显外部性的公共物品,则应由全国范围的税收和转移支付来保证其开支。因此,在合理的分权公共财政管理体制中,首先必须确定各级政府的支出责任,最起码是在未来短期中的责任划分,才能确定合理有效的收入分配及转移支付的制度安排。

3. 地方政府要有权力明晰、易于征管、负担落实的地方收入机制

如果某地区的公共服务所需的资金不是由中央政府转移支付而得,而是由课征地方税来实现的,那么当地选民对他们所选的地方官员的责任心就会更加看重。因为只有当选民感到了足够大的提供公共收入的负担,而这种负担又不能轻易地转嫁给本地区以外的居民时,才会更重视对政府公共财政支出效率的监督。因此,一个有效率的分权制公共财政管理体制必须保证地方政府有一个权力明晰的收入制度。这个制度中的收入权力应包括地方税收权、地方收费权和地方借债权。只要地方政府的公共权力是建立在民主宪政基础之上的,公共财政收支决策权在本级的横向分权制衡是切实而公开透明的,我们就不用去担心这些收入权会被地方政府所滥用。

在地方政府有了切实的收入权以后,还需构建一个科学合理的地方收入制度,这是一个非常重要的制度设计。这个制度的设计一方面要考虑地方政府的管理能力,另一方面要遵循负担明晰的原则。税制的设计必须考虑征税的效率和可靠性问题。因此,无论是课税对象还是纳税人具有流动性的税种,都不适合作为地方政府的主要税种选择,因为这会出现重复课征或有意避税等问题。所以大部分实行公共财政分权制国家的地方税一般都是以课税对象比较固定的土地税、财产税、车船税、牌照税为主。其实在中央个人所得税的基础上以加成征收或附加征收的方式去建立地方个人所得税,对于地方政府而言也是一个很好的选择。因为这既易于管理(地方政府不需要再去单独设置税收基础),其负担又清晰地落在了本区公民的身上。Roy Bahl 认为"把燃油税划归地方,由地方来制定税率,这样有助于效率的实现。如果这种税只限定在城市地区,那么相对来说,城市的车主就被课以较高的税收,亦即,他们为他们享受的公路服务,以及导致的交通拥挤和污染问题,付出了更大的边际成本"。财产税之所以适宜成为地方税的税种,也是因为财产的所有者和使用者们,恰恰也都是当地公共服务的受益者,因而财产税可以理解成一种受益税。收费制度对地方政府而言的合理性在于,地方政府所提供的大量地方性公共设施和公用事业在消费上会存在一定的竞争性(使用者过多就会产生拥挤),当排他的技术成本不高时,就可以对这些公共服务予以定价,这样既可以按受益原则去弥补所有成本,还可以将部分服务的提供私人化。经济上有能力的地方政府通过举债来获得所需的资金有明显好处,这不仅可以减少占用转移支付的资金数额,从而使有限的转移支付资金用于补助贫困的地方政府,而且能够使地方政府的资本项目有一个更加合理的收入分担机制。

4. 必须有一个强有力的中央权力去监控和评价公共财政分权的运行状况

一个有控制的规范化的公共财政分权体制还要求中央政府有能力致力于以下的工作:建立统一的会计核算体系、审计准则等,来决定什么时候放松支出管制,如何去调整转移支付公式,以及如何适当地限制地方借款;给予地方政府在会计核算、国库管理、税收管理、资料处理、项目评估等方面的技术帮助。作为一个中央的公共财政监控体系,要有一个用来分析公共财政情况的部门,这个部门必须有足够的管理人员,能持续地监控地方政

府的公共财政;还要有一个足够广泛充分的数据资料系统,以便于监控中的量化分析,并通过预测及公共财政分析模型等手段来掌握和评价地方政府公共财政运行的情况。

5. 规范的政府间财政转移支付制度

各级政府的职能分工以及由其决定的支出职责与各级政府的筹资能力之间存在不对称而形成财政的纵向不平衡,同级政府之间由于经济发展、自然条件、文化历史等因素造成财政横向不平衡,这两种不平衡都需要通过政府间的财政转移支付来解决。中央及上级政府选取一些不易受到人为控制的、能反映各地收入能力和支出需要的客观性因素,如人口数量、城市化程度、人均GDP、人口密度等作为实行转移支付的依据。为了鼓励各地加强税收的征管,提高地方上增加收入的积极性,可再增加收入努力因素。以公式化的形式确定各地的转移支付额,可提高转移支付的透明度、可预见性和客观公正性,规范中央与地方之间的财政关系,避免讨价还价,提高财政管理的科学化程度。

第三节 权责利相结合原则

一、权责利相结合原则的含义

现代管理是对组织的管理,无论什么形式的组织归根到底都是一种权责结构系统;同时,根据组织目标在组织内所进行的分工,其实质也是一种对权力和责任的分配。而恰当的权责分配是协调组织工作、实现管理目标的重要前提,因此,权责的分配必须遵循一定的原则。正如法约尔所说,职权和职责是一对孪生子,它们必须是对等的。在进行组织结构设计和组织分工时,既要明确规定每一管理层次和各个部门的职责范围,又要赋予完成其职责所必需的管理权限。职责和职权必须协调一致,要履行一定的职责,就应该有相应的职权,这就是权责一致原则的要求。只有职责没有职权,或权限太小,则其职责承担者的积极性、主动性必然会受到束缚,实际上也不可能承担起应有的责任;反之,只有职权而无任何责任,或责任程度小于职权,则会导致权力的滥用。同时,由于组织归根到底是由人组成的,职权和职责也都是由具体的人来承担的,怎样才能使人更好地去行使权力、承担责任,去提高工作绩效呢?这又涉及一个在管理中必须遵循的重要原则,即激励原则。现代管理理论中关于激励的理论很多,同时人们也越来越认为,对现代人能产生激励作用的因素是多种多样的。但几乎所有的激励理论都承认,物质利益一直是并将继续是一个至关重要的激励因素(虽然不是唯一的激励因素)。归纳起来看,在组织的管理中,权力是指挥和分工的必然要求,只有权力分配恰当,组织系统中的指挥、服从以及调度才会有效;责任则是对权力行使的必然要求,是对每一种权力应完成的工作成果在质量和数量上的规定;利益则是调动积极性和责任心的必要手段,从而促进权力行使更具效率和发挥更好的作用。恰当的权力、明确的责任和按工作绩效进行利益分配的激励机制是一切管理活动的要则。将上述组织管理中必须遵循的这些基本原则运用到公共财政管理中,并结合公共财政活动的特点及政府组织结构的特点,就形成了公共财政管理中所应遵循的权、责、利相结合的原则。

鉴于公共财政活动内容和公共财政管理组织系统的复杂性,公共财政管理中所表达的权力、责任和利益的含义也是从不同的角度去认识的。

公共财政管理中的权力,如果从宏观来看,它主要指政府部门与非政府部门各自在一国的经济、政治以及社会中各种事情上所拥有的权力。这种权力的界定通常同一国的基本社会经济制度相关,并通过一定的制度体系来进行划分和明确。因此,随着基本制度的变迁,权力的划分也会发生相应的变化。但在一个基本制度相对稳定的时期内,权力的划分具有稳定性。我们今天在市场经济体制下的政府权力就不同于计划经济体制下的政府权力。权力的确定通常就规定了政府活动的范围和内容。如果从微观来看,公共财政管理中的权力又主要是指政府所拥有的管理和处理一国公共事务的权力在政府各级以及各职能部门中的进一步划分。这种划分通常又确定了不同层次的政府和不同职能的政府部门各自的具体活动领域和内容。进一步来看,上述权力的界定又构成了政府、政府各级以及各职能部门在具体的公共财政收支活动中的相应权限,如课税权、国有资产收益权、收费权、借债权、预算支出安排及支配使用权等。

按责任与权力对等的要求来看,公共财政管理中的职责分担也可以是多层次的。从宏观来看,它表现为在既定制度中,对应于政府拥有的权力其应该承担的社会职责是什么。这在以市场机制为背景的公共财政理论中通常被归纳性地描述为:政府改善资源配置的职责、改进收入分配状态的职责和稳定经济的职责。从微观来看,上述职责又可以在政府各级间、各不同的职能部门中被进一步分解成许多更加具体的职责。如保证国家安全、保障社会安定、保护生态环境、提高文化素质、增进健康水平等。而公共财政收支的责任也可以描述为:保证公共收支的合理、合法、有效以及公共财产的安全等。

公共财政管理中的利益也是一个较复杂的概念。由于许多公共财政活动从实质上看,本身就是一种物质利益的分配活动,因此,政府、政府各级以及政府各职能部门在公共财政收支上的各种权力也就代表一种物质利益。如,课税权代表政府可以从社会产品中无偿、强制地去占有一部分。为了将利益与获得利益的权力相区别,在公共财政管理中,我们所指的利益是一种量化了的利益分配比例。从宏观上看,是指一定时期国民收入在政府与非政府之间、政府各级之间以及政府各部门之间的一种分配格局;从微观上看,是指各公共财政行为主体各自所应获得的收入(或支出)数量。

二、公共财政管理中为什么要遵循权责利相结合原则

所谓权责利相结合的原则就是指在公共财政管理过程的各项管理工作中,尤其是在进行组织结构设计和组织分工的过程中一定要将权力划分、责任分担和利益分配结合起来考虑。正如前面所说,恰当的权力、明确的责任和按工作绩效进行利益分配的激励机制是一切管理活动的要则,更何况公共财政活动就其本质而言正是一种处理利益分配关系的活动,其活动的涉及面广,组织机构复杂。因此,在公共财政管理中坚持贯彻权责利相结合原则是十分重要的,因为只有这样,才能在权力为依据、责任做保障的前提下合理地去分配国民收入,从而在一定收入水平的制约下,恰当地处理好各方面的关系,调动各个方面的积极性。

首先,从处理好政府部门与非政府部门之间的关系来看,这实际上是一个宏观层面上的权责利关系问题。从政府方面来分析,坚持在管理中贯彻权责利相结合原则,一是为了保证政府获得为履行既定职责所必需的、足够的公共财政资源;二是为了监督和控制政府的公共财政收入分配取之有据、取之适度,公共财政支出分配的规模恰当、结构合理。从非政府方面来分析,在与公共财政活动相关的管理中坚持权责利相结合原则,一是为了保证他们在国民收入分配中应得的利益,从而保护其投资、劳动的积极性;二是为了监督其正确纳税,合理上交国有资产的收益。

其次,从处理好政府各级之间的关系来看,这主要是政府内部上下级之间的一种权责利关系。坚持在管理中贯彻权责利相结合原则,才能在建立公共财政管理体制时,较好地处理上下级政府在公共财政收支活动中的权限和各自在收入分配上的比例。无论是选择相对集权的公共财政管理体制还是选择相对分权的公共财政管理体制,各级政府的财权大小和财力多少都必须与该种体制下各级政府在处理国家社会事物中的权力和其承担的公共财政职责相一致。只有这样,其选定的公共财政管理体制才能顺利地运行,其公共财政管理的既定目标也才能得以实现。

最后,从处理好政府内部各职能部门之间的关系来看,这主要是一个各级政府内部的权责利关系问题。各级政府只有在公共财政管理中坚持贯彻权责利相结合原则,才能在向各个职能部门分解和下放其对公共事务管理权力的同时,明确地规定其应承担的具体职责。并且,在进行公共财政资源的分配时,使其所能获得的物质利益与其完成职责的数量与质量挂钩(即与其工作的绩效挂钩)。这样,无论是行政机关、事业单位还是由政府垄断经营的国有企业就都能在必要的职责目标的引导下,在合理的物质利益激励下,去正确有效地行使权力、履行职责、提高工作绩效。

三、公共财政管理中应如何贯彻权责利相结合原则

权责利相结合原则作为管理的一种指导思想,应该贯穿于公共财政管理活动的方方面面,但在公共财政管理中处理权责利问题的管理活动又更多地被集中表现在以下两个方面。

(一)完善制度建设

制度是管理中一种最重要的方法,是在组织的管理中用于规范人们行为的不可缺少的手段。而组织中人们的行为又主要表现为行使权力、履行职责和获取利益这三个方面。因此,在公共财政管理中贯彻权责利相结合原则,首要的就是要通过完善一系列制度建设来确定各方面、各层次以及各个组织成员各自应拥有的权力范围、责任目标和利益数量。从与公共财政活动相关的各种制度来看,无论是处理政府与非政府之间的重大分配制度,还是处理上下级政府间公共财政关系的制度,以及政府内部管理中的各种规章制度,其实质总与一定的权力划分、责任认定和利益分配相关。因此,制度建设在处理权、责、利问题上是至关重要的。能恰当处理权、责、利关系的制度选择是正确的制度选择;能周密界定权、责、利边界的制度是完善的制度。而越是正确的制度选择越能对人产生激励作用;越是完善的制度则越能提高人们行为的规范程度。公共财政活动的内容众多,涉及面广泛,需要处理的权责利关系复杂,因此,完善制度建设是公共财政管理中十分重要的管理任务。

(二)完善监督机制

如果说制度建设在公共财政活动中已经明确划分了各有关方面的权责利,那么公共财政活动的协调进行和公共财政目标的实现就需要各方面在制度的规范下去正确行使自

已的权力,认真履行自己的责任,获得自己应得的利益。但由于各种原因,在公共财政活动中总会出现不正当行使权力、不认真履行责任以及侵犯他人利益等情况。因此公共财政管理还需要有完善的监督机制去保障制度的认真执行,从而去保证各方面在既定制度选择中的合法权益(权责利关系的既定格局)。

本章小结

公共财政管理必须坚持的管理原则包括透明度原则、分权原则和权责利相结合原则。这是由公共财政管理涉及的组织部门的复杂性、公共财政活动利益的多元性、公共决策制度的特殊性和公共部门地位的垄断性所决定的。

本章主要参考资料

1. 〔法〕查理·路易·孟德斯鸠著,张雁深译:《论法的精神》(上册),商务印书馆,1997年。
2. 〔英〕丹尼斯·C.缪勒著,韩旭、杨春学等译:《公共选择理论》,中国社会科学出版社,1999年。
3. 国际货币基金组织编著,财政部财政科研所整理:《财政透明度》,人民出版社,2001年。
4. 哈维·S.罗森:《财政学》(第4版),中国人民大学出版社,2000年。
5. 〔荷〕汉斯·范登·德尔,本·范·韦尔瑟芬著,陈刚等译:《民主与福利经济学》,社会科学出版社,1999年。
6. 〔美〕赫伯特·A.西蒙著,李桂流、汤俊澄等译:《管理决策新科学》,中国社会科学出版社,1982年。
7. 〔美〕华莱士·E.奥茨著,陆符嘉译:《财政联邦主义》,译林出版社,2012年。
8. 〔英〕简·莱恩著,赵成根等译:《新公共管理》,中国青年出版社,2004年。
9. 〔美〕杰伊·麦迪逊著,程逢如等译:《联邦党人文集》,商务印书馆,1995年。
10. 卡尔罗·爱德华·索乌坦:"一般的宪政论",载于斯蒂芬·L.埃尔金等编,周叶谦译:《新宪政论》,三联书店,1997年。
11. 〔美〕理查德·A.马斯格雷夫等著,邓子基、邓力平译校:《财政理论与实践》(第五版),中国财政经济出版社,2003年。
12. 刘军宁、王焱、贺卫方编:《经济民主与经济自由》,三联书店,1998年。
13. 毛寿龙:"集权与分权的制度原则",http://www.pssw.net/essays.asps。
14. 〔美〕乔治·斯蒂格勒:"地方政府功能的适当范围",1957年。
15. 斯蒂芬·L.埃尔金:"新旧宪政论",载于斯蒂芬·L.埃尔金等编,周叶谦译:《新宪政论》,三联书店,1997年。
16. 〔美〕斯科特·戈登著,应奇等译:《控制国家——西方宪政史》,江苏人民出版社,2001年。

17. 吴建依:"论行政公开原则",《中国法学》,2000 年第 3 期。

18. 萧榕主编:《世界著名法典选编宪法卷》,中国法律出版社,1997 年。

19. 〔英〕约翰·洛克:《政府论》(下篇),商务印书馆,1996 年。

20. 〔美〕詹姆斯·M. 布坎南著,穆怀朋译:《民主财政论》,商务印书馆,2002 年。

21. Bahl,Roy,"财政分权制的实施原则",http://www.worldbank.org.cn。

22. Musgrave, Richard, *Theory of Public Finance: A Study in Public Economy*, Newyork: MeGrow, 1959.

23. Tiebout, Charles M., "A Pure Theory of Local Expenditures, Review Work(s)", *Journal of Political Economy*, Vol. 64, No. 5, 1956, pp. 416—424.

24. U. S. Internal RevenueService, *Statistics of Income Corporation Income Tax Returns*, 1991, 1993.

第三章 公共财政管理的职能

公共财政管理作为一种特殊的管理活动,它的职能是指实施公共财政管理活动时所必须承担的最基本的职责和功能。这种职能区别于公共财政活动本身的职能,但又以公共财政活动职能的有效实现为其管理的最终目标。同时,公共财政管理作为管理活动的一种,它又必然具有一般管理活动的共性,其职能又必然与一般管理的职能基本一致。首先,我们来看一下一般管理的职能是什么。

第一节 管理职能的理论描述

在第一章,我们曾谈到了管理作为一种特殊的事物,有区别于其他事物的特殊职责与功能。那么,这些特殊的职能是什么呢?在现代管理学中不同的流派对此有许多不同的描述。如:职能学派的创始人亨利·法约尔认为管理有五大职能,它们是:① 计划;② 组织;③ 指挥;④ 协调;⑤ 控制。美国当代管理学家古利克则认为管理有七项职能:① 计划;② 组织;③ 人事;④ 指挥;⑤ 协调;⑥ 报告;⑦ 预算。美国另一位著名的管理学家孔茨又认为管理有五大职能:① 计划;② 组织;③ 人员配备;④ 指挥和领导;⑤ 控制。我国的一些学者对管理职能的描述也存在不同的意见。中国人民大学的杨文士教授等人认为孔茨对管理职能的划分是比较合理的,而南京大学的周三多教授等人则认为管理的职能应该是决策、组织、领导、控制和创新五种。

以上仅列出几种有代表性的看法。由于管理活动的复杂性,人们从不同的角度出发去描述管理的职能,自然会出现多种不同的意见。我们认为,既然我们将管理定义为组织的管理,那么,对管理职能的描述就应该紧紧围绕着组织系统从事活动对管理的基本要求来进行,同时,还应注意将管理的职能与管理的方法以及管理的具体对象区别开来。因此,将管理一般的职能较为抽象地描述为以下四个方面比较合理,即指挥决策、组织分工、领导协调和控制监督。第一,任何组织的任何活动都必须要确定其活动的目标,而在目标选择的决策中,组织中权威的指挥是非常重要的,因此,这一职能可以被称为"指挥决策"。第二,为了充分有效地实现既定目标,就必须对组织要从事的工作与可利用的资源进行合理的安排和分配,这便是管理"组织分工"的职能。第三,组织作为一个有着统一目标的群体,其组织内的机构之间、成员之间在行为上必须受指挥与分工的约束,以便使其协同一致地为实现组织目标而工作,这就是管理的"领导协调"和"控制监督"的职能。上述四大职能应该是管理活动区别于其他活动的最典型和最基本的职责与功能,也是人们在群体活动中需要管理活动的根本所在。同时,在管理实践中,管理的这些职能并不是彼此孤立、互不相干的,而是密切联系、相互影响的,它们共同存在于组织管理中和各个层次组织管理活动的全过程中。此外,被许多学者认为是管理职能之一的"计划"应看作一种管理活动中必不可少的最基本的管理方法(手段),它在实现上述四种管理职能的管理活动中都有着十分重要的作用(对此,将在第五章中讨论)。而"创新"是管理者在面对组织环境变化时必须采取的行动,创新的对象主要是管理的方法和手段。作为管理的基本职能则始终是基本稳定和持续不断地发挥作用的。

指挥决策、组织分工、领导协调和监督控制作为管理一般的基本职能,是一种抽象分析的结果。但抽象的管理在现实中是不存在的,每一种具体的管理都有自己特殊的管理对象与管理内容。将特定的管理对象、管理内容与管理的基本职能相结合,就形成了某种特定管理的职能。因此,公共财政管理的职能抽象地看与一般管理的职能是基本一致的,具体地来看则是管理的一般职能与公共财政管理具体内容相结合的产物。

政府的公共财政活动虽然内容众多,但在市场经济条件下,往往被人们归纳为三个方面。这就是政府公共财政的资源配置活动、收入再分配活动和稳定经济活动。这也就是公共财政理论中所说的政府公共财政的三大基本职能。而我们进行公共财政管理的目的则正是更好地去实现这三种职能,更加有效地进行上述三个方面的公共财政活动。在此意义上,我们可以说公共财政管理的职能就是运用管理活动特有的职责与功能去为政府公共财政活动三大职能的实现服务。

第二节 公共财政管理的基本职能

一、指挥决策职能

(一)公共财政管理指挥决策职能的含义

管理的指挥决策职能是指在组织活动中,通过一定的管理活动来集中决定组织活动的目标,并有力地在组织的一切活动去推行和贯彻的职能。组织是由群体组成的,因此,组织要想更好地存在并有所作为,首先就要将分散的个体意愿统一为对全体都有利的组织的共同意愿,并以此为基础来制定能更好地满足共同意愿和组织发展的活动目标,目标一经确定就成为指导组织活动安排和组织成员行动的最基本的行为准则,因而必须在组织中得到有力的贯彻。在一个充满竞争的环境中,正确而有效地执行管理的指挥决策职能对于组织的生存和发展是至关重要的。因此,指挥决策对于组织的管理而言是一个必不可少的重要职能。管理的指挥决策职能是通过一系列相关的管理活动和借助于一定的管理手段和方法来实现的。其一是要构建一个合理的决策制度,来确定决策者的组成和各自在决策中的权力与作用。例如:选出最优秀的人作为组织的最高领导阶层;根据组织的规模和组织的复杂程度去设置不同层次的分支机构和相应的分级领导,建立相关的制度明确组织成员之间的正确关系;选择科学合理的决策程序,利用行为科学充分调动所有组织成员的积极性,使其能为组织的决策提供恰当而有益的建议;等等。其二是要明确各决策主体应完成的决策内容:如总体目标、分类目标,长期目标、短期目标等。其三是要在技术上选择更加完善、科学的决策方法与手段。如充分的信息搜集处理、科学的预测等。在公共财政管理中,指挥决策职能的履行应该与一般组织管理的要求基本一致:需要为公共收支活动选择确定目标,需要去贯彻和落实这些目标。但是作为一种具体的对公共财政收支活动的管理,无论是从其组织形式(宏观上的整个国家社会与微观上的各级政府公共部门)来看,还是从决策内容(不仅有对长期宏观公共收支政策的选择,也有对具体公共物品的需求内容、规模、供应方式和生产方式的选择)来看,都较一般的组织管理更为特殊,也更为复杂。

(二)公共财政管理指挥决策中的决策制度

决策制度主要由两个因素构成:一个是由谁来决策,即决策主体;另一个是如何决策,即决策的程序与方法。从组织管理的目的来看,如何选择和确定决策制度又主要应考虑两个因素:一个是,谁是决策者更能保证组织目标选择的正确性;另一个是,怎样的决策过程,能使决策过程更具效率性。在一般以法人性质存在的商业性或社会性组织的管理中(如私人企业、民间团体等),面对不同的管理理念和方法,从完全由高层决策到人人参与决策,可以有多种制度设计,人们对决策制度也可以有不同的选择。但由于组织结构相对简单,组织成员之间关系更加紧密,人们的偏好也更容易一致,其选择也就相对比较简单和自由。而在公共财政活动的决策管理中,则必须要受到更多因素的约束。在这里,由于组织构成的相对复杂,与决策相关的行动主体有构成公众的社会成员个人和各种私人组织,也有构成公共部门的各级行政政府和所属的各职能部门;还有作为公众代表参与决策的立法机构。首先,为保证公共财政活动的公共性以及效益与伦理两大基本要求得到更好的体现与满足(公共财政决策目标的正确性),每个社会成员都有平等参与决策、表达自己意愿的权利。这种权利在现代国家的公共财政管理的决策制度设计中必须充分地得到体现。其次,为了降低公共收支决策过程的成本,又不可能每一个关于公共收支的决策都让每个人去直接参与。这就使得公共决策制度的设计和选择将受到更多的约束。如第二章所述,现代各国在实践中一般选择了一个包括直接民主、代议决策和行政集中决策相结合的复合的公共选择的决策模式。在这种模式中,公众、立法机构、行政长官和各职能部门都可以是决策的主体。然而爱伦·鲁宾认为(2002:第11页)"公共预算的第一个特征就是它涉及许多的行动者,他们经常有互相冲突的动机和目标"。在不同的决策制度中,不同的行动者对决策结果的影响力是不同的。为增进公共收支决策的公正性和效率性,一个科学合理的决策制度必须在透明度原则、分权原则和权利与责任对称原则的约束下,构建起一个既能高效运转又能保证各方正当权益得到恰当体现的决策程序,并通过宪法及相关的法律法规来明确各方的权利和行使权利的方式。

在这样的公共选择模式下,公众的决策权在不同层级政府的公共收支决策中是不同的。在较高层级的公共选择上,公众对公共收支决策的影响主要通过选择行政领导人和立法机构代表的方式来行使。在公开透明的公共收支决策程序中,公众也可以结成利益集团通过说服和影响行政官员和立法委员的方式来影响决策结果。在基层辖区的公共收支决策上,公众个人则有更多的机会去直接为公共收支方案的选择投票。

各级立法机构对公共收支的决策权主要体现为:有权决定各种收入制度的确定和调整;有权直接审议和批准行政政府提出的每年的支出预算。

在宪法授权下,各级行政政府是日常公共收支的主要决策者。合法的行政政府有权根据自己竞选时被认可的执政方针来进行每年的公共收支计划(国家预算),有权提出对现行收入政策和收入制度的改革与调整方案。

各级行政政府中的各职能部门是各种公共服务的供应者和主要生产者,是购买性公共支出的最原始的决策者,他们的决策会对公共支出内容和规模的形成产生重要的影响。

由此可知,在这样的公共收支决策模式中,履行公共财政管理指挥决策职能的主要管理者是各级行政政府及各职能部门。他们各自应承担和面对的决策内容也有所不同。

(三)公共财政管理指挥决策的内容

1. 行政政府的决策任务

行政政府都是一定政治辖区的最高政治权威,承担着为所辖行政区内一定时期(通常是中长期)公共财政活动选择正确的目标和制定恰当的公共财政经济政策的责任。具体来看又可分为以下三个方面:

(1)合理确定政府资源配置的领域和规模。政府公共财政的资源配置职能主要包括直接的资源配置和间接的资源配置两个方面。直接的资源配置主要是指公共财政对政府各公共部门的投资和经费拨付;间接的配置则是指政府通过一定的公共财政政策(税收政策、补贴政策、债务政策等)对非政府(私人)生产投资行为的影响。从政府承担资源配置职能的最终目标来看,是为了弥补仅靠市场作用所产生的配置方面的缺陷,从而优化配置状态,提高配置效率。由于在市场发育的不同阶段,其配置缺陷所表现出来的形式和程度都会有所不同,因此,在准确分析和认识不同时期市场配置缺陷的基础上去确定政府直接配置的领域与规模,选择政府对市场配置领域进行合理干预的公共财政手段和措施就成为各级行政政府主要的决策内容。在较为集权的财政体制下,重大的方针政策通常要由中央政府来统一决策,而各级地方政府则应在中央统一方针政策的约束下对各自所辖区域内的政府资源配置活动的内容和目标进行选择。理论上讲,政府分级和建立分级财政的必要性之一就在于不同区域有不同的区域特性;不同区域的居民会对公共品的需求表现出不同的偏好,只有分级才能使不同级次和不同地区的政府在职能履行的侧重点上有所区别,从而更好地去适应不同区域的特性和满足不同居民的不同偏好。这才能从总体上去提高政府财政配置资源的效率。因此,各级政府在资源配置方面财政决策的内容,首先应在一个科学合理的分权财政体制的规范下划分各自应承担的公共服务的职责范围,并在这样一个范围内去为自己管辖区域的长期发展制定公共品供应的目标和规划。政府目标是政府社会经济发展战略和年度发展计划中的重要内容,政府目标决定着政府要提供哪些方面的公共物品和提供多少公共物品。

(2)确定收入再分配的程度和方式。政府公共财政的收入再分配职能是指政府通过公共提供、税收、转移支出等公共财政政策和手段,对按市场原则所形成的国民收入分配格局向公平的方向所进行的调整和改善。这种调整和改善往往是伴随效率损失的。因此,在市场发育的不同阶段,人们在权衡效率与公平的追求上,对收入分配状态改善程度的要求是不一样的。如在市场发育的初期,人们会更多地追求效率,而在市场经济成熟起来,贫富差距加大影响到经济的进一步发展时,人们又会转而更多地追求公平。同时,在同一程度的收入分配改善上,选择不同的公共财政改善方式和手段也会对效率的损失带来不同的影响。因此,人们要求通过公共财政管理的指挥决策职能去确定不同时期政府改善收入分配的程度;去建立合理的收入再分配政策;去选择最为适当、效率损失最小的收入再分配手段。从前文对分权制财政的分析中可知,在收入再分配方面的决策权更多地是由一国的中央政府来掌控的。

（3）为经济稳定选择正确的公共财政政策和实现政策目标的公共财政工具。政府公共财政的经济稳定职能是指在市场经济发展不稳定、出现大的波动时，政府公共财政必须通过选择宏观公共财政政策和政策工具去降低波动的幅度，熨平经济周期，实现社会经济的稳定。实际上政府公共财政活动的具体收支内容总是表现为资源配置活动（主要是政府的各种购买性支出）和收入再分配活动（主要是政府的各种公共财政收入和绝大部分转移支出）这两个方面。当经济发展相对稳定时，上述两种活动的收支内容和规模则是相对稳定的。但在经济出现波动时，政府就必须根据所选择的扩张性或是紧缩性公共财政政策的要求去选择各种收支内容的结构与规模。因此，公共财政管理的指挥决策职能在实现政府公共财政稳定经济功能时的主要作用，就是能够根据经济波动的状态去选择适当的公共财政政策和实现政策所必须调整的政策工具。这一决策的职责也主要由中央政府来承担。

一般认为，公共财政管理只是对政府公共财政活动的管理，所以公共财政管理的指挥决策职能并不包括对政府所有活动目标选择的决策，而只是对政府重大公共财政经济活动目标选择的决策。但是，由于政府的一切活动实际上都离不开公共财政的支撑，因此，政府一切重大活动目标的决策都必须考虑公共财政因素。比如，政府军备目标的选择，从表面上看并不是一个公共财政问题，但实际上任何一种规模的军备目标最终都只能由法定公共财政决策程序所通过的军费预算规模来体现。从这个意义上讲，公共财政决策实质上是对政府活动的决策。

2. 各职能部门的决策任务

政府的公共职能部门是为满足社会成员对国家安全、社会秩序、环境保护、公用设施、文化教育等的共同需求而设立的。这些职能部门正是政府行使管理社会、服务社会职能的基本组织机构，是构成政府实体的主要部分。因此，在行政政府的社会发展目标和大政方针确定之后，职能部门的存在和分工就决定着政府将具体提供哪些公共物品以及怎样提供。作为公共物品的生产者和供应者，公共职能部门最贴近自己服务的公众，最了解自己所生产（提供）的公共物品的特性，最清楚真正的生产成本，由他们来提出具体公共物品生产所需公共资源配置的数量（预算支出）是最合理的。因此，一般各国都在宪法授权下，赋予了政府公共职能部门去提出预算资金需求的决策权力。申请和提出预算要求的过程就是公共职能部门的决策过程。但是在不同的预算管理制度下，职能部门在这一决策权的运用上所受到的约束是不同的。在传统的投入型增量预算方式下，一旦某个职能部门存在，则每年都可以在上年预算的基础上去提出自己的预算支出要求，而不管这个部门所提供的公共服务是不是公众现在所需要的，以及这些服务的效率如何。同时在职能部门管理者自我利益最大化的驱使下，他们往往也会提出超过实际需要的越来越大的预算规模，造成公共资源使用的浪费和低效。因此，在现代新公共管理所提倡的绩效管理理念下，公共部门的预算则应以零基预算的方式来提出。在这样的预算制度下，每个职能部门每年都必须提出自己这个部门存在的理由，而合理的存在理由就是必须说明本部门所要提供的公共服务在整个社会发展目标中的作用和效果，并以此来提出自己的预算资金需求。这就对职能部门的决策内容有了更高的要求，也有了更加严格的约束。

(四）公共财政管理决策中的技术手段与方法

由于政府的公共财政活动无论是对整个社会还是对社会成员个人都有巨大的影响。因此,要使重大的公共财政活动目标决策正确,有两个方面的问题值得重视。

首先,从技术层面来看,管理者必须充分获取有关社会经济发展状况的信息和与此相关的社会公众对公共物品的需求信息。对此,政府必须建立由具有专业分析能力和熟悉公共财政活动的专业人员所组成的各种专门工作机构,去负责搜集和分析各种信息,为政府及其职能部门的财政收支决策提供科学依据,其中预测技术是最为重要的分析技术之一。

其次,从制度层面看,必须建立保证重大公共财政决策公开透明的决策制度和程序,每一个细节都应有相应的规定和法律的保障。

政府预算是最为重要的公共财政决策管理工具。在技术上,可以通过构建不同的预算表达形式来提高公共收支决策的科学性;在制度上可以通过设计科学的预算程序来体现对财政决策公开透明的要求(我们将在第七章中对预算管理进行更深入的讨论)。

二、公共财政管理的组织分工职能

（一）组织分工职能的含义

管理的组织分工职能是指为了实现组织的目标,执行组织的决策,对组织内各种可利用资源进行制度化安排的职能。人们之所以建立组织来进行某些活动,就是为了能够在组织内通过分工协作以更好地实现活动的目标。因此,在确定了组织的活动目标之后,管理的一个中心职能就是在组织内部去制定实现目标的具体行动方案,去合理地分配人、财、物力等资源。管理的组织分工职能同样也是通过一系列的具体管理活动实现的。首先,从管理主要是对人的管理的这个角度去考虑,组织分工的主要任务就是对人力资源的组合分工,它包括按照组织目标的要求和组织的实际情况去建立合理的组织结构(部门、科室、班组等),选择分支机构的管理人员,确定各机构的权责,配备能够胜任其承担工作的专业人员等。其次,是根据各分支机构所承担的工作任务去分配组织的财力和物力。而上述管理活动的有效展开也同样离不开对诸如制度、计划、行为科学、物质激励等管理方法的运用。

在公共财政管理通过指挥决策职能合理确定了资源配置的领域和规模、确定了收入再分配的程度和政策、选择了经济稳定的财政政策目标的工具之后,公共财政管理的组织分工职能就主要表现为对既定政策目标下政府各项职能的实现所进行的资源获得和资源配置的组织安排工作。这种职能的履行主要是通过建立各种工作机构和具体的分配制度来实现的。

（二）为公共职责的履行分配资源

1. 合理确定政府部门与私人部门之间的收入分配制度

公共财政管理的组织分工职能从宏观上来看,是通过建立合理的收入分配制度去正确处理政府部门与私人部门之间的收入分配关系,即决定一定时期内在全部社会总资源中政府部门和私人部门各自可支配的比例,这从表面上看虽然只是一种收入分配的组织安排问题,而实际上就是在从宏观上决定政府与私人之间的社会分工。从微观上来看,不同的收入分配制度和分配方式也会对不同的私人主体支配资源的能力产生影响,从而对他们的经济行为的选择产生影响,而经济行为的改变实际上也在一定程度上改变着人们的既定社会角色和分工。当然,各种分配制度的制定和修改都是在一定时期既定的公共财政决策指导下来进行的。公共财政决策所决定的政府规模、收入再分配程度、经济稳定的政策目标是一定时期制定具体的公共财政收入分配制度的主要依据。公共财政管理要恰如其分地履行这一宏观上的组织分工的职能,所要进行的管理工作同一般的组织管理相比具有一定的特殊性,它需要建立专门的收入管理机构,而收入管理机构必须由具有专业知识和专门技能的人所组成,他们要有能力去为合理地选择、确立及修改这些重大的分配制度提出建议和具体的设计方案。而这些建议和设计方案又必须尽可能充分地体现经过民主决策程序所确定的公共财政方针和政策的要求。

2. 合理确定政府内部的资源配置

政府部门与私人部门间的收入分配制度确定了政府在一定时期内可获得的资源数量,那么,这些资源在政府内部又应该如何配置呢?它必须依靠下面两个方面的制度建立来完成。

(1) 通过建立公共财政管理体制,在上下级政府之间合理配置资源。公共财政管理的组织系统从微观来看就是政府本身,而政府通常是由中央政府和各级地方政府组成的,这当然首先是政府行政管理的需要。这种政权上的分级虽然有多种多样的原因,但从效率的角度去考察,政府分不分级和怎样分级则主要是为了更好地履行政府的各项职责。因为,有的职责更适合在全国范围内由中央政府来履行(如国防、经济稳定、收入再分配等);而有的职责则更适合由地方政府来履行(如城市交通、环境卫生、地方治安等)。因此,公共财政管理组织分工的职能从政府体系的内部来看,主要就是要通过建立一定的制度(公共财政管理体制)来确定各级政府公共财政活动的权限和内容,这种分工虽然从表面上看以政府行政权力划分为前提,但由一定时期行政权力需要所确定的政府职能划分,从经济上来看并不一定符合效率要求。因此,在充分考虑效率原则要求的情况下来选择建立的公共财政管理体制,实际上反而能够为在政府间更合理地配置资源、更有效地履行政府职责提供制度保障。

(2) 通过建立恰当的财务预算管理制度,在各级政府内部合理地配置资源。公共财政管理在通过建立完善的公共财政管理体制对上下级政府间在合理配置资源上进行组织分工后,还应进一步完成对各级政府内部配置资源的组织分工。这一职能的履行需要通过选择恰当的财务预算管理制度来进行。由于政府部门组织机构的复杂性,会使政府的不同部门和单位在经济属性上出现差异。比如,哪些部门单位是可以盈利的?哪些部门单位是可以收费以弥补成本的?哪些部门单位是绝不可以盈利或收费的?这些不同的性质必然对单位获得和使用资源的方式产生不同的管理要求。因此,公共财政管理组织分工的作用就是要能根据这些部门在经济属性上的差异去选择与之相适应的财务预算管理制度。以便在相应的制度约束下使这些部门单位能以更加规范、合理和有效的方式去获得和使用资源。

三、公共财政管理的领导协调职能

（一）领导协调职能的含义

管理的领导协调职能是指组织的活动在进行了正确的目标选择和合理的组织分工后，需进一步完成上级对下级的工作指导以及处理好部门间和成员间合作关系的职能。管理的组织分工职能使组织中建立起了不同的机构，使每个机构甚至每个个人都具有了不同的权力与责任。然而，组织的目标却是共同的，为了使共同的目标能够更好地实现，管理还必须承担起领导协调的职能。实现这一职能，首先要层层设置领导，建立起下级服从上级的管理机制。其次，各上级领导必须随时充分掌握其所管辖下级机构和下级成员完成工作任务的情况以及下级机构之间和下级成员之间相互配合状况的信息，并通过检查指导、教育说服、奖励惩罚以及必要的任务调整等方法以激励各机构和各成员积极主动、协调一致地去完成组织的工作任务，去更好地实现组织的目标。

由于公共财政管理的特殊性，公共财政管理的领导协调职能的作用也就与一般的组织管理中的领导协调职能有所不同。从管理的内容来看，公共财政活动通常都与相关主体的经济利益密切相关，因此公共财政管理的领导协调职能就主要表现为在公共财政活动开展的过程中对各方面与公共财政相关的物质利益关系不断地进行必要的调整，并通过这些调整即时协调各有关方面的公共财政分配关系。

（二）公共财政领导协调职能的内容

从公共财政管理的组织体系来看，它所要协调和处理分配关系的范围应包括以下三个方面：

1. 对政府部门与私人部门之间关系的协调

从公共财政活动的管理内容来看，政府部门与私人部门之间分配关系的处理是通过公共财政管理的指挥决策职能来确定其基本政策和原则的；是通过公共财政管理的组织分工职能所制定的重大的分配制度来确定其具体的分配比例和分配方式的。同时，由于政府部门与私人部门之间利益关系的相对独立性，一般要求各种处理政府部门与私人部门之间分配关系的制度必须具有严格的约束性。因此，公共财政活动中的领导协调职能首先表现为在制定制度时必须充分考虑不同利益集团的利益协调，以保证在既定制度的执行具有广泛的社会基础。其次，领导协调作用还表现为对既定分配政策和分配制度的充分宣传解释和准确及时的执行。所谓宣传，一是指各相关的公共财政管理部门应将既定的分配政策的目的和意义详细地告知各有关经济主体，使其了解在已定的分配政策下，物质利益的改变情况和做这种改变的原因；二是应将具体的分配制度的细节告知各有关经济主体，使其了解在有关的公共财政分配制度中各自物质利益的具体处理方式。例如：税法税制的颁布、修订，社会保障制度的建立和修改等，都需要进行深入充分的宣传。应该说在一个能够充分表达社会各方面意见的公共决策程序下，重大公共财政决策的作出和重要公共财政制度的形成都是一种合法程序下公共选择的结果，虽然它所引起的物质利益的调整对不同社会成员的影响是不一样的，但只要它的程序是合法和基本合理的，它就是一个不同利益主体在经过了成本利益比较后相互让步的结果，因而从理论上讲，这样的结果有利于增进社会福利。在这样的前提下，准确无误地去执行这些制度，本身就是在对政府部门与私人部门之间以及私人部门中不同利益集团之间的物质利益进行协调。如,在税法的执行中只有准确无误地执行,才能保证既定分配政策对各方面物质利益的协调目标的实现。当然,随着经济和社会情况的变化,公共财政管理人员及时地去发现现行分配制度中的矛盾和问题,并通过合法程序及时加以调整,也是协调职能中一个非常重要的方面。

  2. 对政府间的关系的协调

中央及各级政府间的关系主要是通过公共财政管理组织分工过程中所确定的一定的公共财政管理体制来处理的。在这一体现对政府间职能的划分和以此为基础的资源支配权力划分的制度化管理过程中,必须在制度的设计上为上级政府对下级政府的领导协调职能的履行留有足够的空间。比如在分税制的公共财政管理体制中,上级政府在财力上的适当集中和设计科学的补助金制度都是协调政府间关系的必要前提。由于公共财政活动在一国内的各区域之间存在差异,只有赋予各上级政府在公共财政资源调度上的必要权力,才能使各上级政府有足够的能力,根据国家和社会的整体利益与一定时期内的宏观总体目标,在所辖区域内对地区间的公共财政收支差异进行必要的调节,使之能共同协调地、更加有效地去履行政府的各种职能。

  3. 政府内部部门间的关系协调

在政府内部,各部门以及各单位公共财政支出的获得,首先也是通过国家预算这一公共财政管理组织分工的制度化过程来确定的。由于这种分配制度的建立是以对未来一段时期内政府活动的预计预测为基础的,因此,这种分配的格局未必十分正确。这就必然要求各级政府和各上级部门具有一定的公共财政调整权力,以便使各级行政领导能够根据变化了的情况在各种支出项目间、各单位间以及部门间及时进行财力上的调度和调整。这便是公共财政管理的领导协调职能在政府内部组织管理上的体现。值得注意的是,这种公共财政上的调节权虽然是必需的,但又必须是有限的,以避免其被滥用。各国一般通过对各行政权在财力上的可调整范围、幅度的规定以及必要的调整程序的规定来进行这方面的制约和监督。

四、公共财政管理的监督控制职能

  (一) 监督控制职能的含义

管理的控制监督职能是指管理活动对组织所制定的制度和计划以及组织成员的行为进行检查督促,并对其出现的偏差与错误进行纠正、处理和调整的职能。由于组织机构的复杂性,各机构各成员局部的、个人的利益与目标同组织的总利益、总目标之间总会存在一定的差异。这样,一些机构和个人不遵守组织的行为规范,不按组织的制度和计划的要求去行动就完全有可能;同时,组织所选择的目标、制订的计划和建立的制度也都会随着时间及环境等因素的变化而出现一定的偏差。因此,控制监督必须是管理应该承担的又一个重要职能。首先,通过监督控制使组织的各机构和各成员的行为符合组织目标与组织分工所确定的行为规范的要求,避免各机构间和各成员间的相互侵权和推卸责任,并对其错误行为进行有效的纠正与处理,以防止其侵害组织的总体目标和总体利益;其次,通过监督控制可以发现组织目标、制度和计划上存在的偏差,并进行及时的纠正和调整,以保持组织总体行为的合理性。组织系统的规模越大,内部的结构越复杂,在组织的管理中监督控制的职能也越重要。

公共财政管理的控制监督职能则主要是对公共财政活动所涉及的各行为主体与公共财政相关的行为进行控制和监督。由于公共财政活动从实质上看就是一种处理各方面物质利益关系的活动,其涉及的社会领域与活动内容都具有广泛性和复杂性,因此在公共财政活动中必然要求明确划分各有关方面的权力、责任和利益,而公共财政活动的协调进行和公共财政目标的实现则完全有赖于各方正确行使自己的权力,认真履行自己的责任,获得自己应得的利益。但由于各种原因,在公共财政活动中总会出现不正当行使权力、不认真履行责任以及侵犯他人利益等情况。因此公共财政管理就是要通过发挥控制监督职能的作用去保证各方面在既定的分配格局中的合法权益。具体来看公共财政管理的监督控制职能应包括以下三个方面的作用。

(二) 公共财政管理监督控制的内容

1. 监督控制政府部门的公共财政活动(监督财政)

在市场经济中,公共财政活动首先要处理的是政府部门与私人部门之间的权力、责任和利益关系。政府在获取公共财政收入上有多大权力?可以从当年国民生产总值中获得多大份额?用这些来自公众的收入都做了些什么?应该承担什么责任?这一切都与社会公众各方面的利益密切相关,因此,必须受到来自公众的监督与控制。制度化的监督控制包括以下特征:

(1) 立宪授权。即处理国家公共财政预算的权限,必须根据宪法的授予来获得。

(2) 收入法律化。即政府征收租税、发行公债等一切获取收入的行为都必须有法律依据。

(3) 预算决策审议制。即国家预算支出的内容、用途、目的和最高限额等,都必须预先得到立法(民意)机构的确认。

(4) 决算审计审批制。政府每年必须对公共财政收支活动的执行情况进行总结汇报,编制决算交由审计机构审查,再由立法(民意)机构审批。

对政府公共财政活动的监督控制是现代国家公共财政管理中必不可少的重要内容,它是文明社会的发展和民主政治的必然要求,保证公共财政活动尽可能好地体现全体社会成员的意志,保证社会稳定、国民经济协调发展和提高资源配置效率的重要手段。这种监督通常又被称为监督财政或立法监督。履行监督职能的主体通常是国家的立法(民意)机构,被监督的对象是政府部门,监督的内容是政府公共财政活动的总体情况。

2. 监督控制私人部门与公共财政活动相关的行为

对私人部门与公共财政活动相关行为的控制监督主要表现在两个方面:一是监督控制纳税人的纳税活动和与此相关的财务行为;二是监督控制非国有企业占有和使用国有资产的行为以及与此相关的收益分配行为。

由于政府公共财政活动的基本特征是无偿性,因此,无偿地去向私人部门征税是政府公共财政活动的基础,同时又由于支出活动的无偿性,使人们无法将自己缴纳的税收同今后可能享受的公共服务结合起来。尽管政府在立宪授权下,已经取得了合法的公共财政权,其税收制度也通过了法律程序的认可,但在收入的获取中仍然将会受到来自纳税人的阻抗。因此,对纳税人依法纳税行为的监督控制必不可少。这类监督控制的职责通常由收入管理(税务)机构来承担。而当一国内存在大量由非国有企业(各种自主经营的控股、参股及合资企业)占有和使用的国有资产时,对其相关行为的控制监督也十分必要。这类监督控制的职责主要是由专门的国有资产管理机构来承担的。

3. 监督控制政府内部各部门各单位的公共财政行为

对政府内部各部门、各单位公共财政行为的控制监督在公共财政管理中应该说是最主要的(发生最多的)管理工作。因为,政府在合法取得公共财政收入,并按合法程序进行了支出决策和支出安排后,公共财政资源就主要由政府的各职能部门及各工作单位去开支使用。那么这些单位是否按照规定的用途去开支,是否注意了支出的节约使用,是否按照支出的目的要求提供了高质量的公共服务;其代管的公共财产是否完好,其经营的国有盈利性资产的收益如何……就十分重要。由于作为相对独立的政府部门和单位总有局部利益的存在,而部门和单位的领导人也总有个人的私利存在,而这些局部利益和个人私利的满足通常又必然要利用其在公共资源占有上、公共财产管理上的特殊权力,通过一定的公共财政行为表现出来。而这些公共财政行为要么违反现有公共财政规范,要么利用了现有公共财政规范不完善的漏洞。因此,对政府内部各部门和各单位公共财政行为的监督控制就十分重要。监督控制的主要目的是使其严格遵守各既定的公共财政规范,因为这些规范是目前处理各方面权、责、利关系的法定依据。当然,在监督控制过程中所发现的现有公共财政规范不完善和不合理的地方,也正好为进一步的制度改进和制度建设提供了依据。政府内部的公共财政监督包括上级政府公共财政部门对下级政府与上级公共财政利益相关公共财政活动的监督(又称为"公共财政监察"),同级公共财政部门对各职能部门公共财政行为的监督。

本章,我们从公共财政活动的具体内容出发讨论了公共财政管理活动的四大职能,作为一种特殊的管理活动,明确其管理职能的具体内容十分重要,这是正确组织和开展公共财政管理工作的基础。

本章小结

从人们对管理活动的要求来看,管理具有指挥决策、组织分工、领导协调和控制监督等四大职能,公共财政管理也具有这四大职能。其指挥决策职能是要为一定时期政府的公共财政活动选择目标和制定政策。其组织分工职能是要在既定的公共财政政策目标下,对可利用的公共财政资源进行制度化安排与分配。其领导协调职能是要在公共财政活动开展的过程中对各方面与公共财政相关的物质利益关系不断进行必要的调整与协调。而其控制监督职能则是对公共财政活动所涉及的各行为主体与公共财政相关的行为进行控制与监督,其监督的实质,是要求有关各方严格遵守各种公共财政制度所规范的权力、责任和利益关系。

本章参考文献

1. 〔美〕爱伦·鲁宾著,叶娟丽等译:《公共预算中的政治:收入与支出,借贷与平衡》(第4版),中国人民大学出版社,2002年。
2. 〔美〕弗里蒙德·E.卡斯特,詹姆斯·E.罗森茨韦克著,李注流等译:《组织与管理——系统方法与权变方法》,中国社会科学出版社,1985年。
3. 吴建依,"论行政公开原则",《中国法学》,2000年第3期。
4. 杨文士、张雁主编:《管理学原理》,中国人民大学出版社,1998年。
5. 周三多等编著:《管理学——原理与方法》,复旦大学出版社,2003年。

第四章 公共财政管理的方法

所谓管理的方法,是指人们在管理这一特殊的活动中,为实现管理的职能所采用的手段和措施。各种管理思想最终都要通过人们在管理过程中所选择的方法来体现。不同的管理思想对管理方法的选择会有不同侧重;不同的组织和管理内容对管理方法的需求也会有所不同。在本章我们将主要结合公共财政管理的特点来讨论一些传统的管理方法,同时也将介绍一些在新的管理理念、管理思想影响下所产生的较新的管理方法。

第一节 制度管理的方法

一、制度的含义

正如柯武刚和史漫飞(2001)所说,文献中的"制度"一词有着众多矛盾的定义。不同学派和时代的社会科学家赋予这个词如此之多可供选择的含义,以至于除了将它笼统地与行为规则性联系在一起,就不可能给出一个普适的定义来。我们在尊重这一普适定义的基础上,重点从组织的管理出发来解释和使用"制度"这一概念。

将制度看成一种管理方法,是因为在迄今为止的任何形式的组织管理中都离不开制度的支撑。然而,人类社会有太多不同层面与不同形式的组织。它们有的很大,结构很松散;有的则较小,结构也比较紧密。因此,人们在对制度进行解释时,也就会由于他们着眼于不同的组织系统而有所不同。人们着眼于**社会**这样一个相对开放和松散的组织系统时,就认为:从最一般的意义上讲,制度是社会中个人遵循的一套行为规则,即处理人与人之间关系的规则。并且认为一定的制度选择便构成了一个国家一定时期一定的社会经济政治体系(即所谓的社会经济制度)。当人们倾向于将一个**国家**看作在公共权力机构领导下的一个相对封闭和紧密的组织体系时,人们就更乐意于将制度解释为各种法度,即通过立法程序而制定的各种成文的法律规则。而当人们将着眼点放在**一种封闭而结构紧密的组织**(D. C. 诺斯所谓的"初级行为团体")身上时,就会将制度看成要求组织内部成员共同遵守的规章制度。

综观上述各种释义,虽然各自的着眼点有所不同,但从中却可以得出一个共同的结论,即制度是组织的产物,进一步讲是人们对组织进行管理的产物。但也正是由于人类社会组织系统的复杂性和多样性,使得制度的表现形式、通过制度处理的事情、制度约束的范围和力度都会有所不同,从而使得制度作为一种管理方法其所包含的内容和在管理中的作用也表现出一定的层次性。

二、制度在管理中的作用

(一)制度是形成和构建组织的依据

制度作为一种管理方法,其首要的作用就在于它是构建一定组织系统的依据。人类社会之所以存在各种不同层次、不同形式和不同性质的组织系统,就是因为在形成和构建这些组织时,人们所依据的制度规则不同。首先从社会这样一个大而相对松散的组织系统来看,没有一定的关于人们之间基本行为规则的制度规定,人们就不可能在一定的范围内有序地交换产品和劳动,从而安定地生活繁衍。无论是人们之间交往关系相对简单的原始社会,还是人们之间关系相对复杂的现代社会,也无论人们选择的处理相互间最基本的交往关系的制度在性质上有多么不同,总之,一个稳定的社会要想和谐地存在,就必须遵循一系列相对稳定的、被当时大多数人认可的基本制度。也正是由于有不同性质的制度选择,才形成了不同性质的社会。再从国家这样一种相对紧密的组织形式来看,其建立和运转也必须依据一定的制度规则,也正是由于人们对处理公共事务的公共权力在行使权力和履行职责上的制度设计不同,因而形成了不同性质和不同政体的国家。最后从政府、军队、企业、学校、社团等这样一些更为紧密、更为具体的组织形式来看,其建立和运作也都必须以一定的制度(规则)为依据。当然,也正是因为人们在构建这些组织时,在制度上有不同的设计,因而会形成不同的政治制度、军事制度、企业制度、学校制度、社团制度等。应该说每一种组织形式都是一些特定制度的产物,是特定制度相对固定化的表现形式,而制度则是构建一定组织形式的依据和必不可少的条件。在这样一个层面上来认识制度的作用,就使得"制度"的内容有了更广泛的含义,它不仅有规则、规矩的含义,同时也具有组织、体系、体制等含义。正如在英语中,这时必须用 institutoin 或 system 来描述这一概念,而不能仅用 rule 或 regulation 来表达。

当我们将制度看作构建组织的依据时,这种层面上的制度通常是一些形成社会和特定组织系统时的基础性的制度,这些制度常因其制度约束方式(即制度的设计和安排)的不同而呈现出多种类型,因而使人们可以有所选择。如:有的社会选择私有产权制度,有的社会则选择公有产权制度;有的国家选择联邦制,有的国家则选择单一制;有的企业选择股份制,有的企业则选择合伙制;等等。从管理是对组织的管理这个角度来看,没有组织就没有管理。而根据不同的制度设计(选择)所构建的组织系统,其具体的被管理内容和管理的侧重点也会有所不同。因此,从这个意义上说,组织构建的本身就是实施管理的开始,组织构建时的制度设计和选择也是今后开展管理的基础。在这个层面上,制度的表现形式也呈现出多样性,有的可能是成文法,而有的可能是经过组织成员长期磨合后所形成的共同认可和遵守的习惯性规矩(包括风俗、文化、道德等)。

(二)制度是对组织成员行为进行规范的手段

当人们在完成了一定组织的基本构建以后,要实施管理,就必须进一步完成和健全组织的内部建设,并对该组织系统全体成员的行为进行必要的规范。前面曾讲过,对组织成员行为的规范主要表现在规定其应如何行使权力、履行职责和获取利益这三个方面。而组织的内部构建也主要表现为如何在组织内部去分层次地设置层级机构和分支机构,其实质则仍然是一个在组织内部不同级次的机构中去分配权力、责任和利益的问题。可以说,明晰与确定的组织内部各层次及各成员各自的权力、责任和利益是对组织进行管理的前提。因为只有清晰明确的权责利界定才能保证管理的指挥决策、领导协调这样一些职能得以发挥作用并受到必要的制约;也只有清晰明确的权责利界定才能使组织的各机构及每一个组织成员明了自己在组织中的角色和应起的作用,进而彼此协同地去完成组织分配的工作,实现组织的共同目标。要对权力、责任和利益在组织内的各机构及各成员中进行明确的界定和分配,就必须运用一种可以使各方面所拥有的权力范围、责任目标和利益数量透明化及相对固定化的手段。这种手段就是制定制度。对于组织的进一步管理而言,明晰的权责利界定就是对组织成员的基本行为进行规范,因而制定制度(建立规则)是组织管理过程中必不可少而又极其重要的管理手段。不过,组织内部制度的制定(或形成)会因组织特点的不同和制度处理的行为关系的重大程度不同而采取不同的程序和方法。有的制度需要通过充分的讨论和严格的程序来确定;有的制度则主要由组织中的上级机构制定;还有一些制度则由相对小的组织内的全体成员协商来确定。如:处理国家社会这一组织系统中的人们行为规范的各种制度通常要通过立法程序来制定;处理政府内部各级、各部门之间行为规范的制度有许多只需由上级来制定即可;而像企业、社区、社团这样一些组织内的某些规章制度则要经由全体组织成员的协商讨论来决定。

对于组织的管理而言,无论怎样去处理权责利关系(规范基本行为)都必须运用制度,然而,不同的制度选择(设计)却会在具体的权责利关系安排上出现巨大的差异。因此制度作为一种组织管理的手段,仅仅只是一种人人都可以利用的工具。如何才能运用得好,则需取决于管理者所崇尚的管理思想和具有的管理水平。好的制度设计必须能够恰如其分地处理好各方面的权责利关系,因而它可以得到最好的遵守并充分调动所有组织成员的积极性,其制度实施和运行的成本也就会是最低的。在这样的制度规范下,组织的运转良好,组织的目标也可以得到尽可能好的实现,而管理的效率则正表现于此。

(三) 制度是将组织目标和组织活动分工细化的工具

在相对封闭、结构紧密的组织的管理中,除了需要对组织成员的基本行为进行规范,还需要对一定时期内为实现组织目标所要进行的具体活动进行详细的分工。在这一类组织中,通常都有各自相对稳定的组织目标,而实现这些目标都必须开展一系列相关的业务活动。如:企业必须通过产、供、销等活动来实现盈利;学校必须通过组织教学来培养学生;等等。然而这些目标的实现是由组织内不同的机构和不同的成员通过开展各种不同内容、性质的工作共同来完成的。为了使整个组织都能够协同一致地去进行工作,就必须对组织各部分甚至各个成员应该承担和完成的工作内容、工作数量、工作质量,以及完成这些工作所必须运用的方法与遵守的程序加以规定。这就是业务工作分工的制度化过程。无论组织的特点和性质有多么不同,组织目标的实现需要全体组织成员协同一致地工作这一点却是共同的。只有用制度才能将组织中各机构和各成员各自应承担的工作数量明确化;也只有用制度将各种必要的工作方法和工作规程固定化才能保证工作的质量。组织越复杂,分工也就越细化,而越是细化的分工就越是需要严谨周密的制度化管理。

总之,制度作为一种组织管理的方法,显然在任何组织的管理中都不可或缺。但是,在不同的管理思想和管理理论中,对制度这种管理方法的重视程度是有差异的,因而人们在不同的管理思想的指导下对制度的运用程度也不同。在古典(科学)管理理论中,人们非常重视制度的作用,在这种管理思想指导下的组织管理中,人们对制度的运用也就非常充分,无论是在对组织成员一般行为的约束上还是在分工细化上,都将制度制定得细致入微。而在行为科学理论和权变观念的影响下,人们则认为过细的制度管理会束缚人的行为,降低人的主观能动性。

三、公共财政管理中的制度管理

(一)公共财政管理中制度管理的重要性

尽管人们在不同的管理思想的指导下,对于制度在管理中的重要性会有不同的看法,尽管人们面对不同的组织和不同的管理内容在制度运用的充分程度上会有差异,但在公共财政管理这样一个管理领域中,制度管理的作用却是至关重要的,制度作为管理方法也必须被充分地加以运用。这当然是由公共财政管理所面对的组织机构的复杂性、广泛性和公共财政活动所涉及的利益关系的敏感性、尖锐性这样一些特点所决定的。首先,公共财政活动涉及的组织体系结构复杂,宏观上的组织机构涵盖了一个国家的整个社会。这既是一个作为整体的大的组织系统,又包含各种各样性质不同、组织形态各异的为数众多的作为社会单元的特定的组织和机构;而从微观上看,作为公共财政活动主体的政府机构本身又是一个特殊、复杂而又庞大的组织系统。因此,无论是从宏观来看还是从微观来看,公共财政管理面对的都是比一般的组织管理复杂得多的组织系统,这样在公共财政活动中就必须对不同层次、不同性质的组织之间的公共财政关系以及各自在公共财政活动中的行为规范加以确定,而要对涉及面如此广泛而又复杂的组织系统中所发生的与公共财政活动相关的种种行为和相互关系进行规范、协调和控制,没有设计周密完善、合理合法的制度体系作为保障,就无法进行科学有效的管理。其次,从公共财政活动所处理的利益关系的敏感性和尖锐性这一特点来分析。公共财政活动虽然内容众多、涉及面广,但就其实质来看,始终与物质利益的分配密切相关。作为一种物质利益的分配活动,公共财政收入如何收,公共财政支出如何支,对于作为整体的国家社会和作为分散组织的社会成员(企业、家庭、个人等)以及作为公共权力代表的政府来说,其各自对受益和受损的感觉会有很大差别。因此,人们对于公共财政活动如何处理各种物质利益关系是十分敏感的。尤其是政府(公共)部门和非政府(私人)部门之间,在物质利益上的对立关系常常是十分尖锐的。这样,在公共财政管理中就必须合理而妥善地处理好这些关系,使不同利益集团之间能保持一种协调平衡的关系。而要做到这一点,仍然离不开一系列科学合理的与公共财政收支活动相关的分配制度和管理制度,以保障收支决策的民主性与公正性以及收支分配过程和结果的透明度。

(二)构建公共财政管理制度的理论依据

应如何来构建公共财政管理中的制度呢?从理论上和实践上看,公共财政及其管理制度都是一个社会基本制度和整个公共管理制度的组成部分。因此,罗尔斯关于如何构建一个公平正义社会制度的分析值得参考和借鉴。

罗尔斯认为,社会(国家)是由一些为获取共同利益的个人组成的联合体。对共同利益的获取产生了对公共权力(政府)的需要,人们在公共事务的处理上会存在利益和负担的分配问题,为了解决这些问题,人们之间、人们与政府之间会要建立契约关系。这种契约就是社会制度的构建。正义的社会制度要能提供一种在社会的基本制度中分配权利和义务的方法,确定社会合作中利益与负担的适当分配。制度的构建必须按照正义的原则来进行:第一是平等的自由原则;第二是机会均等的原则;第三是差别原则(保证对弱势群体的救助)。其构建的程序应该是,第一阶段:选择正义的构建原则;第二阶段:确立宪法,为政府的立宪权力和公民的基本权利设计一个最基本的制度;第三阶段:立法,以宪法为基准制定一系列调整经济社会中各种关系的法律;第四阶段:行政和司法,通过行政管理、司法裁定来保障制度的实施。

与罗尔斯所指的最广义的制度相比,公共财政制度及其管理制度是一国制度中最直接的对社会合作中的利益与负担进行分配的制度。因此,一个正义公平的公共财政(管理)制度构建的原则和程序也应该符合罗尔斯正义原则和四阶段构建程序。然而,第一阶段所要完成的对公平和正义原则的选择是一个社会价值观和道德观不断进步的动态过程,是一个指导性的理念,是通过后三个阶段具有操作性的构建结果来体现的。一般而言,越能保证公共财政的公共性和体现公共财政两个基本要求的制度就越符合正义原则。因此,通过立宪阶段、立法阶段和行政阶段来构建公共财政及其管理制度时就必须充分体现透明度原则、分权原则和权责利相结合原则。因为,只有遵循这三大原则的管理制度才能保证公共财政活动的公共性和两个基本要求的实现。

(三)公共财政管理中的制度内容

正是由于公共财政活动的特殊性和复杂性,公共财政管理中所涉及的制度内容也十分复杂。但无论是在立宪、立法层面上,还是在行政层面上,基本上都是以成文法的形式表现出来的,并主要对公共财政收支、公共财政体制构成以及公共财政活动程序等公共财政行为进行规范和约束。

(1)立宪阶段。国家的根本大法——宪法。首先,宪法从内容上看,它规定着一个国家有关社会制度和国家制度的一些最根本、最重大的问题,比如国家性质、政治制度、国家结构形式、社会经济文化制度、公民的基本权利和义务,以及国家机构的组织系统、职责权限、工作原则等各项内容都要由宪法作出规定。而现代公共财政活动一般都是以国家这样一个组织系统为基础来进行的。因此,各国公共财政活动中各相关主体在宏观层面上的权责利界定首先必须以一国的根本大法——宪法为基准。其中一些重要的公共财政权利与义务本身就是通过宪法中的一些条款来加以确定的。如我国宪法中的第五十六条规定"中华人民共和国公民有依照法律纳税的义务",第六十二条第十款规定全国人民代表大会"审查和批准国家的预算和预算执行情况报告",第六十七条第五款规定"在全国人民代表大会闭会期间审查和批准国民经济和社会发展计划、国家预算在执行过程中所必须作的部分调整方案",第八十九条第五款规定"国务院编制和执行国家预算",第一百一十七条规定"民族自治地方的自治机关有管理地方公共财政的自治权。凡是依照国家财政体制属于民族自治地方的公共财政收入,都应当由民族自治地方的自治机关自主地安排使用"等。再如,美国的宪法中更是用了许多条款对国家的课税、借债、拨款以及预算支出等方面的公共财政权力和责任在政府(行政)、国会(立法)等机构间如何分担,进行了较为详细的规定。而其最具特点的立法原则就是在国家公共财政权力的分配上非常注重建立相互制衡和相互监督的机制,以避免公共财政权力的过分集中而被少数人滥用以谋求个人或小集团的利益。其次,宪法作为国家的根本大法,具有最高的法律效力,它所确认的原则,是一国之内所有组织和个人的最高行为准则,是人们进行各项活动的依据和基础,也是其他的法律制度得以立法和建立的依据与基础。公共财政活动中有许多具体处理有关各方权责利关系和进行公共财政工作分配的法律、法规等制度,其制定自然也必须以宪法为根据。从管理的角度看,宪法本身就是人们进行国家管理的一种最重要的制度手段,而其对国家成员各方公共财政行为的约束作用,自然使它成为公共财政管理中最原则、最基本和最具指导意义的制度。

(2) 立法阶段。主要是构建重大的公共财政管理制度。重大的公共财政管理制度主要是指一般要通过一定的立法程序批准的,在全国范围内普遍具有约束作用的制度。其制度所约束的内容一般都涉及对政府与非政府组织之间以及政府内部上下级间的利益分配和公共财政权限等重大公共财政关系的确认和调整。具体来看又可分为三个层面:

第一,调整政府与私人组织之间公共财政分配关系的制度。重要的有以税收制度为主的各种收入制度;以社会保障制度为主的各种补助性支出制度;国有资产管理制度以及公共预算制度、财政决算审计制度;等等。

第二,调整上下级政府之间权责利关系的制度。以一定类型的财政管理体制所包含的一系列收支权限、保障收支平衡的制度体系。其中最重要的是规范的收入分配制度和转移支付制度。

第三,政府内部公共收支活动管理制度。重要的有政府会计制度、政府采购制度、国库支付制度等。

在我国,这些重大的公共财政管理制度的确立主要包括两种形式:一是由全国人民代表大会及其常务委员会制定的有关公共财政活动的法律和法律性文件。二是国务院根据宪法、法律和全国人民代表大会常务委员会的授权以决议、决定、命令等形式制定、批准和发布的公共财政行政法规及法规性文件。

(3) 公共财政业务活动中的制度。公共财政业务活动中的制度又可包括三个方面的内容:一是财政部和国家税务总局等中央一级公共财政活动的职能管理部门根据宪法、法律、行政法规在其权限内所制定和发布的有关公共财政活动的各种规定、决定、命令、细则等规范性文件。这些规范性文件是对公共财政法律和公共财政行政法规的补充、发展和具体化,是各级政府、政府各部门、各相关单位对公共财政活动中的权力、责任和利益进行具体的划分和实施管理的制度依据。这类规范性的文件在公共财政管理的制度体系中占有极大的比重,涉及面最广,具有及时、灵活和针对性强等特点。二是地方性的公共财政法规、规章、自治条例和单行条例。依据宪法和《地方各级人民代表大会和地方各级人民政府组织法》以及特别行政区基本法的规定:省、自治区、直辖市,省、自治区人民政府所在地的市,经国务院批准的较大的市的人民代表大会及其常务委员会和人民政府、特别行政区政府,可以依照宪法和法律、行政法规的规定,特别行政区基本法,结合本地区的具体情况,制定适用于本行政区域的地方性公共财政法规和规章。这些法规和规章是在一定区域内实施公共财政活动管理的制度规范。三是对政府各部门和各单位中的公共财政财务具体工作进行管理的规章制度。这类制度是各具体部门和单位进行日常公共财政财务管理工作的规范性工作规程,是各上级部门对下级部门进行约束和监督的依据。

第二节 计划管理的方法

一、计划的含义

将计划看作管理的一种工具,是因为在所有的组织管理中、在组织管理活动的全过程中,始终离不开计划这样一种特定的工作方法。具体来讲,计划就是指对组织目标进行规划,并按一定组织目标的要求,对实现目标的工作进行分工、给予相应的资源配置的一种具有特定工作性质和工作程序的一整套工作方法。计划工作有广义和狭义之分,广义的计划工作包括制订计划、执行计划和检查计划的执行情况等全过程。狭义的计划工作则主要是指制订计划。

人们一般通俗地将计划工作的内容概括为六个方面:为什么做(Why to do it)？做什么(What to do it)？何时做(When to do it)？何地做(Where to do it)？谁去做(Who to do it)？怎么做(How to do it)？简称"5W1H"。

为什么做:通过计划,要明确组织活动的原因与目标;

做什么:通过计划,应明确完成组织目标的工作任务和内容;

何时做:通过计划,应规定各种工作的开始和完成的进度;

何地做:通过计划,应规定各种工作的实施地点或场所;

谁去做:通过计划,应落实每一具体工作任务的组织者和承担者;

怎么做:通过计划,应安排好完成工作任务的具体手段和措施以及控制标准和考核指标等。

由此可知,计划作为一种管理方法,普遍而广泛地存在于组织管理活动的全方位上和全过程中。计划工作是一种指导性、预测性、科学性和创造性都很强的管理活动,同时又是一项复杂而又困难的工作。要想很好地运用计划这一管理方法,更好地开展组织的管理工作,管理者就必须既具有优秀的智力和创新精神,又具有耐心细致的工作态度。

二、计划在管理中的作用

正因为计划工作存在于组织管理活动的全方位上和全过程中,因此计划在管理中的作用是十分重要和显而易见的。如前所述,任何组织内的管理活动的职能都是基本一致的,即对组织活动的指挥决策、组织分工、领导协调和控制监督。而这四大职能的履行都离不开对计划这一管理方法的运用,离不开计划工作的支撑。

(一)计划在指挥决策中的作用

管理的指挥决策职能的一个重要作用就是为组织的活动确定目标。任何一个组织,作为社会中有意义的实体,总有自己的最高宗旨和使命,要为实现这一宗旨而存在和发展,则必须为自己不同时期的活动选择和确定具体的工作目标。而目标的选择过程就是一个将组织的目的、意志等主观精神同组织所面临的客观情况充分结合的过程。在这个过程中,必须对组织的现状进行充分的认识,对众多的分散的目的、意志进行分析排队,从中抽象出科学的、能充分表达组织整体意志的、现实可行的目标,还必须对组织所面临的客观外部环境及环境的变化趋势进行细致的观察和科学的预测,并将观察和预测的结果同组织的整体目标结合起来,制定出组织在不同阶段中的具体目标和行动方案。从这个意义上看,组织管理的决策过程实质上也就是一个正确地对组织行动进行规划的过程,因此,计划这一工作方法在组织的决策管理中是十分重要和绝对不可或缺的。科学可行的计划是决策的前提,它使组织的决策更具有说服力,并为进一步在组织内实施贯彻决策的目标奠定基础,从而使得高层管理者对组织的指挥更具有可信度和权威性。

(二)计划在组织分工中的作用

管理的组织分工职能是指为了实现组织的目标,执行组织的决策,对组织内各种可利用资源进行制度化安排的职能。人们之所以建立组织来进行某些活动,就是为了能够在组织内通过分工协作以更好地实现活动的目标。因此,在确定了组织的行动目标之后,管理的一个中心职能就是在组织内部去制定实现目标的具体行动方案,去合理地分配人、财、物力等资源。而无论是从在组织内部去制定实现目标的具体行动方案的要求来看,还是从合理地分配人、财、物力等资源的要求来看,都离不开对计划这一工作方法的运用。通过计划,人们可以制定出实现组织目标的具体行动方案,并将完成行动方案所要做的工作进一步在组织内部的各部门、各机构和各成员间分解落实;通过计划,人们可以将组织可利用的财力、物力同人们承担的工作结合在一起进行预算分配;通过计划,人们可以对各种工作的结果与财力、物力的耗费制定出先进、科学的数量和质量要求的指标。计划在组织分工的管理过程中,还可以根据组织目标实现的要求对组织的结构和人事进行必要的调整,并对职权进行重新分配。在这个过程中,一些经过必要程序形成通过的计划,将成为约束组织成员行为的新的规范,因而,这一类的计划便演化成了制度(但这种制度通常具有很强的时间性特征,仅在计划期内有效)。

(三)计划在领导协调中的作用

管理的领导协调职能是指组织的活动在进行了正确的目标选择和合理的组织分工后,需进一步完成上级对下级的工作指导以及处理好部门间和成员间合作关系的职能。管理的组织分工职能使组织中建立起了不同的机构,使每个机构甚至每个人都具有了不同的权力与责任。然而,组织的目标却是共同的,为了使共同的目标能够更好地实现,管理还必须承担起领导协调的职能。计划在实现管理的领导协调职能上的作用显而易见:第一,从组织目标的确定上看,计划过程就是一个将众多分散的意志经过合理地协调、归纳和综合而得到一个能反映组织成员共同利益的整体目标的过程。第二,从组织活动的开展和组织机构的运行来看,在空间上,计划使组织的各项任务、职责及所需资源得到落实,从而使组织的各部分能相互协同地同时开展工作;在时间上,计划能使组织的活动根据目标实现的要求在一定的期限内按先后次序排列,从而使组织的活动循序渐进、有条不紊地开展。第三,计划作为一种规划和安排组织行动的一种工具,还可以在必要时对不恰当的决策、分工进行必要的修正,以最大限度地保持组织与环境以及组织内部的协调。计划工作就是要设法使组织内部形成始终如一的、协调的结构,并使组织的资源得到最充分的运用以产生巨大的协同效应,从而极大地提高组织的工作效率。

(四)计划在控制监督中的作用

管理的控制监督职能是指管理活动对组织所制定的制度和计划以及组织成员的行为

进行检查督促,并对其出现的偏差与错误进行纠正、处理和调整的职能。由此可见,计划工作在对组织活动的控制监督上是最为重要的工具之一。首先,未经计划的活动是无法控制的。因为,管理者正是通过各种计划对组织的目标、工作任务、工作进度和工作质量等进行规划、安排和要求的,它们是保障组织运行和组织活动规范化、协调化和有效化的依据,组织要想顺利而有效地实现既定的目标,组织成员的行为必须按计划的安排和要求去做,而控制则正是为了纠正人们偏离计划的行为。因此,计划为组织的控制监督提供了标准,没有计划的控制监督毫无意义。其次,控制职能的有效行使,有时也往往需要根据情况的变化去拟定新的计划或修改原订的计划,而新的计划或修改过的计划又被作为连续进行控制的基础。计划与控制的这种继续不断的关系,通常被称作计划—控制—计划循环。

总之,计划作为一种特殊的工作方法,是任何组织的管理都绝对不可缺少的一种管理方法。然而,计划的作用对于组织的活动而言,可能是积极的,也可能是消极的。这一方面取决于主要决策者在制订计划时是否具有充分的信息和足够的智慧;另一方面,计划形成的程序是否科学,计划规范的范围和力度的选择是否恰当等都会对计划的作用产生影响,而在不同规模和性质的组织中以及在同一组织的不同管理层次上这些选择又会有极大的不同,这正是管理工作的独特魅力。一般而言,组织越庞大,组织的结构越复杂,决策的层次越高,计划的难度就越大。

三、公共财政管理中的计划管理

(一) 公共财政管理中计划管理的重要性

公共财政管理作为一种特殊的管理活动,同样具有管理的四大基本职能,因而计划管理的方法在公共财政管理全过程中的作用是不言而喻的。更为重要的是,公共财政管理的组织机构体系十分庞大而又多样,公共财政活动的涉及面广泛而又复杂,而公共财政活动就其实质来看,又主要是一种资金与资源的分配与配置活动。这种分配和配置是政府各部门、各单位得以执行职能开展各项业务工作的基础,也是各种社会经济政策得以实施落实的基础。在社会资源既定的情况下,在公共财政资金和公共资源非常有限的情况下,科学的计划是正确分配资金和合理配置资源的前提,因此在对公共财政活动的管理中,计划管理的方法尤为重要。

第一,从公共财政管理指挥决策的职能来看,如前所述,它主要是为一定时期政府的公共财政活动选择正确的目标和制定恰当的公共财政经济政策,具体又可归纳为三个方面:合理确定资源配置的领域和规模;确定收入再分配的程度和方式;为经济稳定选择正确的公共财政政策和实现政策目标的公共财政工具。由于政府的公共财政活动无论是对整个社会还是对社会成员个人都有着巨大的影响,因此,要使重大的公共财政活动目标决策正确,管理者必须在充分获取有关社会经济发展状况的信息的情况下,很好地利用计划这一管理工具,去对长远性、宏观性和总体性的公共财政活动内容进行统筹规划,以使政府的公共财政决策更具有说服力,并为进一步制定、贯彻各种社会分配政策和分配计划奠定基础。

第二,从公共财政管理的组织分工职能来看,主要表现为对既定政策目标下政府各项职能的实现所进行的收入分配和资源配置的组织安排工作。这种分配和配置既包括政府部门与私人部门之间的,又包括上下级政府之间以及各级政府内部的,因此其涉及面非常广泛,其利益关系的处理也十分复杂和敏感。因此,实现这一管理职能,除了必须通过建立相关的分配制度对各种重大的分配关系和分配比例进行相对稳定的规范,每一既定期间内的收入和资源的分配与配置还必须借助于各种分配计划去进行更为具体和确定的安排。在一定意义上,可以说公共财政活动的绝大部分工作正是围绕着这一内容来开展的,一定时期中的公共财政活动就是由各种资金、资源分配的计划体系所构成的。

第三,由于公共财政管理的特殊性,公共财政管理的领导协调职能的作用也就与一般的组织管理中的领导协调职能有所不同,首先从管理的内容来看,公共财政活动通常都与相关主体的经济利益密切相关,因此公共财政管理的领导协调职能的作用就主要是通过对物质利益的不断调整,正确处理各方面的分配关系。其次,从公共财政管理的组织体系来看,它所要协调和处理分配关系的范围既包括对政府与私人部门间关系的协调,又包括对政府上下级之间及政府内部各部门之间关系的协调。因此,这种协调必须借助各种资源、资金的分配计划并以一定的资源、资金的分配计划为基础。在法治社会中,充分论证并经过合法程序所确定的既定时期的各种公共财政分配计划本身就是对各方利益进行平衡协调的产物,同时也成为客观情况变化后对相关各方利益关系进行调整的基本依据。如,由于国民经济发展中出现了某些特殊的情况而对政府公共财政收入计划和纳税人的税收负担进行的必要调整;根据政府工程项目的进展状况以及政府间和部门间的职能、任务的变化情况而进行的预算收支调整;等等。

第四,在公共财政管理的监督控制职能中,计划更是必不可少的重要管理工具。因为,公共财政活动中所处理的政府与私人之间、政府各级之间以及政府内部各部门之间的权责利关系有很大一部分内容正是通过各种资金、资源的分配计划来规范和落实的。如:以税法为基础所制订的年度税收计划;通过立法程序所确定的各预算支出项目的拨款计划以及公共债务的筹集、使用、还本付息计划;等等。只有当这些计划被准确切实地执行,才能保证相关各方的公共财政权利得到实现。因此,公共财政监督在很大程度上正是通过监督各种公共财政计划的执行去控制和监督相关各方的公共财政行为的。

(二) 公共财政管理中计划管理的内容

第一,从计划期限的时间上看,公共财政计划的内容可分为中长期计划和短期计划。中长期的公共财政计划一般应由政府的宏观管理层来提出。在较独立的分级公共财政体制下,地方级的决策管理层也应进行这一工作。中长期的公共财政计划主要是对五年或十年之内的政府公共财政活动的主要内容进行规划。中长期计划一般要求政府决策层在对国民经济发展情况及走势进行正确预测的情况下,根据社会经济的发展现状,去规划一国的中长期发展目标,并以此为依据来制定相应的中长期的公共财政收支政策,设计规划重大的公共财政支出项目,设定未来数年的公共财政收支结构和规模的大致状况及发展趋势的总体目标。公共财政的中长期计划通常是一种原则性的和总体上的规划,它的主要作用是使政府对未来相对较长时期内的公共财政活动的目标、战略和政策有一个相对确定的规定。以此作为年度公共财政计划的基础,可以克服预算编制过程中的短期行为和随意性,保证国家宏观决策目标选择和公共财政政策执行的一贯性、连续性。中长期公共财政计划虽然不一定要求有十分精确的数字描述，但一定要成为各级政府制订年度公共财政计划的指导和基础。中长期的公共财政计划可以是单独提出的，也可以同政府关于国民经济发展计划或社会、地区、城市等的发展规划结合在一起来提出。如我国政府的每一个国民经济发展五年计划中就都包含公共财政规划的内容。20世纪60年代初，日本政府所制订的著名的国民经济倍增计划中也有相应的公共财政规划的内容。在美国，比较重要和具体的中长期公共财政计划主要有：地方、城市政府关于公共工程投资项目的长期规划，社会福利改善计划，等等。目前，瑞典政府实行的三年计划基础上的年度预算编制方式也被视为一种"长期计划"约束下的预算编制方式。

短期公共财政计划主要是指以一年为期限的各种年度公共财政计划。从理论上讲，每年政府的各级、各部门和各单位都应根据社会经济发展的要求去确定各自应承担的职责和应向社会提供的公共物品的内容和数量，并对因此将发生的资源、资金的耗费进行预测、归集和汇总，由此形成政府的年度公共财政支出计划，而这一支出计划又成为政府参与国民收入分配、获取公共财政收入的依据。然而，在实践中，尤其是在市场经济的体制框架下，由于政府主要以税收方式获取公共财政收入，而税收制度一经确定就具有相对的固定性，是不可以每年都变动的。因此，政府的年度收支计划实际上是在既定收入制度和规模的约束下，对下一年度政府的各种支出活动进行具体安排的一种计划。这种计划就是我们所说的国家预算。国家预算作为一种公共财政收支计划，是对下一年度政府重大公共财政支出活动即期目标的决策；是对下一年度政府公共财政资金使用的具体分配落实；是对政府各级、各部门和各单位公共财政收支行为的明确规范。因此，它作为一种管理工具在公共财政管理的决策、分工、协调和控制上都是十分重要的。同时，国家预算这一计划中的数字描述也必须十分清楚和准确。短期的公共财政计划除了国家预算，还可以包括各公共财政支出项目使用单位的具体用款进度计划，这些计划可以按月或季来编制。

第二，从计划体系的空间构成上看，公共财政计划包括中央计划、地方计划、部门计划、单位计划等。中央的公共财政计划主要是指由中央政府为主体所制订的各种有关公共财政活动的计划，如对全国公共财政活动起宏观指导作用的各种长期公共财政规划以及中央政府一级的年度公共财政收支计划（中央预算）；地方计划主要是指由地方各级政府为主体所制订的各种公共财政计划，如地方政府关于本地区长远发展的长期公共财政规划和地方各级政府的年度公共财政收支计划（地方各级政府预算）；部门计划主要是指由各级政府的各职能部门（如中央的教育部，地方的教育厅、局等）为主体所制订的各种公共财政计划，它应该包括各职能部门关于本部门所承担的具体政府职责的长远发展规划和为完成本部门下一年度职责所必然发生的各种公共财政收支活动的计划（部门预算）；单位计划主要是指由各级政府各具体工作单位（如中央教育部所属的各高校，地方教育厅、局所属的各公立学校等）所制订的各种公共财政计划，主要是各单位的年度公共财政收支计划（单位预算）以及各具体支出项目的用款进度计划等。从公共财政计划体系上看，联系最紧密、相互间影响最大的是由政府各级、各部门、各单位的年度公共财政收支计划所构成的国家预算。这种联系和影响在不同的公共财政管理体制下与不同的预算编制方式中有所不同。在一个高度集中的统收统支的公共财政管理体制下，一国各级政府、各部门和各单位的预算收支都要层层汇总,最终形成一个统一的国家预算;而在较注重分权的公共财政管理体制下,中央预算和地方各级的预算基本上是各自独立的,彼此只在收入的转移上发生联系(我国目前分税制下的地方预算仍按省一级集中)。在预算编制方法上,各级政府的预算可以以工作单位为基本预算编制单位进行本级预算的汇总,也可以以部门为基本预算单位去进行本级预算的汇总(即所谓部门预算制度)。

第三,从计划(广义)工作的全过程看,公共财政计划也包括计划的制订、执行、检查评估三个阶段的内容。在计划的制订上,公共财政计划的制订同所有其他管理中的计划制订一样,一般都必须遵循一定的程序和方法。这些程序的步骤依次是:估量机会;制定目标;确定前提条件;拟定备选方案;评价备选方案;确定方案;拟定辅助计划;用预算使计划数量化(将完成计划所必须发生的资金资源的分配和配置用具体精确的货币收支数字表达出来)。由于公共财政活动本身就主要表现为对资金和资源的分配与配置,所以绝大部分公共财政计划(尤其是国家预算)的实质就是一种预算性质的计划。它是处于计划制订程序的最后一个步骤上。同时由于政府各部门、各单位在获得资金资源的途径和方法上不同于一般的非政府组织,因此,政府部门的各预算单位在编制公共财政收支计划时很容易忽视计划制订程序的完整性,而放弃或轻视前六个步骤的工作。为了保证公共财政收支计划(预算决策)的科学合理,政府的各预算编制单位在编制预算时必须按照规范的计划制订程序来工作,必须将预算的编制同本部门、本单位的整个工作目标和发展计划结合起来。在计划的执行上,公共财政计划的执行主要表现为对国家预算所确定的年度公共财政收支任务的实施与落实。公共财政计划的执行通常包括这样一些内容:各级政府专门的收入管理部门对各种集中性公共财政收入的征收入库;各级政府专门的支出管理部门对各项公共财政支出的拨付;各公共财政支出项目的使用单位按法定预算所规定的支出用途、支出数量和用款进度去具体使用公共财政资金;各级立法机构和政府内部各上级部门对政府部门和各下级部门预算执行情况的质询和检查。在计划的检查评估上,公共财政计划主要是通过编制国家决算和对决算进行审计的方式来进行的。

第三节　现代管理中的管理理念与方法

前两节所讨论的制度管理和计划管理的方法主要来自古典管理理论(科学管理理论),由于古典管理理论在一定程度上是以一种机械的观点来看待组织和工作的,因此比较强调对组织中个人行为的控制与规范,自然在管理方法上就比较重视建立规范的制度和制订周密的计划。虽然,随着管理活动内容的不断发展变化,许多新的管理思想和管理理念不断出现,极大地丰富了管理理论,也提出了许多新的管理方法,但无论是在管理理论上还是在管理实践中,古典管理理论仍然处于一个十分重要的地位,它仍然是整个管理理论的基石。而制度管理和计划管理的方法也仍然是组织管理尤其是大而复杂的组织管理(公共财政管理当属于这样一类)中最基本和最重要的管理方法。不过,许多现代管理理论所提倡的管理理念和管理方法也值得重视。本节我们将简单介绍三种有代表性的管理理论及其相应的管理方法。

一、行为管理理论及其管理方法

(一) 基本思想及观点

行为管理理论的研究开始于 20 世纪 20 年代,是在一些管理学家、管理哲学家和行为学家所发动的理论运动的推动下产生的。学者们有的从心理学角度,有的从社会学角度,对组织中人类行为的理解进行了研究,并作出了贡献。早期的行为管理理论被称为人际关系学说,以后发展为行为科学,即组织行为理论。组织行为理论研究所涉及的领域非常广泛,它是在吸收了诸如心理学、社会学、人类学、经济学和医学等多种学科理论的基础上建立起来的。它从一个通盘的视角去考察个人、群体和组织的行为过程。其主要的理论和观点集中在以下四个方面:

1. 有关人的需要、动机和激励问题

行为科学的管理理论认为,作为组织中的人的需要是多层次的,除了生理、心理和精神上的需要,人们努力工作不仅是为了获得物质利益,还表现为对自我能力实现的需要、受人尊敬的需要等。因此,必须从社会、心理等多方面去考虑激励的方式、力度和效果。

2. 同组织管理有关的"人性"问题

与古典的管理理论不同,行为科学的管理理论认为,组织中的人并不是天生被动的、不诚实的、懒惰的、愚蠢的和不负责任的,而是恰恰相反,他们是有主动性的,希望自己的工作有成就。人的行为受动机的支配,只要给其创造一定的条件,他就会努力工作,达到确定的目标。如果组织成员的工作没干好,就得从管理本身去找妨碍组织成员发挥积极性的因素。

3. 企业中的非正式组织以及人与人的关系问题

行为科学的管理理论认为,正式组织中的成员不仅是组织中的人,更是一个社会的人,作为社会的人,他们的行为还会受到除正式组织规范以外的许多由各种社会的、情感的因素而形成的非正式团体(组织)的影响。而这些非正式组织中那些自然形成的情感、惯例和规范的影响力非常大,有时甚至会超过正式的组织规范。这使得组织中的人际关系远远比正式组织形式上所确定的上下级关系复杂得多。

4. 组织中的领导方式问题

行为科学的管理理论认为,在组织的领导方式中,从专权式的、以上司为中心的领导方式到极为民主的、以职工为中心的领导方式之间,存在多种多样的领导方式,是一个连续的统一体。组织中的领导行为也包含两个因素:主动结构(以工作为中心)和体谅(以人际关系为中心)。这两种因素不是互相排斥的,应该结合起来才能实现高效率的领导,而这两种因素的结合可以有多种情况。行为科学理论的研究者们,有的认为,领导方式不能一概而论,要考虑领导、职工、形势、长期目标等多方面的因素,根据当时当地的情况在两极之间和两种因素的不同组合中去进行选择;有的认为,只有把对生产的高度关心同对职工的高度关心结合起来的领导方式才是效率最高的;还有的则认为,越以职工为中心、越关心职工需求和愿望的、越民主的领导方式其效率也越高。

总之,与古典的管理理论相比,行为科学的管理理论在对组织和管理的看法上普遍存在一种人本主义的倾向,他们更加强调人的价值。有的人认为,行为科学的管理理论在某些情况下,可能把人的因素提到了不适当的过高的位置,因而往往忽视了对经济和技术方面的考虑。但不管怎样,行为科学对组织的管理理论和管理实践都产生了深远的影响。

(二) 管理方法上的特点

在以上理论研究的支持下,行为科学的管理理念被人们运用于管理实践,在管理方法上也产生了一些新的做法。如:扩大职工的工作范围,使职工有从事多种工作的经验;加重职工的责任,让更多的人参与决策(权力均等化);更多地依靠职工的自我指挥和自我控制;(除物质奖励外)建立相关的表扬机制,人情关怀,个别谈心,让人宣泄等。

(三) 在公共财政管理中的应用

一般而言,行为科学的管理理念和管理方法更适合于类似于企业这样一种相对封闭、结构相对简单、规模相对较小的组织系统。而公共财政管理面对的是多样而庞大的组织系统,处理的是复杂而敏感的利益关系问题。因此,在公共财政管理中还是应该更多地借助于制度管理和计划管理的方法。但行为科学的管理理念和管理方法在公共财政管理中仍然有用武之地。如:在宏观公共财政活动的管理方面,许多重大公共财政政策的制定、公共财政分配制度和公共财政支出项目的确定,都应充分考虑人本主义的社会发展原则,注重利益的多元化和决策程序的民主化。在微观公共财政活动的管理方面,政府的各部门、各单位在对外的权责利关系获得规范界定的前提下,在其内部的管理中适当运用行为管理的一些管理方法去增进本部门、本单位全体工作人员的责任感、主动性和凝聚力,对于提高政府部门内部的管理效率和整个政府的行政效率无疑会产生积极作用。

二、管理科学理论及其管理方法

(一) 基本思想及观点

管理科学产生于第二次世界大战期间,并在战后发展起来。与行为科学理论结合了大量社会学、心理学、生理学的研究不同,管理科学理论结合了数学、统计学、工程学、计量经济学等学科的研究内容。应当说管理科学理论源自科学管理理论,但加上了更为先进复杂的科学(主要是数学)的方法。它们侧重于建立管理行为与组织行为的标准模型,以取得最高的效率,强调运用系统分析和定量方法去最优地达到组织的某些目标。因此人们这样定义管理科学理论:所谓管理科学理论就是指以现代科技成果为手段,运用计量模型,对管理领域中的人、财、物,以及信息、时间等资源作系统定量的分析,进行优化规划和决策的理论。管理科学的主要内容包括三个方面,运筹学,系统工程,以及作业管理与定量决策。运筹学主要研究利用科学方法去解决可以数量化的管理问题。它是通过对相关事物关联性的分析,用数量对这些关系加以表示,并通过各种模型与变量(或用模拟的方法)进行演算,从而对各种方案作出比较以选择出最佳的解决问题的方法。系统工程主要研究为了完成一定的组织目标而把人与其他各种物资资源作最恰当结合的一套方法。它包括对一个系统的构思、成型、设计、建立、运转和试验等一系列活动的研究。运筹学是在系统不变的前提下去研究最佳决策方案,而系统工程则侧重于为完成一定的组织目标而重新设计系统。作业管理与定量决策主要研究将科学的计量方法运用于组织内部的工作分配和工作过程安排的管理决策中,其内容包括库存管理、线性规划、网络模拟、排队论、盈亏平衡点分析和模拟等。总之,与行为科学着重于对组织中人的管理的研究不同,管理科学侧重的是对组织业务工作管理的研究。

（二）管理方法上的特点

1. 以决策为基本出发点

决策时以充足的事实为依据，采取严密的逻辑思考方法，对大量的数据资料按事物内在的联系进行系统分析和定量计算，遵循科学程序，作出正确决策。

2. 以经济效果作为评估标准

通过对各种可行行为进行比较，必须以能反映组织未来利益的可衡量的数值为依据。所测量的变量包括诸如成本、总收入和投资利润率等。

3. 应用数学模型

以数学形式来表示解决问题的可行办法。处理数据的程序要合乎逻辑，即相同的数据将得出相同的结果，从而使分析的过程得以重复。

4. 依靠电子计算机

由于建立的数学模型要处理大量的数据和进行科学的定量决策，计算机的运用必不可少。应该说正是由于有了计算机，管理科学的理念与方法才得以在实践中广泛地被人们加以运用。

（三）在公共财政管理中的应用

由于管理科学更加注重将组织看作一个经济-技术的系统来加以管理，因而，它所创立的一套管理方法最适合于用在那些以追求经济效益为主要目标的组织（如生产性企业等）。但是，在公共财政管理中，尤其是在公共财政支出的管理中，从宏观上看，存在一个如何对公共财政收入所获得的既定公共财政资源在众多公共财政支出上进行最优配置的问题；从微观上看，在每一个使用公共财政支出的部门和单位，每一个公共财政支出项目上，也都存在一个如何更加合理地使用资源和更加有效地实现部门、单位和项目目标的问题。因此，管理科学的理念和管理方法，在公共财政管理中应该大有用武之地。如：对重大政府决策利用合理预测和定量分析的方法进行更加科学的规划；在政府部门的支出安排中采用设计—规划—预算系统；对重大公共财政投资项目进行成本-效益分析；建立社会保障支出预测的数学模型；在预算编制方法上所进行的绩效预算、零基预算的改革等，无一不显示出人们在公共财政管理中对管理科学理念和管理方法的积极运用。应该说公共财政活动由于其涉及的是多样而庞大的组织系统，处理的是大量集中的分配和配置的问题，面对的是复杂而敏感的利益关系，在管理上就更加需要采用系统分析和定量决策的管理方法，以期使各种资金、资源和分配与配置更加科学合理。但是，也正是由于公共财政活动的上述特性，以及公共财政活动目标和政府部门组织目标在效率表达上的特殊性和复杂性，使得公共财政活动的变量复杂而难以测量。因此，在公共财政管理活动中要很好地运用管理科学的方法又是十分困难的。这正是从20世纪50年代以来，世界各国政府致力于提高公共财政管理水平而不懈努力的主要领域。

三、系统与权变的管理理论及其管理方法

（一）基本思想及观点

这是20世纪70年代后逐渐发展起来的一种现代管理理论，这种理论认为：在对组织和管理的研究上，传统管理、行为科学和管理科学理论中各自都有自己所强调的重点，它们不应该是相互隔阂的，而应该是相互补充的。系统与权变的观念则正是要为将各种有用的管理理论有机结合起来找到一种基本的途径。

在对组织的认识上,该理论认为,只有用系统的观念才能对现代社会越来越复杂的组织有一个正确的认识。在这种观念下,组织应该被看作一个开放的系统,它总是存在于一定的社会的和技术的环境之中,并与环境相互作用,因而,环境也是一种系统,是开放组织的超系统部分。开放的组织又由五个主要的分系统构成:目标与价值分系统、技术分系统、结构分系统、社会心理分系统和管理分系统;在复杂组织的管理中又可分为三个层次的分系统:作业分系统、协调分系统和战略分系统。这些分系统虽然各有其特点,但又不可避免地与其他分系统和各自相关的外部环境发生着密切的联系。正如弗里蒙特·E.卡斯特和詹姆斯·E.罗森茨韦克在其所著的《组织与管理》一书中所指出的:"传统组织理论强调的是组织的结构分系统和管理分系统,从而重视制定原则。人际关系学家和行为科学家则强调社会心理系统,把注意力集中在激励、群体动力学和其他相关因素上。管理科学学派则强调技术分系统和给予决策过程和控制过程以定量管理方法。这样,组织与管理的每一个学派都倾向于侧重特定的分系统,而不承认其他分系统的重要性。现代管理学派则把组织看作一个开放的社会技术系统,因而要研究一切主要的分系统及其相互关系。"(卡斯特和罗森茨韦克,1985:第134—135页)正是这种将组织看作开放的社会技术系统的观点给管理带来了一种更为困难的任务,它必须处理不确定性和模棱两可的问题,尤其要关心使组织适应新的变化着的环境和要求的问题。管理的重要职能就是要在正确认识和确定环境的关系中去设计组织内部的各分系统并建立组织与环境的和谐关系,以达到高效能、高效率和使组织成员满意的各种目标。要做到这一点,就必须抛弃那种有关组织设计和管理实践具有一种普遍适用的原则和方法的过于简单的观念,而代之以一种权变的观念。所谓权变的观念就是一种因地制宜、具体问题具体分析、具体对待的思想及管理方法。权变观念的管理理论认为:要承认每个组织的环境和内部分系统都是有各自的特点的,正是这些不同的特点为设计和管理具体的组织提供依据。正如《组织与管理》一书中所说:"在进行组织设计和管理时不存在一个最好的办法。分权并不一定比集权好;官僚机构也并不全坏;明确清楚的目标也不是总好;民主参与式的领导风格也可能不适合于某些环境;而严格的控制在某些时候也可能是适宜的。总而言之,这全取决于很多相互作用的内部和外部的变量。命令性的指导原则应以这样的方式来陈述:如果情况是A,那么X措施可能会取得好的效果。但是,如果情况是B,就应采取Y措施。"(卡斯特和罗森茨韦克,1985:第237页)

总之,这一理论认为,有关系统观念和权变观念的研究成果不断充实、扩大着管理理论和知识,它对实际管理者的管理活动具有重大意义。它旨在为在具体情况下的组织诊断和管理行动提出重大的指导方针。如:它可以帮助管理者提出适用于某些环境和技术条件的组织设计方案;它可以提出不同情况下对实际计划和控制过程的指导原则;它可以帮助管理者确定适宜的领导风格;它有助于确定组织变革和改良的最切实的方法。

(二)管理方法上的特点

系统与权变观念的管理方法在管理实践的运用中最主要的特点就是注重比较分析。它要求管理者在采取管理行动之前首先要进行一番认真的比较分析,这称为诊断。可进行比较分析的因素很多,这可以由管理者根据自己的能力与各种因素对组织活动影响的强弱来选择和取舍。通常应该进行比较分析的三个主要方面是组织类型比较分析、环境因素比较分析、组织内部分系统的比较分析。而在进行这些方面的比较分析时也可以有深度和广度上的不同选择。不仅可以对当时的情况进行比较分析,还可以对历史和将来的情况进行比较分析;不仅可以进行同一国家、同一文化下的比较分析,也可以进行跨国家、跨文化的比较分析。比较分析是帮助管理者去认识自己的组织系统和环境超系统的特性,从而在组织设计与管理上找到更加适宜的手段和方法。这种管理方法对管理者有更高的要求。成功的管理者必须是一位优秀的诊断专家,他的诊断必须具有准确性,而他的行动则又应具备必要的灵活性。

(三) 在公共财政管理中的应用

从上述介绍可以看出,系统观念和权变观念的管理理论虽然是一种较新的现代管理理论,但系统观念所表达的那种以相互联系为基础来认识组织的观点,更适合于被看作一种普遍适用的管理思想或指导原则。公共财政管理中就有许多做法很好地体现了这些思想理念。如:在稳定经济的宏观政策选择上所实行的相机抉择就是权变理念的最好体现;而美国国防部在预算管理中所创立的设计—规划—预算系统(PPBS)则体现了对系统观念的运用。不过,由于公共财政管理活动内容的复杂性,对于这种管理思想理念的运用在不同的管理活动中,其重视和强调的程度应有所不同。如:在确定政策和建立制度之前,就应该进行充分的比较分析,系统观念、权变观念都应有所体现。但在政策选定和制度建立之后则应更多地强调规范与控制。正是由于公共财政活动在很大程度上都主要处理的是涉及面广泛而人们又十分重视和敏感的物质利益关系问题,因此,规范的制度建设和相对明确、不可随意变动的工作程序十分重要。

本章小结

公共财政管理必须利用制度去对公共财政活动中不同层次、不同性质的组织之间的公共财政关系以及各自在公共财政活动中的行为规范加以确定;必须运用制度去保障收支决策的民主性和公正性,以及收支分配过程和结果的透明度,以合理而妥善地处理好不同利益集团之间的关系,并使之能保持一种协调和平衡。作为对公共资源进行配置与分配的财政活动来说,必须利用计划这一管理方法对中长期公共财政活动进行规划;对年度公共资源进行分配;并借以对公共资源使用的合法性与合理性进行监督。出于对公共财政活动效率目标与伦理目标的追求,公共财政管理也需要对行为科学、管理科学、系统和权变等新的管理理念与方法加以合理地运用。

本章主要参考资料

1. 〔美〕D.C.诺斯等著,刘守英译:《财产权利与制度变迁》,上海三联书店,上海人民出版社,1995年。

2. 〔美〕弗里蒙德·E.卡斯特、詹姆斯·E.罗森茨韦克著,李柱流等译:《组织与管理——系统方法与权变方法》,中国社会科学出版社,1985年。

3. 〔德〕柯武刚、史漫飞著,韩朝华译:《制度经济学——社会秩序与公共政策》,商务印书馆,2001年。

4. 〔美〕约翰·罗尔斯著,何怀宏等译:《正义论》,中国社会科学出版社,1988年。

第五章 公共财政的管理系统

根据现代管理理论的分析,任何组织的活动中都存在一个专门的管理分系统。它的主要作用就是通过履行管理的各项专门职能去实施对特定组织活动的管理。在对政府公共财政活动的管理中同样也存在这样一个专门的管理分系统,由于公共财政活动是政府这一组织中的一种专门活动,因此公共财政的管理系统就是指专门对政府公共财政活动进行管理的一系列专门的组织机构体系,许多公共财政活动正是通过这些专门的组织机构的各种具体的业务和技术管理工作来完成的。本章我们将讨论这个管理分系统。

第一节 公共财政管理活动的构成

为了更好地认识和分析公共财政的管理系统,我们首先应对公共财政管理活动的内容进行分析。这种分析可以从两个方面来进行。

一、从政府组织系统的构成来分析公共财政的管理活动

(一) 中央政府的公共财政管理活动

中央政府的公共财政管理活动,概括地讲就是对那些在宪法和既定公共财政管理体制下,规定由中央政府作为主体去承担的公共财政活动的管理。这些管理活动的内容,从理论上来看可归纳为三个方面:一是对为中央政府的各职能部门正常履行职责而进行的公共财政资源的配置和使用的管理;二是对为履行收入再分配职责而进行的各种重大公共财政分配政策的确定、分配制度的建立和实施所进行的管理;三是对为稳定经济而进行的宏观公共财政政策和政策措施的选择与实施所进行的管理。从实践上来看,这些活动有的是对中央本级政府各部门公共财政收支活动的管理,有的则是对全国范围内的公共财政收支活动的管理。

(二) 地方政府的公共财政管理活动

地方政府(包括地方各级政府)的公共财政管理活动,也可以概括为:对一定法律和既定公共财政管理体制规范下,确定由地方政府承担的公共财政活动的管理。这些管理活动的内容,从理论上来看也可归纳为三个方面:一是对为各级地方政府各职能部门正常履行职责而进行的公共财政资源配置和使用的管理;二是对为履行地方区域内的收入再分配职责、贯彻落实中央政府的分配政策和分配制度所进行的公共财政活动的管理;三是对为贯彻落实中央政府的宏观公共财政政策和政策措施、为地方经济的合理运行所进行的公共财政活动的管理。从实践上来看,这些活动又都最终具体表现为对归属于各地方政府公共财政收支活动的管理。

（三）政府各职能部门（行政性质的、事业性质的或企业性质的）内部的公共财政管理活动

政府各职能部门内部的公共财政管理活动，主要是指各级政府的各行政、事业单位或由政府垄断经营的企业单位对于获得公共财政资源和使用公共财政资源活动（即部门或单位的财务收支活动）的管理。我国一般将其称为行政事业单位财务管理。

二、按公共财政活动的业务性和技术性构成的管理活动内容

根据公共财政活动的业务性和技术性内容的不同，可将公共财政管理活动的内容划分为政府会计管理、政府预算管理、国家金库管理、国家税收管理、国有资产管理、政府收费管理、国债管理、政府投资管理、政府采购管理、社会保障管理、财政风险管理、财政监督与审计管理等。我们将在本书以后的各章中分别对这些管理活动的内容进行详细的介绍和讨论。

正是由于公共财政的管理活动，从政府的组织构成看分属于不同级次的政府和政府的各职能部门，因此，为了对本级政府为主体的公共财政活动进行统一综合的管理，各级政府都要建立起专门隶属于政府的公共财政管理部门；也正是由于公共财政活动在业务上和技术上的不同，为了有效地进行各种专门公共财政活动的管理，也必然要建立起相关的专门公共财政管理机构。而对于政府各职能部门（及其所属的各行政、事业、企业单位）来说，从政府组织的构成来看，它是各级政府最基本的构成要素，从其涉及的公共财政活动来看，这些公共财政活动在业务上和技术上又具有特殊性。因此，无论从哪一方面来看，这些公共财政活动的管理也都是需要建立专门的管理机构的。

应该说，政府各级的主要行政长官，在公共财政活动的决策管理、领导协调管理和监督控制管理中；各级的立法机构在公共财政活动的最终决定权上和对政府公共财政活动、公共财政行为的监督上，都有着举足轻重和不可或缺的作用。但是，无论是各级政府的主要行政长官还是各级的立法机构，它们虽然被赋予了对公共财政活动的决策权和监督权，但要真正行使好这些权力，却必须依靠从事公共财政管理活动的各专门机构和专家为他们提供信息。同时，各级政府主要行政长官和立法机构并非仅为进行公共财政活动的管理而设置，他们所拥有的决策、监督权力也绝不仅仅只表现在对公共财政活动的管理上，他们还要对一个国家内（或既定区域内）众多的政治、经济和社会的事务进行决策和监督方面的管理。因此，我们不把他们看作专门的公共财政管理系统的组成部分。

第二节 公共财政管理系统的构建

如前所述，公共财政管理系统就是指专门对政府公共财政活动进行管理的一系列专门的组织机构体系，这些专门的组织机构大致可以归纳为以下三种类型：

一、按政府行政级次设置的公共财政管理系统

各级政府为了更好地进行以本级政府为主体的公共财政活动的管理，都要设置一些隶属于本级政府的专门的公共财政管理机构。这类公共财政管理机构由于设置方式的不

同又可划分为两种：

（一）综合性公共财政管理部门

综合性公共财政管理部门是各级政府的公共财政总管家，它的设置主要就是为了对那些凡是以本级政府为主体的公共财政活动，在本级政府所管辖的区域范围内去进行统一的规划和统筹的安排。这种集中统一性的公共财政管理任务包括三个方面：一是统一制定本级政府管辖范围内的重要的公共财政政策、制度法规和实施措施；二是统一集中掌握和控制管理权限属于本级政府的各种公共财政收入；三是统一规划和集中安排本级政府的公共财政支出的总盘子。无论对哪一级政府而言，建立这样一种综合性的公共财政管理部门，并保证其对本级公共财政活动在总体上的集中性管理都十分重要。这种重要性也可以从三个方面体现出来：① 可以更好地保证各级政府统一行政的需要。每一级政府都是一个特定区域的最高行政当局，是该区域社会公共事务的最高管理者。而每一届政府在自己的任期内都有得到辖区居民认可的执政方针、政策及与之配套的公共管理目标和公共支出计划。要实现这些目标和计划，就必须保证政府在任期内对本级的公共财政资源拥有集中调配和统筹安排的权力。② 可以更好地规划支出项目、协调收支矛盾、加强收支管理。只有将属于本级政府支配的所有公共财政资源都集中由本级的综合性公共财政管理部门来掌握，让所有的公共财政收入都进入本级国库账户，才能保证这个总管家有权力、有能力为更好地实现政府制定的公共管理目标而进行具体公共财政支出项目的调整与安排；也才能在公共财政支出使用的管理上推行单一账户和集中采购、集中支付的管理方法。而所有这些管理方法又都有利于减少公共财政活动中的舞弊，协调公共财政收支的矛盾。而减少公共财政收支矛盾也就是减少政府与纳税人之间的矛盾。③ 可以帮助公众和立法机构更好地监督政府的公共财政活动与公共财政行为。政府的公共财政资金，无论以何种方式获得，都是一种公共性质的资金，它的所有权是归公众的，而它的支配使用权却是归政府的。这种性质使得这种资金在使用过程中注定会非常容易出现贪污、舞弊和浪费等现象。如果资金支配和管理的权限越分散，提供的利用职权进行贪污、舞弊和浪费的机会也就越多，而公众和立法机构对于这些不利于公众的公共财政行为的监督却越困难。但在集中性的管理方式下，权限集中了，账户统一了，政府的公共财政活动和公共财政行为更加一目了然，这本身就减少了许多贪污浪费的机会，自然也更加有利于公众和立法机构对政府公共财政的监督。

综合性公共财政管理机构，在中央政府一级，通常称为财政部；而在地方政府各级，则依次称为省财政厅、市（县）财政局和乡（镇）财政所。我们强调各级政府的公共财政部门是综合性公共财政管理部门，就是要强调在市场经济所要求的公共财政模式下，在已经建立了分权（分税）制的公共财政管理体制之后，各级政府的财权、财力一定要进行集中统一的综合性管理。

（二）专一性公共财政管理部门

随着现代政府在社会经济生活中作用的增强，政府公共财政活动的内容越来越丰富，收支规模也越来越大。这样，为了从技术上提高公共财政活动的管理效率，一些特定性质的公共财政活动就必须建立专门的管理机构对其进行分门别类的管理。从各国公共财政管理的实践来看，这些为管理某一种公共财政活动而专门建立的管理机构主要有税务机构、社会保障机构、国有资产管理机构、国债管理机构、预算编制机构、国库管理机构等。从理论上讲,上述所有的机构也都可以以两种方式来设置,一种以内部分支机构的形式设置在综合性财政部门的内部,如在各级政府的财政部(厅、局、所)中的税收司(处、科、组)、社保司(处、科、组)、国债司(处、科、组)、国有资产管理司(处、科、组)等。由这些分支机构分别负责对各种特定的公共财政活动进行管理,但在总体上又都归属于财政部门的统一领导之下。另一种则是将这些机构从综合性公共财政部门中划分出来,成立单独的管理机构。一般而言,考虑是否将某一种公共财政活动从综合性公共财政部门中划出来单独设置机构去进行管理,主要是看这种公共财政活动的管理工作量大不大,对其进行管理的技术要求复杂不复杂,对政府是否具有特殊的重要性。如果从现代各市场经济国家的公共财政实践来看,对政府而言,税收活动在整个公共财政活动中有着举足轻重的作用,它不仅是公共财政支出活动得以顺利进行的前提,而且政府还要利用税收来实现其对社会、经济和政治的多重政策目标。同时,税收又是政府完全以无偿方式对纳税人的强制征收活动,其涉及面必然广泛,其利益矛盾也必然尖锐。这就必然使得对税收活动的组织管理工作十分复杂,它不仅有很强的政策性和技术性要求,而且工作量也很大。因此,绝大部分国家的税收管理机构都是单独设置的。在分税制的公共财政管理体制中,中央级政府的税收管理机构称为国家税务局,各级地方政府的税收管理机构则称为地方税务局。在综合性公共财政部门之外单独设置税收管理机构的目的是提高税收活动的管理效率。但同时也产生了一些问题。第一个问题是,单独设置机构,会大量增加管理人员,这种增加与实际工作量的要求并不一定相一致,而且通常超过工作量的要求;第二个问题是,单独设置的税务机构在行政权力上如果与同级的综合性公共财政部门完全平行的话,则在工作上必然影响综合性公共财政部门对本级财权、财力进行集中统一管理的力度。一般认为,在分税的公共财政管理体制下,中央级政府的税务管理机构(国税局)单独设置是必要的。但各级地方政府是否也一定要将税务管理独立于公共财政管理之外就不能一概而论了。尤其是在管辖区域较小的地方级政府,税收的规模并不大,单独设置税务机构只会增加管理成本和造成工作上的矛盾。除了税收活动,单独设置机构进行管理的公共财政活动还有社会保障、国债等。另外,在经营性国有资产较多的国家的相关级次的政府中也有单独设置国有资产管理机构的。在美国的联邦政府和州政府,由于总统、州长都要亲自参与预算编制,因此他们的预算编制工作都是单独设置机构来管理的,这些机构被称为预算管理局(办公室)而直接听命于总统(州长)。必须牢记的是,在综合性公共财政部门以外再设置一些特殊公共财政活动的专门管理机构的目的是提高这些特殊公共财政活动的管理技术,从而提高管理效率,而绝不是用来削弱公共财政部门的综合管理权力的。

二、政府各部门各单位内部的财务管理系统

如前所述,各级政府实际上是由各职能部门和它们的下属单位构成的,这些部门和单位是各级政府行使职能、管理社会的基础。这些部门和单位都有各自的专门的行政工作或专门的公共事业服务工作,而开展这些工作的物质前提是必须获得必要的公共财政资源。因而,这些单位是政府公共财政购买性支出的主要使用者。为了使这些部门和单位能够有效地开展自己的工作,合理而节约地使用公共财政资源,就必须对这些单位的资源

获得的方式、资源使用的过程及结果、资产的占用状况等活动进行管理。这些管理包括编制部门的或单位的预算、对公共财政资金的开支过程进行记录、对资金的使用效果进行总结评估等。这都是些专业性和技术性很强的工作,因此必须建立专门的机构,配备专门的管理人员来进行管理。这种专门的管理机构就是政府行政事业单位的财务管理机构。部门单位的财务管理机构在本级政府所采用的不同的预算管理方式下,其业务管理活动的内容不同,因此机构规模的大小和人员需求的多少也就不同。如实行部门预算,单一账户的管理方式,则单位的财务工作就会大大减少,就不会需要太大的管理机构和太多的管理人员。此外,一些发达国家还认为,部门单位的财务管理人员,不能只听命于本部门或本单位的领导,还应是一种服从于公共财政管理需要的、具有特殊职业使命的专业人员。他们应该为促使部门单位合法使用公共财政资源、提高使用效率而努力。有的国家更是通过在政府行政辖区内建立专门的公共会计机构来对下属职能部门财务活动进行统一管理,以增强对公共财务活动管理的控制监督职能。

三、为各级立法机构更好地行使公共财政权力而设置的专门管理机构

在公共财政活动中各级行政区的立法(民意)机构都拥有对本地区公共财政活动的最终决定权和对政府公共财政行为的监督控制权。在区域范围较小的地方,这种最终决定权和监督控制权也可以直接由辖区内的全体选民来履行。正如本章第一节所说,立法机构对政府行为和社会公共事务的管理监督不仅表现在公共财政这一种事务上,因此,立法机构的成员不可能是公共财政方面的专家,特别是在中央级或省级这样较高级别上的立法机构,面对的是规模日益增大、内容日益复杂的公共财政活动,这些活动的开展也越来越技术化。这样,为了使立法机构能够更好地履行它对公共财政活动的决定权和监督控制权,能够对政府行政所作出的各项公共财政决策进行更加正确的判断,对政府公共财政活动的结果进行合理的评估,就应该在立法机构中设置一些专门的公共财政管理机构,聘请一些公共财政事务方面的专家,来为其搜集相关的信息和进行分析审计。以使立法机构在对政府行政的预算草案和专门的部门预算和项目预算进行审议时能够心中有数;在对政府预算执行结果进行审批时能够有凭有据。如:我国人民代表大会所设的财经委员会、预算工作委员会;美国联邦国会所设的各种拨款委员会、预算管理委员会以及国会预算局和总审计署等。在以市场经济为基本经济运行方式的国家中,立法(民意)机构中一般设有专门的公共财政管理机构,只是各自的设置方式、名称和作用力度有所不同。

一般来说,在现代民主法治社会中,立法机构中设不设专门的公共财政管理机构和管理机构的设置复杂不复杂,通常是同立法机构在公共财政决策中和监督控制中的权力大小相一致的。立法的决策、控制权力越大,公共财政责任也越大,这样建立更完善的管理机构就是必要和值得的,因为机构的设置要增加管理成本。一般认为,在国民收入和社会资源有限的情况下,在政府与非政府间、政府上下级间、非政府的各不同的阶层和利益集团间,在公共财政问题上总是存在各种各样的利益矛盾。而不同的公共财政决策对各方利益的影响会很不相同,因此,公共财政决策必须要让各种不同的利益集团都有表达自己意愿的机会和程序,并最终通过投票的方式来作出更符合大多数人要求的选择。而这样一个过程只有在立法(民意)机构充分参与和拥有实质性权力的情况下才能实现。从管理

的角度来看,为了保证决策结果的合意而增加管理过程的成本是值得的。当然,这里也有一个提高合意程度和增加管理成本的比较问题,因此,除了考虑民主决策的要求,不同级次的立法机构是否设置专门机构和怎样设置专门机构,还应考虑自己区域内所发生的公共财政活动的规模大小和管理工作的任务多少。

综上可知,为了更好地组织和开展公共财政活动而建立的公共财政管理系统是十分庞大的,它遍布于从中央到地方的各级政府及立法机构,深入政府的各个职能部门和单位。正是这个管理系统,通过对公共财政管理专业技术的运用,组织着公共财政活动的运行,并将那些与公共财政活动相关的方方面面联系和协调起来。

第三节 公共财政管理人员的配备

一、管理人员配备的重要性

一般管理理论认为:所谓人员配备就是指为组织结构中的各个职位配备合适的人员。组织是由人组成的,组织中的任何一项任务和工作也都是由人来完成的,人是组织管理实施和组织目标实现的直接推动力。因此,组织结构中每个职位的人员配备都是组织管理必须非常重视的工作,因为能否将胜任的人员配备到恰当的位置上,将直接关系到组织的活动是否有效,组织的目标能否实现。

当我们将公共财政管理系统作为一种专门的系统来看时,同样需要为其配备具有特定素质要求的、合格胜任的公共财政管理人员。

二、公共财政管理对人员配备的要求

(一)对管理人员构成和数量上的需求

公共财政管理系统由三种类型的组织机构构成,由于它们各自对应不同的上级领导,因此对它们各自所承担的公共财政管理职责的要求不同;同时又由于它们各自所应担负的公共财政管理工作的具体内容和工作数量的不同,因而其组织规模的大小和组织内部的结构设计也有所不同。这样,它们各自对公共财政管理人员配备的要求也有所不同。从隶属于各级政府(主要是管辖区域和公共财政活动规模都较大的政府)的公共财政管理部门看,它们承担着本级政府的全部公共财政职责的实施工作并向本级政府负责,其业务管理工作量很大,因此,这类管理机构的内部组织结构相对复杂,对管理人员的需求不仅在结构上包括高层、中层和基层三个层次,而且数量也较大。对于高层管理者,一般要求其要有通观政府公共财政活动全局的眼界,具备了解本级整个公共财政活动运行概貌的知识,具有对本管理机构进行领导的能力。对于中层管理者,则要求其熟悉自己管理的专门的财政业务,了解本部门的活动与其他相关公共财政活动的联系,进而有效地领导和组织本部门业务工作的开展。而对于基层的管理人员,则要求其必须熟练掌握自己所从事的业务活动的专门技能。从政府各种职能部门和单位中的财务管理部门来看,它们仅仅是部门单位组织机构内部的一个管理财务工作的较小的分支机构,因此其对管理人员的需求在层次结构上则相对简单,一般都是一些具有财政、财务和会计专门知识及专门技能

的专用性人才,人员需求的数量也较少。从立法机构中的公共财政管理机构来看,由于立法部门主要承担的是对政府公共财政活动的监督职权,而成立一些相应的公共财政管理机构则主要是为立法机构能有的放矢和切实有效地行使其职权,去进行必要的相关信息的搜集和整理工作。因此,这类机构对管理人员的需求在数量上相对较少,在质量上则要求较高,一般都是选择和聘任那些多年从事公共财政工作、有着丰富公共财政管理经验的专家和那些在公共财政、经济及管理理论研究上有较深造诣的学者来担任,当然也包括必要的技术性人员。

(二) 对管理人员的素质要求

虽然由于公共财政管理机构的类型不同,而使其在对管理人员配备的需求上存在一定的差异,但无论是哪一类的公共财政管理机构,都是对公共财政活动的管理。因此,只要是进入这些机构的管理人员,就都将被赋予一定的管理相关公共财政活动的权力,而在公共财政这样一个牵涉方方面面物质利益关系处理的活动中,如何正确合理地去运用这些公共财政权力是至关重要的。因此,对于公共财政管理人员而言,无论是在哪一种管理机构工作,也无论是在这些管理机构中处在哪一层次、哪一岗位,都应具备一些共同的职业素质要求。这些素质是:

1. 管理素质

作为公共财政管理人员,首先必须具备的是作为一个管理者所应有的管理素质。传统理论认为,管理者就是那些对他人的工作负有一定责任的人。而现代理论则认为,从广义上讲,管理者应该是泛指所有执行管理任务的人,而不管他们对他人的工作是否负有责任。以现代的观点来看,所有进入公共财政管理部门的人员都是对某些特定公共财政工作负有管理责任的人,因此,他们都是管理者。而以传统的观点来看,那些处于公共财政管理机构高层和中层的人,自然是对其下属的工作负有责任和拥有权力的管理者;即使是那些处于公共财政机构基层工作职位上的人,也仍然是一种对他人的公共财政活动和公共财政行为负有责任和拥有权力的人。因为,正是这些基层的公共财政管理人员在与那些私人组织、个人以及政府中的各职能部门的相关财政活动发生着联系并对它们的财政行为负有管理监督的权力和责任。如:税务部门的征管人员对纳税人相关行为的监督管理;政府部门中的财务人员对本部门中财务行为的监督管理。因此,无论是从传统理论还是从现代理论的观点来看,进入公共财政管理机构工作的人员都是一种管理者,因而必须具有管理素质,这种素质就是运用思想与知识去开展工作和追求成效的能力。

2. 业务素质

公共财政管理是对公共财政活动这一专门领域的管理,虽然其管理职能被区分为指挥决策、组织分工、领导协调和控制监督这四个方面,但所有这些职能的实现最终都要落实到对各种公共财政收支活动的具体组织上。而建立一个庞大的公共财政管理分系统的目的正是去具体地组织这些公共财政收支活动的运行和开展,无论是哪一种类型、哪一种层次的公共财政机构,它们都有与自己的管理责任范围相对应的具体的财政业务活动内容。因此,对于公共财政管理人员的一个共同要求是,这些人都必须了解与熟悉相应的公共财政活动内容和掌握相应的公共财政管理专业技能。不过对不同的层次的管理人员而言,对其专业技能掌握程度的要求是不同的。一般而言,越是基层的管理人员,对其专业业务技能的掌握程度要求越高。

3. 道德素质

作为公共财政管理人员，无论他们是处于行政系统的公共财政管理机构还是处于立法系统的公共财政管理机构，也无论他们在公共财政管理机构中所处的职位的高低，他们都多少掌握着一定的影响公共财政活动最终结果的权力。而公共财政活动无论其表现形式是什么，最终结果都会表达为一种对物质利益的分配，因此，这种直接关系到物质利益最终分配结果的权力是最容易被滥用的。这自然首先要求通过相应的制度建设去形成一种权责对称的权力约束机制，以对权力的滥用进行有效的监督控制。然而，无论怎样的制度建设都不可能在对权力运用的监督控制上做到尽善尽美，各种责任和履行责任的法规也是很难明确到量化程度的，一定程度的自由裁量权始终是政府许多管理活动运行的一个重要特征。由此可知，对于公共财政管理人员（尤其是属于政府行政管理系统的公共财政管理人员）而言，仅靠制度去约束他们的行为是不够的，还必须要求他们具备一种能产生自我约束作用的道德素质，这就是自尊自重的自我追求和公平公正的社会追求。

三、高素质公共财政管理人员的获得

管理是一种由人来进行的智力活动，因此，高素质的管理人员是管理活动得以开展和取得成效的关键，公共财政管理也不例外。如上所述，庞大的公共财政管理系统对公共财政管理人员的需要，不仅数量大，而且素质要求也很高。怎样才能保证在公共财政管理系统的每一位置上都能配备到具有上述特定素质要求的、合格胜任的公共财政管理人员呢？一些应重视的途径是：

（一）教育培训

教育尤其是高等教育，是培养和造就高素质公共财政管理人才的首要途径。因为一个人要想在上述三个方面都具有较高的素质，必须要有相当程度的文化和知识积累，他们不仅需要学习与掌握有关公共财政活动和公共财政管理领域的专业知识和专门技能，还需要学习和掌握管理学、经济学、社会学、心理学等其他多个领域的知识。对于大多数人而言，完成这样的知识积累，最好的方法就是接受高等教育。可以说合格的高等教育是造就高素质公共财政管理人才的基础。除了高等教育这一培养途径，对于已经在职的公共财政管理人员来说，还应随着社会进步、经济发展以及公共财政制度和管理技术的不断变化去更新知识和接受新的培训。

（二）选拔聘任

如果说教育培训为公共财政管理解决了人力资源的供应问题，那么选拔聘任就是要将恰当的人选合理地配置到他能胜任并能发挥出最大作用的位置上去。由于公共财政管理部门在整个国家管理和政府公共管理方面的重要作用，因此，它所拥有的管理职位尤其是高层的管理职位往往是许多人所向往和追求的。这既为公共财政管理人才选拔提供了充足的选择余地，更要求人们去建立一个合理的选拔聘任机制以保证因才施用，人尽其才。一般认为公开、公平和公正的竞争上岗机制非常重要。

（三）考核评价

考核评价就是对公共财政管理人员的工作作风和工作业绩进行检测，以判断一个公共财政管理人员是否称职,并促使其不断地去提高自己各方面的素质。对于不称职的管理人员要及时进行淘汰,以保持公共财政管理人员队伍高水平的素质要求。考核评价的关键是要建立一套科学合理的考核评价指标体系,这对于不同类型的公共财政管理部门和不同层次的管理人员来说,其具体的要求是不一致的。对于考核评价的结果,则必须要有相应的奖惩制度和晋升淘汰制度。

(四)职业组织

公共财政管理及整个政府的公共管理应被视为一种具有专门知识和专业技能的专门职业,并建立起相应的职业组织,如美国各城市的公共财政职员协会、公共管理协会等。通过职业协会去发展和培养起一种作为该职业从业人员所必须具有和引以为自豪的职业道德风尚。使每一个进入这一职业的从业人员(公共财政管理人员及所有的公共管理人员)都以"改善公共管理效率和受到公众的尊重"为自我追求的最高目标和职业的最高荣誉。

综上所述,设计合理的专门的公共财政管理系统和称职合格的公共财政管理人员,对于公共财政管理活动的开展及运行来说是举足轻重和至关重要的。

本章小结

公共财政管理的实施需要构建专门的管理系统。与各级政府公共财政活动职能相关的管理机构可分为综合性财政管理机构和专一性管理机构两种类型,它们直接隶属于各级政府并为各级政府的行政需要服务;对政府各部门各单位的公共财政活动进行管理的机构是其内部设置的财务管理部门,其管理的目的都是促使各公共职能部门合法使用公共资源、提高使用效率;在立法机构中设置一些专门的公共财政管理机构是为了使立法机构能够更好地履行它对公共财政活动的决定权和监督控制权,对政府行政所作出的各项公共财政决策和政府公共财政活动的结果进行更加正确的判断和合理的评估。每一种公共财政管理机构中都必须配备具有特定素质要求的、合格胜任的公共财政管理人员。

本章主要参考资料

1. 〔美〕杰克·瑞宾,托马斯·D.林奇主编,丁学东等译:《国家预算与财政管理》,中国财政经济出版社,1990年。
2. 周三多等编著:《管理学——原理与方法》,复旦大学出版社,2003年。

下篇

公共财政管理的基本范畴

第六章　政府会计管理
第七章　政府预算管理
第八章　税收管理
第九章　政府收费管理
第十章　国有资产管理
第十一章　国债管理
第十二章　政府采购管理
第十三章　社会保障管理
第十四章　国库管理
第十五章　财政风险管理
第十六章　财政监督
第十七章　审计管理

第六章 政府会计管理

会计从其产生来看就是一种管理活动。任何人类的组织，无论其是经营性的还是非经营性的，在为追求组织目标而进行组织活动时都要使用资源。面对有限的人类资源，任何组织都需要了解自身资源的获得与使用情况的全部细节，以保证其合理有效的利用。因而从广义上来看，任何组织的活动都是一种经济活动，而会计则正是与这种经济活动相伴而生的一种管理活动。政府的活动也是经济性的，这种经济性就是通过财政活动来表现的。因此，对政府财政活动的管理离不开会计管理活动，它是财政管理的一个重要组成部分。

第一节 政府会计概述

会计是对组织经济活动进行管理的活动，组织是人们进行会计活动的主体，而组织的性质不同，组织经济活动的内容和表现形式也会有所不同。因此人们就将会计区分为不同组织的会计，如企业会计、政府会计、社会团体会计等。

一、政府会计的概念

（一）含义

在对政府会计的概念进行描述之前，我们先来回顾一下会计的一般含义：会计总是同一定的经济活动（获得资源、使用资源）相联系的，总是可以以货币计值去进行操作的。因此，会计是利用货币计值的方式对经济活动信息进行记录、储存、汇总、分析和评估的活动。政府的财政活动也是一种获得资源、使用资源的活动，也是以货币为基础进行的，也需要记录、储存、汇总、分析和评估。因此政府的财政活动离不开会计活动。在杰克·瑞宾和托马斯·D.林奇主编的《国家预算与财政管理》一书中是这样定义政府会计的："政府会计是分析、记录、汇总、评估与说明政府实体财政活动和财政状况的艺术。"（瑞宾和林奇，1990；第369页）由这一定义可知，政府会计的主体是政府实体，政府会计的管理内容（对象）是政府的整个财政活动，它的工作方法和职能同一般会计是一样的。

从政府会计的主体来看，政府实体由一级政府和政府的各行政单位、事业单位所组成；从政府会计的管理内容来看，则由各级政府总的财政收支活动和各行政事业单位各自的财政收支活动所构成。因此政府会计就是由政府财政会计、行政单位会计和事业单位会计所组成的，是各级政府财政机关、行政单位及事业单位反映和监督政府财政资金与事业单位业务资金活动情况的会计。它以货币为主要计量单位，对各级政府预算和单位预算的执行情况，进行完整、连续、系统的反映和监督，借以加强预算管理和财务管理，提高资金的使用效益。它是政府宏观管理的重要信息系统，也是各单位经济管理的重要组成部分。

政府财政机关是各级政府中负责组织国家财政收支、办理国家预算、决算的工作部门,它以各级政府为会计主体,对各级政府的财政总收支进行管理和核算。

行政单位是指管理国家事务、组织经济建设和文化建设、维护社会公共秩序的国家机关及其派出机构。包括国家立法机关、行政机关、审判机关、检察机关,设有单独财务系统的军队也属于这里所说的行政机关。党派和社会团体不属于行政单位,但在预算管理和会计核算上比照行政单位处理。

事业单位是指不具有国家行政事务管理职能,主要以精神产品和各种劳务形式,向社会提供生产性或生活性服务的单位。主要包括科学、教育、文艺、广播电视、信息服务、卫生、体育等科学文化事业单位,气象、水利、地震、环保、计划生育等公益事业单位,孤儿院、养老院等社会福利救济事业单位。行政事业单位是国家财政资金(预算拨款)的主要使用者,是单位会计的主体。

(二) 政府会计的对象

总的说来,政府会计的对象是非物质生产领域中政府财政资金的活动。由于政府财政部门与行政、事业单位的业务活动和收支范围不尽相同,所以,政府财政会计、行政单位会计和事业单位会计的对象就有一定的差别,对此要分别加以研究。

各级政府为了实现宪法赋予的使命,保障经济和社会的健康发展,要有计划地集中一部分国民收入,按照国家的施政方针以及国民经济和社会发展计划进行再分配。国家集中的国民收入,主要来自各种类型企业和经济组织的税金、国有资产收益和其他缴款,这些收入形成了政府的预算收入。国家集中的各种收入,通过预算拨款和经费使用的方式,有计划地分配给各行政单位、事业单位、公共企业、公共项目等,形成国家的预算支出。而尚未分配使用的资金和每年预算执行的结果(财政结余或赤字),即为收支结余。因此,政府财政机关会计的对象,就是在执行总预算过程中各级政府财政资金的集中、分配及其结果。收入、支出、结余以及在执行总预算过程中形成的资产、负债、基金,则是政府财政会计反映和监督的具体内容。

行政单位为了执行国家机关工作任务所需要的资金,由各级政府财政部门从本级政府预算集中的资金中分配和拨付。各行政单位要按照核定的预算向财政部门领取经费,形成单位的资金收入。取得经费后除用以购置行政工作所需的设备和材料物资外,要按照国家规定的用途和开支标准,支付人员经费、公用经费等,并拨付下级单位所需经费,形成单位的资金支出。而尚未使用的货币资金,就是行政单位的收支结余。因此,行政单位会计的对象,就是在执行单位预算过程中各级行政单位财政资金的领拨、使用及其结果。收入、支出、结余以及在执行单位预算过程中形成的资产、负债、基金,则是行政单位会计反映和监督的具体内容。

事业单位的业务活动多种多样,其资金来源也比较复杂。各事业单位除有自身的业务收入以外,可以从政府拨款、有关机构拨款、各种专项资金、捐赠收入等方面取得资金,形成事业单位的业务资金。为开展各项业务活动,事业单位取得的资金要用以购置数额较多的设备和材料物资,形成事业单位的实物资产,并由此发生一定的负债;在开展业务活动的过程中,要发生各项业务支出,并对所属附属单位拨付资金,形成事业单位的支出。

收支相抵后,即表现为事业单位的收支结余。事业单位的结余,可用于次年的业务支出,其数额较大的亦可用以购置设备,扩大业务规模。因此,事业单位会计的对象,就是各类事业单位业务资金的取得、使用及其结果所反映的资产、负债、基金,而在进行业务活动中所发生的收入、支出、结余,则是事业单位会计反映和监督的具体内容。

由此可知,政府会计的对象既包括各级政府财政资金的集中和分配,也包括行政单位财政资金与事业单位业务资金的取得和运用。

（三）政府会计的组成

总的来看,政府会计由政府财政会计、行政单位会计和事业单位会计三部分组成。政府会计的组成体系,是由国家预算的组成体系决定的。我国国家预算的组成体系,根据国家政权结构和行政区划建立,包括中央预算和地方预算。中央预算由国务院直属各部门的预算组成,地方预算由省、自治区、直辖市及以下各级人民政府的预算组成。国家预算按照预算收支管理范围,地方各级总预算由本级政府预算和下一级总预算组成,单位预算是指列入总预算的国家机关和其他单位的收支预算。

根据国家预算的组成体系和分类,政府会计分为政府财政会计和行政事业单位会计。前者是各级人民政府财政部门反映和监督总预算执行情况的会计,又称政府总会计;后者是各级人民政府所属行政单位反映和监督单位预算执行情况的会计,又称政府单位会计,它又是同级政府财政会计的组成部分。

组织各级总预算的执行,除财政部门以外,还有其他一些部门参与。在我国,财政资金的收入、拨出和留解,是由中国人民银行代理的国库经办的,财政收入主要是由税务机关、国有资产监管机构征取解缴的。因此,中国人民银行办理国库业务的国库会计,税务机关和国有资产监管机构办理税款和国有资产收益征解的收入征解会计,就同政府总会计形成了一个有机整体。它们都对总预算的执行情况进行反映和监督,并为政府总会计提供财政收支的数据资料。同时,政府总会计对国库会计、收入征解会计的有关核算业务,则负有组织和协调的责任。

行政单位会计按国家机关性质,可以分为立法机关会计、行政机关会计、审判机关会计、检察机关会计和军队会计。此外,党派会计、社会团体会计从会计业务处理程序来看,也归属于行政单位会计。

事业单位涉及的范围其广,按其主要行业来看,可以分为科研单位会计、教育单位会计、文艺单位会计、医院会计、体育单位会计、农林水利事业单位会计、城市维护建设事业单位会计等。

由此可以看出,政府会计是一种兼容宏观与微观、遍及社会多领域的应用范围甚为广泛的重要会计分支。

二、政府会计的作用

政府会计作为一种特殊的管理活动,是由一系列的特殊职能所组成的,这些职能就是对政府财政活动的全部经济信息进行搜集、分类、记录、汇总、分析和评估,以便为人们展示和提供一个全面、详尽和真实的政府财政活动的画面与可供利用的数据信息系统。从财政管理的角度来看,政府会计非常重要,它的主要作用至少可以体现在以下三个方面。

（一）监督控制政府行为，保障公共资源的合法使用和公共财产的安全

这是政府会计最基本也是最主要的作用。政府的财政资源都是来自对公众的各种征收，是一种公共资源，因而它的使用就必须能够很好地反映公众的要求。一般认为，在一个民主合理的立法程序下所通过的公共预算，应该是一个被公众所认可的公共资源的使用方案。因此，政府以及政府的各支出使用单位每年的财政活动都必须严格按照法定预算所规定的用途和数量去进行。这样，政府会计首先就是被用来对政府使用公共资源的过程及结果进行详细记录和反映的一种工具。它所提供的各种原始资料和数据是人们检查政府财政行为合法性的主要依据。通过对这些资料和数据的分析，人们可以检查各种财政拨款有没有被挪用或滥用、各种公共的财产是否完好无损，托马斯·林奇认为，尤其是在采购、投资、现金管理、养老金等公共财政的要害领域。在法治国家，人们之所以要通过立法将进行政府会计明确为政府的一种法定责任，就是因为健全的政府会计制度是人们监督控制政府的财政行为、确保公共资源的合法使用和公共财产安全的重要措施。

（二）为政府的资源配置提供信息和依据

政府会计通过对政府各部门以往所发生的财政活动的记录、储存和汇总，可以为政府在新的财政年度内的资源配置提供可资参考的基础数据和信息，这使得政府会计成为政府预算编制的基础。它帮助决策者将已发生的资源耗费信息作为预测未来资源需求的基本数据，以使预算的编制更加容易，并使预算支出的要求有据可循，而不是一种凭空推测。这不仅对于传统的增量预算编制来说非常重要，即使是从零基预算的编制来看，详尽的政府会计信息仍然是必不可少的条件。在一个既定的财政年度内，随时记录的会计信息和建立在这些信息基础上的财务报告也可以帮助各个层次的管理者去了解财政资源正在被使用的状态（即年度预算的执行状态），以便对财政活动运行中所出现的资源配置问题进行必要和即时的协调。

（三）促进政府提高行政活动的效率

现代政府会计已不仅是对财政活动进行被动的反映，还要在对政府财政活动信息进行详细记录的基础上，去对这些信息进行加工整理、汇总和分析评估，从中去发现那些支出安排不合理和耗费不节约的地方，以促使政府更加合理地分配和使用财政资源，提高政府行政活动的效率。比如通过成本会计去对政府各类活动资源耗费的情况进行更为精确的核算，并将这些核算的数据进行纵向（历史）和横向（单位间、部门间乃至国家间）的分析比较，以建立起更加先进的开支标准和考核指标，从而为进一步降低公共服务的成本提供帮助。

政府会计的上述作用说明了政府会计在财政管理活动中的地位，它贯穿于财政管理活动的方方面面，是许多其他财政管理活动（如国家预算管理、国有资产管理、行政事业单位财务管理、政府投资管理、国库管理、审计管理等）的基础，是实现财政管理职能和贯彻财政管理原则必不可少的主要手段和具体方法。

三、政府会计的发展

早期的政府会计可以追溯到古代社会，如我国周朝和拜占庭帝国时期都曾有过进行王室内部管理的会计及预算活动。不过那时的政府会计仅仅是统治者进行内部管理的一

种工具,是为了使王室的收支能有一定的计划性,而在会计过程中却又往往受到来自王权的左右与干扰,很难规范而持续地进行。

现代政府会计制度的建立与发展则是同政府活动的复杂化和人们对公共决策过程民主化的要求相联系的。随着市场经济的发展,现代国家政府承担的职能日益增加,政府机构的规模也日益庞大,政府为此对资源的需求也就越来越多。然而,在市场经济中,由于经济的自由化(行为自主、财产私有),使得政府在经济资源的获得上完全依赖于私人经济组织和个人的缴纳。这样,从缴纳者一方来看,随着公众税收负担的增加,人们自然会越来越关心他们所缴纳的税款被用在何处以及使用后的结果如何。为了了解与控制政府的收入获得和支出安排使用的状况,产生了国家预算和对国家预算的立法审议的要求;而为了了解及控制政府财政支出的使用过程和使用结果,又必然产生对政府会计和会计报告(财政决算)的要求。从政府一方来看,虽然公众对政府各类支出的要求在不断增长,但由于税收征收上的强制性与无偿性,政府却总会不同程度地受到税收阻抗的困扰,这必然使其倍感收支之间的矛盾加剧。为了缓解收支矛盾,在收入不可能随意增加的情况下,就只有努力去提高财政资金配置的合理性和使用的有效性。因此,政府出于加强内部管理的需要,也会考虑建立预算与会计制度。同时,随着私人经济组织中企业会计制度的日臻完善,也从会计原则和会计方法上为政府会计制度的建立提供了技术基础。由此可见,现代政府会计首先是一种对政府财政行为进行监督控制的工具,其次才是政府进行内部管理的工具。这也就是为什么欧洲许多国家和美国的政府会计都是首先产生于与公众联系最密切的地方城市政府的原因。随着地方政府会计的普及,西方多数国家逐渐形成了以立法为依据、以中央政府统一颁布会计准则和规范会计活动过程为特征的政府会计制度。对政府财政活动进行会计已成为政府的一种责任,正如美国总审计署的一位审计长所指出的:民主社会的基本准则坚持认为,托管公共资源并有权运用它们的单位,有责任对其活动提出完整的会计。

中华人民共和国成立后,也于 1950 年建立了预算会计制度。为了使会计制度与市场经济中公共财政模式的运行要求相一致,我国的预算会计制度在 1997 进行了重大改革,形成了基本与国际公共会计(政府公共领域的会计)惯例接轨的新的政府预算会计制度。2015 年 10 月 23 日,由时任财政部长楼继伟签署的《政府会计准则——基本准则》经财政部部务会议审议通过,并于 2017 年 1 月 1 日起施行。

第二节 政府会计的特点

政府会计的特点主要是同企业的会计相比较而言的。财政部门、行政事业单位的性质、任务、资金运用方式与企业不同,两者不仅核算的对象、任务不同,核算的内容、方法也有很大的差别。

企业是进行生产经营活动的经济组织,是独立的经济核算单位,从事商品生产和商品流通活动,其经营目标是谋取盈利,实现资产增值。企业在建设初期或扩大经营规模之时,由所有者投入资本金,其各项日常开支均需依靠自身的生产经营收入来抵补。企业会计的主要特点是,核算费用成本,计算经营盈亏,会计核算以经营盈亏核算为中心。

公共财政管理

财政部门、行政事业单位属于非物质生产部门,是非营利组织,主要完成行政事业的业务工作,其业务目标在于谋求最广泛的社会效益。它们的资金来源除事业单位有程度不同的业务收入以外,大都直接或间接来自纳税人及其他出资者,在此条件下力求做到收支相抵。政府会计的主要特点是,核算业务收支,计算收支余超,会计核算以收支结余核算为中心。

政府会计的特点具体表现在以下几个方面。

一、出资者提供的资金不具有营利性、增值性,但具有限制性

企业资财的供给者称为投资者,其所投入的资金称为资本金。资本金的特征是要能为投资者谋取利润,实现资产增值。企业会计首先表现为资本金会计,要能反映企业资本金经营的成果。政府单位资财的供给者主要是纳税人、捐赠人、受益人等社会公众,他们提供的资金原则上称为基金。基金的特征是要按出资者的意愿完成一定的任务,实现社会效益,政府和行政事业单位会计首先表现为基金会计,要能反映各项基金按预期目的运用的结果。

企业的投资者要求投资回报和投资回收。为此,企业会计不仅要按各个投资者分别核算资本金的增减变化,而且要着重核算资本增值和收益分配情况,在上市的股份公司中则要经常关注股票的市场价格,研究企业价值的变化。政府单位的出资者不要求投资回报和投资回收,但要求按法律规定或出资者的意愿把资金用在指定用途上,即要求资金有限制性。在这些单位中不仅像固定基金、留本基金、专用基金、拨入专项资金等具有特定的用途,就是经费拨款、事业基金等实际上也都有严格的具体用途,不能移作他用。资本金的增值性体现了企业投资者的权利,而基金的限制性则体现了政府和事业单位出资者的权利。为此,政府和事业单位会计要按不同项目核算基金的使用情况,尽管对各项基金不一定要分别设置有关的资产、负债、收入、支出等科目进行核算,但必须提供各项基金的收支结余情况,以便考核各项基金的使用效果。

二、有关财政资金的收支项目要适应国家预算管理的要求

政府会计所反映和监督的资金,直接或间接地都属于政府财政资金。因此,政府会计的指标体系,要同国家预算的收支科目相一致,以反映国家预算的执行情况。在政府总会计中,决算报表的收支科目与国家预算收支科目完全一致,其预算收入、预算支出等明细核算也要按预算收支科目来进行。在行政、事业单位,有关科目的明细核算也要按预算收支科目进行,并在会计报表中按预算收支科目的款、项、目、节分别列示。例如,高等学校的会计科目,要按教育事业费、科学事业费、科技三项费用等"款"级科目设置总账科目或明细科目;在教育事业费科目下,要按高等学校经费、科学研究费、留学生经费、高等业余教育经费等"项"级科目进行明细核算;在高等学校经费等科目下,还要按基本工资、补助工资、其他工资、职工福利费、社会保障费用、助学金、公务费、设备购置费、修缮费、业务费、其他费用等"目"级科目进行明细核算。只有严格按照预算收支科目组织核算,才能保证各单位核算的口径一致,才便于汇总编报政府总会计的决算报告,用以反映和监督总预算的执行情况。国家决算报告要直接反映行政、事业单位的财政性收入和支出,以及总预

算单位的全部收入和支出,因此这些单位有关收入、支出的核算必须与预算科目衔接。

三、政府会计不进行盈亏核算,着重核算有关资金的收支结余

企业会计必须按照经济核算的原则,进行成本核算,确定企业盈亏。政府单位不以营利为目的。政府总预算和行政单位预算的收入和支出,一般并无直接的配比关系,其收支差额不反映经营成果,只反映资金使用的余缺,所以不核算成本,不计算盈亏。事业单位的收入和支出,有的有较紧密的配比关系,有的则并无严格的配比关系,而且大多数事业单位的业务支出不能也不宜以收费来足额补偿,因而只能在一定意义上实现收支相抵,更不能也不宜谋求利润。因此,在事业单位也不进行盈亏核算,只进行收支结余的核算。

但是,在编制绩效预算的情况下,政府各行政事业单位要按产出(绩效)去申请预算拨款。这就要求政府会计必须对政府各行政事业单位的业务活动进行量化,并按单位产出进行成本核算。当然,政府行政事业单位的成本核算同企业相比问题较为复杂,主要是许多业务活动的量化十分困难,费用的计量和分配也比较困难。因此,许多国家只在比较适合编制绩效预算的部门和项目上才进行成本会计的核算。

四、政府会计的会计基础选择上的特殊性

会计基础又称收支结账基础,是会计周期内处理经济业务的基本出发点即认定往来业务成立的时间尺度。常用的会计基础有权责发生制和收付实现制两种。

权责发生制对于收入和费用是以其是否体现本期经费成果和生产消耗为标准来确定其归属期的。凡是体现本期经营成果的收入和体现本期生产消耗的支出(即体现本期应取得收入的权利和本期应负担支出的责任),不论款项是否实际收进或付出,都作为本期收支计算。权责发生制的处理,不是同货币资金的收支发生联系,而是同权利和责任的形成发生联系。为了正确划分各个会计期间的收入和费用,应设置应收款项、预收款项、应付费用(预提费用)、预付费用(待摊费用)等科目。在企业会计中,为了正确核算各个会计期间的成本和盈亏,都采用权责发生制这种会计处理原则。

收付实现制对于收入和费用是以其是否发生货币资金的收付为标准来确定其归属期的。凡是本期实际收进款项的收入和本期实际支出款项的费用,不论是否体现本期的工作成果或劳动消耗,都作为本期收支计算。收付实现制的处理,同货币资金的收付紧密联系,而与权利和责任的发生无关。实行收付实现制,不采用预收、预付科目,也很少使用应收、应付科目,只是在某些情况下使用暂收、暂付科目。在政府会计中,会计基础的选择是有一定矛盾的。为了如实反映当期预算收入和预算支出的货币金额,平衡当期的货币收入,就应采用收付实现制的收支结账原则。这样,能较好地反映现金的流进流出和结余的情况,但不能正确反映当期支出的真实规模,如当政府购买存在赊销和预付时就会出现缩小和夸大当年支出规模的情况。为了对当期的支出规模有一个较真实的反映,就应选择权责发生制,但这又不能准确反映当期的现金流动和结余的真实状况。在我国1997年修订的预算会计制度中,原则上规定政府总会计和行政单位会计采用收付实现制,而事业单位会计则采用权责发生制。这样规定主要是因为,政府总会计和行政单位会计更多的是要反映财政资金的收、付、结余状况,而事业单位会计则需要根据当期业务活动量进行收

入、支出的配比核算,考核业务成果。2015年10月23日经我国财政部部务会议审议通过并于2017年1月1日起施行的《政府会计准则——基本准则》则规定:政府会计由预算会计和财务会计构成。预算会计实行收付实现制,财务会计实行权责发生制。每一会计主体都有责任进行预算会计用以反映会计主体的预算收入、预算支出和结余状况,并据此编制反映预算收支执行情况的决算报告;同时,每一会计主体也有责任进行财务会计,用以反映资产、负债及净资产的状况,并据此编制反映政府的财务状况、运行情况(含运行成本)和现金流量等有关信息的财务报告。美国联邦国会总审计署为了克服政府会计在会计基础选择上的两难矛盾,向全国推荐了一种新的政府会计基础——改进后的权责发生制,即在记录支出活动内容时采用权责发生制,而记录收入活动内容时则采用收付实现制。

第三节 政府会计的基本前提、目标和一般原则

一、政府会计的基本前提

要开展和组织政府会计活动,必须进行相应的基本假设,这些基本假设又称为政府会计的基本前提。政府会计的基本前提有以下四个方面。

(一)会计主体

会计主体是指会计活动特定的空间范围。每一特定的会计活动都有自己特定的会计主体。会计主体一般都表现为一个有相对独立边界的组织系统,如企业、学校、团体及政府等。而每一会计主体的经济性业务活动则正是会计工作的对象。政府会计的会计主体在分级预算的财政体制下是各级政府和各级政府所属行政事业单位。

(二)持续运行

持续运行是指政府会计的经济性业务活动能够持续不断地运行下去。因为,会计正是以连续不断地记录、汇总、报告为工作特征的,因而其工作对象必须是一种连续不断的活动。政府会计自然也不例外,必须以各级政府及其财政活动能够持续不断地运行下去作为组织会计活动的基本前提。

(三)会计分期

会计分期是指人为地将会计主体的持续运行时间划分为一个个的时间阶段,以便分阶段结算账目,编制会计报表。政府会计的期间分为年度、季度和月份,会计分期可采用自然年度(公历日期),也可人为设定专门的财政年度。

(四)货币计量

政府会计的核算以指定的本国货币作为记账货币。外币收支一般应根据当时当地的汇率换算成本国货币。

二、政府会计的目标

所谓会计目标是指会计主体对外提供会计信息的目的性。会计目标将影响到会计主体会计报表体系的设计、提供信息的范围和质量的规范,进而影响到会计要素的定义和分

类、确认和计量等会计政策的选择。

（一）基本目标

从政府会计的作用可知，政府会计的基本目标在于，为会计信息使用者提供资源分配决策和托管责任评价的有用信息。包含决策有用性目标和评价可用性目标两个方面。

决策有用性是指会计所提供的信息对使用者进行经济、社会等方面的决策有用的性质。会计信息的使用者利用会计信息主要是为了作出有关决策，为了适应这一需要，会计信息必须首先具有对决策有用的性质。

评价可用性是指会计信息有助于资财提供者监督评价会计主体承担的托管责任的性质。政府各级和各行政事业单位会计主体对所接受的资财要承担经营管理的责任，为了监督评价这种责任的履行情况，各会计主体必须提供有关的会计信息。

政府和行政事业单位会计信息使用者的范围十分广泛，主要有以下几类：

1. 资财供给者

政府的资财供给者主要是广大的纳税人，因此，除了行政单位要向同级财政机关上报决算报告，各级政府的决算报告要向同级人民代表大会报告，并通过人民代表大会向全体纳税人报告。事业单位的决算报告，则要向上级机关和董事会、校（所、院）务委员会、职工代表大会等报告。各种资财供给者及其代理机构根据这些决算报告所提供的信息作出对公共资财合理使用的评价以及下一步公共资财安排的决策。

2. 单位管理部门

单位的行政领导人及各级管理人员，为了履行经管公共资财的责任，发现问题，总结经验，改进工作，需要利用会计信息。

3. 监督机关

各级各类监督机关，如审计、国有资产管理、税务等部门，为了监督评价单位经管资财的履行情况，维护财经纪律，也需要利用会计信息。

此外，供应厂商、服务对象、本单位职工等也需要利用会计信息，以了解和监督单位的有关情况。

（二）具体目标

政府会计为实现上述基本目标，还必须将基本目标细分化为以下具体目标。

1. 核算财政财务收支情况，促进计划实现，保证行政事业任务完成

政府会计要利用其专门的核算方法，对政府财政资金和行政事业单位业务资金的活动情况，进行连续、全面、系统的反映，为国家预算管理和单位财务管理提供可靠的数据资料。单位会计的日常核算资料是编报财政财务收支情况的依据。各级财政机关和行政事业单位逐级汇编上报的会计报表，最终要形成各级政府的财政决算，它是各级领导机关指导国家预算执行的重要依据。各级政府及政府各部门单位只有及时掌握会计报表资料，才能从中发现财政管理和财务管理中的问题，制定政策，采取措施，组织预算执行中的收支平衡，促进各级预算收支任务的实现。政府会计应当提供单位资产、负债特别是各项基金增减变动情况的信息，提供单位收入、支出及收支结余方面的信息，确保单位各项任务的顺利完成。

2. 分析财政财务收支执行进度，合理调度资金，调节资金供需关系

经常保持资金需求与供应的协调、平衡，经常保持适当数量的财政库存和单位库存，是保证年度预算和单位预算顺利执行的必要条件。政府会计应当提供单位现金流入、现金流出、现金净流量及其增减变动方面的信息，提供单位业务活动种类、规模及发展情况的信息，以便评价单位业务活动的成绩，估测现金流量的发展前景，采取措施，组织收入，控制支出，合理调度资金，调剂余缺，使各单位具有持续运营的能力。

3. 检查财政财务收支计划执行结果，实行会计监督，维护财经纪律

政府财政资金收支反映各级政府、行政事业单位活动的范围和方向，反映政府财经方针、政策的执行情况。政府会计在核算总预算和单位预算收支情况的同时，必须按照财政财务收支计划，以政府有关方针、政策、法令和制度为依据，进行严格的检查。收入是否及时、足额缴库，是否符合政策？支出是否按预算拨付，有无挪用？资金结余如何分配？各项资金形成的财产物资是否得到安全保管和合理使用？要充分利用会计信息反映灵敏、综合性强的特点，认真检查业务活动和财务收支的合理性、合法性和有效性，进行事中控制和事后披露。

（三）实现会计目标的责任

为了保证政府会计目标的实现，防止随意处置政府及各单位掌握的资产，就必须建立起控制与处理会计及相关财务事项的程序和制度。分配相应的会计工作任务，落实主管人员和相关财务会计人员的责任，使每一件被要求或被禁止的事在书面文件上和制度程序中具体化。

三、政府会计的一般原则

会计的一般原则是对会计核算提供信息的基本要求，是处理具体会计业务的基本依据，指导着会计要素准则的制定和会计方法的选择，因此也就成为衡量会计信息质量的重要标准。按照我国目前的习惯，会计原则大体上可划分为两类：一是会计信息质量要求；二是会计确认计量要求。政府会计的一般原则主要有以下几项。

（一）会计信息质量要求

会计信息质量要求是衡量信息质量的标准或控制信息质量的要求。它是确定会计目标的必然延伸，是实现会计目标的衡量标准；它影响到会计报表的体系和内容，即制约所提供会计信息的范围、程度和方式；它直接影响会计要素的确认、计量和报表列示方法，影响会计政策的选择。由于它是对会计信息最基本的要求，所以在非企业会计和企业会计之间，在政府财政会计、行政单位会计和事业单位会计之间，这种会计信息质量要求都具有相当的共性。

1. 有用性原则

有用性原则，又称相关性原则，是指会计核算所提供的经济信息应当有助于信息使用者正确作出经济上的判断与决策。政府会计信息要满足三方面的需要：① 满足公众了解政府财政收支总体情况和特定收支具体情况的需要；② 满足上级主管部门和有关各方了解单位财务状况和收支情况的需要；③ 满足单位内部加强管理的需要。

2. 客观性原则

客观性原则是指会计核算提供的信息应当以实际发生的经济业务为依据,如实反映财务状况和收支情况,做到内容真实、数字准确、资料可靠。会计核算的客观性有三个含义,即真实性、可靠性和可验证性。真实性是指会计反映的结果应同实际情况一致,不能弄虚作假,隐瞒谎报。可靠性是指经济业务的记录和报告,要以客观事实为依据,不受主观意念的支配,要求两位合格的会计人员,根据相同的原始资料对同一业务进行处理,应得出实质相同的结论。可验证性是指有可靠的、合法的凭据来复查数据的来源及加工过程。客观性是会计信息的生命。不真实、不可靠、不能验证的会计信息,只会导致错误的决策。

3. 可比性原则

可比性原则是指会计核算应当按照规定的处理方法进行,会计指标应当口径一致,相互可比。会计信息的可比性,首先要求不同单位在重要问题上的核算口径一致,其次要求在所选择的处理方法上可以比较,以便分清先进落后。强调会计的可比性,并不意味着核算方法没有选择性,并不排斥具体核算处理上因地制宜。

4. 一贯性原则

一贯性原则是指各个单位处理会计业务的方法和程序在不同的会计期间不能随意变更,要保持一致,以便于单位对前后各期的会计资料进行纵向比较。实行一贯性原则,并不意味着一个单位的会计核算方法一旦实行以后就绝对不能变动。当发现原有核算方法不适应本单位经济活动或不足以反映变化了的经济业务时,可在下一会计年度进行变更,但必须对变更的原因、变更的情况及变动后对单位财政财务收支的影响在会计报表说明中表述清楚。

5. 及时性原则

及时性原则是指对会计事项的处理,必须在经济业务发生时及时进行,讲求时效,以便于会计信息的及时利用。失去时效的会计信息便成了历史材料,对决策没有用。及时性包含两个要求:一是经济业务的会计处理应在当期内进行,不得跨期;二是会计报表应在会计期间结束后按规定日期报告,不得拖延。

6. 清晰性原则

清晰性原则是指会计记录和会计报告应当清晰明了,便于理解和利用,数据记录和文字说明要能反映经济活动的来龙去脉,让人一目了然,对有些不易理解的问题,应在财务情况说明书中作出说明。

7. 全面性和重要性原则

这一原则要求会计报告对单位财政财务收支情况进行全面反映;对重要的经济业务要单独反映,详细核算,对不重要的经济业务可灵活处理。重要性业务的标志,一是看发生的金额大小,二是看它对经济决策的影响程度。会计报告要充分反映一切重要的经济信息,对于一些非常事件和重大变动要充分揭示,以便于作出决策。但是对于数额较小的经济业务,可与其他项目合并列示;对某些次要的经济业务,还可以采用比较简化的方法处理。

(二) 会计确认计量要求

会计确认计量要求,是对会计信息处理方法和程序的要求,它规定了对会计要素确认计量的基本原则,实际上也规范着会计报表列示的原则。会计要素确认计量要求,同各单位的经济业务和会计要素的具体内容有很紧密的联系,因而在企业和非企业之间,在财政机关、行政单位和事业单位之间存在较大的差别。

1. 收付实现制和权责发生制

本章第二节已指出,在政府部门会计和行政单位会计中原则上实行收付实现制;在事业单位中原则上实行权责发生制。不同单位实行不一样的收支结账原则,在执行中还可能有程度上的差别,这是政府会计原则方面的一个重要特点。

2. 限制性原则

限制性原则是指对于有指定用途的资金应按照规定的用途使用,并单独反映。在政府部门中,公共资财不具有资本收益和资本回收的要求,但具有按预定用途使用的要求。这样在资金管理和核算上就要有限制性。政府财政的各项收入虽可由本级政府统筹分配使用,但在实行复式预算的条件下,有关收入要分别按照规定用于经常性支出和建设性支出,也具有一定的限制性。专款专用对于会计主体的资金自主使用权限固然有所削弱,但这也不失为控制资金使用的一种办法,是对不要求投资回报的非营利性资金使用的一种约束。按规定用途使用资金,是政府会计原则方面的一个重要特点,因此,西方国家通常认为政府会计是一种基金式会计。

3. 历史成本原则

历史成本原则是指不论市场上有多少种不同价格,政府和事业单位中需要核算记录的财产物资都应当按照取得或购建时的实际成本核算,不采用现行市价、重置价值、变现价值等其他计价方法。采用历史成本原则是以整个经济活动中的币值基本稳定为前提的,如果物价发生巨大波动,历史成本就不能确切反映企业财产物资的状况。虽然历史成本原则有这种局限性,但它依然是目前比较可行的办法。当物价变动时,除国家另有规定者外,不得调整账面价值。

4. 配比原则

配比原则是指在有业务收支活动的单位中,对一个会计期间的收入与其相关的费用支出应当配合起来进行比较,在同一会计期间登记入账,以便计算收支结余,考核经济效益。应计入本期的收入和费用支出,不能脱节,也不能任意提前或错后。配比原则之所以采用,是由于有关收入和支出的发生有因果关系,即收入是因为支出一定的费用而产生的。在行政单位,收入很少,且与支出无对应关系。在事业单位,业务收入和业务支出之间往往也无严格的因果关系,更无直接的比例关系,支出多的项目,收入可能很多,也可能并不多。因此,政府会计的这种配比具有一定的相对性。

第四节 政府会计的基本方法

政府会计活动的开展必须具备一些基本要素、基本工具和基本手段,这就是政府会计的基本方法。它表明了政府会计活动是如何进行的。

一、政府会计要素

会计要素就是会计对象的构成要素。会计核算的具体内容多种多样,为了对有关核算内容进行确认、计量、记录、报告,就需要对会计对象作一些基本的带有规律性的科学分类,把会计对象分解为若干基本的构成要素。这样就形成了会计要素。科学地确定会计要素有助于进一步设置相关的会计核算科目、选择会计计量基础和设计构筑会计报表。

我国2017年1月1日开始执行的《政府会计准则——基本准则》规定:政府预算会计的会计要素有预算收入、预算支出与预算结余三项;而政府财务会计的要素有资产、负债、净资产、收入和费用五项。

（一）政府预算会计要素

1. 预算收入

预算收入是指政府会计主体在预算年度内依法取得的并纳入预算管理的现金流入。预算收入一般在实际收到时予以确认,以实际收到的金额计量。

2. 预算支出

预算支出是指政府会计主体在预算年度内依法发生并纳入预算管理的现金流出。预算支出一般在实际支付时予以确认,以实际支付的金额计量。

3. 预算结余

预算结余是指政府会计主体预算年度内预算收入扣除预算支出后的资金余额,以及历年滚存的资金余额。预算结余包括结余资金和结转资金。

（1）结余资金是指年度预算执行终了,预算收入实际完成数扣除预算支出和结转资金后剩余的资金。

（2）结转资金是指预算安排项目的支出年终尚未执行完毕或者因故未执行,且下年需要按原用途继续使用的资金。

（二）政府财务会计要素

1. 资产

资产是指政府会计主体过去的经济业务或者事项形成的,由政府会计主体控制的,预期能够产生服务潜力或者带来经济利益流入的经济资源。服务潜力是指政府会计主体利用资产提供公共产品和服务以履行政府职能的潜在能力。经济利益流入表现为现金及现金等价物的流入,或者现金及现金等价物流出的减少。政府会计主体的资产按照流动性,分为流动资产和非流动资产。

（1）流动资产是指预计在1年内（含1年）耗用或者可以变现的资产,包括货币资金、短期投资、应收及预付款项、存货等。

（2）非流动资产是指流动资产以外的资产,包括固定资产、在建工程、无形资产、长期投资、公共基础设施、政府储备资产、文物文化资产、保障性住房和自然资源资产等。

2. 负债

负债是指政府会计主体过去的经济业务或者事项形成的,预期会导致经济资源流出政府会计主体的现时义务。现时义务是指政府会计主体在现行条件下已承担的义务。未来发生的经济业务或者事项形成的义务不属于现时义务,不应当确认为负债。

政府会计主体的负债按照流动性,分为流动负债和非流动负债。

(1)流动负债是指预计在1年内(含1年)偿还的负债,包括应付及预收款项、应付职工薪酬、应缴款项等。

(2)非流动负债是指流动负债以外的负债,包括长期应付款、应付政府债券和政府依法担保形成的债务等。

3. 净资产

净资产是指政府会计主体资产扣除负债后的净额。

(1)财政总会计的净资产是本级政府财政所掌管的资产净值,它包括各项结余及预算周转金等。

(2)事业单位的净资产是事业单位可支配的资产净值,包括固定基金、专用基金、事业结余、经营结余和结余分配等。

(3)行政单位的净资产是指归行政单位占用和支配的固定基金、结余等。

4. 收入

收入是指报告期内导致政府会计主体净资产增加的、含有服务潜力或者经济利益的经济资源的流入。收入的确认应当同时满足以下条件:

(1)与收入相关的含有服务潜力或者经济利益的经济资源很可能流入政府会计主体。

(2)含有服务潜力或者经济利益的经济资源流入会导致政府会计主体资产增加或者负债减少。

(3)流入金额能够可靠地计量。

5. 费用

费用是指报告期内导致政府会计主体净资产减少的、含有服务潜力或者经济利益的经济资源的流出。费用的确认应当同时满足以下条件:

(1)与费用相关的含有服务潜力或者经济利益的经济资源很可能流出政府会计主体。

(2)含有服务潜力或者经济利益的经济资源流出会导致政府会计主体资产减少或者负债增加。

(3)流出金额能够可靠地计量。

(三)政府会计报表

以上各要素将构筑起政府会计的合并财务报表,包括资产负债表、收入费用表和现金流量表。资产负债表是反映政府会计主体在某一特定日期的财务状况的报表。收入费用表是反映政府会计主体在一定会计期间运行情况的报表。现金流量表是反映政府会计主体在一定会计期间现金及现金等价物流入和流出情况的报表。

二、政府会计平衡公式

会计平衡公式也称为会计等式,是指各政府会计各要素之间客观存在的必然相等关系。政府财务会计选择借贷复式记账法下的平衡等式,即:

$$资产+费用=负债+净资产+收入$$

或

$$资产＝负债＋净资产＋（收入－费用）$$

在上述等式中,收支相抵、结余转入净资产后,其会计平衡等式为:

$$资产＝负债＋净资产$$

会计等式是复式记账赖以建立的基础,也是设计会计报表结构的基本依据。

三、会计科目与账户

（一）政府会计科目

会计科目是对会计要素的具体内容所作的进一步分类。以政府财务会计为例,要素有资产、负债、净资产、收入和费用五个,因此,会计科目也分为资产、负债、净资产、收入和费用五类。

会计科目可分为总账科目和明细科目。总账科目在会计要素下直接开设,反映相应会计要素中有关内容的总括信息。例如,在财政总会计的资产会计要素下,开设"国库存款""其他财政存款"等总账科目。明细科目在总账科目下开设,反映总账科目的明细信息。例如,在财政总会计的"国库存款"总账科目下,开设"一般预算存款""基金预算存款"等明细科目;在行政单位会计的"拨入经费"总账科目下,开设"拨入经常性经费""拨入专项经费"等明细科目;在事业单位会计的"事业支出"总账科目下,开设"基本工资""补助工资""公务费""业务费"等明细科目。总账科目统驭明细科目。

会计科目配有编号。对于国家统一规定的预算会计科目及其编号,各级财政总预算和行政事业单位会计不得擅自更改或将编号打乱重编。

设置了会计科目,就能将政府财政总预算及行政事业单位中大量经济内容相同的业务归于一类,组织会计核算,取得相应的会计信息。

（二）政府会计账户

会计账户与预算会计科目是两个既具有内在联系又不完全相同的概念。两者的内在联系表现为,会计科目是会计账户的名称。两者的相互区别表现为,会计账户既有名称,又有结构;而会计科目只是一个名称,没有结构。

与政府会计科目相对应,政府会计账户可分为总分类账户和明细分类账户。总分类账户是根据总账科目开设的用以反映会计要素中总分类信息的账户,明细分类账户是根据明细科目开设的用以反映总分类账户中有关明细分类信息的账户。

四、政府会计的记账方法

政府会计采用国际通用的借贷记账法。所谓借贷记账法,是指以"借"和"贷"作为记账符号来记录和反映会计要素增减变动情况及其结果的一种复式记账法。

在政府会计中,借贷记账法中的"借"表示资产和费用支出类账户的增加,以及负债、净资产和收入类账户的减少或转销;"贷"表示资产和费用支出类账户的减少或转销,以及负债、净资产和收入类账户的增加。借贷记账法在我国预算会计中的运用如表6-1所示。

表 6-1 借贷记账法在预算会计中的运用

借方	贷方
资产类账户的增加	负债类账户的增加
费用支出类账户的增加	净资产账户的增加
负债类账户的减少	收入类账户的增加
净资产账户的减少	资产类账户的减少
收入类账户的减少或转销	费用支出类账户的减少或转销

例 1 某市财政收到一般预算收入 300 000 元。应编制会计分录如下：
借:国库存款——一般预算存款   300 000
　贷:一般预算收入   300 000

例 2 某行政单位收到财政拨入经常性经费 6 000 元。应编制会计分录如下：
借:银行存款——拨入经常性经费   6 000
　贷:拨入经费   6 000

例 3 某事业单位以现金购买办公用品 80 元。应编制会计分录如下：
借;事业支出——公务费   80
　贷:现金   80

这种记账法可以更加清楚地反映每一笔业务所表示的经济资源的来龙去脉和存在情况。

五、政府会计凭证

政府会计凭证是用以记录政府部门经济业务或会计事项、明确经济责任、作为记账依据的书面证明。会计凭证按照填制程序和用途,可分为原始凭证和记账凭证两种。

(一)原始凭证

原始凭证是经济业务发生时取得的书面证明,是会计事项的唯一合法凭证,是登记明细账的依据。由于财政总预算与行政事业单位的经济业务内容不同,因此,其原始凭证的具体种类也不完全一样。

1. 各级财政总预算会计原始凭证的种类

(1) 国库报来的各种预算收入日报表及其附件,如各种"缴款书""收入退还书""更正通知书"等。

(2) 各种拨款和转账收款凭证,如预算拨款凭证、各种银行汇款凭证等。

(3) 主管部门报来的各种非包干专项拨款支出报表和基本建设支出月报。

(4) 其他足以证明会计事项发生经过的凭证和文件。

2. 各级各类行政事业单位原始凭证的种类

(1) 收款收据。

(2) 借款凭证。

(3) 预算拨款凭证。

(4) 固定资产调拨单或出、入库单。

(5) 库存材料或材料出、入库单。
(6) 开户银行转来的收、付款凭证。
(7) 往来结算凭证。
(8) 各种税票。
(9) 其他足以证明会计事项发生经过的凭证和文件。

原始凭证作为经济业务发行的原始证明,其填制必须符合一定的要求。一是必须真实。原始凭证上填列的日期、业务内容和数字必须真实可靠,必须按经济业务发生的实际情况进行填制。二是必须完整、正确、清楚。原始凭证上规定的项目必须逐项填写齐全,不能遗漏简略;数量、单价、金额等计算必须正确无误;文字说明和数字必须填写清楚,易于辨认。三是必须有经办人员的签名盖章。原始凭证上必须有经济业务经办人员的签名或盖章,以便于明确经济责任。

(二) 记账凭证

记账凭证是根据原始凭证填制的用以确定会计分录并作为登记账簿依据的书面凭证。记账凭证作为登记账簿的依据,其填制和保管必须符合一定的要求。这些要求主要包括:

(1) 记账凭证应根据审核无误的原始凭证编制。记账凭证的各项内容必须列齐全,制证人或制单人必须签名或盖章。

(2) 记账凭证一般根据每项经济业务的原始凭证编制。当天发生的同类经济业务,其原始凭证可以进行适当归并,然后据以编制记账凭证;但不同经济业务的原始凭证,不得合并编制一张记账凭证,也不得将几天的经济业务加在一起编制一张记账凭证。

(3) 记账凭证必须附有原始凭证。一张原始凭证涉及几张记账凭证的,可以把原始凭证附在主要的一张记账凭证后面,然后在另外的一张或几张记账凭证上注明附有原始凭证的那张记账凭证的编号。财政总会计预拨经费转列支出、会计年终结账和更正错误的记账凭证,可以不附原始凭证,但应经主管会计人员签章。

(4) 记账凭证必须清晰、工整,不得潦草。记账凭证须经指定人员复核,并由会计主管人员签章。

(5) 记账凭证应根据经济业务发生的日期按顺序编制。记账凭证应有编号,每月从第1号起编一个连续号。

(6) 记账凭证每月应按顺序号整理,连同所附的原始凭证加上封面,装订成册进行保管。

六、政府会计账簿

会计账簿是由具有一定格式、互相联系的账页组成,用来序时地、分类地记录和反映各项经济业务的会计簿籍。会计账簿的种类主要有总账和明细账两种。

(一) 总账

总账是指按总分类账户开设账页的会计簿籍。总账是反映资产、负债、净资产、收入和支出会计要素的总括情况,平衡账务,控制和核对各种明细账以及编制预算会计报表的主要依据。

(二)明细账

明细账是指按明细分类账户开设账页的会计簿籍,是用以反映总账明细情况的账簿。

政府会计明细账的种类主要有收入明细账、支出费用类明细账和往来款项明细账等。由于财政总预算、行政单位和事业单位中有关收入、支出和往来款项的业务内容存在一定的差异,因此,财政总预算、行政单位和事业单位设置的收入明细账、支出明细账和往来款项明细账的具体种类也不尽相同。

在财政总会计中,收入明细账主要包括一般预算收入明细账、基金预算收入明细账、专用基金收入明细账和上解收入明细账,支出明细账主要包括一般预算支出明细账、基金预算支出明细账、专用基金支出明细账和补助支出明细账,往来款项明细账主要包括暂付款明细账、暂存款明细账、与下级往来明细账。

在行政单位会计中,收入明细账主要包括拨入经费明细账、预算外资金收入明细账和其他收入明细账,支出明细账主要包括拨出经费明细账、经常性支出明细账和专项资金支出明细账,往来款项明细账主要包括暂付款明细账和暂存款明细账。

在事业单位会计中,收入明细账主要包括财政补助收入明细账、事业收入明细账、经营收入明细账、拨入专款明细账、附属单位缴款明细账和其他收入明细账,费用支出类明细账主要包括拨出经费明细账、拨出专款明细账、专项资金支出明细账、事业支出明细账、经营支出明细账和对附属单位补助明细账,往来款项明细账主要包括应收账款明细账、其他应收款明细账、应付账款明细账和其他应付款明细账。

七、政府会计报告

(一)会计报告的概念

会计报告是指政府财政部门及行政事业单位根据账簿记录及其他有关资料,按照统一规定的内容和格式,采用规定的方法编制的反映财政总预算及行政事业单位一定时期的财务状况和一定时期内收支情况及其结果的书面报告,按照相关规定在每一会计分期结束时编制。会计报告是财政总预算及行政事业单位的重要经济信息,作为政府会计主体的各级政府财政总预算及行政事业单位都必须按照有关规定认真编制。

(二)政府会计报告的基本内容

我国自2017年1月1日施行的《政府会计准则——基本准则》规定,各政府会计主体都应编制政府决算报告和政府财务报告。财务报表是对政府会计主体财务状况、运行情况和现金流量等信息的结构性表述。政府会计主体应当根据相关规定编制合并财务报表,财务报表包括会计报表和附注,会计报表至少应当包括资产负债表、收入费用表和现金流量表。

1. 政府决算报告

政府决算报告是综合反映政府会计主体年度预算收支执行结果的文件。政府决算报告应当包括决算报表和其他应当在决算报告中反映的相关信息和资料。政府决算报告的编制主要以收付实现制为基础,以预算会计核算生成的数据为准。

2. 政府财务报告

政府财务报告是反映政府会计主体某一特定日期的财务状况和某一会计期间的运行

情况、现金流量等信息的文件。政府财务报告应当包括财务报表和其他应当在财务报告中披露的相关信息及资料。政府财务报告的编制主要以权责发生制为基础,以财务会计核算生成的数据为准。政府财务报告包括政府综合财务报告和政府部门财务报告。

(1) 政府综合财务报告。是指由政府财政部门编制的,反映各级政府整体财务状况、运行情况和财政中长期可持续性的报告。

(2) 政府部门财务报告。是指政府各部门、各单位按规定编制的财务报告,是对政府会计主体财务状况、运行情况和现金流量等信息的结构性表述。

3. 政府财务报表

(1) 资产负债表是反映政府会计主体在某一特定日期的财务状况的报表。

(2) 收入费用表是反映政府会计主体在一定会计期间运行情况的报表。

(3) 现金流量表是反映政府会计主体在一定会计期间现金及现金等价物流入和流出情况的报表。

(4) 附注是对在资产负债表、收入费用表、现金流量表等报表中列示项目所作的进一步说明,以及对未能在这些报表中列示项目的说明。

(三) 编制的基本要求

会计报告的编制应遵循如下基本要求。

1. 数字真实

即要求会计报告中的各项数字能如实反映财政总预算及行政事业单位的财务状况和收支情况,不能以凭空捏造的数字代替实际数字。

2. 计算准确

即要求会计报告中的数字在计算时不能出现差错。

3. 内容完整

即要求对于按规定上报的会计表及各项指标,其内容的填列必须完整,不能漏报、漏填。

4. 报送及时

即要求财政总预算及行政事业单位在会计期间结束时及时编制会计报告,如期报出会计报告。

八、政府会计报表的分析评估

政府的财务会计报表集中汇总了一段时间的会计信息,反映了这一时期中政府及各单位的财政财务状况和收支情况及其结果,但不能直接表明有关总预算收支完成的好坏和单位收支执行、资金运用的好坏。因此,要对各种报表提供的会计信息进行分析和评估,提供比较分析。一是要说明政府及各部门单位预算执行的情况,预算收入完成情况、预算支出完成情况与法定预算要求之间是否存在差异以及差异产生的原因。二是要说明政府及各部门单位在这一时点上真实的财政财务状况,资产与负债之间的关系,债务规模及偿债能力与风险等。会计报表分析在这里主要是各级政府财政进行内部控制的需要,而要对政府财政活动进行外部监督则必须通过审计活动来实施。加入了分析说明和相关分析结果指标的会计报表才能形成合格的政府决算报告和政府财务报告。

九、政府会计周期

政府会计周期也称为会计循环,是按一系列基本一致的会计工作阶段周而复始不断重复进行的会计活动形成的会计工作周期。它表示了包括鉴别、记录、总结、说明和披露财政活动信息的全过程。根据组织机构的情况和对会计控制的要求不同可选择长短不同的会计周期。

所有的会计周期都遵循一般的循环过程,它始于记录财务往来,终于财务报告,通常包括以下几个步骤。

(1) 业务发生时开出原始凭证或接受原始凭证。
(2) 在日记账中记录当日成立的往来业务。
(3) 做会计分录并将其记入总分类账簿和明细分类账簿中。
(4) 清理结算分录。
(5) 编制会计报表。
(6) 进行会计分析评估,提交决算报告和财务报告。

本章小结

政府会计是对政府公共财政活动的全部经济信息进行搜集、分类、记录、汇总、分析和评估,以展示和提供一个全面、详尽、真实的政府公共财政活动的画面和可供利用的数据信息系统;是政府一切公共财政管理活动的基础,发挥着监督控制政府行为,保障公共资源的合法使用和公共财产的安全,为政府的资源配置提供信息依据和促进政府提高行政活动效率的作用。由于政府公共资金使用方向的限制性,政府会计首先表现为基金会计,要能反映各项基金按预期目的运用的结果;政府会计的指标体系,要同国家预算的收支科目相一致,以反映国家预算的执行情况。政府会计确认计量要求的会计基础有收付实现制和权责发生制。政府会计的基本方法包括会计要素、会计平衡公式、记账方法的选择、会计科目和账户的建立、会计凭证和账簿的使用、会计记录信息的汇总、会计报表的编制、公共财政财务活动的评估等。而将这些基本方法有机结合在一起,并按一定的规律操作,就形成了政府会计的循环周期。

本章主要参考文献

1. 〔美〕杰克·瑞宾、托马斯·D.林奇主编,丁学冬等译:《国家预算与财政管理》,中国财政经济出版社,1990年。

2. 王庆成主编、王彦副主编:《政府和事业单位会计》(第3版),中国人民大学出版社,2009年。

3. 《政府会计准则——基本准则》,中华人民共和国财政部,2015年。

第七章 政府预算管理

政府预算通常被最简单地定义为政府的年度财政收支计划。这一简单的定义清楚地表明了这样一个事实:政府财政这样一种获得资源、使用资源的活动必须事先进行计划和安排,与企业和家庭所做的一样。这也说明了政府会计活动与政府预算活动在财政管理中的不同特性:一个是追溯性的,而另一个则是决策性的。

第一节 政府预算管理概述

一、作为财政管理工具的政府预算

预算就是用数字(包括财务数字和非财务数字)来编制未来某个时期的计划和表明预期的结果。政府预算也是用数字(包括财务数字和非财务数字)对政府将要发生的财政(公共)收支活动进行的预计和规划。从收入预算方面看,政府预算要确定短期收入政策,要对既定收入制度下的收入规模进行预测并落实收入执行任务,在实行赤字预算时选择和确定新的筹资方式;从支出预算方面来看,政府预算要选择短期的支出政策,要确定政府将提供的商品和劳务的种类数量及其相应的资源配置方案,要确定转移性支出的内容、规模和具体的补助方案。在任何组织的管理中,预算都是一个非常重要、不可或缺的管理工具。这是因为通过预算可以用数量化的指标将组织的资源获得和使用同组织的工作目标结合起来形成一个可控的计划体系,从而使组织的资源在实现组织的目标上得到最有效的利用,这也是政府预算在财政管理活动中最基本的作用。但是由于政府部门在获得、使用资源上的特殊性和政府机构的复杂性,又使得政府预算较之企业预算而言具有更加重要的管理作用。这些作用主要表现为:

(一)决策作用

政府预算是进行政府决策的工具。对私人部门的组织而言,由于其资源获得和使用的交易性特征,使组织为实现目标所进行的筹资具有较大的弹性,因而预算更多的是被作为一种有效实现组织目标的财务控制工具,而不是决策的主要依据。此外,私人部门组织的利益对组织内部成员而言,具有较高的一致性,不容易形成因组织目标选择而产生重大利益差异的不同利益集团。因而,私人组织的决策过程和因不同的决策而产生的组织资源分配方案也没有对透明度的较高要求。但政府部门作为一个特殊的组织机构,其存在的理由和每一具体时期的活动目标都是其向公众筹资的依据,而这种筹资的非交易性特征又必然使政府筹资具有相对的固定性。同时,政府政策和行动目标的不同选择对不同的利益集团会产生非常不同的利益影响。这也就自然要求政府的每一重大决策都首先必须以预算的形式展示出来。如:是做一个扩张的预算、紧缩的预算还是平衡的预算;是要增加税收还是要借债;是要扩军备战还是要加大反贫困力度;改善收入分配是增加补贴还是增加公共提供;是改善城市交通还是增加城市绿地,需要增加多少公共投资;等等。可以说一个完整表达政府政策选择取向、收支规模和重大支出项目安排的政府预算,实则是执政政府的一份政治宣言。因而有人说,要了解一个政府想干什么,只要看看它的预算就清楚了。可见,预算在政府决策管理上具有特殊作用,这一作用是公共收支决策的公开性与参与性的必然要求,就是为了让公众了解,他们将为什么出钱和出多少钱(或他们所出的钱被用在了哪些地方),从而通过预算决策过程的透明性和参与性去增强公共选择的合意性,提高公共资源的配置效率。

(二) 配置作用

政府预算的配置作用主要是指在政府的主要财政政策和重大收支项目确定后,政府的财政(预算)管理部门需要利用预算工具对一定时期内(通常为一年)政府可利用的资源进行更加详尽和具体的划分。预算的这一作用主要表现在对公共支出(这是预算管理的重点)的进一步分配上。这时的政府预算需要利用政府会计核算体系所提供的资料去建立起分类更加详细的预算拨款项目,这被称为预算的分立性或行动性。这样就能将政府可利用的资源与政府工作的每一具体行动科学地结合起来,反映政府组织的分工和资源在时间上与空间上的安排,为政府各种目标的实现提供财务保障。不同级次政府的预算和不同编制方法的预算对预算项目分类分项的设计方法不同,其对分立性粗细程度的要求也有所不同。

如前所述,由于政府筹资的特殊性所决定的公共收入制度的相对固定性,政府的年度预算在收入项目分配上的主动作用甚微,所要做的主要是对既定收入政策和收入制度下的收入规模进行尽可能准确的预测,并根据当年预算所执行的政策去提出是否借债和借债的规模分析。

(三) 协调作用

政府预算在财政管理活动中的协调作用是显而易见的:首先,从政府预算形成的决策过程看,就是一个协调社会众多不同利益集团对公共物品不同需求的过程。越是参与性强的预算决策过程,就越可能让各种利益集团的不同需求通过正规合法的方式去进行表达,并在共同遵守的规则和程序下去进行选择,从而得到一个能尽可能体现大多数人利益取向的、相对较优的预算决策。可见,法治社会中,经过充分论证和合法程序所确定的既定时期的政府预算,本身就是对各方利益进行平衡协调的产物。其次,政府预算在管理上的协调作用,还表现在对政府内部各种关系的协调上,包括对政府上下级之间及政府内部各部门、各预算单位之间关系的协调。每年的预算安排中对上下级政府间收入分享、转移支付方式和数量的选择与确定,对各预算单位具体支出项目的确定和支出数量的调整以及年度预算执行中的预算追加追减都体现了政府在合法的财政收支框架内对政府内部各方利益和关系的协调。正如 B.J. 理德和约翰·W. 斯韦恩在《公共财政管理》一书中所说的"公共预算是协调很多人行为的正规途径"(理德和斯韦恩,2001:第 11 页)。

(四) 控制作用

任何组织的管理几乎都将预算控制作为保障组织资源按预定方案使用的一种最重要的控制工具,但这种控制通常是一种内部控制。而政府预算则从其产生开始就不仅是一种内部控制的工具,更是一种对政府财政行为进行外部(公共)监督控制的工具。因为政府部门只是公共资源的受权使用单位。

从进行外部(公共)监督控制的作用来看,在高度公开和参与的决策机制下,按照法定程序通过的政府预算便成为一种制度,它是控制、约束政府财政行为和政府财政资金收支活动的行为规范,是公众和立法机构检查政府及其职能部门财政行为是否合法的重要依据。

从进行内部控制来看,详尽的财政收支计划,确定了各职能部门和各预算单位在一个财政年度内的财政收支任务,尤其是各种支出和拨款都是根据政府各部门、单位所承担的工作任务来安排的。因此,只有按照预算分配所要求的用途和数量去使用,才能保证政府部门和各单位履行好自己的职责,提供出公众需要和满意的服务与产品。因此,由各级政府财政部门调整及立法批准的部门和单位预算,是财政部门和审计部门检查与监督各预算单位财政收支行为的主要依据。

上述政府预算的四大管理作用确定了政府预算的工作目标,就是保证公共收支决策的公正性和配置的效率性。公共收支过程是一个政府如何获得和使用公共资源的过程,也是财政管理的主要内容,涉及许多具体的管理环节,尤其是对公共支出的管理而言,预算活动是其中一个最为重要的管理环节,它不是公共支出管理的全部内容,但却首先发生,并成为以后支出活动管理的基础。

二、预算管理的含义

预算管理是指由一系列专门活动构成的对预算活动的管理。前文我们已讨论了政府预算作为一种管理工具对政府财政活动进行的管理,也理解了政府预算在对财政活动进行决策、配置、协调和控制管理中的特殊作用。这使政府预算活动成为一种具有特定目标和特殊要求的专门的财政活动,其主要工作内容就是对政府将要发生的财政活动(公共收支)进行预计和规划,并将预计和规划的结果通过文件的方式表达出来,再通过一定的程序将其固定下来,形成一种指导未来财政活动(主要是支出活动)的规范。怎样去进行这些活动才能保证预算在财政活动中管理目标的实现和管理作用的发挥呢?这自然形成了对政府预算活动本身进行的管理。为了按照前述预算在财政管理中的作用和目标的要求来开展预算活动,就必然要设计出一系列针对预算活动的专门管理活动,这些专门的活动是通过预算管理的内容表现出来的。

三、预算管理的内容

对预算活动进行的管理主要应包括以下内容:

(一)预算权力的分配

现代国家的政府预算可支配的公共资源是巨大的(发达国家的这一比重都在30%以上,发展中国家也在20%左右),如何保证这些公共资源公正、有效地运用,预算权力的分配至关重要。它决定了不同的利益集团如何将自己的意愿表达出来并最终在预算决策中得到体现。这些权力通常有提出权、审议权、修订权、批准权、执行权和调整权等。

(二)工作机构的设置和人员的配备

政府预算就是要将内容众多的财政收支内容按照不同的政策目标和具体的行动方案

用财务数字和非财务数字清晰、准确、全面地表达出来,这一工作具有很强的政策性、专业性和技术性,也需要搜集、掌握、分析和处理大量信息,因此需要建立专门的工作机构和配备具有专门知识和技能的管理人员。

（三）预算程序的确定

为了避免对预算权力的滥用和产生预算舞弊,就必须对每一种预算权力的行使设定其必须履行的步骤。如:一级政府预算的形成,必须经过编制草案、提出草案、审议草案、修订草案以及批准通过等程序。

（四）具体工作方法的选择

预算的具体工作方法涉及的内容较多,主要有预算期限、预算表现形式、预算文件设计、数字预测方法、项目评估方法以及完成预算工作时间的分配（预算工作周期）等。具体工作方法的选择构成了预算工作中主要的技术性内容,它对于提高预算工作的效率起着重要的作用,它的不断改进是第二次世界大战以后各发达国家预算改革的主要内容。

上述预算管理的内容在各国的预算管理中都大体一致,但对于如何分配权力、设置机构、设定程序和选择方法,各国则有很大不同。正是对这些管理内容的不同规定形成了各国具体的预算制度。

四、预算管理的作用

预算管理的作用,简单地讲就是使政府预算活动能够顺利有效地开展,以最大限度地保证政府预算作用的发挥和预算目标的实现。具体来看,通过加强管理能更合理地分配预算权力、明确预算责任,选择科学的预算形式和先进严谨的预算方法,形成合理的预算周期,并最终为公众提供一个清楚易懂的关于政府活动的文件。

第二节 决定和影响政府预算活动的因素

政府预算活动如何开展和进行,要受多种因素的制约和影响,其中起着决定性作用的因素有法律、政府间的关系以及政府内部的组织结构。

一、法律

由于政府预算对一定时期内公共资源处置上的重要作用,政府预算活动的许多重大问题必须由各种法律制度来确定,从而使参与预算活动的相关各方的行为得到规范。

（一）通过法律制度来规范的预算活动内容

（1）通过法律规范的最主要的预算活动内容就是政府预算权力的分配。现代国家的中央政府和级次较高地方政府的预算权力一般都是在立法机构和行政政府之间进行分配的。其内容主要包括:行政机构在预算编制、预算调整中的权限;立法机构在审议批准和调整预算中的权力。由于政府预算分配和处置的是公共资源,因此,与预算活动相关权力分配的制度设计应尽可能保障不同利益集团对公共收支活动的意见得到充分的表达。但预算活动也不能成为一个无休止的争论和扯皮的过程,因此,制度的设计也必须考虑到预算过程的行动效率。一般认为在一个民主选举政府的任期内,预算决策草案的提出权应该赋予当选政府,这样可以让当选的执政者通过预算收支的安排,更好地去贯彻自己在选举时提出的得到多数公众认可的大政方针政策,并有效地减少预算决策草案形成的时间。而预算的审议权、修订权、批准权则应归属于由不同利益集团代表所组成的立法机构(议会、人民代表大会),以利于不同利益集团的意见都有一个表达的机会,并避免政府不正当、不合理的偏好和偏差。只有通过立法审议和批准的预算案才具有法律效力,才能进入执行。预算的执行权一般授予政府的相关职能部门,但有的国家也将一些重大支出项目的拨款权交给立法机构,并授予立法机构对政府预算执行情况拥有监督、检查、质询和听证的权力。由于预算调整是在执行过程中对法定预算的修改,因此预算的调整权也应分别授予立法与行政。一般是由行政根据执行中的问题提出调整方案,数额较小的调整,行政可自行决定,数额较大的调整则必须交由立法审批。从历史的考察来看,预算权力无论是由行政机构独占还是由立法机构独占都是不可取的,制度设计上必须考虑权力的相互制衡。而立法与行政在预算权力分配上的格局也不是一成不变的,通常在国家陷入重大灾难和遇到特殊事件时,行政政府将被授予较大的预算决策和调整上的自主权。此外,在许多国家的基层辖区,公共收支活动的决策选择了公众参与性更强的直接民主制。

(2) 除了预算权力的分配要通过法律制度来规范,法律还对预算活动的许多细节进行了具体的规定。因为只有通过对关键细节的制度化约束,才能保证相关各方法定预算权力的实现。比如,立法机构虽拥有审议权,但政府行政的预算草案提供不及时、收支内容包括不全面、留给审议的时间不充足等,都不能保障立法机构充分有效地行使其对政府预算的审议权。通常经由法律制度加以规范的预算活动细节包括:预算收支内容的覆盖范围及其表达方式;预算年度的期限和起止日期;预算周期的活动日程规定;预算形式的选择和对预算报告的具体要求;等等。

根据法定权力分配去设置机构划分职责,并按照法定细节的规定去落实预算任务和开展工作,就形成了程序化、规范化的预算活动规程,即一个国家的预算管理制度。

(二) 规范政府预算活动的具体法律形式

涉及预算活动的法律形式主要有一国的宪法和立法机构对预算活动的专门立法。

(1) 宪法是一国的根本大法,它规定一国社会制度和国家制度的一些最根本、最重大的问题。因而,财政活动中各相关主体在宏观层面上的权、责、利界定首先必须以宪法为基准。在我国宪法中关于政府预算活动的规定有:第六十二条第十款规定全国人民代表大会"审查和批准国家的预算和预算执行情况的报告",第六十七条第五款规定全国人民代表大会常务委员会"在全国人民代表大会闭会期间,审查和批准国民经济和社会发展计划、国家预算在执行过程中所必须作的部分调整方案",第八十九条第五款规定"编制和执行国民经济和社会发展计划和国家预算",第一百一十七条规定"民族自治地方的自治机关有管理地方财政的自治权。凡是依照国家财政体制属于民族自治地方的财政收入,都应当由民族自治地方的自治机关自主地安排使用"等。类似的规范在各国的宪法中都有表述。

(2) 对一国政府预算活动进行更为具体规范的法律是各国立法机构对政府预算活动的专门立法——预算法。预算法一般从三个方面对政府预算活动进行规范:一是对预算权责划分的规范,包括一级政府中行政与立法之间的权责以及多级政府下政府间的预算权责划分。二是对如何组织开展预算活动的具体工作内容的规范。三是对预算决算的编制、审议和批准的程序的规范。各国对上述三个方面的内容可以分别立法,即预算权责法、预算组织法和预算程序法;也可以将其合在一起立法,形成内容全面的综合性预算法。我国于1994年3月22日经第八届全国人民代表大会通过,1995年1月1日起施行的《中华人民共和国预算法》(以下简称《预算法》)就是一部综合性的预算法,共设11章79条,对政府预算总原则、管理职权、预算收支范围、预算编制、预算审查与执行、预算调整、决算、监督和法律责任等事项作出了全面的规定。而美国在1974年联邦两院通过的《国会预算法案》则是一部较典型的程序法,其中对国会审议预算每一程序的时间都进行了详细的规定。

(三) 预算法的变化

预算法一经确定就成为规范政府预算活动最直接的依据。但预算法也不是一成不变的,新问题会不断出现,环境和公众对政府的要求会不断变化,而这些问题通常都会最先反映到政府预算活动中来,人们就会对如何进行政府预算活动提出新的要求。因此,关于政府预算制度的改革就会通过新的立法来实现。以美国为例,政府预算制度的改革是美国社会改革中最频繁的内容。从1921年颁布第一部《预算与会计法》之后,长则十多年,短则几年,联邦就有新预算改革法案出台,与美国社会中相对稳定的政治经济和其他管理制度形成了极大的反差。这也说明了政府预算与公共利益分配关系重大,是一个最引人注目和最容易引起争议的公共活动领域。从美国预算管理制度的改革来看,改革最多的是两个方面的内容:一个是立法与行政在预算管理中权责的划分;另一个则是预算编制技术方法和要求的变化。人们认为,在资源稀缺的情况下,公共资源的使用尤其应负责任,不断改革预算制度的主要目的正是提高政府预算活动的公正性和合理性,而只有公正、合理的预算才能更好地保障公共资源的使用效率。2014年8月31日,我国十二届全国人大常委会第十次会议以161票赞成、2票反对、7票弃权表决通过了全国人大常委会关于修改预算法的决定,由国家主席习近平签署第12号主席令予以公布。这是对1994年《预算法》20年后的首次大修订。修改后的预算法在明确立法宗旨、细化全口径预算管理制度、预算公开制度、赋予地方政府有限发债权,以及完善预算审查、监督和强化预算责任等方面作出了明确规定,体现了全面规范、公开透明的预算制度改革方向,并于2015年1月1日起施行。

二、政府间的关系

政府间的关系是指一国内上下级政府之间的关系。在多级政府的国家治理模式下,政府的公共职责是由多级政府来分担的。因而,公共资源收支的权限也就由多级政府来分享,而这种分享则正是通过分级预算的形式表现出来的。因此,政府间关系最实质的内容正是这种财政上的关系。一般认为,影响和决定一国政府预算是否分级和如何分级(即预算管理体制)的因素主要有两个:一个是经济的,是由公共需要的多层次性所决定的;另一个是政治的,是由公共管理中集权与分权的协调性所决定的。从经济上看,公共需求的内容和供应方式会随着经济条件的变化而发生变化;从政治上看,集权与分权的协调模式也会受多种因素的影响而出现不同的选择,这必然会形成不同的政府间关系,即不同的预算管理体制。这些自然会对政府公共预算的组织与管理产生影响。

（1）通过预算管理体制要确定预算管理的主体和级次，一般是一级政权一级预算，这样各级政府自然就有了编制本级预算的职责。但在不同的体制下，不同级次政府（主要是地方政府）的预算自主权和独立性不同，因而在具体的预算收支决策上的权限大小也不一样。预算级次的划分直接对一个国家公共预算的构成内容和方式产生影响。

（2）通过预算管理体制要决定各级预算收支内容与权限的划分，这是预算管理体制处理政府间财政关系最实质性的内容。所要解决的问题主要是三个方面：一是确定各级政府在预算支出上的职责和权限：各自应承担的支出职责的范围是什么，在这个范围内有无自行决定具体支出内容结构和总量规模的权力等；二是确定各级政府在获取预算收入上的权限：各自是否有相对独立和固定的收入来源，有无选择收入方式和征收程度的自主权等；三是确定各级政府在预算收支上的平衡方式：各级政府间有无转移支付，如何转移支付，有无借债权；等等。同样，在不同的体制下，划分收支内容与权限的原则和方式有很大不同，因而会直接对各级预算的收支内容、决策方式和组织运作程序产生重大影响。

三、政府内部的组织结构

政府内部的组织结构包含两方面的含义：一个是指政府的行政性分级结构，另一个是指一级政府的职能部门的构成。从政府的行政性分级来看，上级政府对下级政府行政管理权的大小会对下级政府如何进行预算的组织工作产生影响。而一级政府内部组织机构的设置则会直接对本级政府预算支出的具体内容构成产生影响。在美国，由于地方政府特别是城市政府在执政制度选择上的不同，使其在政权的构成和职能机构的设置上都有很大差别，因而在预算决策程序甚至在预算形式和预算内容上都会有很大差异。但在我国，各同级政府内部的组织机构设置则是高度一致的，因而各地方政府的预算方式和内容也是基本一致的。

除了上述三个方面的因素会对政府预算活动产生重要影响，一个国家和地区一定时期的社会经济状况和主要决策者个人的偏好也都会对预算活动产生影响。这些影响都会从政府当年的财政政策取向及由此决定的财政收支的结构和总规模的变化上表现出来。

第三节　政府预算周期

预算从编制、批准、执行到决算审计的全过程被称为预算周期。这实际上是一个财政收支活动周期的含义。不同政府的预算在预算周期时间跨度的规定上有所不同，比如我国的预算周期一般为一年半，跨两个预算（财政）年度，而美国联邦一级的预算周期则长达三年（其中用于预算编制的时间就有二十个月），跨三个预算（财政）年度。尽管预算周期的长短有如此差异，但各国政府预算周期的内容却基本一致，都必须经过一些同样的基本环节，可划分为六个主要的行动阶段，这构成了政府财政收支活动的一个完整程序。而预算的编制和批准则是一个较为狭义的预算周期含义，它只包括前四个阶段，却是预算管理的重点内容。

一、文件准备阶段

文件准备阶段主要是由对各级政府预算具有编制权的最高管理机构对新一财政年度预算的编制提出具体要求,并向各预算单位发出文件资料。其主要内容包括以下四项。

(一)政策性文件

通过政策性文件,政府决策者要说明本预算年度的政治经济和社会情况,如经济发展趋势、税收增长情况、通货膨胀情况以及工资提高情况等,并提出和说明本年度的主要支出目标和财政政策(扩张、紧缩还是平衡)。政策性文件是新一预算年度政府预算编制的指导。

(二)预算类型

选定所要采用的预算类型,制作标准化表格,对具体编制要求进行说明。

(三)收支内容及预算控制数

按照选定的预算类型,确定预算收支内容的表达形式和对不同预算支出项目的最高控制数。

(四)预算编制的时间表

行政预算编制是整个预算活动最主要的内容,要充分做到自上而下和自下而上地反复交换意见,特别是要使各职能部门能够根据既定的财政政策和目标科学合理地分析和提出自己的预算方案,就要留有足够的时间。在一些发达国家,在每一个财政年度刚刚开始时,下一年度的预算编制文件就通知到了各支出单位。这样,预算的编制在提交立法审议之前的九个到十个月即开始进行。在美国联邦一级,由于国会在预算活动中的特殊作用,预算编制的过程长达十八个月左右。预算编制时间表的理想长度很难确定,太短会使职能部门和下属单位不能充分准备好自己的计划,太长又会使预算赖以编制的经济预测和财政参数失去参考价值,并且也无法将上年预算的实际执行情况考虑进去。通常,经济是否稳定、政府财政规模的大小、立法审议权的体现方式等因素会对一国(级)政府预算编制时间的长短产生影响。亚洲开发银行编著的《政府支出管理》一书中认为"一般来说,在预算提交立法机构的最后期限之前六个月开始编制,对发展中国家是合适的"(亚洲开发银行,2001:第138页),并提供了一个参考的预算编制时间表,如表7-1所示。

表7-1 预算编制时间表

时间	内容
前八个月	编制宏观经济计划(预测和提出各种财政政策和政府目标)
前七个月	准备和发布各种预算文件
前六个月	发出预算编制通知
前四个月	职能部门提交预算
前三个月	行政复审预算
前一个月	向立法机构提交行政预算
当月	立法机构讨论和通过预算

资料来源:亚洲开发银行编著、财政部财政科学研究所译:《政府支出管理》,人民出版社,2001年。

二、提出计划阶段

提出计划阶段是由各级政府的预算支出使用单位(职能部门)与预算收入征管单位按照预算文件的要求和各自行使职能的需要,提出支出需求和收入概算。

(一)提出支出需求

(1)政府各职能部门(行政事业单位)的预算支出需求要根据预算文件确定的政策和目标,按选定的预算类型的要求来编制,不同预算类型对提出支出的具体表达方式的要求不同。

(2)各种专门的支出项目一般由各级政府的总预算来编制,支出需求数由专门的管理部门预测后提出。

(二)提出收入概算

(1)政府各职能部门(行政事业单位)的收入一般是政府收费,其收入概算就主要是根据社会经济发展状况对该部门收费业务的需求和收费定价水平等因素进行预测来作出的。

(2)各级政府总收入概算则是由各级财政部门根据税务部门提供的税收收入预测、国有资产管理部门提出的国有经济收入预测以及对各职能部门的收费收入概算进行综合分析后作出的。

三、行政复审阶段

各级行政政府对预算的复审称为行政复审,一般由政府的财政部门来进行,在美国则是由各级政府主要行政长官指定的工作班子进行预算的行政复审。预算的行政复审对于执政的政府领导人来说十分重要,是保证其各项政策和目标首先在预算中得以体现的重要环节。

(一)行政复审的内容

行政复审主要是审查部门(单位)预算的编制是否符合规定的预算类型的形式要求;提出的预算支出数是否合理;是否与本年度政府制定的主要财政政策和目标相一致;收入概算是否真实;是否要建立一个平衡的预算;等等。复审机构有权对各部门(单位)提出的预算进行修改。

(二)对复审工作人员的要求

由于行政复审对行政预算的最终决策具有重要影响,通常是一个对各部门提出的预算计划进行分析,并决定是认可还是削减的过程,因而各部门(单位)的领导都会采用各种方法去说服或收买复审人员,使其不削减本部门的预算。因此,参加复审的管理人员应具备较高的预算业务能力、判断能力和职业道德素质。尤其是在对零基预算、绩效预算以及资本投资项目等进行复审时,对其业务能力和判断能力的要求更高。

行政复审后的预算就形成了各级政府的行政预算草案。由于在预算控制数确定的顺序上有一定的差异,而在各国的财政管理实践中形成了两种方法:一种称为分散法,其特点是,先自上而下提出预算控制数,再由下而上按控制要求提出部门(单位)的计划,其优点是有利于政府主要决策者的财政控制,其缺点是不能充分反映各职能部门更为真实的需求。另一种称为汇总法,其特点是先自下而上地由各预算单位提出预算需求,再由财政部门去进行预算调整。其优点是能较充分地反映各预算单位的真实需求,其缺点是极易导致支出过度和不稳定性。当然,在那些预算编制时间安排较长的国家,也可实行"两下两上"的方法,即先由单位提出一个支出需求意向,财政部门汇总后下达控制限额和修订意见,各预算单位按此提出正式的计划,再交行政复审。

上述三个阶段都属于行政预算草案编制的阶段,其具体的行为主体包括各级政府当局、财政部门、各职能部门及其下属支出单位。而预算编制的质量在很大程度上取决于这些行为主体之间的协调状况。因此,对其进行合理的职责分工非常重要。亚洲开发银行编著的《政府支出管理》一书认为:合理的分工应该与政府内部的职责分工相一致,即:各级政府当局不直接参与具体的预算编制,但在预算编制过程中应发挥关键性作用,以确保其按照规定的轨道进行,并保障有关的利益主体参与其中和对不同主体间可能出现的矛盾进行仲裁。

财政部门应在预算编制中起主导作用,应赋予其充分的权力以保证每一步编制都能把财政目标和政策方针考虑进去,它应确定财政目标和战略重点,制定编制预算的准则以利于各部门间资源配置的决策,并审查和甄别这些资金需求,编制出行政预算草案。

各职能部门的责任是在政府制定的政策框架之内,负责制定出本部门的政策,为下属单位制定指标和审查的预算草案,并编制部门预算。因此,他们应该具备技术能力和所需的信息,以便在新项目之间进行权衡选择,并对新项目进行评估。

下属单位的职责则主要是在其上级主管部门确定的指标范围内去编制自己的预算,如果越过主管部门直接与财政部门打交道,则会破坏部门政策的统一性。

四、立法复审阶段

各级立法机构对政府的行政预算草案进行分析、讨论、审查并最终批准的过程称为立法复审。立法复审是保证政府预算决策具有公开性、参与性和公正性的必要环节,也是让不同意见得以表达并最终协调起来的正规途径。保证立法复审的作用要处理好的主要问题包括:

(一) 时间安排

预算的立法复审是对"未来财政行为"的审批,因此,预算应当在财政年度开始前及时提交立法机构,以使有争议的预算问题能在财政年度开始前得以解决。预算立法审查过程的时间安排,以及在这一过程中,更为具体的审查委员会的审查时间安排对确保预算得到深入细致的审查极为重要。印度的预算立法持续达75天;德国联邦议院对预算的审查可以持续4个月;美国国会的预算审议时间为6个月左右。

(二) 对预算的分解

对政府预算的有效复审,应对预算内容进行分解,并在立法机构设置对应的专门委员会以对预算内容的不同方面进行有针对性的审核。其分解的程度与预算的规模和立法机构的权限大小有关,一般级别越高的政府预算,其分解程度也应越高,而较低级别的政府预算也可由全体代表(议员)直接审议。立法机构及其委员会应当具有专门的知识和财经、行政方面的信息,以确保预算立法复审的合理有效。

（三）修订预算的权限

立法机构修改预算的法律权限可有三种。

1. 不受限制的权力

在这种权限制度下，立法机构无须行政政府的同意就可调整预算收支，虽然其结果还会受到来自总统否决权的制约，但立法对最终形成的预算法案影响很大。

2. 受限制的权力

在这种权限制度下，立法机构只能在规定的增支减收限度内去进行预算的修订。如法国和英联邦国家，议会不能提出增加支出的修正案。德国的议会则只能在征得行政同意后才能提出增加支出的法案。

3. 平衡预算的权力

在这种权限制度下，立法机构有权提出能实现预算收支平衡的各种收支增减措施。

在预算决策上，议会的权限过大，容易出现因"互投赞成票"而使预算支出的过度增加，而过小则不利于纠正偏差和协调各方权益。因此，恰当的制度安排至关重要。

（四）复审的程序

立法复审的程序安排包括：行政提交预算草案，立法机构举行预算草案听证，立法机构（分解）审议预算草案，提出修正案，投票表决形成预算法案。在总统（主要行政长官）负责预算的制度下，总统（主要行政长官）有否决权，议会的预算修正案被否决后，需在立法机构中通过 2/3 的多数投票来决定是采用行政预算案还是采用立法修正后的预算案。

五、预算执行阶段

各授权的政府职能机构按照预算法案的要求去组织收入、使用支出的过程是预算的执行过程，对预算的执行过程必须实行有效的管理。由于收入形式的专门性和支出内容的多样性，预算的执行必然涉及与具体收入形式和支出内容相关的其他一些财政管理的领域。如收入的执行将涉及税收管理、国有资产管理以及政府收费管理等领域；支出的执行则将涉及政府采购、政府投资、社会保障等管理领域；而在行政事业单位管理、国库管理、债务管理等领域里也都包含对部分预算收支执行内容的管理。正是通过对这些专门管理领域内的划分，才能进行有针对性的制度设计和具体管理方法的选择，从而保证预算的正确执行和整个财政收支活动的有效开展。

预算执行的基本要求是要贯彻预算法案中的既定政策和目标，但又必须考虑到执行过程中环境因素的变化。因此，预算的执行过程既要坚持对收支守法性的控制监督，又要在一定程度上赋予不同层次执行者不同程度的灵活性。从守法性的控制监督来看，可包括三个方面：一是各预算执行部门（单位）内部财务会计对本部门（单位）预算守法性的控制监督；二是一级政府财政部门对本级管辖的各职能部门及下属单位预算执行的监督检查；三是各级立法机构对本级预算执行情况的检查监督。前两种控制监督都是政府部门的内部控制，而第三种是对政府财政行为的外部控制。有效的监督取决于对监督者的必要授权和保证权力实现的制度设计，尤其是在外部监督上，通常必须授予立法机构对预算执行情况的了解权、定期听取权、质询权、调查权和投不信任票权等多种权力。

六、决算审计阶段

政府决算是指经法定程序批准的年度政府预算执行结果的会计报告,是各级政府在年度内预算的收入和支出的最终结果,是预算管理中一个必不可少的、十分重要的阶段。政府决算由决算报表和文字说明两部分构成,根据预算法规定,各级政府、各部门、各单位在每一预算年度后,应按国务院规定的时间编制预算,以便及时对预算执行情况进行总结。与政府预算相比,决算更能反映政府财政的实际收支情况,同时也是下年度预算决策的重要依据。因此,决算的审查是各国立法机关的重要职责之一。我国的预算法、监督法等对此也做了明确的规定,我们将在第十七章中进行讨论。

第四节 政府预算编制的类型

政府预算具有很强的综合性和计划性,预算编制工作的技术性很强。选择不同的预算编制方法会对预算编制的形式和效率产生不同影响,从而形成不同的预算类型。从预算技术角度看,常见的预算类型两两对比可分为单一预算与复式预算、基数预算与零基预算、分项排列预算与绩效预算、单年度预算与多年预算等。

一、单一预算与复式预算

(一)单一预算

单一预算制度(single budge 或 unitary budget)是最传统的预算制度,其做法是在预算年度内将全部的财政收入与支出汇集编入单一的总预算内。单一预算制度的优点是符合预算的完整性原则,并且由于把全部的财政收入与支出分列于预算表上,统一汇集平衡,能从整体上反映年度财政收支情况,整体性强,便于立法机关审议批准和社会公众了解、监督和控制政府财政收支。它的主要缺点是没有把全部的财政收支按经济性质分类和分别汇集平衡,不便于进行经济分析和有选择的宏观经济控制。直到第二次世界大战以前,世界上大多数国家都采用单一预算制度。

(二)复式预算

1. 复式预算制度的基本内容

对于复式预算制度的一般理解是,将政府的全部财政收支,按其经济性质的不同,分别编入两个或两个以上的收支对照表,据以编成两个或两个以上的预算。复式预算的重点是如何对财政收支进行分类。常见的支出分类是把财政支出区分为经常性费用和资本性支出两类;常见的收入分类是将债务收入与经常性收入区别开来。整个预算被分成两部分,即经常预算(或经费预算)和资本预算。经常预算的收入对应于经常性收入并不能有赤字;资本预算对应的收入为债务收入和经常预算的结余。当社会保障制度日趋完善后,支出有了专门的收入来源,因而也可以独立编制预算。我国地方政府收入中专项基金也由于有相对应的支出范围约束而要求编制独立的预算,这就是我国新预算法所确定的全口径预算体系,包括公共预算、政府性基金预算、国有资本经营预算和社会保障预算,这可以说是对复式预算的一种发展。所以复式预算制度的重点是通过强调不同财政收入与恰当的财政支出的对应性来加强财政管理。

标准的复式预算的形式就是资本预算和经常预算。有的国家称为正常预算和非正常预算,或循环预算和非循环预算。无论复式预算的名称如何,其实质内容都大体相同。即经常预算的支出为一般行政管理支出,其经费的来源以税收为主。资本预算的支出一般包括公共工程、公营企事业资本性购买等,其资金来源以债务收入为主。

2. 复式预算制度的特点与优缺点

(1) 特点。第一,需要合理划分不同性质的支出项目。把预算分成经常预算和资本预算两个部分,不仅打破了预算的完整性原则,还带来了预算编制方面的一些困难,如经常预算和资本预算的划分标准就较难统一。

第二,对资本项目要进行成本核算与成本效益分析,这要求有相应的财务会计制度的变革。

第三,要借助国民经济核算体系来确定资本预算的规模。良好的复式预算的编制必须借助国民经济核算表,将各项预算指标分别同国民经济核算表的各个有关的项目进行对照,据以判断财政收支的增减对国民经济所产生的影响,从中谋求财政预算政策与经济计划的相互配合。

(2) 优点。第一,采用复式预算后,经常预算的平衡就是真实的平衡,而资本预算则具有伸缩性,可以用来维持国民经济的总体平衡,促使整个经济长期繁荣。此外,经常经费与资本支出分立项目后,也可以明确地知道每一经济单位财政的实际情况(经常经费与资本开支的比例)。

第二,复式预算是采用财务、会计的资产负债表与损益计算表等核算方法来处理政府预算支出的,资本支出必须有具体的计划。通过资本预算的编制,可以了解资本形成的资金来源和公共资本的积累动向,更为合理地利用经济资源来促进地方基础设施建设和经济发展。

第三,资本预算是用举债的方式扩大投资,增加生产力,这样做在同期内无须增加税收,不至于减少一般民众的购买力,可以减轻通货膨胀的压力。

(3) 缺点。第一,政府的经常收入只能应付一般的行政支出;而资本支出的资金来源,则须依赖于举债。倘若对公债发行的数额控制不当,很容易导致通货膨胀、物价上涨,影响国民经济的稳定。

第二,由于有经常预算和资本预算的划分,政府往往可以利用资本支出的项目,来掩盖财政赤字与支出浪费的现象。

第三,采用复式预算,在技术水平与管理方面需要有较高的标准,否则难以收到实效。

(4) 发展中国家运用上的弊病。

第一,经济落后国家的主政者,往往为了炫耀其经济发展的进程,尽量加强资本支出,过分节省经常支出;重视物质的投资,忽视教育卫生等项增进国民智力体力的投资。

第二,经济落后国家采用资本预算,如果尽量以公债收入从事投资,而以税收收入供应经常支出,势必会形成支出过度膨胀的现象,这并不是经济发展的福音。

第三,政府举办的公共工程,缺乏管理的规则,资本预算的采用并不能起到提高管理效率的作用。

对此,采用复式预算制度的发展中国家,应该着重对资本预算加以适当的控制。资本预算的规模应有一定的限度,公债的发行规模必须有所限制。同时要提高资本预算的编制水平,加强预算审议机构的审查职能及审查水平。

二、绩效预算

(一) 绩效预算的含义

绩效预算,就是指政府首先制订有关的事业计划和工程计划,再依据政府职能和施政计划制定计划实施方案,并在成本效益分析的基础上确定实施方案所需费用来编制预算的一种方法。传统的预算编制方法采用的是分项排列预算(line-item budget),其做法就是根据各个机构支出的对象加以分类。预算中的基本项目是:① 人员经费;② 业务经费;③ 资本经费。在三项支出之下再逐项列出许多细目。比如,在业务经费类下,列出差旅费、办公费、印刷广告费、修理费、租金、电费等几十个细目。这样排列编制的目的是便于政府控制各个单位不同的投入经费的使用方向。因此又被称为投入型预算(input budget)。这种预算方法只注重对投入资金的管理,却不能反映资金使用结果的状况。而绩效预算则正相反,注重的是财政资金使用的结果,因此也称为产出型预算(output budget)。

(二) 做法特点

绩效预算的做法有以下几个特点。

(1) 绩效预算控制的目的,在于保证政府部门所计划的工作或服务事项能够有效地完成。因而,为预算而设计的会计和报告制度,需要能提供预算执行期间所完成的工作数量及其相关的费用资料。并以这些资料与核定预算中预计的工作与费用相比较作为继续考评其绩效成果的手段。

(2) 在绩效预算里,各项支出的用途都必须与计划的工作数量和服务事项相联系。如工资、差旅费、用品等支出都必须与特定的工作数量或服务事项联系在一起。支出的用途是促使工作实施的手段,而工作的完成才是预算执行的更高目的。因此,绩效预算是行政部门计划它的工作和实现计划工作目标的一种资源分配工具。

(3) 绩效预算必须先进行绩效分类。把绩效分成职能、部门、计划、最终产品、成本和目的等类别,然后评估预算的绩效。具体步骤是先按政府职能,如经济、国防、教育、公共卫生等进行分类,再考虑不同的政府职能由不同的部门实施,而每一部门都有其自己的事业计划和资本投资计划,因此就有经常支出费用与资本支出费用之分,对各项计划可以从最终产品成本及目的来衡量和评估其绩效。绩效预算的整个流程以教育为例,如表7-2所示。

表7-2 绩效预算的流程(以教育为例)

政府职能	部门	支出费用	最终产品	成本与目的的衡量与评估
国防		经常支出——	受教育人数	
教育	初等教育	资本支出——	校舍、教育设施	
经济	中等教育			
公共卫生	高等教育	⋮		
社会保险	职工技术教育			
⋮	⋮			

(三) 工作衡量

研究绩效预算一定要涉及工作衡量制度,因为绩效预算的编制要求表现政府各机构的工作计划与预算的密切配合,而各项工作必须借助工作衡量方法使之量化,才能分析比较其成果,据以观察各机构的工作负荷与人力的配备是否相称。工作衡量技术的应用,首先要鉴定和选择工作衡量的层次;其次是选择衡量某一层次的适当单位,根据所确定的工作单位,登记编报这一层次的工作数量;最后将工作数量与其所需的人员时间或与其包括人员时间在内的一切成本费用联系起来。从美国和其他国家在工作衡量上所得到的经验,可以提供以下的选择标准:

(1) 工作单位必须是可计算的,同时必须表示其完成的工作性质和数量。它必须可以用数量名词来表示,如道路的里程、灌溉的面积、防疫的人数、完成的调查数量等。

(2) 对于绩效的衡量可以有三种指标:① "工作数量的单位"指机构为获得所预期的成果而采取的内部行为。例如,对于学校来说,工作数量衡量单位是指学校里所开设的班级数、课程时数等。② "工作结果的单位"是指一个机构已完成的工作,这些工作对达到所预期的目标有直接的影响。例如,在学校里,这种衡量单位是指在校的学生人数。③ "工作成就的单位"则与机构的施政目标有关。例如,对学校来说,这种衡量单位是指提高公民的识字率、培养出来的学生的合格率。这三种形式的工作衡量单位,在预算表里均有其适当的地位。

(3) 工作单位必须一致,也就是在整个机构内以及从一个时期到另一个时期,工作单位必须具有同一意义,能够把一个机构某一时间的任何一部分工作结果与另一部分的工作结果在形式上和时间上加以比较。在一段时间内,相同的工作要用同样的工作单位来衡量,并采用相同的计算方法和报告方法。

(四) 对绩效预算编制方法的评价

1. 优点

第一,绩效预算与重视投入而忽视产出的"投入预算"不同,它重视对预算支出效益的考察,使得预算可以反映支出所产生的预计效益。

第二,"分项排列预算"和复式预算是按支出的具体用途分类的,无法表示其计划完成的成本和目的,从而无法考核支出的效益。而绩效预算则是按政府职能用途着重于按最终产品进行分类,并根据最终产品的单位成本、目的和以往计划执行情况来评价支出是否符合经济效益要求。

第三,采用绩效预算,如果发展了衡量绩效的适当标准,也就是说,如果工作衡量制度是合理的,那么就能够在很大程度上提高政府财政管理的效率。它不仅对预算的绩效可以作出明确的衡量,而且对行政责任的考核也有具体的标准。

2. 缺点及局限性

第一,绩效预算推行的困难在于,虽然统计技术的进步使许多最终产品可以计量,但政府为实现国家职能所从事的各项活动,很多是不同于市场经济活动的,无法以数字表明其预期的经济效益,所谓的"绩效"也就无从考核。比如,国防支出的"绩效"就很难进行评估。

第二,作为考核绩效手段的会计和报告制度也随之复杂起来,其重心已向成本会计方向转移。但是,成本的计算无论怎么变化也不足以反映劳务方面的质量差别。

第三,绩效预算虽然可以提出较好的工作衡量制度和数量根据,但没有提出衡量决策制定是否合理有效的制度。事实上决策制定也需要考虑其质量方面的内容。

第四,在对立法者和执法者之间存在的不一致性进行重新调整时,会遇到许多困难。

总之,绩效预算与以往"投入预算"类型预算的实质性差别就在于能否反映支出效益。如果不能具体反映支出效益,不能对支出效益作出合理评估,这种产出预算也就与投入预算没有实质性的差别。

不过,绩效预算出现以后,对西方各国的预算制度还是产生了较大的影响。在欧洲,英国、法国等也试行以计划为中心、以成本-效益(绩效)为评判标准的预算编制方法。如在英国,从20世纪60年代以来开始实行"功能成本""产出预算"和"计划分析与检查"的预算编制方法;在法国,实行的是"预算选择的合理化";在瑞典,实行的是功能预算。在发展中国家,也有一些借鉴绩效预算的做法,如印度的"绩效预算"和坦桑尼亚的"计划预算"。甚至在联合国系统内部也实行了计划和绩效预算的编制方法。

三、零基预算

(一) 零基预算的含义

传统的预算编制方法除了是分项排列的投入预算,在投入数量的确定上还采用的是基数预算方法,又称增量预算(incermental budgeting),就是以基期(通常为上一预算年度)的各分项预算及其执行情况为基础,根据当年资金增量,考虑各项目的变动因素,确定预算期内各分项资金的分配比例及其数额。

基数预算的逻辑假设是:① 上年的每个支出项目都是必需的;② 上年的每个支出项目都比任何新计划或新方案更为重要;③ 上年的每个支出项目都是以成本-效益最大的方式实施;④ 如果上年的支出项目需要调整,一定是因为工资或物价上涨引起的成本增加,所以一定是增量的。因此基数预算一定是从前期预算中推演出来的增量预算。编制时首先看上一期的资金分配方案,然后再加上新的预算要求。行政审查和立法复审也只看增量部分。

零基预算(zero-base budgeting,简称 ZBB)则要求每年的预算必须对每一项目的资金规划进行重新评估,并重新提出执行这些规划的理由,而不是把注意力放在已有开支的增加或减少上。这是由得克萨斯州仪器公司职员总管皮尔在吸取了各种预算方法的优点后,正式提出来的一种预算制度。

(二) ZBB 的理论依据

西方经济学家认为,经济资源是有限的,而人们的需求又是无限的。一方面,人们要求政府谋求最大福利;另一方面,政府又不能过多地增加人民的负担。因此,每一个预算年度政府可支配的预算资金总是有限的,也就是说,预算上限是客观存在的,并不是所有的建议开支项目或所有的开支水平都有资金保证。这就要求政府不断完善财政分配的职能,对一切现有建议中的计划和工程项目进行深入细致的审查、分析和论证,并按其轻重缓急进行权衡,决定取舍,使之与客观存在的预算上限相一致,以提高公共产品的配置效率和财政资金的使用效果。

ZBB 的重点在于各支出方案的重新评估。因此,ZBB 的创造人对 ZBB 所提出的定义是,ZBB 是一种计划与预算的程序,它要先将编制工作交给各位主管负责,要求每一位主管在申请预算时,应从本部门工作计划的起点开始(故名为"零基"),说明自己提出的支出方案的理由。采取这一方法后,每一项业务均分别被视为一个"决策案",以系统化的分析予以评估,并按其重要程度一一评定各方案的优先次序。

由此可见,ZBB是一种编制预算的程序,预算中原有的各个项目不能一成不变,仅作增量调整编列,而必须重新加以考虑,即任何一个单位提出年度概算要求时,都应从零点开始,无论旧有的或新增项目均应基于相同的基础,详细评价其效益及必要性,对于已过时的或无效益的现行计划应予以删除,以期将资金分配于优先性和效益较高的新计划,使预算分配更合理和更具有调整性。

(三) ZBB 的基本程序与方法

(1) ZBB 对每个决策单位主管的要求是:① 确定目标并征得同意;② 制定达到这些目标的各种替代方案;③ 将所选择的替代方案分解成各个不同的增量层次;④ 评估每一增量层次的成本和效益;⑤ 说明如果不采用这一方案,将会产生什么后果。然后将这些内容记录在决策案中。

(2) 决策案的内容包括:① 目的和目标;② 工作说明(做什么、如何做);③ 成本与效益;④ 工作量及执行措施;⑤ 实现目标的各种实施方案;⑥ 不同的做法。

(3) 实施方案的评估步骤:① 列出所有可行方案加以比较,并选出最佳方案;② 对最佳方案列出不同的做法及每种做法所需费用。若干做法即构成若干决策方案,因此一个决策单位可能有若干个决策方案。

(4) 决策工作要层层评估筛选:① 决策单位的基础工作分析,由各基层单位的主管负责,因为他们对所管的工作最了解,并负有执行的任务;② 基层工作的分析必须经过上一级主管的检查,以便对选定的方案进行修正或重编;③ 每一上级的计划主管人员应对下一层级的所有决策方案进行评估,然后将这些决策方案按其所能产生的效益大小来进行优先次序的排列进而形成本部门的预算决策案;④ 更高层的领导也可通过对部门决策案的评估和对比,把注意力更集中于重要的政策和必不可少的支出方面,使有限的资源(人力、物力、财力)按优先次序使用,这样可以实现资源的最佳配置,使社会福利最大化。如果政策上发生改变或资源有所增减,也只需调整优先次序而不需要重新编制预算。

总之,和传统的预算编制方法相比,ZBB的重要特征之一是更加重视对现有支出水平的论证。这种预算制度要求各级管理人员的广泛参与,各预算单位主管的主要责任是,发掘一切可能的潜在力量,提出尽可能多的方案组合,并进行最优选择。由于各层级主管广泛参与这种将计划和预算统一起来的过程,他们从计划的起点开始就对自己整个目标体系和预算活动进行详细的分析与论证,这可以大大加强他们的责任感和成本意识。这些工作内容也决定了,与传统的预算方法相比,ZBB需要更多的管理人员,花费更多的管理时间,其中包括目标确定、计划评估、决策分析与预算制定。其目的在于寻找最佳的替代方案。在广泛使用电脑的时代,如果管理人员具有一定的水平,采用ZBB无疑能改善计划和预算的管理工作。反之,在计算工具不足和管理人员素质较低的情况下,采用这种复杂的程序是有一定困难的。

(四) ZBB 的适用范围和推行条件

从实际推行的结果看,在具备一定的条件下,可以说 ZBB 适用于任何部门。但大多数人认为ZBB最适宜用于公共部门和非营利组织,因为在这类部门中,执行预算的中级管理人员普遍存在这样一种观点,即认为凡是列入预算的计划和工程项目都会有资金保证,如果分配给自己的预算资金在本预算年度内用不完,这笔钱便永远丢失了。因此他们一般强调把钱全部花光。而 ZBB 强调一切从计划的起点开始,要毫不留情地向自己的工作效率提出挑战,要把本年度预算执行过程中花钱不当或方法不妥的地方统统暴露出来,并尽可能找到更好的、更节省的替代方法,使未来年度的预算一开始就建立在一个更加科学、更加合理的基础之上,避免不必要的浪费。但是,要推行 ZBB 必须首先注意以下三个因素,这也是推行 ZBB 的外部条件或环境。

1. 取得上层管理者的支持

从实践经验看,ZBB 推行的首要障碍是缺乏上层管理的支持。如果一个单位的主管经理不了解各项工作如何进行,不愿意亲自参与建立此项制度,也就不能在必要时果断地作出决定,就难以指望这项制度在执行中获得成功。实际上绝大多数组织机构推行 ZBB,都是由各级主管负责编制决策案,指定专人负责。如果缺乏这个规定或条件,最后将导致无人承担责任的结果。

2. 发挥管理人员的创造力

充分发挥各级管理人员的创造力,对于推行 ZBB 极为重要。因为这项制度的特点是从设计符合组织需要的"决策案"表格,到对新制度进行有效的管理,都离不开管理人员的专业知识和努力程度。此外,业务的推行也必须有新的创造性方法才能与原有的方法相比较。只有管理人员都具有丰富的想象力和创造力以及必要的专业知识,推行此项制度才有保障。

3. 培养说服人的能力

如果一项新制度(包括 ZBB)确定比原来的制度优越,那么,它能否被采用和推行,在很大程度上取决于有关人员充分发挥其说服他人的能力。因此,采用合理有效的方法去加以介绍说明,广泛征询他人的意见,争取他人的同意,将成为各级主管必须具备的能力。

(五)对 ZBB 的评价

1. 优点

(1) ZBB 的主要功能,是通过支出费用与获得效果的比较、分析,来研究如何以最少支出而获得最大成果,或在成果相同时如何寻求支出最少。采用 ZBB 编制预算后,可以使预算数额的累积膨胀趋势得以缓和,公共部门的支出浪费现象受到约束,这有利于政府控制支出、平衡收支和提高效益。

(2) ZBB 的作用在于统筹公共资源、配合施政目标,对工作项目加以评估,决定优先次序,以增强预算的弹性功能。

(3) 由于有更多相关人员的参与,使决策与执行合一,上下意见更容易沟通,可以消除隔阂,提高工作效率。

总之,ZBB 的实际意义在于它彻底否定了以上年支出水平为基数来确定下年支出的传统做法,不受现行预算的束缚。它力求以当前的现实作为基础,充分发挥各级管理人员与广大员工的积极性和创造性,促使各单位精打细算,合理使用资金,提高资金使用效果。正如杰克·瑞宾和托马斯·D.林奇所概括的那样,它所能做的就是提供一种工具,有效地识别和评估业务,并及时发现问题,以便管理阶层能判定决策,采取行动来解决问题,并有效地分配和使用组织的资源。

2. 缺点

ZBB 只是一种计划和预算的管理技术,采用这种技术建立起来的 ZBB 制度,如同任何预算制度一样,不可能指望它能解决计划和预算中出现的所有问题。在 20 世纪 70 年代中期,当 ZBB 风靡全美时,也有不少反对推行这项制度的人,他们的理由大致如下:

(1) ZBB 制度充其量是一种使之制度化的工作增量主义,存在过量的文牍工作,而在预算的方向和规模方面很少有或完全没有变化。

(2) ZBB 的特点是时间期限观念较强,以对一切项目重新评价这一点上切断了"过去"遗留的各种约束。但是,也正是这一点使预算往往不利于中长期计划和规划项目的考虑。因此,有的西方学者提出,应把 ZBB 看成一个长期管理发展的程序,而不是一个一年一度的万灵药。

(3) 采用 ZBB 需要对每一决策案进行成本-效益分析,确定工作量及执行措施等,由于政府的政务活动常常具有抽象价值,其效益也往往是无形的。因此,很难予以数量化表达,在评估时不易达到精确的程度,也增加了预算编制工作的负荷。

(4) 对所有的计划项目须作成本-效益分析,而分析所需的资料又很难得到,往往影响分析的质量,使分析流于形式。

ZBB 制度经卡特总统引进美国联邦政府各部门并极力推行,各州政府亦纷纷先后采用,或将 ZBB 部分编制的方式如决策案、优先次序的排列等纳入其预算编制过程。1981 年,里根任美国总统后,"零基预算"这一名词已不再在官方预算文件中出现,各种迹象表明,美国联邦政府已不再热衷于这一制度,但正如有些学者提出的那样,美国的舍弃并不表示对此制度价值的否定,有关零基预算的作业过程,如决策方案的编制,优先次序的排列等技术与方法,仍值得深入研究与探讨。

目前,我国各级政府的一般公共预算编制,选择的是综合部门预算的形式,部门预算作为一个单位的总预算,在内容上要涵盖部门及下属单位所有资金的收支,包括正常经费预算和专项经费预算两个部分。预算以零基预算的原则申请资金,人员经费按标准核定,公用经费按部门分类分档的定额核定,仍表现为传统的投入型预算;事业发展和建设项目等专项经费则要求尽量建立相应的绩效指标并按轻重缓急排序。

四、多年预算

(一) 多年预算的含义

传统预算一般都是以一个预算年度为期限来编制的。多年预算又叫滚动预算或中期财政计划,是年度预算的延长形式,是指政府在编制年度预算以外再编制不同形式的包含其他年度的预算。多年预算的特点是,在预算中不仅列出本财政年度的项目和数字,而且还列出上一年度及以后若干年度的项目和数字,但只有当期预算具有执行中的法律约束力。多年预算是政府运用预算干预国民经济的产物,为了更有效地运用财政政策这一宏观经济管理手段,使财政指标能够与经济发展的趋势相适应,政府预算的运作就不能仅仅局限于年度的收支平衡上,而有必要进行较为长期的规划。

（二）多年预算的形式

20世纪60年代以来，一些国家开始在年度预算以外再编制不同形式的多年预算，或直接改造原来的年度预算为多年预算。在一些国家，多年预算的编制方法被具体运用在多年财政计划工作中。如在联邦德国，从60年代后期开始编制五年中期财政计划，这种计划递推编制，每年都要审核。在法国，年度预算也包含多年预算的因素，具体表现在年度预算中列明较大的、需要多年投资才能完成的建设项目的投资总额。在英国，每年一次以白皮书形式发表公共支出计划，其时间跨度为五年，计划中的前三年列出政府支出的预定额，后两年是估计数，而年度预算中的议定支出则以此为基础编制。

（三）多年预算的编制

多年预算编制方法的特点是，预算中不仅列出本预算年度的有关数据，还列出一个已过去的预算年度和若干个未来预算年度的一系列数据。编制多年预算的步骤主要有：

（1）确定宏观经济目标，把国民收入、积累和投资的增长以及国际收支与公共收支联系起来。

（2）为支出项目中完全没有弹性或弹性不大的项目作出计划，如债务清偿、行政、国防、公用项目的经营和维护等。

（3）确定多年度公共投资规划的分阶段投资计划，区分在资金充裕程度不同情况下的项目优先排序。

（4）对所需的税收、非税收入、国内外借款及补助资金作出计划。各年的金额原则上按不变价计算，一般以所列第一个预算年度的价格为不变价。

多年预算的具体编制形式不尽相同。有的国家采用典型的多年滚动预算形式，有的国家则选用远景概算或是为期五年的中期财政规划等形式。

（四）多年预算的评价

1. 优点

（1）有利于对预算进行现在与过去、现在与将来的纵向比较，反映收支变化与发展的趋势。

（2）有利于编制预算的行政机构和审查批准预算的立法机构用长期发展的观点看问题，而不是仅仅局限于某一预算年度，从而减少因为眼前利益与长远利益的矛盾所导致的判断与决策的错误。

（3）有利于财政基本收支计划与国民经济的多年计划相互衔接，以加强政府对公共资源供求的计划管理，提高财政资金运用的灵活性，并适应经济发展中出现的不稳定因素。

（4）针对财政上的"渐进主义"和政府支出的不可控制性，多年预算的编制方法在评判支出的增长和改进政府支出的不可控制性上，提供了预算编制技术上的便利。

2. 缺点

（1）市场经济下的国民经济计划仅仅是指导性的，经济运行的实际结果会与计划不一致，从而可能使中长期的财政计划的预估数出现较大偏差。

（2）多年预算按年分列的做法在形式上保留了预算的年度性，但在内容上却由于对本年度之后的财政收支做了事先的估计与规定，从而打破了预算的年度性，从而使年度财政计划执行上的约束力有所减弱。

我国也在考虑改进年度预算控制方式,将着手建立中期预算平衡机制,注重预算时空的合理搭配。初步计划是建立三年滚动的预算机制,即财政赤字的预算和执行可能要以三年左右为一个周期进行安排,这样可以将目前各部门的用钱规划纳入一个更为科学、管理更为严格的轨道上来。

本章小结

政府预算在对公共资源如何配置使用的决策、协调和控制职能中都有重要的作用,是公共财政管理最重要的工具。政府预算必须在法定的程序下进行,必须通过法律合理地分配各相关方的权力,并对其行为进行约束与规范。政府预算过程包括文件准备、提出计划、行政复审、立法复审、预算执行和决算审计等六个阶段。为了提高政府预算作为公共资源配置管理工具的科学性,预算的形式设计有一个不断改进和变化的过程,因而产生了多种类型的预算方式。

本章主要参考文献

1.〔美〕B.J.理德、约翰·W.斯韦恩著,朱萍等译:《公共财政管理》(第二版),中国财经出版社,2001年。

2.〔美〕杰克·瑞宾、托马斯·D.林奇主编,丁学冬等译:《国家预算与财政管理》,中国财政经济出版社,1990年。

3.马海涛主编:《政府预算管理学》,复旦大学出版社,2003年。

4.王金秀、陈志勇编著:《国家预算管理》,中国人民大学出版社,2001年。

5.王雍君:《公共预算管理》,经济科学出版社,2002年。

6.亚洲开发银行编著、财政部财政科学研究所译:《政府支出管理》,人民出版社,2001年。

7.《中华人民共和国预算法》(2014年修正)。

第八章 税收管理

第一节 税收管理概述

一、税收管理的定义

从管理的角度来看,税收既是政府的主要财政收入形式,又是政府与纳税人之间的一种征纳关系;同时也是一个连续不断地获取收入的过程。政府通过税收活动既要筹集财政收入,同时又要用以贯彻各种社会经济政策、调节经济及社会活动的各个方面。税收作用的多样性决定了税收活动的重要性和复杂性。要保证税收能够及时、足额地上缴国库,并充分发挥税收政策的作用,就离不开税收管理。因此,税收管理是对税收活动全过程的管理,它包括对政府税收活动所进行的指挥决策、计划分工、领导协调和监督控制的一系列组织工作。具体来看,税收管理是指主管税收工作的职能部门代表政府对税收分配的全过程所进行的计划、组织、协调和监督工作,旨在保证财政收入及时足额入库,充分发挥税收对经济的调节作用。

在税收管理的概念中,包含以下三层意思:

(1) 税收管理的主体。代表政府行使职权的各级税务机关,是税收管理的主体。但广义的税收管理主体还包括国家立法机关、司法机关以及财政、海关、审计等行政机关。

(2) 税收管理的客体。税收管理的客体是税收分配活动的全过程,而不是某一局部的税收活动,如:不单是指对纳税人或税收款项的管理。

(3) 税收管理的职能。决策、计划、组织、协调和监督控制是一般管理的基本职能,也是税收管理的职能。如通过指挥决策来选择税收政策、分配课税权力等;通过计划分工来设计税制、设置征管机构、配备工作人员等;通过领导协调来处理征纳关系;通过监督控制来避免征纳双方的相互侵权、保证既定税制的顺利运行等。

二、税收管理的作用

(一) 保证税收财政收入职能的实现

税收具有为政府筹集财政收入的职能,是国家财政收入的主要形式。目前,我国的税收收入占整个财政收入的90%左右,在为政府筹集资金方面起到了重要的作用。税收收入的多少主要是取决于一个国家一定时期内的经济状况,取决于科学合理的税收政策和税收制度。但是,只有保证既定税收政策和税收制度下税法的准确执行,才能使税收收入及时足额地征收入库。因此,税收管理过程实际上就是严格执行税法、确保税收财政收入职能实现的过程。税收是以国家颁布的税法为征收依据的,税收管理也是以国家有关法律法规为依据的。这就要求征纳双方都必须严格遵守税法,依法征税或纳税。但是,由于税收毕竟是对人们收入的一种强制性再分配,在征纳双方之间始终存在一定的利益冲突,因此,有法不依、执法不严以及偷税抗税等现象都会不同程度地存在。通过加强税收管理,可以提高征税人员对税法的理解来增强执法意识,保证其规范严格地执行税法。通过加强税收管理也可以对纳税人的生产经营活动和纳税情况进行更加有效的监督,发现并及时制止纳税人的各种违法行为,维护税法的严肃性,提高纳税人的纳税意识,以防止偷税、漏税以及抗税现象的发生,从而把应收的税款及时足额地征收上来,保证公共财政支出的资金需要。

(二)保证税收调节职能得以实现

税收具有调节经济的职能,是政府进行宏观调控的重要工具。税收可以通过设置税种、选择课税对象、设置高低不同的税率以及减免税等手段来调节社会收入分配状况,调整产品结构、产业结构和消费结构。税收的调节职能是政府通过对社会经济等客观现状的观察,制定相应的税收政策并将其体现在税收制度的设计和税法之中来实现的。因此,要使既定税收政策下的调节作用得以实现,首先取决于既定税法的严格执行,这就必然要求加强税收管理来保证税法执行到位。其次,随着客观条件的变化,税收的调节政策也应有相应的调整和变化。因此,通过税收管理还可以使征收机关了解纳税人对税法、税收政策和税收制度的履行情况,了解国民经济的发展状况,了解税制是否符合客观经济情况,从而把税收信息及时地反馈给国家决策机关,以调整税收政策、修订税法、改革税制,使税收分配与国民经济的运行相符合,更好地发挥税收的调节职能和调节经济的作用。

(三)保证税收监督职能得以实现

征税的过程实际上就是对纳税人与税收相关的经济行为实施监督控制的过程。征收税款必然要了解纳税人的生产经营情况、财务分配状况、个人收入状况以及遵守、执行税收法规的情况,对违反税法的行为给予经济和法律制裁或行政惩罚,制止违法行为的发生。要有效地实现税收的监督控制职能,就要通过税务登记、账簿发票管理、纳税申报、税款征收、税务检查以及税收计划、税收会计、税收统计等更为细致的管理活动来对税收活动的过程实施有效的监督。据此而言,税收筹集财政资金的职能和税收调节经济的职能在很大程度上都要通过税收管理监督控制职能的落实才能得以实现。

税收活动是政府财政收入活动的主要内容,是财政活动中处理政府与社会成员之间分配关系最直接最敏感的活动内容,它既关系到政府财政收入的筹集,又关系到政府社会经济政策的贯彻和对社会经济的调节,因此其管理在财政管理中有着重要的地位,是进行各种支出管理的前提。

三、税收管理的内容

税收管理活动涉及国家税收活动的各个方面,其内容主要包括如下几个方面。

(一)税收法治管理

税收法治管理的内容主要包括税收立法、税收执法及税务司法。税收立法是国家权力机关制定、颁布、实施、修正、废止税法的一系列活动。税法是税收管理的依据,只有制定出适应一国社会经济形势、反映客观要求的税法,才能使税收管理有法可依。税收执法主要是指政府税务机关依据税法所开展的税收征管的业务活动。税务司法是由独立的司法机构如法院、检察院、税务法庭、行政法庭等对违反税法的案件,按照法律规定的程序进行审理、判决的一系列活动。税收立法只能解决有法可依的问题,而要做到有法必依和违法必究,就必须有独立于税收执法的税务司法。税务司法虽然主要是通过法院、检察院、税务法庭等部门进行,但在实践中,一般的违章处理和某些税务行政复议也会由征收机关直接办理。

(二)税收业务管理

税收业务管理是以税款征收入库为中心的管理活动。税收业务管理包括税收计划管理、税收征收管理、税收票证管理、发票管理、税务检查、税收会计核算、税收信息的收集和税收统计管理以及税务代理与诉讼等,是征收机关或中介机构的经常性业务,是税收管理的主要内容。

1. 税收计划管理

税收计划管理是指税收征收机关根据国家的税收法律、经济政策以及客观经济情况,对相应财政年度的税收收入、税务经费、税收成本等进行测算、规划、组织、协调与控制的活动。因此,税收计划也可以用以指导和监督各级征收机关和征收人员严格执行税收法律和各项税收政策,准确及时地组织税款入库。税收计划也是政府预算的重要组成部分,是政府预算用以约束预算支出规模和考虑是否借债的重要依据。税收计划必须在现行税法和税收政策的约束下,在对下一年度的税收数量进行科学预测的前提下来编制。

2. 税收征收管理

为了将税款稽征入库,各级征收机关和征收人员要按照税法规定,确定课税对象、纳税人、适用税率和办理税务登记,督促纳税人申报纳税,组织税款入库,并根据纳税人的申请或客观情况办理减税、免税、退税等事宜。征收税款以后,还要进行税务检查,处理违章、滞纳等案件和事项。在税款入库过程中,纳税人可能委托税务代理机构代为办理有关税收事宜,代理机构虽然属于中介服务机构,不是征收机关,但是税务代理也是同税款征收相联系的。税收征收管理是稽核税额和征收税款过程的管理活动,是征收机关行使税收征收与管理权力的日常管理工作。

3. 税收票证管理

税收票证是征收机关征收各项税款的专用凭证,填用之后即成为征纳双方行使征税权力、履行纳税义务的证明,同时也是税收会计与统计的原始凭证和资料,是考核征收管理机构和管理人员的可靠依据。因此,税收票证管理是税收管理不可缺少的内容。

4. 发票管理

发票是指在购销商品、提供或者接受服务以及从事其他经营活动中,开具、收取的付款凭证。发票作为经济交往中的商事凭证,是财务核算的原始凭证和计算税款以及稽征税款的重要依据。如果对发票不进行管理,就会发生利用发票进行偷税和骗取出口退税等不法行为。为了保障国家财政收入,维护市场经济秩序,就必须对发票进行管理。因此,发票管理也是税收管理的一项重要内容。

5. 税收会计管理

税收会计管理是征收机关对税收计划执行和征收活动过程及其结果,系统地、连续地进行核算及反映监督的活动。根据税收会计核算资料,检查分析税款的计算是否准确,检查税收收入的完成情况,监督税款及时入库,保护税款安全,以确保税收收入任务的完成。同时,也要检查征收机关的经费使用情况,减少税收成本。因此,税收会计管理包括纳税会计、税收稽核会计和税务经费会计的管理。

6. 税收统计管理

税收统计管理是征收机关根据国家税收政策和法规制度的要求,对税收分配过程中涉及的税源、税款和税收政策等方面进行统计、整理、分析的活动。通过税收统计调查,并对搜集的资料、数据进行分类汇总,编制税收统计报表,系统地整理分析研究,提供准确的税收资料和税收信息,为国家决策机关以及征收机关进行决策提供依据。

(三) 税务行政管理

税收征收机关具有执法和行政双重性质。一方面,征收机关必须依法征税,另一方面,征收机关又是国家的行政管理部门,税务行政管理是由征收机关的行政性所决定的。税务行政管理是对征收机关的组织形式、机构设置、工作程序以及征收人员等进行管理的活动。其主要内容包括税务机构管理,税务人员管理,税务行政复议与诉讼。

税收活动必须通过设置专门的机构去组织完成,机构的设置我们在前面的章节中讨论过,作为每级政府税收管理的专门机构,必须根据所管理的税收活动业务量的大小来确定机构的组织形式、规模及地点分布。每个机构应被赋予与其工作内容相适应的权限和职责,以保证税收活动的有效进行。

税务征收人员是国家税收法律、法规和税收制度的直接执行者。对征收人员的管理要有明确的工作制度、奖惩制度。同时,进行职业操守教育和业务培训提升等也是必要的组成部分。

税务行政复议与诉讼是为了正确处理征纳双方发生的税务争议,维护税收法律、法规的严肃性,保护纳税人、扣缴义务人和纳税担保人的合法权益,监督征收机关及人员依法行政而采取的一项重要措施,是随我国行政诉讼法的颁布实施而实施的,是税务行政管理的内容之一。

(四) 其他税收管理

1. 税收管理体制

税收管理体制是划分中央与地方政府以及地方政府之间税收收入和税收管理权限的一项制度,其目的是明确中央与地方政府以及各级税收管理机关的税收管理权限,调动各方面积极性,保证征收管理工作顺利进行和税收职能的充分发挥。税收管理体制与各级政府税收管理权限的大小、税收征管内容的多少以及税收管理机构的设置、人员的配备等都有着十分密切的联系。我国目前的财政体制虽然称为分税制,税务管理也分设了国税和地税两套机构,但税收立法权的行使仅限于中央政府,地方政府只有税收征管权和收入分享权。

2. 税务代理与咨询

税务代理是指税务代理人接受被代理人的委托,以被代理人的名义办理税务事宜的各项行为的总称。税务咨询是指具有税收等方面专门知识或技能的机构和人员,向纳税人、扣缴义务人以及征收机关及其他组织和人员提出的税收请求事项,提供智能服务的行为。税务代理和税务咨询同税款的征收、税法的宣传等都有密切的联系,如果这些活动主要由中介机构来从事时,就必须增加对中介机构的管理。

3. 税务信息管理

税务信息管理是税务机关对管理工作中的文字、数字资料,进行系统而经常的收集、整理、传输及反馈等方面的管理。税务信息管理是实现税收管理程序化、现代化的重要手段。

四、税收管理的方法

税收管理的方法在制度管理的层面具有特殊性,因此我们可以将其制度管理的方法分解为法律方法与行政方法。

(一)法律方法

法律方法的实质是依法治税。我国税收管理中法律方法的主要表现形式是税收立法、税收执法和税收司法。由于税收关系是在公权力机构和私人之间的一种明确的财富再分配关系,所以为了确保税收的合法性和征纳双方的权益,税收活动必须以成文的法律为依据。法律具有权威性、强制性和规范性。权威性是指税法必须由国家立法机构颁布,征纳双方都必须严格遵守;强制性是指税收法律、法规和规章将以授权政府的政治强制力来保证实施;规范性是指税法是征纳双方的活动准则,其言语要求严格、准确;税收法律、法规和规章之间不允许相互冲突,不可以不经由法定程序而随意改变。只有坚持依法治税的原则,才能保证税收管理活动的合法性与公正性。

(二)行政方法

税收管理的行政方法是指税务机关在征收管理过程中,通过行政性授权与分权,对外部纳税主体的管理和内部组织机构的管理。

行政方法具有强制性和针对性。对于外部被管理对象而言,强制性主要表现为税务机关有权对课税权管辖下的纳税人的缴税行为以及与之相关的交易与财务行为进行相应的行政约束和规范(比如对其财务会计制度的强制要求、对其财务状况的检查监督等);针对性则表现为对于各种违反税法和行政约束的行为可进行相关的行政性惩处等。对于内部管理而言,强制性表现在:① 税务机关在行政设置上,要对口管理保证税收任务的层层落实,保证税务机关的上下协调一致,对于管理中出现的重要情况和特殊问题,能以指令、命令等方式及时采取措施予以解决。② 要求税收征管机构和征管人员服从于统一的管理目标,并可以通过命令、指令、指示来下达任务。这种强制性是有效贯彻实施税收法律制度、使税收决策和税收目标得以实现的保证。采用行政方法进行税收管理,要注重不断提高管理者的素质,使其发出的指示或命令完全符合税收法治的要求。

(三)激励方法

激励的方法是指在税收征管过程中,通过刺激、鼓励来影响管理对象的一种特殊而有效的管理方法。激励包括奖和惩两个方面,包括物质的和精神的两种形式。如为贯彻国家税法,严肃法纪,对违反税收征收管理法规的行为,除了要追补税款,还要视情节轻重,依法给予经济制裁。对遵纪守法的纳税人和扣缴义务人,给予表彰和适当的奖励。同时,对税务机关及其人员的业绩进行考核,对贯彻落实岗位责任制和目标管理、工作表现突出、成绩卓著者给予奖励;对玩忽职守、工作表现差的给予经济的、行政的制裁,以造就一支执法严明、廉洁奉公、文明高效的专业化税收管理者队伍。

(四) 教育学习方法

教育学习的方法是指在税收征管过程中,通过开展税收法律、法规、规章的学习、教育来影响管理对象的一种方法。国家的税收法律、法规和规章能否贯彻执行,在一定程度上取决于纳税人知法、守法的程度。税务机关应该通过长期广泛的学习辅导和教育咨询服务,才能使纳税人从不自觉到自觉依法履行纳税义务。另外,税务系统自身的建设和管理也要通过不断的教育学习,来增强税务机关及其工作人员的业务工作能力和职业责任感、使命感,做到依法治税、公正征税,从而全面提高税收管理工作的质量和效率。

第二节 税收法治管理

一、税收法治管理的意义

税收法治是指依据税收法定主义原则,通过税收立法、税收执法、税收司法和税收法律监督等一系列税收法律制度的创建,将征税主体与纳税主体的税收行为纳入现代法治轨道,从而实现依法征税和依法纳税的良性社会秩序状态,它是法治国家基本原则在税收领域的表现与运用。

税收法治既是税收活动的前提,又是税收管理的依据和重要手段。

税收法治实质体现的是税法面前人人平等。无论是征税人还是纳税人,都必须尊重税法的权威。税收法治既可以有效地促进征收机关依法行政,保障征收机关依法行政的权力,又可以保护纳税人的合法权益。对征收机关来说,一方面,要使自己作出的行政行为符合税法的规定,否则就要受到法律的惩罚;另一方面,征收机关作出的正确的行政行为要受到法律的保护,否则征收机关将无法工作。对纳税人来说,一方面,可以依法来判断征收机关的征税行为是否正确,若不正确可以通过法律形式进行申诉;另一方面,纳税人可以依法衡量自己的纳税义务行为的是与非,只要依法履行了纳税行为,就能受到法律的保护。

税收法治的核心是在保障国家行使其税收权力的同时,限制国家的任意征税,有效保障公民权利。税收法治管理要求税收活动能达到这样一个状态——税收立法科学合理、合乎程序;税收执法严格规范、纳税人依法纳税、税务机关依法征税;税收司法客观公正。因此,税收管理的全过程就是一个税收法治的过程。

二、税收立法管理

(一) 税收立法的作用

税收立法就是税法的制定,是指各相关权力机关依据一定的程序,遵循一定的原则,运用一定的技术,制定、公布、修改、补充和废止有关税收法律、法规、规章的活动。税收立法为税收活动的开展提供规范和依据,是税收法治的开端和基础。税收立法包括执政的行政政府根据宪法授权,按照政府选择的经济社会治理目标去设计构建和调整修订税收制度,提出税法草案的过程;也包括立法机构审核、修改、通过每一具体税法的过程。税收立法管理就是对税收立法活动的管理,是税收管理的首要环节,只有通过制定法律,把税收征收关系纳入法律调整范围,才能做到依法治税。

(二) 税收立法的原则

税收法定原则是税收立法和税收法律制度的一项基本原则,也是我国宪法所确立的一项重要原则。十二届全国人大三次会议通过修改的《中华人民共和国立法法》明确规定"税种的设立、税率的确定和税收征收管理等税收基本制度"只能制定法律。在这一基本原则的基础上,一个国家的整体税制结构设计和税种选择以及每一税种的课税对象、税率和征收方法的具体选择都是形成具体税法的过程,也是立法审核和通过的前提。因此,税收立法原则,既是指行政政府在设计税制、形成税法的过程中应该遵循的原则,也是指选择立法程序时应遵守的原则。我国的税收立法原则是根据我国的社会性质和具体国情来确定的,是相关权力机关和立法机关根据社会经济活动、经济关系,特别是税收征纳双方的特点来确定的,是我国税收立法活动中的指导方针。具体包括以下几个原则。

1. 从实际出发的原则

这一原则要求税收立法过程必须根据经济、社会发展的客观情况和现实需要,尊重市场经济规律和税收分配原理,充分运用科学的知识和技术手段,慎重选择恰当的税种、设计合适的税率和课税方式,构建和完善符合我国社会经济发展要求的税制模式和税制体系。

2. 公平原则

税收立法中一定要体现公平原则。这里的公平主要是针对税负的合理性而言。在市场经济体制下,参加市场竞争的各个主体需要有一个平等竞争的环境,而税收的公平是实现平等竞争的重要条件。同时,从社会的角度看,人们由于许多原因又必然会存在负担能力的差异。因此在税收立法中,公平会体现在三个方面:一是从税收负担能力上看,负担能力大的应多纳税,负担能力小的应少纳税,没有负担能力的不纳税。二是从纳税人所处的生产和经营环境看,由于客观环境优越而取得超额收入或级差收益者多纳税,反之少纳税。三是从税负平衡看,不同地区、不同行业间及多种经济成分之间的实际税负必须尽可能公平。

3. 民主决策的原则

民主决策的原则主要指税收立法过程中必须充分倾听公众的意见,严格按照法定程序进行,确保税收法律能体现全体公众的根本利益。坚持这个原则,要求税收立法的主体应以人民代表大会及其常务委员会为主,按照法定程序进行;对税收法案的审议,要进行充分的辩论,倾听各方面意见;税收立法过程要公开化,让广大公众及时了解税收立法的全过程,以及立法过程中各个环节的争论情况以及是如何达成共识的。必要时要将税法交给公众进行讨论或者向公众征求意见,听取他们的建议。

4. 规范性与灵活性相结合的原则

在制定税法时,要求明确、具体、严谨、周密,以形成规范确定的基本征纳关系。但是,为了保证税法制定后在全国范围内的各个地区都能贯彻执行,不至于与现实脱节,又要求在制定税法时,不能规定得过细过死,这就要求必须坚持规范性与灵活性相结合的原则。具体讲,就是必须贯彻法制的统一性与因时、因地制宜相结合。法制的统一性,要求税收立法权只能由国家最高权力机关来行使,但在政策的实施上留出一定的空间,允许地方在遵守国家法律、法规的前提下,制定适当的实施办法。

5. 法律的稳定性、连续性与废、改、立相结合的原则

制定税法,是与一定经济基础相适应的,税法一旦制定,在一定阶段内就要保持其稳定性,不能朝令夕改、变化不定。如果税法经常变动,不仅会破坏税法的权威和严肃性,而且会给国家经济生活造成非常不利的影响。但是,这种稳定性不是绝对的,因为社会政治、经济状况是不断变化的,税法也要进行相应的发展变化。这种发展变化具体表现在:有的税法已经过时,需要废除;有的税法部分失去效力,需要修改、补充;根据新的情况,还需要制定新的税法。此外,还必须注意保持税法的连续性,即税法不能中断,在新的税法未制定前,原有的税法不应随便终止失效;在修改、补充或制定新的税法时,应保持与原有税法的承续关系,应在原有税法的基础上,结合新的实践经验,修改、补充原有的税法和制定新的税法。

6. 效率原则

在立法过程中必须仔细测算、论证一项税收法律能在多大程度上实现立法的意图,看其是否便于执行,有无对经济产生负面影响,是否符合一个国家当时的社会生产力水平。也就是说,税收立法要讲究效率。税收立法的现实可行性越高,立法的效率就越高。

(三) 税收立法程序

1. 税收立法程序的基本属性

正当的税收立法程序应当具备参与性、公开性、交涉性与效率性等基本属性。

(1) 参与性。税收立法程序的参与性取决于税法的民意代表性。"无代表则无纳税"的税收法定原则,要求税收建立在纳税人"同意"的基础之上,纳税人得以表达意见的渠道便是在税收立法过程中的参与。在税收授权立法的情况下,行政机关在税收立法中有着重要的主导作用,因此,为了加强对行政立法的规制,立法程序就必须建立公众"参与"的保障机制。同时,税收立法在确定公共获取资源的同时还要明确税收负担的分配,这涉及各种税收政策的选择和各方利益权衡。因此相关利益表达机制必然成为税收立法程序正当的关键。"参与"使纳税人有机会表达自己的利益需求,使税收立法中的利益冲突得到协调,实现利益平衡和利益主体的满足。在税收法律、法规的制定过程中,通过公开立法、立法听证、专家论证、向社会征求意见等方式,使公众的参与权得以实现,才能更准确地把握民意,增强立法的公正性,从而有效地引导纳税遵从。

(2) 公开性。所有的立法过程,包括税收立法的提案、起草、审议、表决、公布等每一个阶段、每一个步骤,都应当以社会公众看得见的方式进行。英国有句古老的箴言"正义不仅要得到实现,而且要以人们看得见的方式得到实现"。税收立法程序的公开包括四个方面:一是税收立法信息资料的公开,包括立法的背景与根据、立法议案的主题、立法会议的记录等;二是税收立法议事过程的公开,指立法会议要公开举行,允许公众旁听等;三是税收立法活动报道自由,允许大众传媒将立法活动的实际状况向社会报道;四是税收立法结果的公开,税法必须向社会公布,国家不得以未公布的税法作为执法依据。立法程序公开是纳税人有效参与税收立法的前提。纳税人通过公布的税收立法信息资料。可权衡各种论据和论点,并通过依据公开原则所建立的利益表达渠道,及时反馈自己的利益主张。公

开可以保证税收立法参与的质量。

(3) 交涉性。所谓立法程序的交涉性是指立法决策参与者运用各自的法定程序权力进行充分辩论、协商和妥协,以最终达成各方都愿意并能够接受的多数结果。交涉性是税收立法程序的基本属性,是税收民主立法不可缺少的环节。"交涉"是一个讨论、交流、沟通、谈判、讨价还价的过程。税收立法程序的交涉性源于税收利益主体的广泛性、财产权于公众的敏感性。不同的利益追求促使人们纷纷从切身利益出发去关注和参与税法,税收立法过程也正是不同利益主体博弈的过程。而各方的相对"妥协"是交涉的必然结果。正如科恩在《论民主》中指出的"权衡冲突各方的争议,从而形成政策、制定法律的过程便是妥协的过程,妥协是民主程序的核心"(科恩,2007:第183页)。没有妥协的交涉,只会出现议而不决的状况,妥协是立法交涉产生结果的重要前提。税收立法的交涉性赋予了税收立法的正当性、民意性,增强了公众对法律的认可和尊重。

(4) 效率性。尽管民主是税收立法程序的最高价值取向,但民主并非是不惜一切代价换取的,民主的税收立法程序也要受到效率的制约。税收立法程序的效率同样表现为成本与收益之比,其目标是以尽可能低的成本完成既定的立法任务。税收立法程序中的成本是指在税收立法过程中所耗费的人力、物力、财力和时间等立法资源的总和。程序效率所追求的收益,就是通过一定立法成本的投入而完成的立法工作任务和立法程序所生产出来的"产品"质量。前者是一个管理过程的效率,而后者则是一个宏观的社会经济效率,即所创制出来的法律规范是否最接近社会公正,能否促进社会的良性运行,以及立法程序自身的设立及其运行给社会的政治、文化、道德、意识带来的文明进步。税收立法程序的效率性要求科学地安排和设计税收立法过程,合理分配程序权利与义务,使整个立法活动有秩序地高效运转,在立法成本最小化的同时达到立法收益的最大化。

2. 一般立法程序

(1) 税收草案的提出。税法草案包括起草的新税法草案和对原税法的修订、废止的草案或建议,它一般由授权的行政机关起草并向立法机关提出。

(2) 税法草案的审查。立法机关在接到行政部门的税法草案与建议或者由立法机关自己提出的税法草案后,应进行细致的审查,并准备组织讨论。

(3) 税法草案的讨论。立法机关在审查税法草案后,进入讨论阶段,广泛征求各方面的意见,往往需要召集听证会,一般由政府有关部门的首长和银行家、经济学家、律师、企业家以及各种利益集团的代表参加,充分发表意见。听证会后,由立法机关对提交讨论的税法草案进行修改,并提交议会通过。

(4) 税法的通过。经过讨论的税法草案,提交立法机关通过。立法机关要听取税法草案的说明,并进行辩论和必要的修改,然后提交立法机关进行表决。表决通过的税法交由国家或政府首脑签发。

(5) 税法的颁布。立法机关通过的税法,要送给国家或政府首脑签发,并通过公开方式发布实施。国家或政府首脑也可行使否决权,但在立法机关以压倒多数通过的情况下,国家或政府首脑必须签发。

3. 我国税收立法程序

(1) 提议阶段。税法草案通常由财政部税收司或国家税务总局草拟后,提交国务院审查。国务院法制局将税法草案发给有关部门征求意见,修改后提交国务院审议。国务院审查通过后,提交全国人民代表大会或常务委员会审查。

（2）审议阶段。全国人民代表大会或常务委员会的法制委员会在国务院提交税法草案后,将税法草案送国务院各有关单位和各级省级人民代表大会征求意见,修改后提交全国人民代表大会或常务委员会审议通过。

（3）通过阶段。全国人民代表大会或常务委员会在开会期间,要听取国务院关于税法草案的说明,并经过代表或委员们的讨论或辩论,以少数服从多数的方式通过税法议案,成为税法,送国家主席发布。

（4）颁布阶段。全国人民代表大会或常务委员会通过的税法,要送国家主席并以国家主席名义签发,公开发布实施。

三、税收执法管理

（一）税收执法的地位

税收执法是国家规定的税收管理机关及其人员按照法律、行政法规的规定,严格执行法律制度的一项管理活动。税收执法主要是由税务机关执行的。《中华人民共和国税收征收管理法》（以下简称《税收征管法》）第五条规定:"国务院税务主管部门主管全国税收征收管理工作。各地国家税务局和地方税务局应当按照国务院规定的税收征收管理范围分别进行税收管理。地方各级人民政府应当依法加强对本行政区域内税收征收管理工作的领导或协调,支持税务机关依法执行职务,按照法定税率计算税额,依法征收税款。各有关部门和单位应当支持、协助税务机关依法执行职务。税务机关依法执行职务,任何单位和个人不得阻挠。"这就从法律上确立了税务机关的税收执法地位。因此,税收的执法过程实际上也是一个税收收入获得的业务管理过程,因此大量的执法管理表现为税收的征收管理。我们将在下一节讨论。这节重点讨论对税收执法主体的管理。

（二）税收执法监督

加强税收执法管理,除了明确税务机关的执法地位,应对税务机关及其人员的执法活动进行监督。在税收执法过程中,不能严格执法或执法不当产生的违反税收法律的行为可能表现为两种类型:一种类型是由税收立法不完善而造成的。如原《税收征管法》规定的税收罚款只规定了上限,没有规定最低限,因此造成税务机关人员在执法时就会全国不统一,甚至根据人情来处罚;再如企业所得税法在确定税率时,没有十分明确是以当年实现的所得额为基础来查找适用税率还是应扣除允许结转的上年度的亏损额以后的所得额来查找适用税率,因而造成执法的不统一。这种执法缺陷应当从完善税收立法的角度来解决,而不能归咎于税务机关与税收管理人员。另一种类型则是由税务机关及其人员本身的素质决定的,主要表现为知法违法、不严格执行法律等。这类问题必须通过加强税务机关及其人员的执法观念和加强执法监督来解决。税收执法管理主要就是指对第二类情况的管理。因此,税收执法管理必须加强税务人员的学习教育,提高税务人员的业务素质与道德素质,并对知法违法行为进行惩戒。

（三）税收执法的责任

加强税收执法管理,除了执法必严,最重要的就是违法必究。即对税务机关及其人员不执行税法的行为给予严厉的惩处和追究刑事责任。关于这方面的规定，《税收征管法》作出了明确规定，其主要内容有：

第一，税务机关违反规定擅自改变税收征收管理范围和税款入库预算级次的，责令限期改正，对直接负责的主管人员和其他直接责任人员依法给予降级或者撤职的行政处分。

第二，税务人员徇私舞弊，对依法应当移交司法机关追究刑事责任的不移交，情节严重的，依法追究刑事责任。

第三，税务机关、税务人员查封、扣押纳税人个人及其所扶养家属维持生活必需的住房和用品的，责令退还，依法给予行政处分；构成犯罪的，依法追究刑事责任。

第四，税务人员与纳税人、扣缴义务人勾结，唆使或协助纳税人、扣缴义务人偷税、欠税、骗税，构成犯罪的，依法追究刑事责任；尚不构成犯罪的，依法给予行政处分。

第五，税务人员利用职务上的便利，收受或者索取纳税人、扣缴义务人财务或者谋取其他不正当利益，构成犯罪的，依法追究刑事责任；尚不构成犯罪的，依法给予行政处分。

第六，税务人员徇私舞弊或者玩忽职守，不征或者少征应征税款，致使国家税收遭受重大损失，构成犯罪的，依法追究刑事责任；尚不构成犯罪的，依法给予行政处分。

第七，税务人员滥用职权，故意刁难纳税人、扣缴义务人的，调离税收工作岗位，并依法给予行政处分。

第八，税务人员对控告、检举税收违法违纪行为的纳税人、扣缴义务人以及其他检举人进行打击报复的，依法给予行政处分，构成犯罪的，依法追究刑事责任。

第九，税务人员违反法律、行政法规的规定，故意高估或者低估农业税计税产量，致使多征或少征税款，侵犯公民合法权益或损害国家利益，构成犯罪的，依法追究刑事责任；尚不构成犯罪的，依法给予行政处分。

第十，税务人员违反法律、行政法规的规定提前征收、延缓征收或摊派税款的，由其上级机关或行政监察责令改正，对直接负责的主管人员和其他责任人员依法给予行政处分。

第十一，违反法律、行政法规的规定，擅自作出税收的开征、停征或者减税、免税、退税、补税以及其他同税收法律、行政法规相抵触的决定的，除依照本法规定撤销其擅自作出的决定外，补征应征未征税款，退还不应征收而征收的税款，并由上级机关追究直接负责的主管人员和其他直接责任人员的行政责任；构成犯罪的，依法追究刑事责任。

第十二，税务人员在征收税款或查出税收违法案件时，未按规定进行回避的，对直接负责的主管人员和其他直接责任人员，依法给予行政处分。未按规定为纳税人、扣缴义务人、检举人保密的，对直接负责的主管人员和其他责任人员，由所在单位或有关单位依法给予行政处分。

四、税收司法管理

（一）税收司法管理的作用

税收司法指国家司法机关依照法定的职权和程序，运用税法处理税务案件的专门活动。税收司法管理的内容包括：使税收争议案件得以顺畅进入司法渠道并加以解决的司法引入机制；确保司法独立与效率的税收司法组织机制；防止税务机关滥用职权，保护纳税人合法权益的税收司法监督机制；排除税法健康运行中的种种障碍，疏通被阻滞的税法运行渠道,恢复被破坏的良好税收法律秩序的税收司法保障机制。

税务司法管理对维持税法的权威性,维护正常的税收环境和税收秩序,有着十分重要的作用。税务司法管理通过赋予纳税人的诉讼权力,通过对税务案件公开、公平、公正的审理和判决,可以有效地提升征收机关依法收税和纳税人依法纳税的自觉性。

(二)税务司法与税收立法的关系

税收立法与税收司法都是税收法治管理的重要内容。税收立法为税收司法奠定了基础,同时也是税务司法的依据。税务司法是使税收立法得以实现的保证,没有税务司法,再好的税法也是一纸空文。同时通过税务司法还可以解决税收立法中存在的问题,反过来为改进税收立法提供信息,促进立法工作的完善。

(三)税收司法的基本原则

我国司法的基本要求是正确、合法、及时、公正、合理。司法权本质上是一种判断权,与行政权相比具有被动性、中立性、终极性、稳定性、权力专属性、司法过程的形式性、司法职业法律性、运行方式交涉性、司法管理的非服从性以及价值取向上的公平优先性等十大特点。税收司法也应遵循前述的司法权特点,并在税收司法(审判)活动中集中体现为两大原则:税收司法独立性原则和税收司法中立性原则。

1. 税收司法独立性原则

税收司法独立是指税收司法机关依法独立行使司法权,不受行政机关、社会团体和个人的干涉。它要求法院在审理税务案件时,必须自己作出判断,不受行政权、立法权的干涉;要求法院在体制上独立于行政机关,不应因受行政机关的控制而无法独立作出判断;还要求法院审判权的行使不应受上级法院的干涉。我国《宪法》第一百二十六条规定"人民法院依照法律规定独立行使审判权,不受行政机关、社会团体和个人的干涉",这是我国税收司法独立原则的宪法依据。与西方国家相比,我国的司法独立只是法院的独立,而不包括负责具体审判的法官的独立。

2. 税收司法中立性原则

税收司法中立是指法院在审判时必须居于裁判的地位,不偏不倚,认真听取诉讼双方的意见,然后作出公正、正确的判断,不得偏向诉讼的任何一方。这是由司法的被动性、判断性决定的。税收司法的中立性要求法院"不告不理",对税务案件要在当事人起诉的范围内作出判决,非因诉方、控方请求不得主动干预。而只有坚持中立的态度,法院才能兼听则明,从而作出独立的、公正的司法判断。

税收司法的中立性和独立性是保证税收司法合法、公正、合理的基石,法治国家需要独立、公正的司法制度,为此,法治国家必须有一套措施来保障司法的独立。因为,如孟德斯鸠所说,如果司法权不同立法权和行政权分立,自由也就不存在了。如果司法权同行政权合而为一,法官便将握有压迫者的力量。

(四)税收司法管理的具体原则

1. 依法处罚原则

税法是国家法律的组成部分,税法一经制定并颁布,就确定了征纳双方的税收法律关系。征收一方必须在税法规定的范围内行使征税的权力,不能违反税法而多征或不征,纳税一方必须按照税法规定承担纳税义务,不能违反税法不缴或少缴税款。在司法方面,要

依法办案,排除各种干扰和阻力,秉公执法,不能以罚代刑。

2. 平等原则

不论任何单位和个人,只要违反税法,就要追究其法律责任,构成犯罪的税务司法机关就应该依法追究其刑事责任,不能因为行政级别、地位等不同而例外,在法律面前要人人平等。坚持这一原则,税务司法机关对税务违法案件必须依法公正判决,不得因任何特殊理由而袒护任何一方。

3. 实事求是原则

税务司法机关在审理税务案件时,必须注重事实,不仅要弄清案件的全部事情,而且不能凭主观臆断,更不能捏造事实,防止偏听偏信和打击报复,同时在定罪、量刑上必须按法律规定办理,严格区分合法与非法、无罪与犯罪的界限,并根据实际情况进行判断。

(五) 税务司法程序

税收司法管理也是一个比较复杂的过程,必须遵循一定的程序才能较好地完成。从内容上看,税收司法一般包括对税务争议案件的处理和对税务诉讼案件的处理,往往要经过申请(起诉)、受理和决定(判决)等程序。

(六) 完善我国税收司法管理

税收法治必然要求加强税收司法,完善司法审查制度。我国的税收法治,在税收司法方面还应推进以下改革:

1. 完善税收立法,健全税收法律体系,给税收司法审查提供合法的依据

一是要进行税收立宪,将税收法定主义明确规定在宪法之中;在宪法中应充实和增加有关税收立法权限的内容,明确各级立法机构对税收的立法权限、立法程序和立法原则;充实和增加有关征税机关与纳税人双方权利与义务的内容;充实和增加有关对涉税犯罪行为从严打击的内容。二是要尽快制定税收法律法规的母法《税收基本法》,基本法应经全国人大通过以法典的形式颁布,它明确规定国家税收的法律关系,对国家所有税收法规都有统领、约束作用。把税收法律、法规的基本原则统一于基本法,可以强化税法的系统性、稳定性和规范性,并为单项税收立法提供依据。三是在修改和完善现行税制的基础上,尽快将单行税收法规上升为税收法律,制定更多的税收实体法,以提高税法的法律权威和效力。

2. 进一步扩大司法审查的作用领域

我国当前的行政诉讼制度只能对规章及其以下的抽象性文件进行审查,而且只有不予适用的权力而没有撤销的权力。我国法院在法律解释中的地位也非常弱,特别是税法领域,法院几乎没有进行什么解释工作。如果,法院在税收诉讼中有权对国家税务总局制定的大量的属于规章或者规章以下的规范性文件予以审查,并决定是否违反法律、法规,如认为违反,就可以不予适用。这样才能对税收执法中的行政违法行为进行判别,并对税法的修改和完善起到推动作用。

3. 建立税务法庭、推进税收司法

专业税务法庭的设立是应对税务案件大量性、复杂性的需要,也是更好地保护纳税人权利和维护国家税收权的需要。世界上税收法治建设比较完善的国家大多都有专门处理税务案件的税务法庭或税务法院。针对我国当前的司法体制现状,可以考虑首先设置税

务法庭。税务法庭的受案范围包括税务方面的民事案件、行政案件和刑事案件。在地域管辖方面,对于民事税务案件由被告所在地的法院管辖,对于行政税务和刑事诉讼案件则按照行政诉讼法以及刑事诉讼法关于法院管辖的规定处理。在级别管辖方面,一般的税务案件均由基层人民法院受理,重大税务案件可以由中级人民法院受理,特别重大税务案件可以由高级人民法院受理。最高人民法院一般不作为一审法院受理税务案件,只有在特殊情况下,最高人民法院才可以决定直接受理税务案件。

4. 培养专业的税务法官

为了适应税务案件的专业性、技术性、复杂性和大量性,有针对性地培养与选拔具备税法和税务专业知识的法官,可以集中力量审理税务案件,可以专门研究审理税务案件的特殊性,从而可以更好地审理税务案件,依法保护纳税人的合法权益,实现依法治税的终极目标。税务法官产生的方式主要有以下两种:一是由法院中对审理税务案件比较有经验的法官组成税务法庭的法官;二是通过司法考试从社会中挑选合格的税务法官,参加税法司法考试的人员可以是税务机关的工作人员,可以是高等院校具有本科以上学历的毕业生,也可以是大学与科研机构中从事教学和科研的学者。

第三节 税收征收管理

税收征管是税务管理中最重要的组成部分,是税务机关为了贯彻税收的基本法规,实现税收计划,协调征纳关系,组织税款入库而开展的组织管理和监督检查等各项活动的总称。广义的税收征管包括各税种的征收管理,主要是管理服务、征收监控、税务稽查、税收法制和税务执行五个方面,具体可理解为两大方面:一是税收行政执法,包括纳税人税务登记管理、申报纳税管理、减免缓税管理、稽查管理、行政处罚、行政复议等管理。二是税收内部管理,即运用税收计划、税收会计、税务统计、税收票证等进行的内部管理活动。税收征管是整个税收管理活动的中心环节,是实现税收管理目标、将潜在的税源变为现实的税收收入的实现手段,也是贯彻国家税收政策,指导、监督纳税人正确履行纳税义务,发挥税收作用的基础性工作。税收征管的目标包括:

(1) 执法规范。努力做到严格执法、公正执法、文明执法,确保各项税收政策措施落实到位。

(2) 征收率高。依据税法和政策,通过各方面管理和服务工作,使税款实征数不断接近法定应征数,保持税收收入与经济协调增长。

(3) 成本降低。降低税收征纳成本,以尽量少的征纳成本获得尽量多的税收。

(4) 社会满意。有效发挥税收作用,为纳税人提供优质高效的纳税服务。

税收征管是税收管理过程中工作量最大、业务内容最繁杂的管理活动。因此科学设立高效的管理机构和配备高水平的管理人员是提高税收征管质量的重点。

一、机构管理

按我国目前的税收管理体制、税制体系和税收收入的归属,税务机构、海关和财政部门为三大税收管理机构。税务机构在中央设置国家税务总局,下面设置国家税务局、地方税务局两大征收管理机构,分别履行中央税、地方税以及中央和地方共享税的管理职责。除海关外,财政部门、税务机关的设置都和国家行政机构的设置基本一致。

(一)设置原则

1. 单独设置

从税收管理机构与其他机构的关系看,为了防止政出多门、各行其是,税收管理机构必须独立行使国家赋予的行政职能,不受任何单位和部门的行政干预,不仅税收管理机构要独立设置,中央和地方的税务机构也应各自独立。

2. 职责分明

税收管理机构的设置要明确划分和规定内部各部门的权力及其职责范围,使其职有专司、人有专责、人有定事、事有定人。坚持这一原则,就要权责相称,以责任的需要授予权力,以权力的大小规定责任,使责任的承担者享有相应的权力,权力的运用者负担相应的责任,避免滥用职权、推卸责任或无法履行责任的现象。

3. 协调一致

协调的目的在于使税收管理机构内部的所有单位和部门的活动同步化、和谐化,以实现税收管理的总目标。这一原则是为正确处理税收管理机构内部上下左右关系的一项原则。因为,税收管理机构是为了完成工作任务和达到预期目标由若干税务人员组成的有机整体,只有税收管理机构内部各部门之间、人员之间很好地沟通协调,和谐而有序地工作,才能发挥整体效能,较好地实现共同目标。

4. 弹性精简

任何行政机构的设置都不能固定化、绝对化、公式化,因此税收管理机构必须根据税收管理工作的客观需要来设置。在适应客观需要的前提下,税收管理机构的设置应尽量精简。首先,要对税收管理机构内部的部门合理归类,一个部门只能管理性质相同的事务,不能管理性质不同的事务,即一件事情不分归两个部门,两个部门不同办一件事。其次,要因事设置机构,也就是根据税收管理的目标和任务来设置,凡是可有可无的部门一律不设,不能因机构设事、因人设事,要尽量减少机关工作层次,避免机构臃肿、人浮于事,进而提高工作效率。

(二)职责与权限

1. 拟定和提出税收法规草案

按照税收立法程序,每一项税收法规的制定都包括草案的提出、审议、表决、通过和公布等程序。其中,除了税收草案的提出以外的几项程序,均是立法机关的专门职责,其他机关不具有这种职责。而税法草案可以由专门的立法委员会提出,也可以由特定的业务职能部门提出,还可以由具有一定资格和一定数量的公民提出。税收管理机构是国家管理税收的职能部门,因此具有拟定和提出税法草案的职责。现实中,我国有些税法的草案就是由财政部、国家税务局和海关总署提出的。

2. 遵守和执行税收法规

税收是以法律形式规定的社会产品或国民收入的分配,并从社会成员的手中单方面转移到国家手中,这种转移并不是放任自流的,而是必须按照税法和有关法规进行的。这就决定了税收管理机构在管理税收过程中具有执法的职责,也是国家赋予税收管理机构的重要职责。

3. 征收和计量税收款项

世界各国负责税款征收和计量的机构多种多样,有税务机关、财政机关、海关,也有银行、会计师事务所,还有税务代理机构等。为了准确反映税收收入的入库情况,以便适当安排财政支出,还必须对税收收入进行计量。这种计量主要包括事先计量、事中计量和事后计量。

4. 监督和保卫国家及公民权益

在税款征收中,应归国家占有的社会产品或国民收入并不一定能够及时足额地入库并形成税收收入,应征税款与实际入库的收入之间的差额是由许多因素造成的,如征收费用、减税免税、偷税抗税、欠税骗税等。税务机构的职责就是通过征管中的严格执法来保证征纳双方的权益不被相互侵犯。

二、人员管理

(一)税务公务员制度

税务人员是具体贯彻执行国家税法、税收政策,从事税收管理工作的专职人员,是税法和税收制度的直接执行者,是进行税收管理的重要因素。再好的税法,再好的税制,再好的税收政策,如果没有人去贯彻实施,也不能奏效。因此,要搞好税收管理,就要提高税务人员的素质,调动税务人员的工作积极性。

作为国家行政机关的税收管理部门,必然要实行税务公务员制度。建立和实行税务公务员制度,是税收管理机构人事干部制度法制化的要求,通过公开透明的公务员招考制度,既能形成人才平等竞争的良好环境,又能增强税务人员作为职业公共管理者的使命感和责任感,从而激励其通过努力工作来提高税收征管工作的质量和效率。

(二)素质提高的途径与措施

首先,要加强税务人员的职业道德教育。税务人员是公共管理者,也是税法的执行者,必须知法、懂法,自觉遵守法律。其最重要的职业道德就是,必须具有为公众、为社会做好税收征管工作的责任感,认真执行国家的税收政策和税收法规,不滥用职权,不玩忽职守,不以税谋私。

其次,要加强税务人员的业务培训。税收征管效率的高低在很大程度上取决于税务人员的业务水平,而税务人员的业务水平又取决于学历的层次和实践经验的积累。因此,要提高税务人员的业务水平,一方面应不断提高税务人员的学历层次,另一方面也应不断加强继续教育及在职培训。

三、税款征纳

税款征收方式是指税务机关对纳税人应纳的税款从计算核定到征收入库所采取的具体征税形式或方法。它存在于税款的计算、核定、缴纳这一运动过程之中,是这一过程的程序和手续的总称。目前,税款征收方式主要有以下几种。

(一)查账征收

查账征收是指税务机关根据纳税人的会计账册资料,依照税法规定计算征收税款的一种方式。它适用于经营规模较大、财务会计制度健全、能够如实核算和提供生产经营情况,正确计算应纳税款的纳税人。

（二）查定征收

查定征收是指税务机关根据纳税人的从业人员、生产设备、原材料耗用情况等因素,查实核定其在正常生产经营条件下应税产品的产量、销售额,并据以征收税款的一种方式。如果纳税人的实际产量超过查定产量时,由纳税人报请补征,实际产量不及查定产量时,可由纳税人报请重新核定。这种方式适用生产经营规模较小、产品零星、税源分散、会计账册不健全的小型厂矿和作坊。

（三）查验征收

查验征收是指税务机关对纳税人应纳税商品,通过查验数量,按照市场一般销售单价计算其收入并据以征收税款的一种方式。这种方式适用于零星分散、流动性大的税源。

（四）定期定额征收

定期定额征收是指税务机关根据纳税人自报及有关单位评议情况,核定其一定时期应税收入及应纳税额并分月征收的一种方式。这种方式适用对生产经营规模较小、营业额和所得额不能准确计算的小型工商户的税款征收。

上述征收方式是针对应纳税额的确定方式或方法而言的,从税款的收缴方式或收缴人方面看,除由税务机关直接征收外还有代收代缴、代扣代缴、委托代征等方式。

（五）代收代缴

代收代缴是指依照税法规定,负有代收代缴税款义务的单位和个人,在向纳税人收取款项的同时,依法收取纳税人应纳的税款并按照规定的期限和缴库办法申报解缴的一种方式。这种方式的适用范围仅限于税法中明确规定的情形。

（六）代扣代缴

代扣代缴是指按照税法规定,负有代扣代缴税款义务的单位和个人,在向纳税人支付款项时,依法从支付款额中扣收纳税人应纳的税款并按照规定的期限和缴库办法申报解缴的一种方式。一般适用于税源零星分散、不易控管的纳税人。在实际操作中,它的适用范围仅限于税法中明确规定的情形。采用这种方法,有利于加强税收源泉控制,有效防止税款流失。

（七）委托代征

委托代征是指税务机关委托某些单位或个人,代其向纳税人征收税款的一种方式,主要适用于零星、分散和流动性大的税款征收。采用这种方式,有利于加强零散税源的控制,提高征管效率。

四、法律责任

（一）对偷税的处罚

《税收征管法》第六十三条规定:"纳税人伪造、变造、隐匿、擅自销毁账簿、记账凭证,或者在账簿上多列支出或者不列、少列收入,或者经税务机关通知申报而拒不申报或者进行虚假的纳税申报,不缴或者少缴应纳税款的,是偷税。对纳税人偷税的,由税务机关追缴其不缴或者少缴的税款、滞纳金,并处不缴或少缴的税款百分之五十以上五倍以下的罚款;构成犯罪的,依法追究刑事责任。扣缴义务人采取前款所列手段,不缴或少缴已扣、已收税款,由税务机关追缴其不缴或者少缴的税款、滞纳金,并处不缴或者少缴的税款百分之五十以上五倍以下的罚款,构成犯罪的,依法追究刑事责任。"

（二）对逃避追缴欠税的处罚

《税收征管法》第六十五条规定:"纳税人欠缴应纳税款,采取转移或者隐匿财产的手段,妨碍税务机关追缴欠缴的税款的,由税务机关追缴欠缴的税款、滞纳金外,并处欠缴税款百分之五十以上五倍以下的罚款,构成犯罪的,依法追究刑事责任。"

（三）对骗税的处罚

《税收征管法》第六十六条规定:"以假报出口或者其他欺骗手段,骗取国家出口退税款,由税务机关追缴其骗取的退税款,并处骗取税款一倍以上五倍以下的罚款,构成犯罪的,依法追究刑事责任。对骗取国家出口退税款的,税务机关可以在规定期间内停止为其办理出口退税。"

（四）对抗税的处罚

《税收征管法》第六十七条规定:"以暴力、威胁方法拒不缴纳税款的,是抗税,除由税务机关追缴其拒缴的税款、滞纳金外,依法追究刑事责任。情节轻微,未构成犯罪的,由税务机关追缴其拒缴的税款、滞纳金,并处拒缴税款一倍以上五倍以下的罚款。"

（五）对不缴、少缴税款等行为的处罚

《税收征管法》第六十八条规定:"纳税人、扣缴义务人在规定期限内不缴或少缴应纳或应解缴的税款,经税务机关责令限期缴纳,逾期仍未缴纳的,税务机关除依照本法第四十条的规定采取强制执行措施追缴其不缴或者少缴的税款外,可以处不缴或少缴的税款百分之五十以上五倍以下的罚款。"

纳税人拒绝代扣、代收税款的,扣缴义务人应当向税务机关报告,由税务机关直接向纳税人追缴税款、滞纳金,纳税人拒不缴纳的,依照《税收征管法》第六十八条的规定执行。

（六）对扣缴义务人不履行扣缴义务的处罚

《税收征管法》第六十九条规定:"扣缴义务人应扣未扣、应收而不收税款的,由税务机关向纳税人追缴税款,对扣缴义务人处应扣未扣、应收未收税款百分之五十以上三倍以下的罚款。"

国家税务总局规定,扣缴义务人违反《税收征管法》及其实施细则规定应扣未扣、应收未收的税款补扣或补收。

（七）对非法印制、转借、倒卖、变造或者伪造完税凭证的处罚

《中华人民共和国税收征管法实施细则》第九十一条规定:"非法印制、转借、倒卖、变造或者伪造完税凭证的,由税务机关责令改正,处2000元以上1万元以下的罚款,情节严重的,处1万元以上5万元以下的罚款;构成犯罪的,依法追究刑事责任。"

（八）违规办理纳税担保的处罚

《纳税担保试行办法》第三十一条规定:"纳税人、纳税担保人采取欺骗、隐瞒等手段提供担保的,由税务机关处以1000元以下的罚款;属于经营行为的,处以10 000元以下的罚款。非法为纳税人、纳税担保人实施虚假纳税担保提供方便的,由税务机关处以1000元以下的罚款。"

第三十二条规定:"纳税人采取欺骗、隐瞒等手段提供担保,造成应缴税款损失的,由税务机关按照《税收征管法》第六十八条规定处以未缴、少缴税款 50％以上 5 倍以下的罚款。"

五、行政处罚

我国税务行政处罚的种类主要包括财产处罚和行为处罚。

(一)财产处罚

1. 罚款

指税务机关强制违法相对人承担金钱给予义务,在一定期限内缴纳一定数额款项的处罚形式。

2. 没收非法所得

是税务机关实施的将税务违法人通过非法手段获取的财产收归国家所有的处罚形式。

(二)行为处罚

1. 停止出口退税权

是税务机关对有骗税或其他税务违法行为的出口企业停止其一定时间的出口退税权的处罚形式。

2. 收缴或停止出售发票

《税收征管法》规定,从事生产、经营的纳税人、扣缴义务人有税收违法行为,拒不接受税务机关处理,税务机关可以收缴其发票或停止向其发售发票。

3. 提请工商行政机关吊销其营业执照

《税收征管法》规定,纳税人不办理税务登记,由税务机关责令限期改正,逾期不改的,经税务机关提请,由工商管理机关吊销其营业执照。

六、行政救济

(一)税务行政复议

行政复议是指公民或其他组织,不服有关行政机关的行政处罚或其他处理决定,依法向原处理单位或其上级机关提出申诉,由原行政机关或上级机关对该行政处理决定是否合法与适当重新进行审议,并作出裁决的行政程序制度。根据《税收征管法》规定,纳税人和其他税务当事人认为税务机关的行政行为侵犯了其合法权益,可以向税务行政复议机关申请复议,即税务行政复议。

税务行政复议,是指纳税人和其他税务当事人对税务部门所作的行政行为决定不服时,向税务行政复议机关提出重新裁决的程序制度。

税务行政复议作为一项行政程序制度,不同于一般的行政处理,也不同于行政调解、行政仲裁等行为,具有其自身的特点。

(1)复议的前提是税务争议。复议必须以税务争议为基础,没有税务争议就不能引起复议,它是构成税务行政复议的前提条件。非税务争议也不能引起税务行政复议。

(2)一般以上级税务机关为复议机关。本级机关无权复议,除了上级税务机关能进行复议,在特定情况下,本级人民政府也可成为税务行政复议机关。

(3) 一般采取书面审理形式。除非复议机关认为有必要,复议一般是根据复议申请书进行书面审理并作出裁决,不必作公开审理,无须当事人双方到场辩论。

(4) 复议采取复议前置和自由选择两种程序。复议前置是指当事人对具体行政行为有争议,必须经过复议程序,对复议机关复议决定不服时,才能向人民法院提起诉讼。自由选择是指当事人对行政行为有争议时,即可向法院提出诉讼,也可向行政机关提出复议请求。

(二) 税务行政诉讼

税务行政诉讼是整个行政诉讼的组成部分。税务行政诉讼是指公民、法人和其他组织认为税务机关的具体行为违法或不当,侵害其合法权益,请求人民法院对税务机关的具体行政行为的合法性和适当性进行审理裁决的诉讼活动,具有以下特征。

(1) 税务行政诉讼是因税务争议引起的,即因纳税人、扣缴义务人、纳税担保人和其他当事人不服税务机关的具体行政行为而引起的。

(2) 税务行政诉讼的法律关系是双方的法律关系,是在人民法院的主持下由法院起主导作用,解决税务争议的活动。它是人民法院实行审判权的形式之一。

(3) 税务行政诉讼的当事人中必定有一方是作出具体行政行为的税务机关,即以税务机关为被告。税务机关还负有举证责任。

(4) 税务行政诉讼是依法请求的法律活动,没有纳税人、扣缴义务人、纳税担保人和其他当事人的起诉行为,司法机关一般是无权受理的。

(5) 有些税务行政诉讼是以税务行政复议为前置必经程序的,即纳税人、扣缴义务人、纳税担保人和其他当事人对税务机关的征税行为不服,必须在按照税务机关规定的期限内缴清税款、滞纳金后,首先向作出具体行政行为的税务机关的上一级税务机关申请复议,对复议决定不服,才能在法定期限内向人民法院提起行政诉讼,否则人民法院将不予受理。

(三) 税务行政赔偿

税务行政赔偿是指税务机关及其公务人员侵犯公民、法人或其他组织合法的权益并造成经济损失的,依法由税务机关负责赔偿的一种行为。有利于使公民权利得到落实。对行政机关和工作人员进行法律监督,促进国家行政机关改进工作和提高工作效率。比较客观地反映和检验行政机关的工作质量,对税务机关的违法或者不当的具体行政行为进行有效的惩戒,推动税务机关注重内部管理,提高依法行政水平。

本章小结

税收既是政府的主要财政收入形式,又是政府与纳税人之间的一种征纳关系;同时也是一个连续不断获取收入的过程。税收管理是对税收活动全过程的管理,它包括对政府税收活动所进行的指挥决策、计划分工、领导协调和监督控制的一系列组织工作。税收法治是税收管理最核心的内容,包括税收的立法管理、税收的执法管理和税收的司法管理。税收法治管理是在保障国家行使其税收权力的同时,限制国家的任意征税,有效保障公民权利。税收法治管理要求税收立法科学合理、合乎程序;税收执法严格规范、纳税人依法纳税、税务机关依法征税;税收司法客观公正。税收执法管理又主要表现为税收的征收管理,包括税务机关为了贯彻税收的基本法规,实现税收计划,协调征纳关系,组织税款入库而开展的组织管理和监督检查的各项活动,是税收管理过程中工作量最大、业务内容最繁杂的管理活动。因此,科学设立高效的管理机构和配备高水平的管理人员是提高税收征管质量的重点。

本章主要参考文献

1. 〔法〕查理·路易·孟德斯鸠著,张雁深译:《论法的精神》,商务印书馆,2011年。
2. 刘剑文主编:《财政税收法》,法律出版社,2000年。
3. 〔美〕卡尔·科恩著,聂崇信等译:《论民主》,商务印书馆,2007年。
4. 吴旭东:《税收管理》,中国人民大学出版社,2014年。
5. 《中华人民共和国立法法》(2015年修订)。
6. 《中华人民共和国税收征管法实施细则》。
7. 《中华人民共和国税收征收管理法》(2015年修订)。

第九章 政府收费管理

第一节 政府收费概述

一、政府收费的含义

政府收费是指政府公共部门中的一些行政单位和事业单位在向社会提供管理服务或事业服务时,以供应者的身份向被管理对象或服务的消费者收取的费用。按世界银行有关文件的说法,政府收费是指"为交换公共部门所提供特殊商品和服务而进行的支付"。政府收费实际上是政府模拟私人物品的定价方式收取的公共物品的价格,以便回收提供特殊商品和服务的全部或部分成本。政府收费模拟市场价格,但又不同于市场价格,因为政府对公共物品定价不能采取利润最大化原则,所以,政府收费一般不能弥补提供特殊商品和服务的全部成本。政府收费包括行政性收费和事业性收费两部分。行政性收费是指国家机关、具有行政管理职能的企业主管部门和政府委托的其他机构,在履行或代行政府职能过程中,为了特定目的,依照法律、法规并经有关部门批准,向单位和个人收取的费用,一般具有强制性和排他性特征。事业性收费是指事业单位向社会提供特定服务,依照国家法律、法规并经有关部门批准,向服务对象收取的补偿性费用,一般具有补偿性和排他性特征。政府性收费遵循非营利原则,是政府非税收入的重要形式。

二、政府收费的内容

政府收费的内容在理论上大致可以划分为两类。

（一）行政管理性收费

行政管理性收费主要是指政府的各种职能管理部门在进行行政管理服务时,向被管理对象进行的收费,这类收费一般包括特许权使用费、服务规费以及各种罚没收入等。

1. 特许权使用费

这些许可权(证)使人们可以去从事原本被限制或被禁止的活动。如自然资源开采权收费、特殊行业经营权收费等。

2. 服务规费

这是基于政府权力行使管理权而收取的费用。如婚姻登记费,工商执照费,各行业管理部门的审查费、评估费、检测费,专利商标费,移民费,护照费,签证费等。

3. 罚没收入

是指法律、法规和规章授权的执行处罚的部门依法对当事人实施处罚取得的罚没款以及没收物品的折价收入。

（二）事业服务性收费

这是对自愿购买政府公共服务的个人或企业收取的费用,这些服务一般都与政府的基本职能相关,主要指政府举办的各种公共事业单位在向社会成员提供各种事业服务时向消费者收取的费用,种类比较多。

1. 教育收费

主要是高等教育。

2. 医院收费

公立医院的规定收费。

3. 公用设施收费

如道路、桥梁、停车场;自来水、电力、天然气供应;排污、固体垃圾处理;公园娱乐场所;机场码头、公共交通;等等。

三、政府收费的特点

政府收费作为政府财政非税收入的重要形式,是政府在履行其职能的过程中收取的费用,且一般都有专项用途,它与其他财政收入形式相比,有其自身的特点。

（一）收费主体的分散性（多元性）

政府收费的主体是政府下属的各行政单位和事业单位,收费依据的是这些单位的具体管理职能和服务内容。这与政府以公共权力总体代表的身份课征的税收和政府以国有企业经营者或国有资产所有者身份获得的国有经济收入有明显区别。这类收入一般首先表现为各收费单位的收入,与收费主体的利益直接相关,在实行自收自支的预算管理方式下,收费越多,单位可支配的资金也越多。

（二）收费依据的有偿性（交易性）

政府收费,向什么人去收,这主要同社会成员对政府提供服务的需求相关。比如,当教育要收费时,则只有那些愿意接受教育的人会为此付费;当警察办案要收费时,也就只有那些遭受了刑事侵害的人才会为警察付费;当通过公路和桥梁要收费时,人们就不会有事无事都去过收费公路和桥梁。这种以社会成员个人对政府服务需求选择为前提的收费,使收费带有很强的交易性和有偿性,并且是将收费与特定的消费相联系的。这同税收的强制性和无偿性,也同税收将人们对公共品的消费和对公共品的付费相分离的机制完全不同,而是财政收入受益原则的体现。行政管理性收费虽然带有强制性,但它仍然直接与交费者的行为选择相关。如:要进入特许行业就要交纳特许费,违反了某种法规就要为此付出代价（缴纳罚款）。

（三）收费定价的垄断性

政府收费的标准是什么,这是关于收费的定价问题。由于政府的行政管理机构和事业服务单位都具有相当的垄断性,特别是行政管理机构,对社会而言基本上是独一无二的。即使在某些行业上存在一定非政府（私人）机构,其地位和规模都不能与政府机构同日而语,如民间的侦探所不可能与庞大的警察局相比。在行业限制的情况下,私人媒体、私立学校、私人医院也都无法同政府的同类事业机构相比。当然,许多投资巨大的公用设施和公共事业也只有政府才有能力向社会提供。这样,政府的行政事业服务对社会而言就必然具有垄断性特征,其收费的定价通常没有竞争,由政府部门单方面来确定,消费者对于政府收费的价格没有选择余地。

（四）资金管理方式的特殊性

政府性收费由于是政府为提供特定公共产品和服务而收取的，其收入应纳入财政预算或预算外资金财政专户管理，一般实行专款专用。

上述四个特征使政府收费区别于其他的财政收入形式，因而会对社会经济产生特殊影响。

第二节　政府收费的作用

政府为什么要收费？政府收费究竟会对社会经济产生哪些影响？

一、政府收费的条件

只有当政府的服务具备了两个必要条件时，用收费来获得财政收入才成为可能。

（一）服务受益的可分性

当一种公共服务的受益者是明确的自然人或法人个体而不是整个的区域时，对这种服务的收费才是可能的。因此，只有公共服务中那些公共性（正外部性）越弱的服务，才越能区分出受益者是谁。只有能区分出受益者时，收取费用才能找到具体的对象。现代技术能解决的排他性越来越多，所以很多以前不能区分消费者的服务也变得很容易区分了，如有线电视技术、自动监控摄像技术等。但这些技术的采用都有成本，因此必须对收费产生的额外管理成本进行核算。

（二）服务收费的技术可行性

一项服务要能合理地收取费用，除了要分清受益者和非受益者，还必须能准确测量出使用服务者受益的多少和大小。比如：通过收费站、电表、水表、气表来测算人们使用道路、水、电、气的数量，从而使使用多的人多付费，使用少的人少付费。如果技术上无法做到准确测量，那收费就会比较困难。比如，在美国的一些城市通过对用水量的测量来收取排污费，对于居民来说是可行的，但是如果加上生产性企业的话，对于排放污染物的质量就无法区分了。

二、政府收费的作用

政府收费作为一种特殊的财政收入手段，对政府而言除了可以获得一定的财政收入，更重要的是可以实现一定的社会管理与社会调节的职能。

（一）进行特殊的管理

首先，一个社会为了经济活动的正常开展，为了社会的安定和平，必须设立约束人们行为的各种制度法规。这些制度一经确定就应成为社会成员共同遵守的规范。因此，当某些社会成员不遵守这些规范时，政府的相关职能管理部门就必须对这些行为进行管理和纠正，处以罚款就是经常使用的行政管理手段之一。其次，政府为了保证某些行业的经营质量和最佳规模，也会通过行政管理的方法来限制经营者的数量，控制经营者的质量（特殊的技能需要），这种限制最终会造成这类行业的超额利润，因此通过收取特许费的方式便可适应这种管理的需要。

（二）抑制人们对政府供应的某些准公共物品的过度消费

任何一个国家的政府除了向社会供应纯公共品，也都会向社会提供许多公共性并不充分的物品，如教育、医疗、图书馆、公路、桥梁、自来水、电和煤气等。当政府完全以公共提供（免费）的方式向社会供应这些物品时，这类物品常常会出现过度消费的情况，其中公费医疗中的医药过度消费（浪费）就是最典型的例子。如果自来水、电和煤气不收费的话，也可能造成大量的浪费。因此当一个国家的公民并不具备充分自律，政府也没有足够的财力充分向社会提供这类物品时，都可以通过收取使用费的方式来抑制这类物品的过度消费。约翰·L.米克塞尔说过："收费可以使公众意识到很多公共服务并不是无成本的。"（米克塞尔，2005：第473页）

（三）增进社会福利、降低筹资成本、提高政府机构的营运效率

正如前面所说，在政府为社会提供的物品与服务中，有许多并不具备充分的公共品性质。

因而，人们对这些物品的需求就可以通过自愿付费的方式表达出来，即愿意付费则表示其有消费需求。因此，① 政府供应的物品，凡能通过收费来供应的，就表明它将社会成员对政府服务的需求同他们对政府支出费用的分担联系起来了，可以使政府供应物品的效用最大化，使人们在费用分担上的个人福利损失最小；② 收费的单位必须将自己提供的服务与顾客的需求联系起来，可以使公共服务的供给规模更加合理；③ 由于收费弥补单位支出的直接性也可以减少在税收-支出机制下的管理过程和管理成本，因此，收费方式也是一种成本较低的筹资方式。

（四）提高受益与成本分担费的对应性

有的公共服务的受益群体是有区别的，而政府又能对该项目的受益群体进行识别时，这种公共服务的成本也可以通过向特殊受益群体单独收费的方式来解决。如养路费向有车的人收取，城市清洁费向城市居住人口收取等。

正是由于政府收费对社会经济有着上述几个方面的作用，因此各国财政税收中始终保持了政府收费这种收入形式。

三、政府收费的缺点

政府收费除了其正面的作用，也会产生一些负面效应。这些负面效应主要是由于政府收费主体的特殊性和定价的垄断性所造成的。由于政府收费的主体不是专门从事收入活动的税务部门，而是政府下属的各具体行政事业单位，因而收费收入通常被表现为单位的收入，同时政府出于提高管理效率的目的，往往在管理上将这类收入交给收费单位自收自支，这样，就必然造成收费单位出于自身利益而增加收费项目，改变收费标准的情况。而如果当一国政府在财政资金供应相对紧张而放松对单位收费的制约，或是默许各政府单位以收费来补充资金来源时，那么就不仅是那些在技术上可以收费的单位会向社会收费，就是那些从理论上和政策上讲都应该是以公共提供（免费）方式向社会提供服务的单位也会想方设法利用自己的行政权力或垄断地位强制向社会收费。这样的收费必然会对社会经济产生极坏的影响。

(一)造成社会秩序的混乱

人们需要政府首先是需要其帮助建立一个安定而又公正的环境,这就需要政府建立执法司法机构来保证良好的社会秩序。而当这些机构如果以收费作为向社会提供服务的前提时,那么当人们受到伤害后会由于不能缴纳足够的费用,而使正义得不到伸张;违法分子却只要能缴纳足够的费用就可以逍遥法外。这样的现象不仅无助于建立良好的社会环境,反而会使社会秩序更加混乱。

(二)不利于完善公平竞争的市场机制

市场运行要以公平竞争为前提,然而市场本身的某些缺陷又会破坏公平竞争,如垄断的形成、信息不对称等。这样人们也需要政府制定相关的法律法规和相关的管理机构去限制垄断、审查生产者资格、打击假冒伪劣、制裁商业欺诈等。但如果这类管理机构也都以收费为服务前提的话,就很难使这些管理发挥应有的作用,其结果仍然是谁缴费多,谁就可以保持垄断,就可以拥有生产资格,而不管其能否保证产品的质量好坏。这不仅不能帮助完善公平竞争的秩序,反而会使竞争更加不公平。

(三)无法有效克服外部成本

市场经济的另一典型缺陷就是部分社会成员的经济行为在为自己谋利时会给社会和他人造成利益损失,即所谓外部成本。对此人们也要求通过政府的行政管理来杜绝那些给社会和他人造成较大损害的经济行为。但管理部门仅以罚款收费作为管理方法时,是不能有效承担这一职能的,因为只要缴费的数量低于企业或个人造成的外部成本,这种行为就将维持下去。而政府的管理部门出于自身小集团的利益,为保证这种收费能源源不断地获得,其收费定价就必然在外部成本水平以下。

(四)增大交易费用

市场经济的交易中常由于交易者、竞争者之间相互隐瞒信息等原因而造成交易费用的增加,其结果常常是两败俱伤,最终造成社会总体效率的损失。因此,通过政府建立一定的行政管理部门进行必要的行业管理制定交易规则;建立事业服务部门来向市场中的交易各方发布和提供的必要信息来帮助人们降低交易费用都十分重要。但如果政府的这些部门都以收费为前提,并且通过垄断而使收费定价过高时,就不仅无助于减少交易费用,反而会增加交易费用。

(五)不利于对弱势群体的再分配

有些公共服务的目的是帮助弱势群体,如基础教育、最低生活保障等,如果收费就违背了这类服务的初衷。因此,凡是具有社会福利性质的服务,即便可以清楚地区分受益人,也是不应该向其收费的。有些基本生活必需品的收费如果采用同样的收费标准,也将会由于低收入家庭的负担能力而使其消费水平过低。如自来水、电和煤气等,这需要在价格设计上加以弥补。

政府如果过分依赖收费来增加财政收入会对社会经济产生许多负面影响,因此,在各国的财政收入活动中,政府收费都受到严格限制。

第三节 政府收费的项目管理

为了使政府的收费收入发挥好的正面作用,而抑制其负面的影响,就必须对政府收费的项目进行合理的选择,并建立起相关的管理制度来对政府收费行为进行制约。

一、合理确定政府收费的范围与项目

为了更好地讨论这个问题,我们首先从理论上讨论政府收费项目选择的基本原则。

(一)行政管理性收费的范围确定和项目选择

在市场经济条件下,政府的行政管理职能涉及的范围虽然十分广泛,但归根到底都是为了建立规范而公平的竞争机制和安定而公正的社会环境。因此,政府为管理而建立的各种行政管理部门,无论从理论上讲还是从政策选择来看,都应具备充分的社会性和公正性,其管理提供的服务应被作为纯公共品以公共提供的方式向社会供应。也就是说,行政管理性服务对每一个社会成员应是完全平等的,而绝不能以人们的支付能力大小为转移。由此可知,政府的行政管理机构是绝不能以收费方式来筹集资金的,其资金来源只能是税收。同时在既定规模的行政管理机构建立起来后,应以尽可能充分地向社会提供管理服务为效率目标。这样来看,政府行政管理机构的管理性服务基本上不可以收费,其能够选择的收费项目只能有三种:一是对违规者的罚款,二是对特许权的收费,三是在提供部分行政管理服务中发生的与被服务对象直接相关的可计量费用,如工本费等。

(二)事业服务收费的范围确定

在市场经济条件下,政府提供事业服务的原因主要是由于市场对某些领域的不供应或供应不充分(有效率损失)。因此要合理确定政府事业服务收费的范围,首先,要确定政府提供事业服务的范围。一般来讲,凡市场能够充分供应的都应尽量让市场来供应,那么,哪些领域是市场不供应和不能充分供应的呢?在财政(公共)支出理论的讨论中我们曾将其概括为以下几个方面:

(1)产品具有较强社会公平性要求的行业。
(2)产品具有较强的受益外溢性的行业。
(3)具有自然垄断性质的行业。

因此,政府供应的事业服务就主要集中在基础设施、教育、卫生、文化、科研、邮政电信、供电供水、公共交通等领域。

其次,政府还应进一步确定事业服务的提供方式。既然我们将政府提供的事业服务领域限定在是市场不能供应和不能充分供应的领域,显然政府只能将这些领域的产出品当作公共品或准公共品来对待,因此,政府事业服务的提供方式就只能是公共或半公共。一般来说,凡是那种要求全体社会成员公平而充分消费的事业服务(如基础教育、卫生防疫等),就应该以公共提供的方式向社会提供,而凡是政府因财力不足暂时不能充分供应的,或是公共提供会导致过度消费的事业服务则可采用半公共的提供方式,而又只有半公共提供的事业服务的领域才可以收费。

最后,在市场经济条件下,政府在税收以外,也对一些专项服务采用专项收费的方式,其目的主要是在一些特定的支出项目上更好地体现财政收入分担的受益原则。如对有机动车的人征收道路建设费,对城市居民征收城市绿化费、清洁费等。这类收费在收入-支出相分离的机制上更接近于税收,因此也可称为专项税收。所不同的是,这类收费一定是以今后的受益为依据的,同时收取的单位也不是税务部门,而是专项收费的使用单位或具体管理单位。如道路建设费就是由交通管理部门收取的,正因为如此,专项收费就必须严格控制,合理选择收费项目,只有那些基本上能准确测定特殊受益者和受益程度的项目才能采用专项收费的方式。

由于政府收费可能产生的负面效应比较大,因此政府收费的范围应尽可能小,哪些单位可以收费,能收哪些项目的费,都应由政府的高层决策者经过慎重考虑后来加以选择,同时决策过程中还必须充分听取立法(民意)机构的意见。

二、我国目前对政府收费项目的管理制度

为了规范我国的政府收费行为,我国也在不断完善行政事业性收费项目的管理制度。

(一) 收费项目管理权限

根据《行政事业性收费项目审批管理暂行办法》,收费项目实行中央和省两级审批制度。

国务院和省、自治区、直辖市人民政府及其财政、价格主管部门按照国家规定权限审批管理收费项目。除国务院和省级政府及其财政、价格主管部门外,其他国家机关、事业单位、社会团体,以及省级以下政府(包括计划单列市和副省级省会城市)均无权审批。涉企收费国家一级审批。省级单位、省以下单位申请设立专门面向企业的收费项目,应当向省级财政、价格主管部门提出书面申请,经省级财政、价格主管部门审核后报省级政府审批,省级政府在审批之前应当按照中发〔1997〕14号文件的规定征得财政部和国家发展改革委员会同意。

(二) 项目确定的法律规定

(1) 设立行政事业性收费的原则。① 符合国际惯例或国际对待原则的按国际对待或国际惯例审批收费项目。② 法律、行政法规规定的行政许可收费,按法规、行政法规规定审批收费项目。③ 法律、行政法规和地方性法规明确规定的收费(不属于行政许可收费),按规定审批收费项目。④ 向公民、法人提供除行政许可事项以外的特定公共服务,按规定程序审批收费项目。⑤ 各类考试费需要上下级分成的必须按规定的审批程序批准。

(2) 不符合设立行政事业性收费项目的事项。① 没有法律、法规依据的行政许可收费。② 没有法律、法规依据的行政审批、行政许可、各类证照、资格等事项进行监督检查、年检、年审或查验收费。③ 行政机关提供行政许可申请格式文本的收费。④ 具有地方性法规依据,但与法律、行政法规规定相抵触的收费。⑤ 违反WTO规则的收费。⑥ 不利于全国统一市场形成的歧视性收费、地方保护性收费。⑦ 专门面向农民的收费。⑧ 有关部门和单位自行规定颁发的证照、证件,或虽有法律、法规、地方性法规依据但已有经费来源的。⑨ 未经人事部批准组织的专业技术资格考试(包括与评聘专业技术职务有关的考试,执业资格准入考试和职业水平认证考试);未经劳动保障部批准的职业技能鉴定收费。⑩ 除法律、法规和地方性法规,以及人事部、劳动保障部规定以外,有关部门组织的各种强制性考试收费。⑪ 除法律、法规或国务院规定以外,有关部门和单位强制要求公民和法人参加的评比(包括评选、评优、评价、评奖、评审和展评)收费。⑫ 未经合法程序批准,行政机关擅自将职责范围内的公务交由企事业单位、中介机构、社会团体办理实施的收费。

(3) 行政事业性收费转经营服务性收费规定。行政事业性收费必须按审批程序,经有关部门批准后方可转为经营服务性收费。

(4) 培训费政策规定。① 事业单位和社会团体根据法律、法规和国务院部门规章的规定开展的培训,属法定培训,具有强制性,应按行政事业性收费的有关规定予以管理。② 除法律、法规或国务院规定以外,有关部门和单位自行举办的强制性培训,有关部门和单位为完成指令性培训任务举办的培训班不得收费。③ 行政机关及其所属事业单位面向系统内举办的各类型学习班、凡无经费来源的原则上不得办班,确属需要又经费不足的需按有关程序报经批准。

(5) 收费许可证规定。收费单位应凭经合法程序批准的收费文件到价格主管部门办理收费许可证,实行亮证收费,同时按收费公示制度要求,在收费场所的醒目位置公示收费项目和收费标准。

(三) 收费项目目录公开制度

2014年8月21日,财政部和国家发展改革委发布了财综〔2014〕56号文件对进一步完善收费项目目录公开制度进行了规范要求。

(1) 将所有收费项目纳入收费项目目录管理。依据法律、行政法规有关规定,按照现行收费管理制度设立的收费项目,除要按照《政府信息公开条例》规定向社会公开具体管理政策外,还要将所有收费项目编制成收费项目目录向社会公开。收费项目目录应包括各项收费的具体项目名称、执收单位、资金管理、政策依据等内容。

(2) 对涉企收费项目编制独立的目录清单。为使企业更加清晰地了解涉企收费政策,收费项目目录中主要针对企业征收的收费项目,要单独编制涉企收费项目清单,作为收费项目目录的附录,一并向社会公开。

(3) 收费项目目录实行分级管理。中央批准设立的收费项目,由财政部会同国家发展改革委负责编制收费项目目录,各省、自治区、直辖市人民政府及其财政、价格主管部门批准设立的收费项目,由省级财政部门会同价格主管部门编制收费项目目录。地方收费项目目录中,应包括由中央批准设立在本行政区域内施行的收费项目。

(4) 实行常态化的收费项目目录公开。中央管理的收费项目目录,由财政部在其官方网站上实行常态化公开,省、自治区、直辖市管理的收费项目目录,由省级财政部门在其官方网站上实行常态化公开。执行中收费项目政策发生变化,包括取消、停征、名称和执收单位变更等,在按照规定程序完成收费项目政策调整后,由负责目录管理的财政部门及时更新收费项目目录相关内容。

(5) 严格执行收费项目目录公开制度。中央和各省、自治区、直辖市财政、价格主管部门要于2014年12月31日前完成收费项目目录常态化公开工作。凡未纳入收费项目目录和涉企收费目录清单的收费项目,公民、法人和其他社会组织可拒绝支付。

案 例 江苏公布2015年行政事业性收费项目目录清单

为规范行政事业性收费执收行为,接受社会监督,根据国家和省关于建立和实施收费基金目录清单制度等规定,江苏省财政厅会同物价局编制了《2015年江苏省行政事业性收费项目目录》及《各部门、单位比照执行的收费项目目录》(以下合并简称《收费目录》),并公布全省执行。

公布保留截至2015年12月31日,全省39个部门和单位以及部分市经省有权部门批准的行政事业性收费项目130项,各单位可比照执行的收费项目6项,合计136项,比上期公布的收费项目目录减少21项。在我省公布保留的130项(不含比照执行项目6项)收费项目中,按审批权限划分,国家批准项目104项,省批准项目26项;按是否涉及企业负担划分,涉及企业负担项目79项,不涉及企业负担51项。

2016年1月1日起,我省各级各部门和单位的收费项目,一律以《收费目录》为准,其具体征收范围、征收标准及资金管理方式等,应分别按照《收费目录》中注明的文件规定执行;2016年1月1日以后国家、省批准立项、取消和或调整的收费项目,按其文件规定执行,省财政厅、省物价局将适时动态向社会公布。凡未列入《收费目录》或未经省级以上人民政府及其财政、价格主管部门批准的行政事业性收费项目,公民、法人和其他组织有权拒绝支付。

资料来源:http://www.jscz.gov.cn/pub/jscz。

第四节 政府收费的价格管理

一、政府收费定价(标准)的基本准则

由于政府收费是一种非市场行为,其价格也是由供应方单方面确定的,这就必然要求对政府收费的定价进行有效的制度约束,必须针对不同的收费内容确定定价所必须遵循的基本准则。

(一)行政管理性收费的定价规则

行政管理性收费从实质上看是一种权力性收费,是执行具体行政管理职能的部门根据政府赋予的管理权力收取的费用,前面已经论证过这种权力性收费的范围必须严格地限制在三种类型的收费上。一是对违法违规者的罚款;二是对获得特许行为权力者收取的特许费;三是特殊服务管理过程中发生的可计量工本费等。

(1)罚款收费必须以相关的法律法规为准绳。首先,必须有判断某种行为违规违法的法律依据。其次,罚款的标准必须同违法违规造成的社会危害相联系,经由法律程序来确定,同个别案例相联系的罚款要通过专门的程序来确定;经常发生的违规罚款标准则应写进相关的法律法规和管理条例之中,使之成为收取罚款的定价依据,罚款人员随意定价收取罚款的行为则必须坚决杜绝。

(2)特许权收费的定价,首先要解决的是确定哪些行业和哪些行为是必须经过特许才能获得的。法制社会中,这一决策程度也应通过立法审核批准,而并非由政府说了算。一般而言,那些不适合充分竞争的行业(如金融业、娱乐业、赌博业、出租车行业、特殊资源行业等)应成为政府管理的特许行业;而那些需要经过特殊能力资格审查的行为是政府管

理的特许行为(如驾驶、行医、诉讼代理等)。对于第一种特许的收费,一般应以进入特许行业的经营者将获得的超额收益为特许权收费的依据。值得注意的是,行业超额利润的测算要准确。过高的收费会导致特许行业的供应不足或价格过高;而过低的收费则会使特许行业利润过高而导致非法经营者的出现。以竞标拍卖特许行业经营权的方式来确定特许费价格,不失为一种较好的方法,因为它可以较准确地显示特许经营的超额利润水平。对于特许行为的收费,则应以资格审查过程中直接发生的服务成本为定价标准,任何凭借权力抬高收费标准的行为都应被杜绝。

(3) 工本费(规费)的定价是一个较简单的问题,根据其性质,只能以实际耗费作为收费的标准。但收费单位必须从消费者的立场出发来考虑工本耗费的节约。

(二) 事业服务收费的定价原则

如前文所述,政府事业服务的内容虽然众多,但基本范围是限制在市场不供应和不能充分供应的领域。因此,由政府举办的事业服务一般就只能采用公共或半公共的提供方式。这也就确定了政府事业服务收费定价标准的基本原则只能是象征性的或成本性的。具体可以从以下几个方面来分析。

1. 具有较强公共品性质物品的收费原则

理论上讲纯公共品是不可能收费的,但在实践中凡是被政府以免费、充分的方式向社会提供的物品实际上都是被当作纯公共品来对待的(比如义务教育、公费医疗、公共防疫以及部分公共设施等),而这些物品并非都具有纯粹的公共品性质。同时,某些原来在技术上不能排他的物品也会随着技术的进步使排他成为可能(如有线电视、高速公路等)。因而,从技术上来看这些物品的供应都是可以收费的。那么,对这类物品的供应,政府收费还是不收费就主要应以消费效用最佳作为定价的原则。

(1) 能充分供应,又需鼓励人们尽可能多消费的应完全免费。

(2) 能充分供应但完全免费会造成过度消费(浪费)的以克服浪费为定价原则。

(3) 不能充分供应、完全免费会产生拥挤成本的,应以克服拥挤成本保持适度的消费量为定价原则。

2. 具有受益外溢性物品(政府不将其作为纯公共品对待)的收费原则

由于受益外溢性,物品所带来的利益一部分由其购买者享有,而另一部分则可由购买者以外的其他人(社会)享有。因此,在市场供应的方式下,人们通常按照本人可获得的利益来决定购买量,这将致使这类产品的产出水平降低而造成效率损失。这就决定了这类物品的供应只能是部分收费,内在收益用收费弥补成本,外在效益的成本则应由政府财政支出弥补。

3. 自然垄断行业产品收费的定价原则

(1) 边际成本定价。当政府将自然垄断行业作为公用事业来发展时,显然是以社会利益为目标的。因此,为了实现资源配置的效率,理论上讲就只能以边际成本定价作为收费的定价原则。

(2) 平均成本定价。由于这时的平均成本高于边际成本,因此按边际成本定价就会产生亏损。因此,要保证公用事业的继续发展,政府就必须通过预算拨款为其进行补贴,如果考虑到收入-支出机制可能产生的管理成本以及征税可能发生的效率损失,我们也可以考虑按平均成本定价的原则来收费。

（3）二部定价。将费用分为固定费用与变动费用。固定费用由用户平均分担，而变动费用则按边际成本定价根据使用数量收取。

（4）阶梯定价。即按使用数量分段定价，使用越多价格越高。自然垄断产品中的水电气具有基本生活必需品的特点，又都是资源类产品，随着使用的增长会越来越稀缺。因此为了促使人们节约使用，也可以采用高定价的政策，但考虑到低收入家庭的负担能力，就可以采用阶梯定价的方法。

这里必须强调的是，我们讨论政府事业服务性收费的前提是，政府事业服务进入的领域一定是市场不供应或是市场不能充分有效供应的领域，特别是自然垄断行业在这种情况下，是被作为公用事业来发展的。因此，在市场经济条件下，凡是政府的事业单位都必须坚持社会利益目标，而绝不能以盈利为目的，更不能为了单位部门的利益去随意提高收费标准。同时，收费单位还必须具有努力降低服务成本的内部管理制度。此外，上述收费的定价都是一种抽象的理论分析，在现实中很难准确地测算出来，因此在实践中，一般都根据每一种事业服务的具体情况，在象征性收费和成本性收费之间来选择具体的收费标准。

4. 专项收费的确定原则

专项收费的标准确定与前两种收费相比有其特殊性，一般是在受益原则下来确定具体收费标准。因此，当政府决定对某一特定支出项目按受益原则来筹集专项收入时，必须首先确定该项支出的受益范围以及不同社会成员的受益程度，再根据这些因素来确定专项收费的具体收费标准。比如，意大利的城市垃圾费，其收费对象主要是酒店等等垃圾制造者，一般居民也要缴纳。征收标准由每年市政府清洁开支费为基础来决定。征收依据是，酒店等根据经营规模来确定，而居民则根据人口多少和居住面积来确定，使其征收与享受的清洁服务对等。由于专项收费的确定过程比较复杂，因此，尽管从理论上看，这种方式能使人们对财政收入的分担同享受的支出受益更好地结合起来，减少社会福利损失，在现实中仍尽量少采用为好。

上述内容只是确定政府收费定价的一般原则。在实践中，为了避免政府收费定价的不合理对公众利益造成损害，还应建立价格听证制度，定期在立法机构中召开价格听证会，听取社会公众对各种价格的意见，尤其是对政府收费定价标准的意见，以进行必要的调整。

二、我国目前政府收费定价标准的管理制度

为加强国家机关和事业单位的收费管理，规范收费标准管理行为，2006年3月27日，国家发展改革委员会、财政部印发了《行政事业性收费标准管理暂行办法》（以下简称《暂行办法》）。《暂行办法》分总则、收费标准的申请和受理、收费标准的审批、收费标准的公布和管理、法律责任、附则，共6章38条，自2006年7月1日起执行。

《暂行办法》根据收费的不同性质，明确了各类行政事业性收费的具体内涵和审核原则，并在具体规定方面体现了推进政府行政管理体制和事业单位改革，促进环境保护、资源节约和有效利用，以及经济和社会事业持续发展的要求。

《暂行办法》强化了定价收费的审核,如审核技术含量高、专业性强的收费,申请单位应提供相关中介机构或专业机构出具的成本审核资料,并召开专家论证会;对涉及面广的收费,要通过召开座谈会、听证会等形式,广泛征求社会有关方面的意见。

《暂行办法》突出了收费标准的动态管理,规定审批的收费标准应向社会公布并定期审核,坚持收费标准事前审批和事后监管并重的原则。

《暂行办法》规范了管理部门的行为,规定了价格、财政部门应在规定的时限内对申请的收费标准作出决定,自觉接受社会监督。

第五节 政府收费的其他管理制度

一、收缴管理方式

为了更好地规范各收费单位的收费行为,避免单位出于自身利益而扩大收费范围,随意改变收费标准,除了在范围的确定和定价原则上进行制度约束,还应在收费管理上选择恰当的管理方式,其中有三种方式是值得重视的。

(一)收缴分离

收缴分离是指收费单位只开出收费凭证,而由缴费人到指定的银行或专门的收费机构去缴款,这种方式可以有效约束收费单位任意扩大收费范围、随意改变收费标准的行为。这种管理方式一般适合于对各种类型罚款收费的管理。

(二)专户储存、统一预算

由于各种事业服务性收费一般都采用自收自支,用于弥补服务成本的收支管理方式。这样做从节约管理成本看是有效的,但不利于对单位收费状况的控制。因此应要求收费单位在同级政府的国库中开立专门账户,收费收入一律专户储存,并将收入数量全部计入当年国家预算收入。收费单位的预算支出也应全部通过统一的国家预算来核定总数,支出拨付时,由支出总数减去单位收费账户上的数额来确定拨款数。

(三)税务代收

专项收费在性质上更接近于税收,在管理上也最好通过税务部门代收。进入国库中的专门账户作为专项支出的经费来源,而专项支出项目也必须经过各级政府的统一预算确定支出数额,再拨付给专项支出的使用单位,以避免其扩大收费范围、提高收费标准。

二、行政事业性收费的票据管理

为了进一步加强行政事业性收费和政府性基金的管理,规范行政事业性收费、政府性基金等相关票据的管理工作,财政部对1994年12月1日发布的《关于行政事业性收费票据管理的暂行规定》进行了修订,于1998年颁布了《行政事业性收费和政府性基金票据管理规定》,共7章25条。对行政事业性收费和政府性基金票据的印制、发放、购领、使用、保管及核销的管理进行了规定。主要内容有:

(1)收费票据是单位财务收支的法定凭证和会计核算的原始凭证,是财政、审计等部门进行检查监督的重要依据。收费单位为履行或代行政府职能,依据法律、法规和具有法律效力的行政规章的规定,在收取行政事业性收费时必须向被收取单位或个人开具的收款凭证。

（2）财政部门是收费票据管理的主管机关。财政部和省、自治区、直辖市财政部门按照管理权限,负责收费票据的印制、发放、核销、稽查及其他监督管理工作。省以下财政部门负责收费票据的使用监督管理工作,未经省级以上财政部门委托,任何单位和个人不得自行印制、发放、出售、销毁和承印收费票据。收费单位使用的收费票据由单位财务部门统一购领和管理。

本章小结

政府性收费作为政府财政非税收入的重要形式,是一部分政府公共职能部门在履行其职能的过程中收取的费用。政府收费虽然有其特殊的社会经济作用,但因其收费主体的分散性,收费定价的垄断性,而容易对社会经济管理产生负面影响。理论上讲,合理的政府收费需要在经济有效的前提下,正确选择收费项目,科学确定收费价格。现实中的政府收费则主要是通过建立相应的管理制度对收费项目的选择和收费定价的标准进行严格的规范与控制。

本章主要参考文献

1. 财政部、国家发展改革委员会:《行政事业性收费标准管理暂行办法》,2006年。
2. 财政部、国家发展改革委员会:《行政事业性收费项目审批管理暂行办法》,2012年。
3. 财政部:《行政事业性收费和政府性基金票据管理规定》,1998年。
4. 蒋洪、朱萍:《公共经济学(财政学)》(第二版),上海财经大学出版社,2011年。
5. 〔美〕约翰·L.米克塞尔:《公共财政管理:分析与应用》(第六版),中国人民大学出版社,2005年。

第十章　国有资产管理

第一节　国有资产管理概述

一、国有资产的基本含义

资产在通常情况下是指可作为生产要素投入生产经营过程中,并能带来经济利益的财产。我国的《企业会计准则》对资产的定义是,资产是企业拥有或控制的,能以货币计量的经济资源,包括各种财产、负债和其他权利。而国有资产则是指属于国家所有的一切财产和财产权利的总称,是国家以各种方式如货币投资、实物投资、技术成果投资等投资和投资收益形成的资产,以及由国家法律确认的应属于国家的各类资产。对于国有资产,有以下几点需要注意。

(一) 国有资产是全民所有的资产

国有资产是一国的公众通过公共选择机制同意由政府机构来控制和拥有的资产,这些资产体现着公众的共同需要与产权。换句话说,之所以需要国有资产,是因为在公共需要的满足上必须要通过它来为全体公众服务。所以国有资产与任何公有经济物质一样,归根结底,其产权是归属于全体公众的,应该为全体公众的利益服务。

(二) 国有资产效益考核的复杂性

国有资产是一个庞大而复杂的资产系统,在考察这个系统的变化时,不能孤立、零散地来看,必须全面地来衡量。有的国有资产应追求经济效益,而有的国有资产则应追求社会效益。但国有资产是为全体公民的利益服务的,所以考察其管理是否合理有效时,应着重考察它是否促进了社会的整体福利,是否提高了全体公众的利益,而不是仅从会计账面上看国有资产是否产生了巨大的增值效应。

(三) 国有资产是社会公共资产的组成部分

社会公共资产包括所有产权共有的资产。但从受益范围来看,有的公共资产是为满足某一特定地区需求且产权归某些特定群体所有的资产,比如我国农村地区大量的农业生产资源、公用设施等。因此,只有那些出于满足全体公众公共需求并由各级政府拥有产权控制的公共资产才被认定为国有资产。

二、国有资产的分类

《关于〈中华人民共和国国有资产法(草案)〉的说明》中,定义"国有资产一般可划分为由国家对企业的出资形成的经营性资产,由国家机关、国有事业单位等组织使用管理的行政事业性资产,以及属于国家所有的土地、矿藏、森林、水流等资源性资产"。

按照以上定义和重要的管理内容,可以将国有资产分为经营性国有资产、非经营性国有资产、资源性国有资产三大类,这样的分类有利于建立有针对性的管理制度。

(一)经营性国有资产

1. 含义

经营性国有资产是指主要被用于私人产品的生产、流通、服务等领域,依法经营使用并以盈利为目的,其产权属于国家所有的一切财产。主要包括以下几层含义:① 经营性国有资产分布的领域不仅主要包括生产、流通领域的经营性企业,而且包括一些服务性行业。② 以盈利为主要目的,直接为社会创造价值和使用价值,或为这些价值的实现服务。③ 依法经营和使用,即指生产经营者和资产使用者依据国家法律、法令和有关政策,按照合理配置、节约使用原则进行生产经营和使用;④ 产权属于国家所有,国家通过初始投资或者以法律的形式规定了经营性国有资产的权属问题,任何人不得以任何名义无偿占用、侵占、侵吞国有资产。

2. 特征

经营性国有资产的特征在于:① 运动性。通过运动实现自身的价值和增值,这是一切资本的共性。经营性国有资产如果失去了运动的特性,也就失去了其实现自身价值与增值的能力,即失去了其经营性。② 增值性。其增值性表现在运动过程中与劳动力相结合实现其资产的增值。经营性国有资产中经营的含义就是要促进自身的保值与增值。③ 经营方式的多样性。由于经营性国有资产主要分布在国有企业中,而企业的生产规模、产品结构、管理水平、经营状况等方面都存在巨大差别,所以不同的国有企业在国有资产的经营方式上有可能呈现出差异性。从我国经营性国有资产的运营模式来看,大致有直接经营、间接经营、委托经营、承包经营、租赁经营、股份经营和联合经营等方式。

(二)非经营性国有资产

非经营性国有资产也称为行政事业性国有资产,是指行政事业单位为向社会提供公共服务与公共产品而开展的业务活动中所占有、使用的资产。一般包括各级政府机关、人大机关、政协机关、公检法机关、各民主党派和人民团体,以及各事业单位所依法占有使用的不参加生产经营和盈利活动的资产。

(三)资源性国有资产

资源性国有资产指的是根据国家的有关法律规定,所有权属于国家的资源性资产。当今各国都在一定程度上拥有对本国资源性资产的排他性所有权。《宪法》第九条规定:"矿藏、水流、森林、山岭、草原、荒地、滩涂等自然资源都属于国家所有,即全民所有;由法律规定属于集体所有的森林、山岭、草原、荒地、滩涂除外。"

经营性国有资产、非经营性国有资产以及国有资源,共同构成了国有资产的主要内容,也是国有资产管理的主要对象。

三、国有资产管理的概念

国有资产管理是指对所有权属于国家的各类资产的经营使用进行组织、指挥、协调、监督和控制的一系列活动的总称。其主要体现在以下几个方面。

(一)国有资产的配置与投资管理

国有资产的配置与投资管理是国家根据国民经济发展战略目标,合理确定国有资产投资规模、结构,提高投资效益,形成各类公用基础设施、兴建独资、合资、股份制等各类国有企业,调控国民经济运行,实现国家宏观经济政策目标的管理活动。国有资产的配置管理包括:① 经营性国有资产的配置;② 非经营性国有资产的配置;③ 资源性国有资产开发利用的规划。这是整个国有资产管理工作的起点。(投资管理部分将在第十三章中进行详细讨论。)

(二)国有资产的经营与使用管理

国有资产的经营管理主要是对经营性国有资产而言,是指为实现国有资产的保值、增值,提高国有资产运行的经济效益、社会效益及生态效益而选择恰当的经营方式,考核评价经营者的业绩,以取得最佳资产收益的管理活动。国有资产的使用管理主要是对非经营性国有资产而言,是指行政事业单位对国有资产合理有效占用的管理。国有资产经营和使用管理是一项具有长期性与持续性的管理活动,是国有资产日常管理中的主要部分。

(三)国有资产的收益分配管理

收益分配管理包括三个方面:① 经营性国有资产收益分配管理。是指国家作为资产所有者,依法取得资产收益并对收益进行分配、处置的管理活动。在生产经营中凭借资产的所有权,占有企业实现的利润,并进行合理分配,既是国有产权在经济上的体现,也是国家的主要经济权益。② 非经营性国有资产的收入管理。是指在非经营性国有资产的使用中由于政府公共部门提供有偿性服务而获得的收费性收入的管理(在第九章中已有详细讨论)。③ 资源性国有资产的收益管理。是指对于国有资源由于自然因素和经营因素而产生的收益进行的管理。

(四)国有资产的产权处置管理

国有资产的产权处置管理是指国家根据国民经济运行的客观需要及国有经济的战略布局,对国有资产存量及时调整,对部分国有资产依法进行收购、兼并、拍卖、出售,进一步优化资产结构,盘活存量资产,提高资产运行效益,防范国有资产流失的活动。

除上述主要环节外,国有资产管理还包括国有资产的界定、评估、登记、审核、统计等基础性工作。

四、公共财政与国有资产管理

在公共财政框架下的国有资产管理必须区分政府为满足公共需要的国有资产与经营性企业形态的国有资产的性质差别,必须从适应国家财政向公共财政职能转变的角度来确定国有资产管理的新内涵。

(一)国有资产管理范围的确定

计划体制下的政府财政投资是资源的主要配置方式,由此建立起来的经营性国有企业占据了国民经济的所有部门,同时传统的国有资产管理理论认为,凡是产权属于国家的资产,都应该纳入政府直接经营与管理的范围,这使得国有资产管理的范围不能按照规范的政府和市场分工的界限来确定,从而产生严重的配置扭曲。而在公共财政框架下的国有资产管理理论认为,只有那些政府为履行其公共财政框架下相应义务而必须拥有的国有资产才应纳入国有资产的管理范围中来。其中绝大部分只能存在于市场配置有缺陷的领域。因此,必须对计划体制下形成的国有经济(经营性国有资产)进行改造,其中最为重要的举措有两种：① 将大量处于竞争性行业的国有企业民营化，缩小经营性国有资产的范围与规模；② 变直接经营为间接管理。

（二）国有资产管理的目标选择

在公共财政体系下：

（1）经营性国有资产管理的目标应该是：① 盈利性国有资产必须在市场公平竞争条件下，通过努力运营去保值增值；② 为维护社会公平和整体管理效率而存在的非盈利性国有资产，管理的目标则主要是通过不同价格政策的选择来提高社会整体福利与内部的管理效率。

（2）非经营性国有资产的管理目标是合理占有，有效使用。

（3）资源性国有资产的管理目标是保证可持续的合理开发利用。

（三）国有资产管理方式的转变

在国民经济由计划向市场转型、国家财政由生产建设型财政向公共财政转化过程中，我国仍将有大量经营性国有资产长期存在于竞争性行业。对于这些国有资产的管理方式也要从以行政命令式管理向以出资人身份、以资本为纽带的管理方式转变；从国有资产的实物管理向国有资产的价值管理转变；从直接参与国有企业的经营管理向间接指导、引导、规范和监督的方式转变。

（四）国有资产的绩效考核问题

在间接管理经营性国有资产的方式下，股份制无疑是最适合的现代企业组织形式之一。这种形式下，国有资产的产权可以保持其国有的属性，并方便政府对产权的灵活处置。但在现实的运营中，政府却无法也不能全程对其进行监控，这将必然产生委托-代理关系下的"道德风险"，而由于国有资产产权所有者的特殊性，这一风险将更加巨大，不仅是损害国有资产的经营效益，甚至造成国有资产的大量流失。因此，考察国有企业绩效优劣的基本原则应该是与评价其他相同类型非国有企业的标准保持一致，并建立明确的产权所有者代表的责任追究机制。

第二节 经营性国有资产管理

经营性国有资产主要是指由各类生产、流通和服务企业占用的以盈利为目的的国有资产。但在我国，还存在一些由行政事业单位占有、使用的非经营性资产，通过各种形式而转作经营的资产。同时国有资源中通过各种形式投入生产过程的部分也应属于经营性国有资产。本节主要讨论由各类企业（主要是国有企业）占用使用的经营性国有资产。

由于我国有一个从计划经济到市场经济的转变，国有企业的管理体制发生了很大的变化，总的来讲是从计划体制下政企不分国有国营的管理模式改变为市场条件下的政企分离、企业作为独立的市场主体自主经营、政府间接监管的管理模式。因此，从财政管理的角度来看，我们讨论的经营性国有资产管理主要是指作为出资者和所有权代表的政府对经营性国有资产的管理，而不涉及国有企业内部的管理。

在市场经济中经济活动的规范都有基本的法律构架和法律体系。国有资产管理的法律当依托并维护市场经济的这一法律体系。但我国的经营性国有资产管理又存在不同于一般市场经济国家的特质,且数量规模巨大,所以要通过订立特别的法律来对国有资产的投资、经营和收益分配等行为加以规范与调整。在我国,国家可以以两种不同身份参加、参与到国有资产管理当中:一是国家作为国有资产所有者,依法行使财产所有者权利,实施对国有资产的占有、使用、处分等各种行为,以实现国有资产的保值增值;二是国家作为国民经济宏观调控者,实施对国有资产运作的有效监管。目前来看,国务院以及地方各级政府是各隶属企业国有资产的所有者和代表者。国务院下设国有资产管理委员会,作为国务院直属的正部级特设机构,各省及副省级市也设有直属同级党委的正厅级国有资产管理委员会,而各地、县级政府则在财政部门内设国有资产管理局,行使对本级国有资产的管理者职能,其中经营性国有资产是其管理的重点。国务院国资委代表国家相对集中行使国有资产管理者职能,统一制定国有资产管理的行政规章制度,并对各级地方国资委与国有资产管理局进行指导和监督。

我国第十一届全国人民代表大会常务委员会第五次会议于2008年10月28日通过了自2009年5月1日起施行的《中华人民共和国企业国有资产法》(以下简称《企业国有资产法》)。这是我国第一部调整和规范企业国有资产的法律。它的实施对于理顺出资人与出资企业的关系,明确股东及出资企业的权利和义务;完善国有企业法人治理结构;确保国有资产的保值增值,巩固国有企业在国民经济中的战略地位起到了重要作用。现行的《企业国有资产法》共9章77条,包括总则、履行出资人职责的机构、国家出资企业、国家出资企业管理者的选择与考核、关系国有资产出资人权益的重大事项、国有资本经营预算、国有资产监管、法律责任等内容,是目前对企业国有资产进行管理的最基本的管理法规。在此基础上国务院国资委还制定了大量的规范性文件对更多具体的操作性问题进行了补充。

由于我国国有企业的改革仍在不断的进行中,因此与此相关的国有资产管理制度、方法也将会不断调整变化。本节主要介绍一些相对基本的经营性国有资产管理问题。

一、国有资产投资管理

经营性国有资产投资,是政府或国有资产经营机构为取得预期的社会经济效益,根据国民经济和社会发展的需要,将资金投入社会再生产领域以形成经营性国有资产的活动。国有资产投资是经营性国有资产的起点,在国民经济和社会发展中扮演着举足轻重的作用。国有资产投资管理,是指政府和国有企业对于国有资产投资的资金来源、投资方向和规模以及投资的使用情况进行的各项管理工作。国有资产投资管理包含经营性国有资产投资来源管理、国有资产投资规模管理、国有资产投资结构管理、国有资产投资的项目评估与决策管理、国有资产投资的使用管理、国有资产投资的效果考核。在此我们只介绍前三种。

(一)经营性国有资产的投资来源管理

经营性国有资产投资的资金来源主要取决于国家的经济管理体制,特别是相关财政管理体制的有关规定。从现行规定来看,经营性国有资产投资的资金来源主要有以下几类:

(1)财政预算拨款。财政预算拨款在计划经济体制下是经营性国有资产形成的主要渠道。1950—1978年间，国有资产投资在一般年份占财政支出的40%左右。由此，我国以工业为主的各行各业都建立了大量的国营企业，形成了规模巨大的经营性国有资产存量。经济市场化后，随着对政府财政退出竞争性生产领域的要求，国有企业改制不断推进，各级政府通过财政直接投资的经营性国有资产逐渐减少，尽管近年来随着各级地方政府投融资平台公司的出现，又开始有所回升，但和计划体制下的财政投资垄断全部经济性投资的状况已不可同日而语。1988年以后凡经营性资本项目都列为国家基本建设基金进行贷款投资，只有非经营性资本项目才由财政拨款投资。目前，在新的预算体制下，通过财政预算直接管理的新增国有经营性资产的投资项目基本都通过各种专用基金进行。

（2）银行贷款。在1978年之前，国有资产投资主要采取财政无偿拨款方式，银行不得发放固定资产贷款，流动资金贷款也只起补充作用。改革开放后，除建设银行外，工商银行、农业银行、中国银行以及交通银行等股份制商业银行开始发放固定资产贷款。1983年以后，国有企业流动资金全部由银行提供，除个别行业和地方新建企业外，财政部门不再为国有企业供应流动资金。随着国有企业独立市场经济主体地位的确定，企业可以根据自身发展的需要，按照金融管理规范自主向银行申请各类贷款。因此，银行贷款也成为国有企业资产投资的重要来源之一。对于国有法人企业向银行贷款的投资，原则上与政府财政无关，但如果贷款形成的新增资产是国有性质的，则财政仍然是国有企业贷款的担保人和偿还的最后兜底人。

这些贷款都是政府财政的或有债务。因此，对于国有企业通过银行贷款进行的投资仍然要纳入政府的调控与监管范围。

（3）企业自筹资金。改革开放后，随着国有企业改制的推进，企业逐渐成为市场投资的主体，税后收益不断积累，各主管部门和国有企业的预算外资金都迅速增长。企业用自筹资金进行国有资产的投资，是企业根据市场需求扩大生产经营规模的自主选择，一般都会产生较好的效益。但政府在管理上仍然有两大职责必须履行：一是作为国有资产所有权代表，有权对企业选择的投资规模和方向发表意见；二是作为宏观经济调控者，对企业自筹资金投资根据产业政策的取向进行适当调控。对于投资形成资产的性质则应根据投资资金的所有权属性或相应投资合同约定进行认定。

（4）利用外资。利用外资是指国有企事业单位凭借自身信誉、政府担保以及以国有资产为担保，承担还本付息责任，以举借外债的形式利用外资进行的投资。外债一般分为国外贷款和在国外发行债券两种。国外贷款包括向国际金融组织、外国政府、银行、企业和个人贷款等。在我国举借的外债中，世界银行、国际货币基金组织、亚洲开发银行、外国政府贷款等中长期优惠贷款一般占六成左右。改革开放以来，改制后的国有企业积极利用外资，对引进先进技术与高端人才、发展壮大国有经济都发挥了重要作用。对于引进外资形成的国有企业投资，在管理上仍然要从宏观上调控其方向结构，微观上促进资金的使用效益。同时对于不同合作方式下的资产产权认定和收益分配也应建立规范的制度，并有效地进行监管。

（5）股票与债券融资。主要有各种建设债券、地方政府债券、企业债券、股票等。随着我国资本市场的建立，这类投资方式越来越普遍。在动员更多的社会资金加入资本投资、加速经济发展、提高资源配置效率方面都有积极的作用，但在制度完善和有效监管上还存在大量问题。

（二）国有资产投资规模管理

经营性国有资产的总体规模和其占社会全部总资产的比重,直接反映了一个国家国民经济中国有经济的地位。在我国计划体制时期,国有经济在除农业以外的国民经济中占比很高,但总体规模却因经济发展水平制约并不高。经历了改革开放后非国有经济的急速发展和国有企业的多轮改制,我国国有经济在国民经济中的占比已大大下降,但资产总规模却大大增加。仅从工业企业总资产规模与占比的变化就能很好地反映这一状况：1978年我国全部工业总资产为3 679.4亿元,其中国有企业总资产为3 273.0亿元,占比89.0%;2011年我国全部工业总资产为67.5797万亿元,其中国有及国有控股企业总资产为28.1674万亿元,占比41.7%（2008年国有及国有控股企业的工业产出占比为28%）①。由此可见国有资产规模的大小既和一国经济发展水平相关,也和一国对国有经济的政策相关。国有资产的规模是由存量资产构成的,投资则是新增国有资产的来源,会对以后的国有资产总规模产生影响。因此,对国有资产投资规模的管理包括：

(1) 宏观上会有来自两个方面的因素制约：① 在资金来源多元化的前提下,政府对国有经济在国民经济中作用的政治政策定位将决定一定计划期内国有资产新增投资的松紧程度;② 宏观经济总体发展状况对社会资本投资的需求状况。

(2) 微观上：① 财政投资注重的是对具体投资项目的审批数量控制;② 银行贷款投资注重的是对信贷规模的控制;③ 企业自筹资金及股市与债券融资规模的控制则更多地由市场来确定,政府只能通过相应的财政税收政策进行间接调控。

（三）国有资产投资结构管理

经营性国有资产投资结构管理一样会受到政府对国有经济总体政治政策的约束。

在经济市场化改革取向下,我国1997年9月的"十五大"提出了"着眼于搞好整个国有经济,抓好大的、放活小的,对国有企业实行战略性改组",指出"国有经济应在关系国家安全和经济命脉的行业和领域占有支配或控制地位、对经济发展发挥主导作用",在这个政策的指导下,我国对经营性国有经济的结构布局进行了重大调整。目前来看,国有经济占垄断或主导地位的行业主要包括：

(1) 涉及国家安全的战略性领域:国防科技工业（核、航天航空、兵器、舰艇、军用电子）;国家基础设施（通信广播网、电力网、铁路网及重要交通设施）;城市重点基础设施（供排水、供电、供气、干道）;金融;大宗农产品及大型商品物流;对外贸易主渠道;战略物资储备;等等。这些领域的产品和服务担负着国家政治社会安全职能,是经济社会稳定发展的必要前提。

(2) 重要基础产业:如电力、电信、重要能源基地、重点石化、冶金行业。此类行业或具有公益性质,或为经济社会发展提供基础原料能源,且需要巨额投资,应由国有经济保持优势地位。

(3) 不可再生的战略资源领域:重点矿山、油气资源等。随着不可再生资源对经济社会发展的制约日趋严峻,国家必须保有对此类战略资源的控制权或垄断权（如稀土采矿权

---

① 数据来自历年《中国统计年鉴》。

归地方、允许私人采矿造成多头低价出口屡禁不止)。

(4)国民经济支柱产业和高新技术产业:由本国资本与机构控制的各类支柱工业(采矿、冶金、石油化工、装备/交通运输工具制造、特种建筑),以及高技术工业(新材料、新能源、电子通信、航空航天、生物医药等),属于资金技术密集型产业。其中的大型企业,是各行业的主导力量和科技研发平台,是国家工业与科技进步能力的核心(国有经济部门占有70%以上的科技资源)。

国有资产的结构也是由存量资产结构来反映的,新增投资方向的选择则会对以后的国有资产的结构产生影响。因此,对国有资产投资结构的管理包括:

(1)在宏观管理上,会有来自两个方面的因素制约:① 在资金来源多元化的前提下,政府关于国有经济在国民经济中的产业布局的政策定位,将决定一定计划期内国有资产新增投资的方向选择;② 宏观经济产业结构总体发展状况对产业结构调整的需求。

(2)在微观管理上,① 财政投资注重的是对具体投资项目审批时的投资方向控制;② 银行贷款投资、企业自筹资金以及股市与债券融资的投资方向控制则更多地由市场选择来确定,政府只能通过相应的财政税收政策进行间接调控。

在政府各种间接调控政策下,各投资主体对投资结构是否合理应该考虑的因素有:投资方向选择是否适应经济资源结构的供给状况;是否适应产业结构变化的需要。

二、国有资产经营管理

国有资产经营管理是指国有资产的所有者和授权经营者,为了保证国有资产的优化配置、合理利用,提高运行的经济效益、社会效益和生态效益,实现国有资产的保值增值,充分发挥其在国民经济中的主导地位而进行的一系列资产经营方式选择的筹划和决策活动。

目前,在多轮国有企业改制后,我国国有资产常见的经营方式包括股份制经营、独资经营、转让经营、授权经营、承包经营、租赁经营等。

(一)股份制经营

国有资产的股份制经营是指国有资产通过与其他投资主体共同组建股份制企业,各投资主体以其出资为限对企业承担有限责任的经营方式。股份制是现代企业制度的主要形式,是目前我国行业主导大型国有企业的主要经营方式。股份制经营的优点在于产权明晰,所有权与经营权分离,企业内部治理结构合理,企业具有自主决策、自我发展的能力,并具有内在的激励与约束机制,能使企业的活力得到充分的释放。国有企业股份制经营方式的管理:① 必须建立合理的公司内部治理结构;② 必须建立代表国家对企业履行出资人职责的机构;③ 保持国有资本的比重处于合理的水平之上。

(二)独资经营

国有资产的独资经营是指国家对一些涉及国家安全、国防、高科技,以及某些特殊行业和产品的企业,由政府独立投资,采用国有权管理部门或委托有关主管部门直接经营的方式。独资经营方式的投资主体比较单一,是一种完全依附于国家政府机关的特殊经营方式。国家是唯一的出资人,企业的经营管理者由履行国有资本出资人职责的机构直接任命。随着国有企业改革的不断推进,这类经营方式在逐渐减少,现阶段主要是军工、邮政等少数行业实行国有独资经营。

（三）转让经营

国有资产的转让经营是指根据国有经济战略布局和经营效益以及宏观经济政策的要求，将国有资产存量的整体或部分以出售或者拍卖的方式有偿转让给其他市场主体的活动。转让经营实际上是国有资产变现，全部或部分地从一些行业或领域退出，从而调整国民经济的布局，提高国有资产的配置效率。这是我国国有经济进行战略调整及产业结构调整中常见的形式。

（四）授权经营

国有资产的授权经营是指在不改变国有资产所有权及资产最终处置权的前提下，国家将国有资产委托给大型企业集团等机构代为经营管理的方式。授权经营需要产权管理部门加强对授权企业的监督，保证实现其资产的经营目标，否则难以达到授权经营的目的。

（五）承包经营

国有资产的承包经营是指在坚持国有资产所有权不变的前提下按所有权与经营权相分离的原则，以承包经营合同形式，确定国家与企业间的责、权、利关系，并在承包合同范围内，使企业自主经营、自负盈亏的经营管理制度。

（六）租赁经营

国有资产的租赁经营是指在不改变国有资产所有制性质的前提下，国家将部分国有资产出租给有关承租人经营。承租人必须按租赁合同规定缴纳租金，在合同规定范围内，对国有资产自主经营，并承担相应的法律责任。

三、国有资产收益管理

国有资产收益是指国家或其授权的国有资产的经营机构，凭借其对国有资产的出资者所有权取得的各种收益的总称。国有资产收益管理是国家作为出资人对经营性国有资产收益的收取与分配的管理。

（一）国有资产收益管理的历史

中华人民共和国成立以来，我国的国有资产收益管理方式经历了众多变化。1978年之前曾实行过三种不同的收益分配方式，即高度统收统支方式、企业奖励基金制度、利润留成制度；1978—1994年间先后实行了企业基金制度、利润留成制度、利改税制度、上缴承包利润制度、税利分流制度等；1994年分税制改革以后，我国国有企业利润分配制度体现为两条主线，其一是改革统一了内资企业所得税税负标准，其二是考虑到国有企业改革中的困难，分税制改革时曾规定国有企业不用上缴利润。

随着国有企业改制目标——建立国有资产出资人制度——的初步实现，以及国有企业经营绩效的提高、盈利情况的好转，国家恢复了对国有企业利润的收取。这一工作的开始以国务院在2007年发布的《关于试行国有资本经营预算的意见》（国发〔2007〕26号）为标志。

（二）国有资本经营预算及收支范围

国有资本经营预算是指国家以所有者身份依法取得国有资本收益，并对所得收益进行分配而发生的各项收支预算,它与政府公共预算既相对独立又相互衔接,是政府预算的重要组成部分。

国有资本经营预算的收入是指各级人民政府及其部门、机构履行出资人职责的企业(一级企业)上缴的国有资本收益,其主要包括:

(1) 上缴利润,该收入来自国有独资企业。

(2) 股利、股息,该收入来自国有控股或参股企业。

(3) 企业国有产权(包括股份)转让收入。

(4) 国有独资企业清算收入(扣除清算费用),以及国有控股、参股企业国有股权(股份)分享的公司清算收入(扣除清算费用)。

(5) 其他收入。

国有资本经营预算支出一般按当年收入规模来安排,不列赤字。国有资本经营预算的支出项目主要有:

(1) 资本性支出,即根据产业发展规划、国有经济布局和结构调整、国有企业发展要求,以及国家战略、安全等需要安排的资本性支出。

(2) 费用性支出,即用于弥补国有企业改革成本等方面的费用性支出。

(3) 其他支出。

国有资本经营预算的具体支出范围依据国家宏观经济政策以及不同时期国有企业改革和发展的任务,统筹安排确定,必要时可部分用于社会保障等项支出。

四、国有资产产权管理

经营性国有资产作为我国国有资产的重要组成部分,同其他形式的企业资产一样,其产权客观上需要具有较强的流动性。国有资产管理机构(国有资产监督管理委员会)对国有资产的管理在很大程度上主要是对国有资产的产权管理,其中包括产权的界定、登记与流动。

(一) 国有资产的产权界定

1. 产权界定的概念

所谓国有资产的产权界定,是指由国家相关管理机构依法对相应资产所有权、经营权、使用权等产权的归属进行划分的活动。国有资产界定产权的目的是明确国有资产的产权归属,明确与国有资产相关主体的责权利关系。

2. 产权界定的意义

(1) 国有资产产权的明确界定是国有资产有效配置的关键。对国有资产进行明确的产权界定也能起到同样作用,它使得交易过程中的不确定性降低,减少了整个交易过程的成本,提高了交易的效率。

(2) 国有资产产权的明确界定有利于促进国有企业的改革,建立现代企业制度。产权界定是明确产权关系、进行企业产权制度改革、建立现代企业制度的核心前提。

(3) 国有资产产权的明确界定可以使得国有产权合理有序流动。只有在明确界定产权的基础上,资产的流动才能得以顺利进行,才能促进国有经济的布局调整。同时,国有资产产权的界定有利于减少产权转让过程中国有资产的流失,从而维护国家的利益。

3. 产权界定的原则

国有资产产权界定的原则就是在产权界定的过程中,以何种标准或准则来对产权的归属进行划分。从实践来看,国有资产产权界定一般遵循以下几个原则。

(1) 坚持国有资产国家所有,政府分级行使出资人职责。国有资产的性质决定了国有资产归全体人民所有的属性,但因我国幅员辽阔、人口众多,由人民直接掌握国有资产是不可能的,也是不必要的,所以只能由政府代表人民掌握国有资产。同时,政府又是由中央政府和各级地方政府组成的,国有资产分布在各个地区、各个行业,难以仅由某一级政府来行使其所有权,这就决定了在国有资产产权界定时,必须实行国有资产政府分级履行出资人职责的原则,由中央和地方分别代表国家履行出资人职责。

(2) 谁投资,谁拥有产权。现存国有资产,说到底是由最初投资者投资而形成的。在界定国有资产产权时要充分保护投资者的权利,在法治国家更是如此。产权界定工作应该追溯企业的初始投资来源,维护政府和其他经济主体的合法权益。只有这样才能调动投资者投资的积极性,市场经济激励机制才能有效运作,从而提高整个国民经济的运行效率。

(3) 兼顾国家、企业、个人利益。产权界定的实质是物质利益的界定,其界定必然会影响到参与经济活动的各个主体,要做到国家、企业、个人三者之间利益平衡。

(二) 国有资产的产权登记

所谓国有资产产权登记,是指国有资产管理部门代表政府对占有国有资产的企业和行政事业部门国有资产的产权状况进行登记,依法确认产权归属关系的行为。

产权登记是产权界定的延续,产权界定在划分国有资产的所有权、占有权、使用权、收益权和处分权后,必须以产权登记的方式加以确认,使产权界定的结果得到法律的认可和保护。

(三) 国有资产的产权流动

1. 产权流动的意义

产权作为一种特殊的资本,其本身也是逐利的,这就要求产权必须能够流动,以实现其在运动中保持增值,这也是资本属性的必须要求。除此之外,产权的流动还具有下列重大意义。

(1) 实现社会资源的优化配置,提高社会的整体经济效益。整个社会的资源是有限的,而人们对资源的需求是无限的,这种矛盾的解决方法之一便是使资源流动起来。产权在各市场主体间流动时,一方面,可以使得国有资产在流动中实现保值与增值;另一方面,产权的流动也使得社会资源流向最能产生经济效益的地方,在优化社会资源配置的同时也提高了整个社会的经济效益。

(2) 有利于实现国有企业的投资主体多元化,提高国有企业的生产效益。我国的国有企业历史不长,在其形成以后,国家始终是其唯一投资主体,并且在计划经济体制下,国有企业只是简单地执行上级命令,企业盈亏与管理者无关,社会监督丧失,这一系列弊端导致了国有企业的大面积亏损。产权的流动为国有企业注入多元的投资主体,必然迫使国有企业为实现所有者的权益而努力提高生产经营的效益。

(3) 有利于实现国家经济布局和结构的战略性调整。在当前公共财政框架下,政府的功能在于提供社会公共物品与维持社会秩序。除关系国计民生的事业、具有自然垄断等特殊性行业之外，政府理应从经营性领域退出，产权的流动为政府提供了相应的退出路径。此外，由于长期以来国有企业存在的"大而全，小而全"现象，使得我国尚未形成具有足够竞争力的国际企业，产权的流动将有助于实现资本的快速集中与企业规模的快速形成，从而有能力参与国际竞争。

2. 产权流动的方式

国有资产产权的流动方式分为有偿转让与无偿划转。在当前市场经济体制下，一般所说的产权流动均指有偿转让，如企业并购、剥离与分立、出售等。而企业产权无偿划转是企业国有产权在政府机构、事业单位、社会团体、国有独资企业之间的无偿转移。

（1）企业并购是兼并与收购的简称。企业兼并是指被兼并企业所有的资产或股权都进入兼并企业，同时，被兼并企业的法人资格丧失；收购是指收购方出资购买被收购方企业的全部或部分资产或股权，以获得被收购方的控制权，被收购方仍然具有法人资格。通常把两个以上的企业因股权结构、资产债务、控制权的变动而进行的各项经济活动统称为企业并购。

（2）企业资产的剥离与分立也是国有产权流动的一种常见方式。剥离是指将公司的部分资产或子公司等出售给外部的第三方，并同时取得相应的资产补偿，如现金、股票或其他有价证券等。分立是指将原来规模较大或业务较多的企业分成几个规模较小或业务集中的具有独立法人地位的企业的行为。剥离与分立都是通过改变企业的资产结构以实现企业发展的战略调整。

（3）国有资产的出售是通过产权的拍卖以使企业所有权转让给第三方，以获取现金或有价证券。这种方法一般是针对资不抵债、接近破产的中小企业，以及长期亏损或微利的中小企业。出售国有资产，可能是为了收缩经营范围、弥补错误的投资决策，也可能是为了筹集资金投资于其他盈利更大的项目。

由于我国经济体制的特殊性，国有经济和经营性国有企业的改制会是一个漫长的过程，政策也会有所变化和起伏，因此在管理上会面临很多难以规范的问题。

第三节　非经营性国有资产管理

一、非经营性国有资产的概念

非经营性国有资产一般是指各级行政事业单位所占有、使用、管理的，依法确认为国家所有，能以货币计量的各种经济资源的总和。由于非经营性国有资产的使用主体大都是行政事业单位，故非经营性国有资产也叫行政事业性国有资产。我国的非经营性国有资产来源主要是国家拨补给行政事业单位的资产、行政事业单位按国家政策规定运用国有资产组织收入形成的资产、接受馈赠以及其他依照法律确认为国家所有的资产。

二、非经营性国有资产的特点

非经营性国有资产是国家行政事业单位履行其职能的基础，也是其为社会提供公共产品或服务的要素。因而,非经营性国有资产的特点来源于国家的公共服务职能,其具体表现在以下几个方面。

（一）非直接生产性

从整个国民经济运行来看,非经营性国有资产主要分布于非生产领域的各种组织中,如国家行政机关、事业单位、社会团体等,其所"生产"的往往是法律、政策、秩序等重要的公共产品,以及教育、医疗和卫生等服务性产品。从这些特殊的产品自身来看,它们并不能直接为社会提供物质财富,也不能直接带来价值的增值,但它们的存在能够对生产领域起到至关重要的作用。非直接生产性是非经营性国有资产和经营性国有资产的根本区别所在。

（二）非营利性

非营利性是指非经营性国有资产的运行不以营利为目的,这是从会计核算的结果来讲的。行政事业单位的主要作用在于保证国家各项行政事业工作能够顺利开展,保证整个国民经济与社会秩序的正常运转,支持和协助经营性国有资产的运营,因而,非经营性国有资产的运营不以营利为目的,而是以服务社会为其根本宗旨。

（三）取得的无偿性与补偿的间接性

由于非经营性国有资产的非直接生产性和非营利性,使得其恢复和扩大的资金来源不可能通过自身使用结果来获得,只能依靠对国民收入的征税形成的财政收入,通过国家财政预算拨款来补充。这是因为绝大部分行政事业单位都是公共物品的生产者,并以无偿的方式向社会提供服务。因此,非经营性国有资产的形成必须通过预算来加以控制,以便在保证国家生产出足够的公共物品的同时,保持公共物品和私人物品生产的合理比例,提高资源的配置效率。

三、非经营性国有资产管理的基本内容

非经营性国有资产管理的内容繁杂,工作繁多,具体包括资产配置、资产使用、资产处置、资产评估、产权界定、产权纠纷调处、产权登记、资产清查、资产统计报告和监督检查等。这里选择其主要的部分进行简要说明。

（一）非经营性国有资产的配置管理

非经营性国有资产的配置是指财政部门、事业单位主管部门、行政或事业单位等根据行政、事业单位履行职能的需要,按照国家有关法律、法规和规章制度规定的程序,通过购置或者调剂等方式为行政、事业单位配备资产的行为。

行政、事业单位国有资产配置应当符合规定的配置标准;没有规定配置标准的,应当从实际需要出发,从严控制,合理配置。行政、事业单位要求配置的资产,能通过调剂解决的,原则上应尽量通过调剂解决,而不能重新购置。

行政、事业单位购置纳入政府采购范围的资产,应当依法实施政府采购。同时,行政单位资产管理部门应当对购置的资产进行验收、登记,并及时进行账务处理。

（二）非经营性国有资产的使用管理

行政、事业单位国有资产的使用主要包括自用和出租、出借等方式。

行政、事业单位应当建立健全国有资产使用管理制度,规范国有资产使用行为,做到

物尽其用,充分发挥国有资产的使用效益;保障国有资产的安全完整,防止国有资产使用中的不当损失和浪费。行政、事业单位对所占有、使用的国有资产应当定期清查盘点,做到家底清楚,账、卡、实相符,防止国有资产的流失。要建立严格的国有资产管理责任制,将国有资产管理责任具体落实到人。行政、事业单位不得用国有资产对外进行担保,法律另有规定的除外,不得以任何形式用其占有、使用的国有资产举办经济实体。

(三) 非经营性国有资产的处置管理

行政、事业单位国有资产处置,是指行政、事业单位对其占有、使用的国有资产进行产权转让或注销产权的行为,包括出售、出让、转让、对外捐赠、报废、报损以及货币性资产损失核销等。

行政、事业单位需要处置的国有资产范围主要包括:闲置资产;因技术原因并经过科学论证,确需报废、淘汰的资产;因单位分立、撤销、合并、改制、隶属关系改变等原因发生的产权或者使用权转移的资产;盘亏、呆账及非正常损失的资产;已超过使用年限无法使用的资产;依照国家有关规定需要进行资产处置的其他情形。

行政、事业单位处置国有资产应当严格履行审批程序,未经批准不得处置。资产处置应当按照公开、公平、公正的原则进行。资产的出售与置换应当采取拍卖、招投标、协议转让及国家规定的其他方式进行。国有资产处置的变价收入和残值收入,按照政府非税收入管理的规定,实行"收支两条线"管理。

(四) 非经营性国有资产的产权登记与产权纠纷处理

非经营性国有资产产权登记是国家资产管理部门代表国家对行政事业单位的国有资产进行登记,依法确认国家对非经营性国有资产的所有权和行政事业单位占有权和使用权的法律行为,是一项基础的管理工作。

根据产权的状态及其变动情况,应及时办理占有产权登记、变更产权登记或注销产权登记。各级财政部门还应当在资产动态管理信息系统和变更产权的基础上,对行政、事业单位的国有资产产权登记实行定期检查。

行政、事业单位之间的产权纠纷,由当事人协商解决。协商不能解决的,可以向同级或是共同上一级财政部门申请调解或裁定,必要时报有管辖权的人民政府处理。而事业单位与非国有单位或个人之间发生产权纠纷的,事业单位应当提出拟处理意见,经主管部门审核并报同级财政部门批准后,与对方当事人协商解决。协商不能解决的,依照司法程序处理。

四、非经营性国有资产管理中存在的问题

(一) 管理制度不健全

非经营性国有资产管理制度不健全集中表现在"账实不符"上,即账户上记录的资产与实际中运用的资产不相符。一方面,国有资产账面数目和实物数不符,事实上已经形成的固定资产不能及时入账,形成了账外资产;另一方面,账面资产价值和实际价值之间形成了较大的背离,低于现值或者高于现值的现象并存。这些"账实不符"现象的存在主要是由于我国对非经营性国有资产管理制度的缺失和疏漏造成的。应从制度完善的层面来加强对非经营性国有资产的管理。

（二）产权管理混乱

对非经营性国有资产的清产核资以及产权的统计、登记、备案工作，是对非经营性国有资产进行管理的前提条件。由于多年来相关部门及机构缺乏对非经营性国有资产管理应有的重视，致使许多行政部门的国有资产产权登记混乱，如房地产产权证应登记在政府行政部门的却登记在了部门内设机构，或登记在了政府部门下属企事业单位。

（三）管理方式落后

我国对非经营性国有资产的管理，无论是在实物管理还是在价值管理上都有许多疏漏。在实物管理上，虽然对那些具有高价值、特殊用途的资产建立了固定资产卡片对应于具体的实物，但对于一些低价值、日常耗用的流动资产管理却基本放任自流；在价值管理上，不能随现实资产价值的变化而进行限时调整，导致价值管理名存实亡。

（四）"非转经"过程中的问题

所谓"非转经"是指在国家法律法规允许的前提下、在对非经营性国有资产具有处置权的主体同意的情况下，非经营性国有资产转化为经营性国有资产的过程。

"非转经"是我国经济体制转型时期的产物，它一方面利用了行政事业单位富余资产进行创收，减少了财政压力；另一方面也在一定程度上解决了单位富余人员的分流问题，为提高非经营性国有资产整体效益的提升带来了正面作用。但在"非转经"的过程中，"重投入，轻管理"，导致国有资产经营效益不佳，甚至损失、流失。

第四节　资源性国有资产管理

一、资源性国有资产的含义

在讨论资源性国有资产前，有必要分清几个概念之间的区别，即自然资源、资源性资产以及资源性国有资产。

自然资源，联合国环境规划署的定义是"在一定空间、地点条件下能够产生经济价值，以提高人类当前及未来福利的自然、环境因素和条件"。因此，自然资源是自然界天然形成的现在或将来能够进入社会生产和生活过程，为人类提供一定经济价值的那部分自然物质要素，是人类生存的物质基础。自然资源主要包括气候、生物、水、土地和矿产等五大类。

资源性资产，是指在人类已经认识的基础上并在现有技术条件下所拥有或掌握的具有开发价值的自然资源。资源性资产是一个动态的概念，它的范围随着人类的认识及科学技术的进步而不断扩大，例如在人类尚未掌握太阳能技术时，太阳就不是资源性资产，而只是作为自然资源存在，人类在利用太阳能技术时，太阳也就成了资源性资产。因此，资源性资产是自然资源的一部分，并非全部的自然资源都是资源性资产。

资源性国有资产，是指根据国家的相关法律法规规定，所有权属于国家的资源性资产，它与经营性国有资产、非经营性国有资产共同构成了完整的国有资产体系。我国的资源性国有资产具有较强的国家垄断性。我国《宪法》第九条规定："矿藏、水流、森林、山岭、草原、荒地、滩涂等自然资源，都属于国家所有，即全民所有；由法律规定属于集体所有的森林、山岭、草原、荒地、滩涂除外。"第十条规定："城市的土地属于国家所有。农村和城市郊区的土地,除由法律规定属于国家所有的以外,属于集体所有。"

二、资源性国有资产管理的内容

资源性国有资产作为自然界天然生成的资源,对其管理成为我国国有资产管理的重要内容。资源性国有资产管理是国家及有关部门根据相关法律法规以行政的、法律的和经济的手段协调、控制和监督资源性国有资产开发利用活动的过程。从目前资源性国有资产管理的具体实践来看,资源性国有资产管理内容虽然相当繁杂,但其核心内容主要包括两个方面,一是对资源性国有资产的产权管理,二是对资源性国有资产开发利用的监管。

(一) 对资源性国有资产的产权管理

同经营性国有资产的产权管理相类似,资源性国有资产产权管理是指政府主管各类资源的部门根据国家授权和有关法律法规规定,依法对国有资源的所有权、使用权、收益权等产权关系加以界定,并从法律上加以登记和确认。产权关系是现代社会中资产与社会人之间重要的经济关系,它不仅是资源性资产管理的核心,也是其他资产管理的基础。加强对资源性国有资产的产权管理有利于明确与资源相关的各类产权主体之间的关系,从而保证国家对资源利益的实现,并且有利于明确利益分配关系,保证资源配置效率。从世界范围来看,各国对于资源性国有资产的产权管理大体形成了以下三种模式:

(1) 以英美为代表的土地所有者体系。这种资源的管理模式主要反映了英美法系国家自然资源产权的基本观念。这种模式的基础是土地私有化,在此体系中,自然资源归土地所有者所有,土地所有者对土地及其赋存的各种自然资源享有所有权,其特点是自然资源(特别是土地所赋存的矿产资源)的所有权与土地所有权相统一。土地及其所赋存的各种地表、地下自然资源的勘探、开发、收益及处置等权益可以在市场上自由流通,以使自然资源的配置及使用流向最有效率的地方。但是这种模式显然不利于国家对自然资源进行统一、有序的管理。实际上,在英美等国过去相当长的历史中,常常出现因个别土地所有者的反对而使土地资源的大规模勘探、开发利用和其他自然资源政策受阻的情况。有鉴于此,近代以来,英美两国在一些地区,对一些特殊的自然资源采取了不同的政策。到了20世纪70年代,英国对煤炭、石油等矿种实行国有化政策就明显体现了这一原则。相应的法律修正案也规定了政府对土地所有者拥有一定的抑制权,这有力地保证了国家对自然资源的勘察、利用工作的顺利进行。

(2) 以法国、日本等国为代表的自然资源产权体系。这种管理模式在欧洲大陆各国得到了比较普遍的采用,其特点是自然资源(特别是土地所赋存的矿产资源)的所有权和土地所有权相分离。该体系的自然资源法律明确规定了土地所有权和土地所赋存的自然资源的所有权分离,彼此互不约束。如果没有向政府或其他相关权益人申请特别的权利,勘查者不能进行自然资源的勘察和开发利用。自然资源的产权由政府授予勘察者或开发利用者。需要注意的是,该体系的自然资源法律中规定的自然资源产权不是单指对一定自然资源的所有权,这种所有权是在自然资源与土地相分离时才被赋予的。所以,自然资源的产权意味着:① 区域内未分离的自然资源的开发利用权;② 被分离的自然资源的所有权。对于土地上所赋存的自然资源的归属，有些人认为应归土地所有者所有，有些人认为应视为无主之物，有些人认为应归国家所有，在对资源性国有资产的三种产权管理方式中，该模式是相对折中的一种。

（3）发展中国家的自然资源国家所有体系。在这种自然资源的产权体系中，明确规定自然资源（特别是地下矿产资源）是国家或全民的财富，既不属于国家财产中的公产，又不属于个人私产的一种特殊财产。这种自然资源产权规定，自然资源产权为国家或代表国家利益的国营自然资源企业所有。这种自然资源产权体系的突出特点是：① 明确了国家与自然资源的法律关系，确立了国家对自然资源的所有和支配权利；② 设立了国营的自然资源开发利用企业，全权进行资源的勘察、开发、利用和处理；③ 明确规定自然资源的使用事项、生产分配、申请人进行作业等必须由国家参与指导，国家征收各种税收以获取更大的利益；④ 同国外企业进行自然资源勘察、开发合作时，以本国的自然资源法律为准；⑤ 解决国际间自然资源纠纷时，应在国内进行裁决，并以本国法律为准。这种国家所有的自然资源产权体系有利于国家在全国范围内进行自然资源的综合开发和利用，增强国家的宏观调控能力，提高发展中国家的经济自主性。但另一方面，如果政府不加强对自然资源的开采利用管理和约束，则极容易出现严重的乱开乱采现象，导致大量国有资源的破坏与耗竭。

我国《宪法》规定，自然资源属于国家所有，农村土地归集体所有。如果自然资源在土地之下，就形成了土地所有权和自然资源所有权的分离，形成了我国自然资源开发利用中的一种复杂情况。这就要求国家在开发利用自然资源时，必须正确处理国家、自然资源的开发利用企业与农民之间的利益关系。我国的自然资源产权体制模式类似于第二、第三种模式的综合，即土地属于国家和集体所有，其他自然资源归国家所有。

（二）对资源性国有资产开发利用的监管

资源的开发利用活动会对社会造成一定的外部性，如资源的过度开采会对区域周边环境造成巨大的破坏，从而对公众利益产生影响。为此，作为社会公共事务管理者和资源所有者的政府，有责任对资源开发利用的具体活动进行监督管理，确保资源被合理、科学地利用。政府对国有资源的开发利用监管活动主要包括：对资源的勘察、调查统计活动的监管；对资源开发利用制定总体规划方案，科学、合理设定开发限度；对资源开发使用者的进入进行资格审查和批准；对资源的保护管理和对生态环境破坏的补充和恢复等工作。以上这些资源开发利用过程中的监管活动对于资源的可持续开发利用以及生态环境的保护、实现社会经济的协调可持续发展十分必要。

在我国，对于资源性国有资产的管理主要通过各级政府的资源管理部门以及其他经济管理部门来实施。

（1）国土资源部门负责国有土地资源、国有矿产资源和国有海洋资源的监管。其主要职能是依照《中华人民共和国矿产资源法》《中华人民共和国土地管理法》《中华人民共和国海洋环境保护法》《中华人民共和国测绘法》等法律及法规，负责对国有土地资源、国有矿产资源和国有海洋资源的规划、管理、保护与合理利用。

（2）林业管理部门负责监管森林资源，其相关职责主要是：负责全国林业及其生态建设的监督管理，组织、协调、指导和监督全国造林绿化工作，全国湿地保护工作和全国荒漠化防治工作;承担森林资源保护发展监督管理的责任,组织编制并监督执行全国森林采伐限额;承担全国森林防火工作的责任;参与拟定林业及其生态建设的财政、金融、价格、贸易等经济调节政策;等等。

(3) 水利部门负责国有水资源的监管。我国对水资源的管理实行流域管理与行政区域管理相结合的方式。其中,国务院水行政主管部门负责全国水资源的统一管理和监督工作,在国家确定的重要江河、湖泊设立的流域管理机构,在所管辖的范围内行使法律、行政法规规定的和国务院水行政主管部门授予的水资源管理与监督职责;县级以上地方人民政府水行政主管部门按照规定权限,负责本行政区域内水资源的统一管理和监督工作。相关行政部门与水资源管理机构的职责主要是:战略规划、制度设计与投资决策;水资源配置与调度;水资源保护、节约用水与防治水旱灾害;水利工程建设与管理、水利行业安全生产;水文工作、农村水利工作指导与防治水土流失。

(4) 农业部门负责草原资源与其他农业自然资源的监管。国家农业部的畜牧业司负责草原资源的监管工作,同时,农业部还承担着对其他农业自然资源特别是农业生物资源进行监管的职能。

三、当前我国资源性国有资产管理存在的问题

在全球经济快速增长的当下,各国对资源的需求以更快的速度在增长,随着资源的减少,资源对经济的瓶颈效应将愈发明显。从我国的实际情况来看,政府对资源性国有资产和管理存在许多问题。

(一) 产权不清

这是我国国有资源性资产管理中普遍存在的问题,虽然法律规定资源归国家所有,但在实践中,国家作为资源所有者的地位仍然十分模糊,产权被虚置、被弱化的现象十分突出。资源所有权的条块化和部门分割,使得人们常用使用权代替所有权,造成"谁占有谁所有"的现象时有发生。

(二) 无偿使用

资源性国有资产和其他生产要素一起进入生产领域,应该有偿使用,这样才能真实反映资源产品的成本,并能从产品收入中获得资源的补偿。但我国地方政府为了招商引资而存在对山川、河流以及土地资源低价出让或无偿由投资人使用的问题,这对资源性资产的管理造成了巨大的障碍,并造成了国有收益的大量流失,也不利于资源性资产的优化配置。

(三) 过度开发、盗采现象严重

由于资源性国有资产的多头管理,造成一些稀少的矿产资源的管理不力,其过度的开发利用和大量的盗采盗挖现象屡禁不绝,对稀有资源是毁灭性的破坏。如江西赣州,当地稀土的储量相当大,且开采容易,这导致了当地稀土的盗采现象十分猖獗,利用落后的稀土提取技术使得当地的环境污染也相当严重。

(四) 注重实物管理而忽视价值管理

我国自然资源不作为国有资产进行核算,未纳入国民经济核算体系,从而导致了资源的不合理定价。价格扭曲使资源基础日趋削弱,在一定程度上影响了经济与社会的持续、

快速、健康发展。

本章小结

国有资产是一国公众通过公共选择机制同意由政府机构来控制和拥有的资产,这些资产体现着公众的共同需要与产权。国有资产的管理包括国有资产的配置与投资管理、国有资产的经营与使用管理、国有资产的收益分配管理、国有资产的产权处置管理。国有资产可分为经营性资产、非经营性资产、资源性资产三大类,这样的分类有利于建立有针对性的管理制度。经营性国有资产管理和我国国有企业经营体制的改革密切相连,是我国国有资产管理中最复杂的部分,其管理制度仍在不断调整和完善中。非经营性国有资产的合理配置和有效管理则对提高行政事业单位公共服务的质量和效率至关重要。资源性国有资产的管理对一国自然资源的合理开发利用意义重大。

本章参考书目

1. 《关于试行国有资本经营预算的意见》(国发〔2007〕26号)。
2. 《关于〈中华人民共和国国有资产法(草案)〉的说明》,中国人大网,2008年12月25日。
3. 刘玉平:《国有资产管理》,中国人民大学出版社,2008年。
4. 毛程连:《公共财政理论与国有资产管理》,中国财政经济出版社,2003年。
5. 毛程连:《国有资产管理学》,复旦大学出版社,2005年。
6. 汪立鑫:《国有资产管理:理论、体制与实务》,上海人民出版社,2011年。
7. 《中华人民共和国企业国有资产法》。
8. 周自强主编:《国有资产管理》,南开大学出版社,2005年。

第十一章 国债管理

第一节 国债管理概述

一、国债管理的含义与层次

(一) 国债管理的含义

国债管理是指政府在控制国债风险的前提下,围绕国债经济运行过程中所进行的关于对国债规模和构成的控制;选择国债期限结构和国债投资主体及其持有国债的数量,并对不同国债持有者的待遇作出相应的优惠规定;确定国债发行条件、发行价格和发行方式;对国债收入的使用进行规划、调节和监督;对到期国债的偿还或国债以旧换新作出决策等一系列管理活动。通过采取一系列国债政策措施和管理制度,满足政府以最低成本筹资的需要,同时促进国债市场发展。简言之,从狭义上说,国债管理是指政府以最低成本维持现存国债的一系列运作;从广义上说,国债管理是指影响政府未偿债务规模和结构的所有政策及举措,从而确定有关到期国债和新发行国债的政策及其在政府一般财政政策中的地位等。在现代社会,国债管理主要依托国债市场这个平台来进行。从这个视角来看,国债管理是以国家信用为基础,以国债政策为导向,以国债市场为平台,通过制度安排和国债工具选择,把政府与市场、筹资人与投资人、财政当局与货币当局,进而把实体经济与虚拟经济连接起来,形成政府主导与市场分担的格局,实现政府的宏观经济调控目标。

(二) 国债管理的层次

在国债管理中,凡是与举借国债有关的经济活动,包括国债发行、国债交易、国债收入使用和国债偿还等,都是国债管理的内容。这些管理活动大致可以划分为三个层次。

1. 国债的决策管理层次

在经济运行过程中,政府是否发行国债、为何发行国债以及举债筹资的用途是国债决策管理的主要内容,可归入第一个层次,即国债的决策管理层次。政府是否发行国债与财政经济状况密切相关,特别是与财政收支的状况有直接的联系。一般而言,政府为了平衡季节性财政收支,需要发行短期国债,为弥补财政赤字通常需要发行中期国债,为筹集建设资金通常需要发行中长期建设国债。此外,政府还可以发行特别国债直接帮助某些国内政府政策性机构的投资,或者为保证国家养老保险基金对受益人的支付,或者为了满足国有商业银行的资本充足率的需求,或者吸收过剩流动性,借新债还旧债等。

2. 国债的操作管理层次

国债的操作管理主要是指政府如何发行国债,包括对国债发行对象、国债发行数量、国债发行种类及期限结构、国债发行条件和发行方式的选择;国债发行后如何进行流通和交易,包括多层次国债流通市场的构建、交易规则的制定、交易方式的选择等;中央银行为执行货币政策,通过公开市场业务操作进行的国债买卖活动等,可归入第二个层次,即国债的操作管理层次。

3. 国债收入使用的管理层次

政府如何使用国债收入,在使用过程中如何进行管理,从而提高国债收入的使用效率,可归入第三个层次,即国债收入使用的管理层次。就中国国债收入使用管理制度而言,大体上包括两部分。

(1) 国债专项资金。国债专项资金纳入国家预算内基本建设资金管理范围。国务院各有关部门,各省、自治区、直辖市、计划单列市财政厅(局)及项目实施单位要按照国务院确定的用途和基本建设管理程序安排使用国债专项资金。财政部根据国家年度投资计划和基本建设支出预算,将资金分批拨付到国务院各有关部门和各省、自治区、直辖市、计划单列市财政厅(局)。国务院各有关部门和地方各级财政部门要根据工程进度将国债专项资金及时拨付到项目建设单位。为了加强基础设施建设项目单位的财务与资金管理,所有基础设施项目建设单位都要采取成立项目法人和注册企业等方式,落实建设项目的财务与资金管理责任。所有的建设项目都要配备专人管理基本建设财务与会计核算,并按规定建立健全会计账簿和报送有关报表。对拨入的国债专项资金和其他财政基本建设资金,要按规定设立专项账户,专款专用,确保资金及时、足额用于工程建设。

(2) 国债转贷地方政府。根据已经审定的利用转贷资金的建设项目及其所需资金,财政部与省级人民政府签订《中央向地方转贷协议》(省级财政部门副署)。《中央向地方转贷协议》包括转贷资金的使用项目、项目行政隶属关系、转贷数额、转贷期限、转贷利率、还款承诺、违约处罚等内容。转贷资金应当用于以下方面的建设项目:① 农林水利投资;② 交通建设投资;③ 城市基础设施和环境保护建设投资;④ 城乡电网建设与改造;⑤ 其他国家明确的建设项目。转贷资金要考虑安排上述项目中利用世界银行等国际金融组织和国外政府贷款建设的项目所需的国内配套资金。省级人民政府归还转贷资金本金和利息的资金来源是全省综合财力,包括:① 项目实施单位用收益归还的转贷资金本金和利息;② 预算内安排的基本建设等资金;③ 纳入预算管理的政府性基金;④ 预算外资金用于建设的部分;⑤ 其他资金。对到期不能归还转贷资金本金和利息的,财政部将如数扣减对地方税收返还。

从中国目前国债收入使用的管理规章制度来看,既有财政部出台的一系列规章制度,又有各地方政府出台的相关配套管理办法;从国债使用的管理部门来看,既有国家发展改革委员会、财政部及其财政部驻各省、自治区、直辖市、计划单列市财政监察专员办事处,又有各地方计划部门和财政部门等。

二、政府举债筹资目标与国债管理

在现代经济发展中,每个国家发行国债都有其基本的目标,而在不同的历史时期、经济发展的不同阶段和经济周期的不同时段,各国政府举债筹资要解决的问题不尽相同,基本目标将转化为特定目标。大多数发达国家都有法律规定或不成文的原则,作为国家发行国债的基本依据,国债管理就是基于在现有的体制和机制下,保障政府举债筹资目标的实现。

政府举债筹资的基本目标是解决政府需要的资金。举债筹资的基本目标主要表现在以下四方面。

(一)平衡财政季节性收支

就一个财政年度来看,即使财政收入与财政支出总体上是平衡的,也可能出现由于财政收入存在季节性,而财政支出的均衡性需要政府发行国债券平衡财政季节性收支的状况。在此情况下,政府举债筹资的基本目标就是解决政府临时性资金的需要。就平衡财政季节性收支而言,国债管理是现代国库管理制度中负债管理职能的重要体现,通过与国库现金管理密切配合,可以大大提高资产负债管理的效率和效益。特别是在国债余额管理方式下,通过准确预测国库现金流,可以合理安排国债发行时间和节奏,使国债管理和国库库款更好地衔接,尽可能降低国债筹资成本;通过发行1年期以内的国债券,可以保证财政部每天都有足够的现金余额满足财政支付需要,有效规避可能因国库资金不足造成的财政支付风险,为国库现金管理运作创造了灵活的机制。

(二)弥补政府预算赤字

政府预算赤字,尤其是显性预算赤字,是必须弥补的。如果政府有历年预算结余资金,首先应该通过历年预算结余资金来加以弥补,在此情况下,就不一定要发债筹集弥补政府预算赤字的资金;如果政府没有历年预算结余资金来弥补政府预算赤字,就需要政府发行国债,用以直接弥补预算赤字,或者偿还已经到期债务的本金。就弥补政府预算赤字而言,国债管理可以使债务管理当局科学灵活地制定国债发行品种结构和合理的期限结构,以规避还债高峰的频繁出现。

(三)进行有效需求管理,创造更多的就业机会

政府在运用国债工具对宏观经济进行有效需求管理时,首要的任务是研判当前所面对的经济背景模式。理查德·A.马斯格雷夫在《比较财政分析》中针对财政政策的宏观作用,分析了两种不同的经济背景模式:一是凯恩斯主义模式。即"在发达经济中,当总需求水平低得无力购买充分就业产出时,凯恩斯主义的失业问题就会出现……补救的办法都是在于提高需求的政策措施上,这种需求既可以是私人的(通过货币扩张或税收减少),也可以是公共的(通过增加公共支出)"。二是古典主义模式。在低收入国家,"就业不足(不同于凯恩斯主义的失业)的存在可能完全是因为它无力对劳动进行支付。资本存量很小,劳动生产率从而工资率都非常低。……只有通过增加资本存量才能增加就业,而且财政政策只有在能够完成使命的条件下才是有效的。"同时,他在分析了财政政策在高收入经济和低收入经济之间的差异的不对称性后指出:"在低收入经济中经济增长的基本问题是一个供给问题,而且并不适合以需求扩大的简单办法来加以解决。"

就中国目前的状况而言,自经济体制转轨以来,中国的经济背景模式出现了极为复杂的状况,既不完全是古典主义的模式,也不完全是凯恩斯主义模式。面对中国巨大的就业压力,尤其是农村剩余劳动力的转移问题,通过发行国债来增加政府投资,创造更多的就业机会,保持经济的持续平稳增长和社会的稳定,既是政府提高需求的有效手段,又是促进资本增量的有力措施。例如,在中国1998—2005年中央财政累计发行的约43550亿元国债中,有9900亿元长期建设国债被集中用于建设一批关系国民经济发展全局的重大基础设施项目，带动了社会投资特别是民间资本的跟进，每年拉动 GDP 增长 1.5—2 个百分点，直接创造了数以百万计的就业机会，推动了经济结构调整，有力地促进了经济持续稳定快速发展和社会稳定。又如，为应对 2008 年由美国次贷危机引发的国际金融危机，中国政府确定了进一步扩大内需、促进经济增长的十项措施，从 2008 年年底到 2010 年年底约增加公共投资 4 万亿元，其中，中央政府扩大内需增加投资为 1.18 万亿元。因此，需要通过扩大国债规模加以解决。2009 年全国财政收支差额 9 500 亿元通过发债弥补；同时，为实施好积极的财政政策，增强地方安排配套资金和扩大政府投资的能力，国务院同意地方发行 2 000 亿元债券，由财政部代理发行，列入省级预算管理。2010 年全国财政收支差额 10 500 亿元，其中，中央财政赤字 8 500 亿元，相应增加国债发行规模；地方财政差额 2 000 亿元，国务院同意由财政部代理地方发行债券弥补，并列入省级预算管理。从结果来看，通过适当增加国债发行规模增加公共投资，推动了民间投资、增加了就业、扩大了内需，使中国最早走出国际金融危机的影响，保持了经济稳定高速的发展。

（四）对宏观经济运行进行调控

在当代，政府运用包括国债政策在内的积极的财政政策与货币政策相配合的目的在于造就一种良好的经济环境，从而对宏观经济运行进行调控。就财政政策的类型而言，除了经典意义上的扩张性、紧缩性和中性的财政政策类型，在当今复杂的经济运行中，财政政策的类型也在不断变化。如以阿尔文·汉森、保罗·A. 萨缪尔森等经济学家为代表的新古典综合的财政政策主张，就是在不断对凯恩斯的需求管理进行修改和补充的基础上，先后提出了以"熨平"经济周期的补偿性财政政策；以反"停滞"来刺激经济快速增长的增长性财政政策和各种针对单个市场或部门的宏观财政政策的微观化。

政府在运用国债政策时，也要考虑其他因素，其中一个重要的因素就是支持中央银行独立实施的货币政策。在一定的时期和宏观经济背景下，政府发行国债还可以吸收流通中一部分过多的货币流通量，通常的做法是通过向非银行系统销售中期或长期债券，这时政府债券的发行数量就可以超过弥补预算赤字的需要。实际上，作为中央银行三大货币政策之一，公开市场业务的操作最为灵活，对货币供给量调节最为及时，对市场利率的影响程度也最小。但是，中央银行要进行公开市场业务操作的基本条件之一，就是中央银行要持有一部分政府债券，这也是世界各国通常的做法。

在中国推进市场化和国际经济格局剧烈变革的进程中，经济的周期性波动难以避免，为了创造和培养中国中长期经济的可持续发展和平稳增长的宏观环境，应实现财政政策与货币政策的联动，进一步完善国债发行的方式、结构、利率水平的形成机制，拓宽和发展国债二级市场的功能，加大中央银行公开市场业务操作的力度，把货币市场与证券市场更好地联结起来，削弱经济周期波动的幅度和频率，既要避免金融风险，又要避免财政风险。通过发行国债来调节国民收入的使用量，优化资源配置，为中国经济持续稳定增长创造稳定的宏观环境。

根据以上政府举债的基本目标和具体的经济运行状况，政府举债的基本目标将转化为特定目标。例如，为了满足国有商业银行的资本充足率的需求，中国在 1998 年就发行了 2 700 亿元特别国债以补充国有商业银行的资本金；又如，中国十届全国人大常委会 2007 年 6 月 27 日第二十八次会议审议并批准了国务院关于提请审议财政部发行特别国债 15 500 亿元人民币,购买约 2 000 亿美元外汇,作为组建中国投资有限责任公司的资本金来源,以优化配置外汇储备资产。按照国际上一般的做法,针对过多的财政结余或超过正常需要的外汇储备,一些国家成立了专门投资机构来进行管理运作,即"主权财富基金"。与传统的政府养老基金和某些简单的持有外汇储备资产以维护本币稳定的政府机构相比,主权财富基金是一种专业化、规范化、市场化的全新投资机构,体现了一国政府在既有政策规则下的主权财政金融功能行为;再如,有时一国政府为了增加官方外汇储备,或者弥补其国际收支经常性账户的差额,通常还会在国际金融市场上发行债券。

综上所述,国债政策既与财政政策和货币政策密不可分,又是一种相对独立的经济政策。从财政政策与宏观经济运行的关系来看,财政政策目标主要有:经济稳定目标(包括充分就业、物价稳定、国际收支平衡)和经济发展目标(包括经济增长、资源合理配置、反周期波动)。因此,作为更接近于财政政策的国债政策,国债管理必须符合财政政策目标的要求。同时,国债政策作为独立的政策,又有其自身的管理目标,如确保国债的顺利发行、维持国债市场的稳定、尽可能降低举债成本、实现均衡的期限构成等。

三、国债管理的体系

由于经济体制与机制不同,各国国债管理的体系既有相同的方面,又有各自的特点。

(一)以财政部为主导的国债管理体制

世界上包括中国在内的大多数国家都实行以财政部为主导的国债管理体制。以美国为例,美国财政部在国债市场方面的作用是双重的,既是发行人,又是监管者,因此必须在这二者之间寻求平衡。美国财政部发展国债市场的总体目标主要有:① 保持政府债券市场完整性、流动性以及提高市场效率;② 不断调整并发布监管规则,以保持其与权力变化和法规相一致;③ 简化或减少监管;④ 提高透明度,并通过各监管机构间的协调和协商(包括美联储与证监会),增进有效合作;⑤ 加强对投资者的保护。又如,从经济合作与发展组织(OECD)成员国看,财政部作为发行主体,负责编制国债发行计划和制定国债发行与偿付政策。但就对整个国债市场的管理而言,一般是由财政部与中央银行、证监会联合管理,即使是国债发行政策,财政部一般也要征求其他两个部门的意见。

(二)保持中央银行独立性

中央银行作为财政部的财务代理机构,一般要参与及组织对国债投资商和承销团成员资格核定,甚至受托进行具体组织每次的国债拍卖发售活动,如美国纽约联邦储备银行(Federal Reserve Bank of New York)受美国财政部的委托,具体组织每次的国债拍卖发售活动。对于进入二级市场的国债交易活动,也主要由中央银行或银行监管部门以及证券监管部门联合进行管理。但是,保持中央银行独立性仍然是大多数国家遵循的原则。从理论上讲,当财政发生赤字通过向中央银行借款或透支的方法来弥补,可以是解决问题的一个途径,但却不是最优选择。理由在于,当财政发生赤字向中央银行借款或透支时,财政当局与货币当局并不能作出有效的协调,尤其是货币当局并不能及时收缩信贷规模,在此情况下,中央银行不得不增发货币,其结果显然要造成通货膨胀的压力,既不利于宏观经济的健康平稳运行,也不利于宏观调控政策的实施。各国在国债管理中都逐步认识到，国债管理不能以牺牲中央银行的独立性为代价，因此，财政部原则上不得向中央银行透支，中央银行也不得直接认购、包销国债和其他政府债券。中国从1994年起，国务院也不再允许财政部向中央银行进行透支和借款。

（三）国债管理的发展趋势：相对独立的国债监管体制

近年来，很多发达的市场国家开始采取相对独立的国债监管体制，从而使国债管理更有效率，更有针对性。

比如，美国财政部内设公债局，公债局的主要职责是管理国家债务，具体负责制定国债政策，研究国债理论，发布国债信息，进行市场调研和预测等。国债的发行由联邦储备银行负责具体实施。美国联邦政府下设的证券管理委员会，负责对包括国债市场、债券市场、股票市场的整个证券市场的监管。此外，证券业协会也从行业自律管理方面发挥着重要的作用，负责制定行业规则和自律公约，参与市场监管。加拿大财政部内设一个职能处，负责管理国家的债务，而国债的具体操作都由中央银行负责。美国和加拿大国债管理共同的特点是，财政部与中央银行相互独立，但在制定国债政策、组织政府债券发行中又相互配合，形成了一个完整、有效的国债管理机制。财政部与中央银行共同管理国家债务，有利于促进财政政策与货币政策的协调配合。

又如，日本财务省负责决定发行国债的相关条款，还本付息，以及国债的认证和登记。日本银行受财务省委托对国债进行管理，具体包括发行时组织招投标和收取发行款项，到期时进行还本付息。1999年，日本财务省的银行局与证券局统合为"金融局"，负责企划及制定法案。银行法、证券法的修改都放入企划立案的范畴。日本《证券交易法》第68条第2款明确规定，日本证券业协会（JSDA）是日本政府授权的唯一一家证券业管理组织，在国债市场管理方面的主要职能是负责债券场外的管理，具体包括：公布债券场外交易市场（OTC）的债券价格，债券场外交易市场的改革，以及统计汇总债市数据等。

此外，新西兰、瑞典、爱尔兰、英国等国家成立了独立的债务管理办公室。例如：1998年，英国成立了债务管理办公室，该机构负责政府债券市场的所有官方决策。英国债务管理办公室在法律上从属于财政部，但作为一个决策执行机构，其运作不受财政大臣的管辖，而是直接对议会负责。

（四）中国国债监管的现状与改革

长期以来，中国在国债监管方面的问题比较突出，主要表现在：

（1）监管分散、不统一。目前，中国国债监管主要由财政部、中国人民银行和中国证券监督管理委员会（以下简称"证监会"）负责，但由于三者平级，各机构权力和责任不明确，任何一方都没有最终决定权，无法达成一致意见。以国债市场为例，交易所市场监管由证监会负责。但是，由于证监会将主要精力放在股票市场的发展和管理上，更加倾向于将国债市场作为中介机构融资的场所；全国银行间债券市场监管由中国人民银行负责，而中国人民银行往往从为货币政策服务角度出发，在市场发展定位上更多地把全国银行间债券市场作为货币市场来进行管理。在市场发展定位上，两个市场监管部门由于出发点不一致，容易造成监管标准和交易规则不一致，出现监管不协调的问题。

(2) 法规、制度建设滞后。中国目前尚无一部系统的国债方面的法规,国债市场的监管以国债市场主管部门制定的行政规定为依据。而在财政部、中国人民银行、证监会单独或联合下发的规章中,涉及国债监管方面的措施、手段也较少,而且相互存在冲突、重叠之处,还存在缺乏权威性、约束力不强,不全面、不系统,规章之间不协调、不一致等问题。对国债比较适用的法规仅有1992年国务院颁布的《中华人民共和国国库券条例》(以下简称《国库券条例》)。这个条例已经严重滞后于国债市场的发展,对国债市场的适用性非常有限。目前,在证券市场上最高层次的法律是全国人大常委会1998年12月29日发布的《中华人民共和国证券法》(以下简称《证券法》),但它仅仅是规范除政府债券以外的其他证券的发行和交易行为,并未涉及国债的发行和交易。在交易所市场,由于现行《证券法》明确指出政府债券发行交易的法律、法规另行规定,所以,交易所市场有关的法律、法规对国债的约束力比较弱。在全国银行间债券市场,主要的管理办法是《全国银行间债券市场债券交易管理办法》和《商业银行柜台记账式国债交易管理办法》,从现实情况来看,这两个管理办法也已经跟不上国债市场形势发展的需要。

改革与完善国债市场的监管,形成统一协调的监管体系,应该是中国国债管理制度发展的重要任务与必然趋势。

第二节 国债的决策管理

国债的决策管理是政府对债务进行科学管理的重要内容,也是整个国债管理是否成功的关键。国债既连接宏观经济与微观经济,又反映财政政策与货币政策调控的动态,所以,政府通常在国债管理过程中要作出各项制度安排。

一、国债决策管理的目标

(一) 降低政府筹资成本

国债决策管理的目标之一是最大限度地降低其筹集资金的成本。降低政府筹资成本有三个方面的含义:一是在每一次发行国债时都能够以在当时条件下的最低成本筹集到所需要的资金。二是降低全部公共债务的成本。在经济周期的不同时期,政府的筹资成本(利息等)不同,因此,全部公共债务的平均成本是政府十分关注的,尤其在债务的付息支出占全部预算支出比重较大的国家,债务管理者需要十分注意采取系统和有效的债务管理技术来降低现有债务余额的成本。三是降低各种手续费支出。不同的销售方式,发行的手续费大不相同。大量通过柜台销售国债的国家,需要向银行的销售网点、证券公司的柜台、邮政储蓄所支付发行和兑付手续费。但通过改进发行技术,采用新的发行方式就可以不支付或少支付这种手续费。如通过招标方式发行国债,就可以达到不支付手续费或少支付手续费的目的。在债务的还本付息方面,也可以通过中央托管系统来进行,从而减少兑付手续费的支付。

(二) 控制债务成本,提高抗风险的能力

与其他经济主体借债需要承担风险一样,政府借债本身也意味着风险。根据现代资产管理理论,政府债务管理者应将降低成本、减少风险和增加收益结合起来,从而降低筹资总成本、有效地控制成本和风险。一是需要对国内债务的成本和风险进行综合考虑,并建立相应的评价标准和评估机制;二是对债务管理和资产管理进行综合考虑,并对国债形成的资产的经济效益、社会效益、环境效应制定相应的评价体系和指标体系;三是对债务管理和现金管理及流动资产储备管理进行综合考虑,即债务所对应的现金及流动资产的比例是否合理,有无闲置或因储备不当而造成浪费。

(三)合理配置国债的种类和结构

从世界一些国家的经验来看,政府债务的规模有逐渐增大的趋势。所以,政府债务管理者应该合理配置国债的种类和结构。其理由在于:一是吸引新的国债投资者,满足新的投资者对于各种国债投资工具的需要。二是根据不同投资者的需要和偏好来调整国债的种类与结构。例如,针对商业银行和一些资产管理者或基金管理者的需要,可以发行固定利率或浮动利率的两年期到五年期的国债;针对风险较为敏感的投资人的需要,发行不可上市国债或可上市短期国库券;在通货膨胀的情况下,发行保值国债有助于吸引传统的投资者;针对国债的长期投资者,可发行指数债券以鼓励投资者投资长期国债等。三是形成长、短、中期相结合的合理的国债期限结构,防止出现债务还本付息的高峰。一种合理的国债的种类和结构既可以保证在发行条件变化无常的情况下随时选择灵活的债务工具,又兼顾各种不同的债务目标,同时,也使国债一级市场与二级市场有机结合起来,保证了政府在国债市场操作的有效性。

(四)调整政府的资产和债务结构

从理论上讲,政府的资产包括现有的国有资产、国有资源、通过国债投资形成的国有资产等。政府的负债包括国内债务和国外债务。中国应借鉴目前一些国家将政府的债务管理职能扩大到资产和债务的综合管理的经验,把国有资产的保值增值作为政府债务管理的长期目标。为了实现这个长期目标,政府的债务管理者既要对债务的币种结构、期限结构进行综合管理,也应该从资产负债管理的角度来统筹规划,包括市场利率与汇率的变化对政府资产和债务的动态影响,金融市场的发展及投资工具的多元化对政府举债筹资的影响。

二、国债发行的立法

在国债发行的问题上,各国都比较关注人民主权,并严格坚持国债法定的原则。根据这样的理念,许多国家的政府在发行国债时,必须由政府立法机关对国债的发行规模、范围、程序、形式等作出明确规定,从而严格控制政府预算,有效防止财政支出的膨胀,并赋予政府在行使举债权时具有一定灵活的自由裁量权。在国债立法方面有代表性的国家有美国、法国、日本和韩国等。从中国的国债立法的情况来看,中华人民共和国成立后,于1950年、1954—1958年、1981年至今都发行过国内国债。1981年1月16日国务院会议通过《国库券条例》,确定从1981年开始发行中华人民共和国国库券。从1981年到1991年的11年间,每年都以国务院令的形式发布当年的国库券条例。具体规定国债的发行对象与方式、发行数额及利率、还本付息的期限、国库券及其他债券的贴现、抵押和转让、国债法律责任、国债管理机构等内容。此外,1989—1991年每年还颁布了一个特种国债条例,对特种国债的发行对象、发行数额、发行期限、利率及偿还期等内容予以规定。

从1992年至今,实施的是1992年发布的《国库券条例》。与1981—1991的《国库券条例》相比,1992年发布的有了如下的变化:

(1) 相对固定。改变了以往每年发布《国库券条例》的形式。规定了每年国库券的发行数额、利率、偿还期等,经国务院确定后,由财政部予以公告。

(2) 国库券发行方式的变化。除了以往实行的分配认购办法,国库券发行还可采取承购包销等方式。国家下达的国库券发行计划应当按期完成。

(3) 对国库券的发行对象进行了规范。国库券的发行对象是居民个人、个体工商户、企业、事业单位、机关、社会团体和其他组织。

(4) 增加了实施细则的条文。1992年的《国库券条例》首次规定了实施细则由财政部商中国人民银行制定。

(5) 明确规定了国库券购买人的权利与义务。明确规定了国库券可以用于抵押,但是不得作为货币流通。国库券可以转让,但是应当在国家批准的交易场所办理。

在过去的三十多年,《国库券条例》作为规范中国国债管理活动、调整国债主体之间关系的法规依据,发挥了不可替代的作用。但是,由于中国现行作为国债法规的《国库券条例》是1992年发布的,不仅法律层级较低,而且已不能适应社会主义市场经济发展的需要。因此,有关部门正在积极起草国债法,以便用法律的形式对国债行为和国债关系予以明确规范。

三、国债规模的管理

(一) 国债规模的含义

国债规模问题历来都是各国社会关注的最重要经济问题之一。政府债务保持在合理的水平,不仅是一个保持财政平衡的经济决策问题,而且是一个政治决策问题。国债规模主要体现在两个方面:一是年度发行额。在一定的时期内(如一个财政年度),既要适度满足政府作为举债人对债务融资的需要,也要考虑到应债人的应债能力,即市场的资金容量及投资者的偏好。二是历年累积的国债总规模,即当年国债累积余额。各国对国债规模的管理分为国债发行额管理和国债余额管理两种,国债余额管理又分为国债限额管理和预算差额管理两种。国债限额管理是立法机关为政府发行国债设置一个额度限制,在此限额内,政府自行决定国债发行品种、时间和发行方式;预算差额管理是立法机关每年审批预算赤字或预算盈余,即国债规模的增量或减量,不审批国债的借新还旧部分。

(二) 国债规模管理制度

目前,发达国家普遍采用国债余额管理制度控制政府的国债发行规模,即在不超过国债余额上限的前提下,允许财政部门自行决定国债发行的规模、期限。例如,根据《马斯特里赫特条约》,欧盟成员国当年的赤字率应控制在3%以内,债务累计余额占GDP的比例不能超过60%。换言之,用于当年弥补财政赤字的国债发债规模占GDP的比重不能超过3%。美国实行对国债规模设置最高限额的方式(当然,这个最高限额可以通过法定程序提高);在德国、法国、日本以及加拿大等国家,其立法机关通常在审批政府预算报告时一并审批预算赤字或预算盈余,控制国债规模的增减量。在实行的国债余额限额管理制度的条件下,国债的决策管理者需要对国债发行进行总体规划,特别是要对国债期限结构作出科学的设计,确保在法律规定限额内,使年度国债净发行额与累积的国债总规模之间达到平衡,以便把国债规模控制在一个合理的水平。

(三) 中国国债规模管理改革:从国债年度发行额管理到国债余额管理

中国自1981年恢复发行国内国债以来,一直采取国债年度发行额管理,即逐年由全国人民代表大会审议通过中央政府的年度国债发行额的模式。由于年度发行额度管理这一制度设计限制了对国债期限的选择,因此,在实际操作过程中,财政部倾向于选择发行期限较长的国债,而少发和不发一年内的短期国债,这样就可变相增加资金的使用量。年度发行额度管理模式造成的最大弊端就是国债规模无序膨胀,而期限结构却不合理。短期国债一直是国债发行中难以选择的品种,甚至成为国债发行中颇受争议的问题之一。

从2006年起,中国国债发行开始采取国债余额管理的方式。所谓国债余额,是指中央政府历年的预算差额,即预算赤字和预算盈余相互冲抵后的赤字累积额和经全国人大常委会批准的特别国债的累积额。按照国债发行余额管理的方法,国债余额的构成也将分为两个层次,一是中央政府历年的预算差额,即预算赤字和预算盈余相互冲抵后的赤字累积额;二是出现特殊情况需要增加年度预算赤字或发行特别国债,由人大常委会审议批准追加的年末国债余额限额。这一限额将是"最后一道防线",当年期末国债余额不得突破这一限制。而国债借新还旧部分将由财政部自行运作。这一管理方式借鉴了国际通行做法,能有效管理国债规模,防范财政风险。实行余额管理以后,财政部可以在一年的期间内,根据预算赤字和金融市场等实际情况,灵活地制定发行国债的期限和频率。尤其值得关注的是,实施国债余额管理后,过去市场上较为缺乏的短期国债发行将大大增加,并且将滚动发行,既能丰富和完善国债的期限结构,又能有效改善目前国债的流动性,有助于政府调配资金运用能力的提高,财政政策灵活性将大大改善。国债余额管理还可以与货币政策相结合,替代央行票据目前在货币市场承担的对流动性对冲的作用。从长期来看,国债余额管理推出后,随着国债期限和规模的优化,国债市场上有望建立起成熟的、具有市场代表性和参考价值的收益率曲线。

第三节 国债的操作管理

国债的操作管理涉及国债市场的参与人:中央政府(通常以财政部为代表)及中央银行、国债一级自营商、承销商、商业银行、机构投资者和个人投资者等都是国债市场的主要参与人。按市场职能可分为三个方面:发行人、中介人和投资人。一般而言,中央政府(通常以财政部为代表)及其代理——中央银行作为发行人一方;一级自营商(包括取得了资格的商业银行及证券公司等)作为中介人一方;商业银行、机构投资者和个人投资者等作为投资人一方。国债市场的架构如图11-1所示。

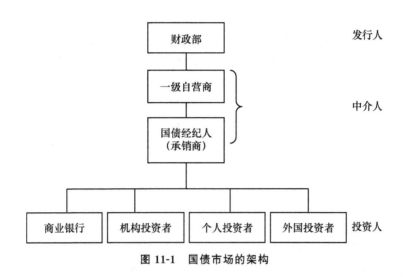

图 11-1 国债市场的架构

一、国债发行人的操作管理

国债发行人的操作管理主要在国债发行市场,并与国债发行的组织架构有直接的关系。一般来讲,国债发行有两种形式:一种是财政部直接组织国债的发行,另一种是财政部与中央银行共同组织国债发行。

(一)财政部直接组织国债的发行方式

财政部直接组织国债的发行方式包括财政部直接组织国债承销团和直接通过"随买"方式向个人销售国债券。在组织国债一级承销团时,由于承销单位均为各金融机构,相对而言,由财政部组织远没有由中央银行组织来得方便。中国在 20 世纪 90 年代中期以前的国债发行就曾经采取"随买"方式。虽然财政部有专门的债务管理部门——国债金融司,还有下属各级债务管理部门,但总体而言,下属经营网点不多,所以仅靠财政部门及下级国债服务部门通过"随买"方式向个人销售国债具有一定难度。因此,由财政部独立发行的国债并不多见。即使在财政部单独发行国债的过程中,中央银行也发挥着重要的作用。

(二)财政部与中央银行共同发行国债

在大多数情况下,国债的发行都由财政部与中央银行共同完成,有几种形式可以采用:

(1)财政部决定发行条件,委托中央银行进行国债发行的具体操作。财政部决定发行条件,包括利率水平、债务工具选择、债务工具期限等方面;中央银行进行国债发行的具体操作,包括承销团的组织、资金的划转等具体工作。

(2)财政部和中央银行共同决定国债的发行条件,对非银行类机构投资者和证券公司组成的承销团由财政部组织,对银行类机构投资者与银团由中央银行组织,国债招标活动由中央银行来进行。

(3)财政部将全部发行活动委托给中央银行进行操作。中央银行通过招标确定国债发行条件,或通过与银团或承销团之间的协商确定发行条件。

为了保证国债发行工作的顺利实施,财政部和中央银行的合作是非常必要的。一是由于中央银行行使代理国库的职能,财政部的债务管理部门需要经常了解的政府预算收入和支出的状况及筹资的需要、政府现金账户的情况、新债券的发行情况和已发债券还本付息情况等都要通过中央银行进行;二是由于国债发行市场的参与人主要是各类金融机构,中央银行参与国债的发行,可以更好地和各种市场参与人进行合作;三是作为货币政策的制定者和执行者,中央银行具有高度的独立性,参与国债的发行工作可以使货币政策与财政政策更好地协调,使作为财政政策和货币政策结合点的国债的发行更符合国民经济宏观调控的目标。

二、国债发行方式的管理

目前,许多国家的国债发行主要以公募招标为主,并结合承购包销方式、直接发行方式、连续发行方式及私募定向方式。上述发行方式各具特点,在不同的国家以及不同的时期,由于国债市场的发育程度、社会习惯等原因,各国选择的发行方式及其各种发行方式的组合也不尽相同。从国债发行方式的操作管理来讲,国债发行方案的策划与设计、发行的方式、发行的时间等,都应兼顾发行人与承购人、政府与市场的关系。主要有如下原则需要考虑。

(一)效率原则

对于国债发行数量巨大的国家,建立高效率的国债发行机制至关重要。相对而言,公募招标发行时间最短、效率更高。

1. 公募招标方式在技术层面有多种选择,政府的国债发行管理可相机抉择

从公募招标的技术来看,有公开招标与秘密招标、缴款期招标、价格招标与收益率招标,多种价格招标与单一价格招标等招标技术可供选择,政府进行债务融资时可根据国债市场的发育情况和投标者的分布相机抉择。例如,美国每年发行的国债数量巨大,其中,短期国债又占了很大比重,发行频率非常高。所以,美国国债采用以公募招标和直接发售相结合的发行方式,并以公募招标为主。其中,可上市流通的国债都是通过公募招标的方式发行的,其具体的招标方式以多种价格招标为主,同时辅之以加权平均价格的单一价格招标(非竞争性招标),有时也采用荷兰式招标。又如,中国从1996年开始,将竞争机制引入国债发行,从2003年起,财政部对国债发行招标规则又进行了重大调整,即在原来单一"荷兰式"招标基础上,增加"美国式"招标方式,招标的标的确定为三种,依次是利率、利差和价格。目前,中国的记账式基本上实现了招标发行,其中,短期国债大多采取了贴现发行,在具体的实施过程中又可分为:① 以加权平均中标利率作为票面利率;② 单一价格竞争性招标确定发行价格,中长期国债大多采取了利率招标,有时也采取贴现发行,由多种价格竞争性招标确定价格。

由此可见,在公募招标方式的技术设计中,充分考虑了投标中所具有的利率弹性和促进招标者间相互竞争的特点,既不会对货币市场利率形成较大的影响,也有利于通过弹性利率对国债利息成本进行有效控制。

2. 公募招标方式能有效减少政府债务融资对货币政策实施的干扰

政府举债融资的特点往往是每次融资时间较短且集中、融资量较大。因此,在短期内

可能会对货币市场造成一定的压力,对货币政策的实施也可能带来一定的干扰。公募招标发行方式与直接发行方式和随时买卖方式的最大不同在于:后两者至少在短期内会对货币的供给和需求有所冲击,从而影响货币市场利率的走势,反过来又会影响国债的销售条件,销售的条件调整将进一步导致国债利率的刚性,从而影响货币政策的实施。而国债公募招标方式可以通过竞价方式使国债利率与货币市场利率相一致,达到出清水平,有效减少政府债务融资对货币政策实施的干扰。

(二) 成本的最小化原则

国债操作管理的目的之一就是最大限度地满足政府借债成本的最小化,通过市场化的方式发行国债,可以吸引更多的资金进入国债发行市场,提高国债发行的竞争性,降低发行成本。降低政府筹资成本有三个方面的含义。

1. 降低每次发行国债的成本

通过政策导向和得力的措施,使每一次发行国债时都能够以在当时条件下的最低成本筹集到所需要的资金。

2. 降低全部公共债务的成本

在经济周期的不同时期,政府的筹资成本(利息等)不同。因此,全部公共债务的平均成本是政府十分关注的,尤其在债务的付息支出占全部预算支出较大比重的国家,债务管理者需要十分注意采取系统和有效的债务管理技术来降低现有债务余额的成本。这里不仅需要进行成本管理,也需要进行风险管理。

3. 降低各种手续费支出

如前所述,不同的销售方式,发行的手续费大不相同。在采用公募招标方式的情况下,通过公开、公平的竞价,发挥价格发现功能,不仅有助于合理确定发行价格,而且由于发行人不向投标人支付固定的佣金,其结果就会降低发行的代理成本。在多数情况下,公募招标方式是实现成本最小化的最有效方式。公募招标方式的关键是只要设计出合理的招、投标方式,充分及时准确地披露信息,并考虑到投标中所具有的利率弹性,招标者间相互竞争的格局,激励竞争。此外,在债务的还本付息方面,也可以通过中央托管系统来进行,从而减少兑付手续费的支付。

(三) 便利原则

国债既是政府举债融资、取得财政收入的手段,又是政府向金融市场提供的金融产品,要使每次国债顺利发行完成,给国债承购人与投资者提供便利的条件必不可少。所以,国债发行方式的选择既要考虑效率原则,也要重视便利原则。对国债承购人与投资者来说,便利原则有三个方面的含义。

1. 便利的发行时间

政府作为举债人在事先(一般是在一个财政年度)有具体的发行时间表,即全年的国债发行时间有详细的时间安排,到期即发售,这也称为定期发行模式。它的优点是国债发行时间与周期明确,既有利于举债人顺利进行国债发行,又能使应债人较为准确地预期投资国债的时机和形成承受国债发行周期的心理,因而成为美国、日本、法国、英国等国家推销国库券的主要模式。中国目前是在年初公布一年内关键期限记账式国债发行计划,并提前一个季度公布季度国债发行计划。便利的时间对国债一级自营商统筹资金安排、规划全年营运操作尤为重要。

2. 便利的发行方式

便利的发行方式因不同的国家、不同的国债市场和不同的社会习惯等而异。美国国债采用以公募招标和直接发售相结合的发行方式，并以公募招标为主。日本的国债发行采用承购包销与公募招标及定向私募相结合的方式，具体来说，日本国债发行采用两种方式；一是向市场发行，进一步还可划分为公开招标和承销团承销两种方式，目前，日本国债发行中最常用的是公开招标方式；二是向公共部门发行，属于定向募集，包括向日本银行、邮政储蓄、养老基金和财政贷款资金等。英国的国债发行主要采用公募招标、直接发售和连续销售三者相结合的方式。目前，中国记账式国债全部采用公募招标发行，储蓄国债（凭证式国债）通过经财政部会同中国人民银行确认代销试点资格的承办银行（如中国工商银行、中国农业银行、中国银行、中国建设银行、交通银行等）已经开通相应系统的营业网点柜台销售，总计6万多个营业网点，覆盖了全国绝大部分省份。便利的发行方式既有利于政府举债融资的顺利完成，也有利于国债承购人与投资者积极参与国债经济活动。

3. 便利的交易平台

国债的主要投资者是商业银行、机构投资者、企事业单位和居民等，各种投资者都要依托一定的交易平台，以利于交易的便利。一般来说，目前国债交易有三种主要交易平台：

（1）引导固定收益债券市场的交易所市场。各种投资者都可以在交易所市场买卖上市可流通国债。

（2）方便居民和中、小企业投资的柜台市场（非同业场外交易市场）。该市场主要是金融机构（如商业银行、邮政储蓄、证券公司）的柜台与居民和中、小企业投资者的交易市场，是国债的"零售"市场，主要买卖不可上市非流通国债。但是，随着技术的进步，在柜台市场买卖上市可流通国债也成为一种趋势，如中国在2002年4月正式推出记账式国债柜台交易，这种制度安排为那些没有在交易所开户的居民和中、小企业提供了一个除银行存款之外的投资渠道，促进了柜台市场健康发展。

（3）新型的场外交易市场（同业场外交易市场）。新型的国债场外交易市场是与国债经济发展相适应而迅速发展的新型市场，主要是金融机构相互之间参与的市场，带有"批发"市场的性质，交易量极大。因而该市场状况对整个国债具有重要的影响，其价格水平反映了市场的基本走向。从金融市场发达的国家的国债市场情况来看，国债交易的绝大部分是在新型的场外交易市场进行交易的。中国的全国银行间债券市场建立于1997年6月，是典型的国债场外交易市场，自建立以来，银行间债券市场持续壮大，成为国债交易的主要场所。便利的交易平台对于促进国债的流通市场的发展，进而促进整个债券市场的发展，分担、化解财政风险和金融风险，起着不可替代的主导作用。

三、国债中介人的操作管理

国债市场中介人是指为国债发行与交易服务或经营相关国债业务的专门行业的机构，主要有国债一级自营商、自营商及经纪人，具体表现为投资银行（证券公司）、商业银行、信托投资公司等。国债市场的运转及其功能的发挥，很大程度上取决于这些机构的活动,它们沟通供需双方,为交易双方服务,其经营活动的成果,不仅促成国债的顺利发行与流通,还维持着国债市场正常的运行秩序,是现代国债市场的依托。

(一)建立国债一级自营商制度

在国债市场中介体系中,一级自营商处于最高层次,是国债市场上责任重大、地位举足轻重的中介机构。它在发行市场中直接承销或投标财政部发行的国债,是国债发行人和投资者之间的第一个环节。在承购包销或中标国债以后,通过各自的市场销售网络,积极开展国债的分销和零销业务。当国债进入流通市场后,国债一级自营商还要在国债市场上承担做市商的义务。

建立健全国债一级自营商制度,明确其权利与义务,是世界各国的通行做法,也是国债市场走向规范化和现代化的标志。在美国,国债一级自营商由美国财政部和联邦储备委员会共同审核及确定资格。在中国,1993年12月31日由财政部、中国人民银行和证监会制定了《中华人民共和国国债一级自营商管理办法》。该办法规定,除政策性银行以外的金融机构,具有最低限额的实收货币资本、信誉良好的其他金融机构,都可以申请成为国债一级自营商。当时由财政部和证监会共同审批了第一批19家国债一级自营商,其基本标准是资本金3000万元以上,有较好的承销国债和从事国债交易的业绩。国债一级自营商制度的建立标志着证券中介机构组织发展到了一个新的高度。2006年7月4日,经财政部、中国人民银行、证监会审议通过了新的《国债承销团成员资格审批办法》(以下简称《办法》),并公布施行。其主要内容是:

第一,《办法》规定,中国境内商业银行等存款类金融机构和国家邮政局邮政储汇局可以申请成为凭证式国债承销团成员。中国境内商业银行等存款类金融机构以及证券公司、保险公司、信托投资公司等非存款类金融机构,可以申请成为记账式国债承销团成员。其中,凭证式国债承销团成员原则上不超过40家;记账式国债承销团成员原则上不超过60家,其中甲类成员不超过20家。

第二,《办法》规定,申请凭证式国债承销团成员资格的申请人应当具备六项基本条件:

(1)在中国境内依法成立的金融机构;

(2)依法开展经营活动,近3年内在经营活动中没有重大违法记录,信誉良好;

(3)财务稳健,资本充足率、偿付能力或者净资本状况等指标达到监管标准,具有较强的风险控制能力;

(4)具有负责国债业务的专职部门和健全的国债投资和风险管理制度;

(5)信息化管理程度较高;

(6)有能力且自愿履行本办法第六章规定的各项义务。

第三,《办法》规定,申请凭证式国债承销团成员资格的申请人,除了应当具备六项基本条件,还必须是注册资本不低于人民币3亿元或者总资产在人民币100亿元以上的存款类金融机构,且营业网点在40个以上。申请记账式国债承销团乙类成员资格的申请人则必须为注册资本不低于人民币3亿元或者总资产在人民币100亿元以上的存款类金融机构,或者注册资本不低于人民币8亿元的非存款类金融机构。申请记账式国债承销团甲类成员资格的申请人除应当具备乙类成员资格的条件之外,上一年度记账式国债业务综合排名还应当位于前25名以内。

第四,《办法》还规定,按照此办法审批通过的国债承销团成员资格有效期为3年,期满后,成员资格依照本办法再次审批。

新《办法》的施行,标志着经过13年的实践,中国国债承销团成员资格的审批程序将实现制度化,这对于规范和发展中国的国债市场,将产生深远而重大的影响。

(二) 形成规范稳定的国债承销商群体

国债承销商群体是国债流通市场的中介人和投资主力军,中国目前从事这一类业务的主要是证券公司和信托投资公司,尤其以证券公司为主。主要是通过各种国债业务,如承销、包销及分销和自营业务等,获取佣金或从买卖差价中赚取利润。对国债流通市场而言,国债承销商的参与,有利于发挥国债一级自营商(因国债一级自营商本身也是国债自营商)的延伸功能,对活跃国债流通市场,形成合理的价格,防范和化解国债市场的风险,都有着不可替代的作用:一是通过承销及分销业务,使其承销、包销的国债份额及时分销给众多的中小投资者,在发行人与投资者之间构建起投、融资的渠道,通过国债流通市场的业务向国债发行市场反馈信息,促进发行市场的机制的改革和发行方式及国债产品的创新;二是通过经纪业务,既为有效地开展国债包销提供了基础性的业务,又为众多的投资者(中、小客户)在流通市场上进行证券交易提供其他更广泛的服务,如咨询服务、资产管理账户等,从而使众多的投资者更了解国债市场,有利于培养比较稳定的国债投资者队伍,促进国债市场的健康发展;三是国债自营业务。国债自营业务是投资性金融机构的一个重要利润生长点,通过国债现货和回购交易,投资性金融机构可以灵活地调整其持有的包括国债和股票、基金在内的证券投资组合,以实现证券资产保值增值的目的。

政府通过相关的法规对国债承销商进行管理,如新《证券法》(2014)规定,证券公司必须将其证券经纪业务、证券承销业务、证券自营业务和资产管理业务分开办理。其中,经纪类证券公司只允许专门从事证券经纪业务。综合类证券公司必须将其经纪业务和自营业务分开办理,业务人员、财务账户均应分开,不得混合操作。又如,《国债承销团成员资格审批办法》规定,国债承销团成员之间不得进行国债代投标,自营国债债权应当注册在自营账户,代理国债债权应当注册在客户账户。这样,严格划分了不同的债权,从而确定了承销商在国债承销过程中与客户之间的关系是委托代理。同时,《国债承销团成员资格审批办法》还规定了全国社会保障基金理事会、国家邮政局可以申请成为记账式国债承销团特别成员,特别成员不能进行国债分销。这样,就可以从制度上防止这些机构躲在承销商背后,利用资金实力操纵国债分销市场的行为。

(三) 证券(国债)经纪人

证券(国债)经纪人是伴随证券市场的发展而产生的。1776年美国建国后开始大量发行国债,随着可交易证券的增多,出现了第一批证券经纪人。1929年美国股市发生了股灾后,美国政府开始对金融体系进行改革,并加强了对证券行业的监管,从此现代证券经纪人监管体系逐步形成。1934年美国通过了证券交易法案,要求交易所、证券经纪和交易商必须登记注册。该法案在法律上明确了自律性组织对证券行业的监管职能,并导致了美国证券交易委员会(SEC)的诞生。1940年美国通过了投资顾问法案,要求为他人提供证券投资建议的个人必须进行注册登记,并披露相关的利益冲突。

中国证券(国债)经纪人出现在1994年左右,当时证券经纪市场交易量非常少,证券经纪人制度很不完善,证券公司大多根据证券经纪人拉来的客户保证金额度,给予证券经纪人一次性提成,不对其进行管理及限制。因此,部分道德较差的证券经纪人,经常在几个营业部之间来回拉客户以换取高额的佣金,出现了较多风险。而证券营业部也渐渐厌倦了这种证券经纪人方式,证券经纪人模式发展进入低潮。从1997年开始,迫于市场竞争压力,各证券公司又掀起了证券经纪人制度创新的热潮,不同的证券公司创立了不同的营销模式,也有许多成功的经验。为了明确证券经纪人的法律地位,规范其行为,2009年3月,证监会出台了《证券经纪人管理暂行规定》,其主要内容有:① 证券经纪人为证券从业人员,应当通过证券从业人员资格考试,并具备规定的证券从业人员执业条件。② 证券经纪人只能接受一家证券公司的委托,并应当专门代理证券公司从事客户招揽和客户服务等活动。证券公司与证券经纪人签订委托合同,应当遵循平等、自愿、诚实信用的原则,公平地确定双方的权利和义务。证券经纪人的执业地域范围,应当与其服务的证券公司的管理能力及证券营业部的客户管理水平和客户服务的合理区域相适应。③ 明确了经纪人的概念,清晰界定了经纪人是证券公司代理人,而非证券公司员工或居间人,因此,证券公司委托外部人员从事客户招揽和客户服务活动,只能采取经纪人形式,不得采取居间人等其他形式。同时,经纪人只是代理券商从事客户招揽和客户服务等活动,与客户发生法律关系的是证券公司,而不是经纪人。④ 证监会及其派出机构依法对证券经纪人进行监督管理。对违法违规的证券经纪人,依法采取监管措施或者予以行政处罚。随着中国证券经纪人管理制度的建立,证券(国债)经纪人群体也将大幅度提高,成为一个全新的职业。

四、国债投资人的操作管理

国债投资人既有机构投资者,又有个人投资者,还有外国投资者;既有交易所市场、银行间债券市场,又有柜台市场。按照现行的管理办法,各投资主体所投资的国债品种也有不同的规定,所以,对国债投资人的操作管理办法也不尽相同。图11-2给出了中国国债投资关系的概况。

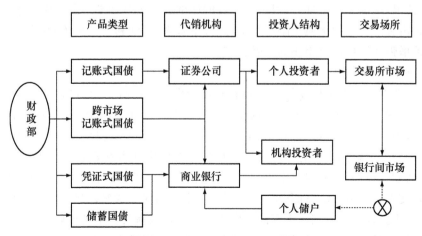

图11-2 中国国债投资关系概况图

（一）商业银行

在市场经济发达的国家，一般都会通过立法规定商业银行可以包销和买卖国债，商业银行是国债的主要持有人之一。《中华人民共和国商业银行法》规定，商业银行可以代理发行、代理兑付、承销政府债券、买卖政府债券；换言之，中国的商业银行不得参与除国债之外的其他证券投资业务。此外，经获准承办国债交易的商业银行又是国债交易的柜台市场之一，商业银行通过其营业网点与投资人（个人投资者和单位，金融机构不得通过商业银行营业网点买卖债券）进行债券买卖，并办理托管与结算。承办银行应将柜台业务与在全国银行间债券市场进行的债券业务分开办理，其经办部门、业务人员、账户管理均应分开，不得混合管理与操作。商业银行参与国债市场金融活动，一是可以取得承销代理费，增加收益；二是利用商业银行现有的庞大的销售网点进行国债的分销，提升商业银行的品牌效应；三是拓展资产业务，赚取国债和银行存单间的利差。

（二）机构投资者

从世界各国的实际情况看，国债的主要持有人是各种机构投资者。从性质上分析，机构投资者可以分为契约性金融机构（如养老基金、社会保障基金和保险（主要的寿险）公司）和投资性金融机构（如投资银行、证券公司、共同基金等）。

1．契约性金融机构

契约性金融机构是国债发行市场的主要参与者，是推进国债发行市场稳定发展的重要力量。由于契约性金融机构有长期稳定的资金来源，且资金实力雄厚，作为国债市场的重要投资人有着必然性。政府对其投资国债也有一定的管理办法。以全国社会保障基金为例，2001年12月13日，经国务院批准，财政部、劳动和社会保障部发布的《全国社会保障基金投资管理暂行办法》中就原则规定了全国社保基金的投资比例：银行存款和国债投资的比例不得低于50％，其中银行存款的比例不得低于10％；企业债、金融债投资的比例不得高于10％；证券投资基金、股票投资的比例不得高于40％。该办法还规定：在基金建立的初始阶段，减持国有股所获资金以外的中央预算拨款仅限投资于银行存款和国债，条件成熟时可报国务院批准后改按上述规定比例进行投资。根据金融市场的变化和基金投资运作的情况，经国务院批准，可对基金投资的比例适时进行调整。契约性金融机构投资国债，一是占有国债这种优质金融产品资源，分享未来的"红利"；二是拓展投资渠道，分散风险；三是增强在国债发行市场的"话语权"。

2．投资性金融机构

投资性金融机构在国债发行市场有着双重身份，一方面，作为市场中介，在国债发行市场居于核心的地位，投资性金融机构连接着筹资人与投资人，是国债发行市场的关键环节，没有它，国债的发行就不可能顺利实现；另一方面，其本身又是国债发行市场的中坚投资力量。投资性金融机构作为国债发行市场最主要的中介人和重要投资者有着必然性：一是在国债发行市场有一定的"定价权"。在国债招投标发行过程中，投资性金融机构的积极参与，使发行价格（或中标利率）更接近金融市场的现实状况，实际上也就为包括其本身在内的众多投资人争取到了平等的投资机会。二是国债发行市场最后的"买家"。一旦投资性金融机构所承销、包销或投标中标的份额不能分销或不能及时分销出去，就只能作为自身的资产进行被动投资。三是国债发行市场最大的机构投资群体。虽然各种投资性金融机构的性质和市场定位各不相同,但参与国债市场的金融市场投资活动,是其进行投资组合、获取投资收益的必然选择之一,由于各种投资性金融机构众多,因而也成为国债发行市场最大的机构投资群体。

政府对投资性金融机构经营包括国债在内的证券业务也有一系列管理办法。如2006年11月1日生效的《证券公司风险控制指标管理办法》(中国证券监督管理委员会令第34号)规定:证券公司承销政府债券的,应当按承担包销义务的承销金额的2%计算风险准备。持有一种证券的市值与该类证券总市值的比例不得超过5%,但因包销导致的情形和证监会另有规定的除外;证券自营业务规模不得超过净资本的200%;此外还对经营各类证券业务的净资本作了相应规定。

(三) 个人投资者

个人投资者是国债发行市场基本而稳定的投资群体,特别是国债柜台市场(商业银行、证券公司等)的主要投资者。个人投资者的国债投资品种主要是凭证式(储蓄)国债。政府也对个人投资者的国债投资进行相关的管理,例如,由财政部和中国人民银行共同发布并从2006年3月21日起施行的《储蓄国债(电子式)代销试点管理办法(试行)》就规定电子式储蓄国债指通过试点商业银行面向个人投资者销售的、以电子方式记录债权的不可流通人民币债券。根据规定,投资者在购买电子式储蓄国债时,需在个人国债账户开户行指定一个人民币结算账户作为个人国债账户的资金清算账户,资金清算账户与个人国债账户的开户人应为同一人。电子式储蓄国债以100元为单位办理各项业务,并按单期国债设单个个人国债账户最低、最高购买限制额。个人投资者也可以在经获准承办商业银行记账式国债柜台交易业务的商业银行网点投资记账式国债。2002年4月,中国人民银行发布了《商业银行柜台记账式国债交易管理办法》(中国人民银行令〔2002〕第2号),对商业银行承办柜台交易业务进行了规范,同年6月,工商银行、农业银行、中国银行、建设银行四家国有商业银行开始在北京和上海两地开办该项业务试点。2007年1月,招商银行、民生银行、北京银行和南京银行获准承办商业银行记账式国债柜台交易业务,至此,柜台交易承办银行扩大至8家。中国人民银行是柜台交易的主管部门,其分支机构对辖内承办银行的柜台交易进行日常监督。

(四) 外国投资者

外国投资者参与某国的国债市场,既有利于该国实施利用外资的政策,提供利用外资的一种方法,又有利于提高该国在国际金融市场的地位,还有利于调节国债持有人结构,稳定国债市场,大幅度扩大国债市场的发行空间。外国投资者多为机构投资者,如各类投资银行、基金管理机构、资产管理机构、各类保险公司,此外还有为数不少的个人投资者。外国投资者参与一国的国债市场的方式通常有两种(以中国国债为例):① 中国政府(以财政部代表)在国际债券市场举债。如自1993年中国重返欧洲债券市场以来,财政部分别进入了欧洲日元债券市场、美元龙债市场、美元全球债券市场、日本武士债市场、美国扬基债市场等筹集资金。在国际债券市场举债,关键在于要制定出适当的筹资战略和合理的定价,才会得到国际投资人的认可。上述中国财政部在国际债券市场成功发行的案例表明,中国的政府债券对外国投资者有较大的吸引力。② 实施合格的境外机构投资者(qualified foreign institutional investor,简称 QFII)制度。QFII 制度是一国在货币没有实

现完全可自由兑换、资本项目尚未开放的情况下,有限度地引进外资、有序地对外开放包括国债市场在内的证券市场的一项过渡性的管理制度。这种管理制度要求外国投资者如要进入一国证券市场,必须符合一定的条件,得到该国有关部门的审批通过后汇入一定额度的外汇资金,并转换为当地货币,通过严格监管的专门账户投资当地证券市场,其资本利得、股息等经批准后可转为外汇汇出的一种市场开放模式。但按照不同国家及地区的制度安排,对QFII投资国债的途径和交易方式还有一定的限制。例如,中国目前就不允许QFII进行债券的回购交易。

第四节 国债收入使用的管理

目前,国债发行和使用的格局是中央政府发债(包括中央政府代地方政府发行的少量债务),中央各部门和地方政府用债。虽然地方用债有中央政府专项直拨和中央政府转贷地方政府两种方式,但是,最终债务人还是中央政府。因此,对国债收入使用的管理应采取如下对策。

一、加强国债资金项目组织管理,明确项目法律责任主体

科学界定国债资金项目申报上的职能分工是加强国债项目组织管理的基础。财政部门与计划部门(国家发展与改革委员会)作为政府的两大宏观调控部门,应在通力合作的基础上,进行明确的职能分工。财政部门要对投资领域的国债资金项目决策、资金配置有一定的话语权,要参与投资项目的前期研究和项目评估,参与项目投资概算的确定和招标、投标工作,参与工程取费标准和定额制定等比较全面的项目管理工作,充分发挥财政部门的职能作用,而不能只充当出纳的角色。对此,财政部、各地财政厅(局)应对申报程序作出专门规定,彻底改变国债资金项目申报由计划部门单独运作的被动局面。在此基础上,明确项目法律责任主体是保障国债资金安全高效使用、提高国债资金使用效率的关键。在当前的情况下,实行项目法人责任制是必然的选择。

二、按照基建管理程序,加强全过程严格监管

用国债资金进行公共基础设施、重大技术改造等方面的基本建设,一方面可以调整和完善国民经济的宏观格局,但也要承担国债的还本付息来源的任务。因此,① 要严格实行项目法人责任制、工程招标制、工程监理制,工程合同制。在工程的招标中,要坚持"公开、公平、公正"的原则和打破地方、部门保护,不得弄虚作假、收受贿赂、搞钱权交易,不得层层转包和违法分包。项目法人对项目建设、资金使用、工程质量以及项目建成后管理的全过程负责,项目法人在项目建设中要及时制定和完善工程质量管理、资金管理、合同管理、招标管理和责任分工等制度和措施,强化内部责任约束机制,提高项目管理水平,确保项目顺利实施。② 要对国债资金项目实行全过程严格监管。其中,特别是强化对国债资金项目工程概算、预算、决算审核管理。这是财政部门加强国债项目管理、提高国债资金使用效益的着力点。通过实行全过程严格监管,可以达到降低工程造价、避免资金缺口、节约建设资金的目的。

三、加强财务会计基础工作,严格外部监督检查

国债资金项目是政府性投资,必须实行严格的内部控制和外部监督检查:① 实行国债资金项目财务专管员制。要赋予专管员必要的职权,并明确专管员的法律责任。项目单位的每一项开支必须由专管员审核后,方可报法人签字报账;财政基建拨款,必须由专管员提出意见后,方能拨付。② 加强财务管理。要建立内部牵制制度,并严格按制度执行,同时实行专账、专户、专人管理,严格搞好会计核算,保证会计信息的真实和完整。③ 加强外部监督检查。各级审计部门对国债资金项目的各个环节进行事前、事中、事后全过程的审计监督。财政部门也要组织专门班子,或联合纪检、监察、审计等部门组织专门班子,开展专项检查,发现问题要严肃处理,切实保证国债资金专款专用,发挥效益。

四、强化国债项目资金管理,提高资金的使用效益

提高国债资金的使用效益应多管齐下,既从程序上,也从操作层面上强化国债项目资金管理。① 规范拨款渠道。国债项目资金应按照项目资金的来源渠道由国务院有关部门和地方财政部门拨付,国债专项资金必须做到专款专用,按规定的标准开支。② 严格拨款程序。要把提高资金的使用效益作为财政监督的重点。③ 要切实落实国债项目配套资金及管理。落实好地方配套资金,是全面完成项目任务的重要保证。要督促国债项目概算中其他来源的资金及时足额到位,其他各种来源的资金,特别是银行贷款和自筹资金的到位进度不得低于国债资金到位的比例。配套资金不落实或长期不能到位的,财政部门有权缓拨或停拨国债专项资金。地方财政配套的资金,也应先拨入国债资金专户,统一拨付;属于项目单位自筹配套的,项目单位要按工程进度、按比例落实到位,转入国债项目专户统一拨付。

本章小结

国债管理是指政府围绕国债运行过程中所进行的:对国债规模和构成的控制;对国债期限结构和国债投资主体的选择;对国债发行条件、发行价格和发行方式的确定;对国债收入的使用进行规划调节和监督;对到期国债的偿还等一系列管理活动。国债管理的内容包括:决策管理层次、操作管理层次和收入使用的管理层次。通过建立相对独立的国债监管体制,可以使国债管理更有效率,更有针对性。改革与完善国债市场的监管,形成统一协调的监管体系,应该是中国国债管理制度发展的重要任务与必然趋势。国债决策管理包括目标的选择、发行的立法和国债规模的控制。国债的操作管理的重点是要明确国债市场中的发行人、中介人和投资人各自的市场职能定位与行为规范的管控。国债收入使用的管理则应重点控制项目选择的合理性和项目建设过程的效率性。

本章主要参考资料

1.《国务院关于加强地方政府性债务管理的意见》(国发〔2014〕43号)。

2.《国债承销团成员资格审批办法》。

3.〔美〕理查德·A.马斯格雷夫著,董勤发译:《比较财政分析》,上海人民出版社、三联书店,1996年。

4.《全国社会保障基金投资管理暂行办法》。

5.《商业银行柜台记账式国债交易管理办法》。

6.《证券公司风险控制指标管理办法》(中国证券监督管理委员会令第34号)。

7.《证券经纪人管理暂行规定》。

8.《中华人民共和国证券法》。

9.《中华人民共和国国债一级自营商管理办法》。

10. Abbott, C. C., *Management of the Federal Debt*, McGraw-Hill Book Co., 1949.

第十二章　政府采购管理

第一节　政府采购概述

一、政府采购的内涵

政府采购作为财政管理的一种专门技能,特指依靠国家财政性资金运作的政府机关、事业单位、社会团体等公共机构,为从事日常的政务活动或为了满足公共服务的目的,在财政的监督下,使用财政预算内资金和预算外资金等财政性资金,以合同方式,通过购买、租赁、委托或雇佣等形式,按照等价交换原则从市场上采购依法制定的集中采购目录以内的或者采购限额标准以上的货物、工程和服务的一种政府支出行为。根据这一基本内涵,政府采购与私人采购有着根本性的区别,其采购主体、目的、对象等均有特定指向。

(一)政府采购的主体

政府采购的主体是依靠国家财政性资金运作的政府机关、事业单位、社会团体等公共机构。其采购主体是以是否依靠国家财政性资金来维持运作为标准,而不是以公共实体的存在形式来判断。

(二)政府采购的目的

相对于私人采购活动的利益导向目标,政府采购目的则是非营利性的,采购活动具有社会性,采购主体负有社会责任,采购的最终目的是在维持自身机构运转的基础上有效地向社会公众提供物品和服务,满足社会公众的需要。

(三)政府采购的对象

根据我国2003年1月1日正式实施的《中华人民共和国政府采购法》(以下简称《政府采购法》)的具体规定,政府采购的对象包括货物、工程和服务三类;货物是指各种形态和种类的物品,包括原材料、燃料、设备、产品等;工程,是指建设工程,包括建筑物和构筑物的新建、改建、扩建、装修、拆除、修缮等;服务,是指除货物和工程以外的其他政府采购对象。

(四)政府采购的资金来源

政府采购的资金包括财政性资金以及单位自筹资金两个部分,其中,财政性资金是政府采购资金的主要来源,主要来自纳税人,即国民通过纳税所形成的国家财政收入的一部分,在采购过程中,采购部门与公民之间形成了一种委托-代理关系。

二、政府采购的特点

相对于私人采购而言,政府采购具有如下特点。

(一)资金来源的公共性

政府采购是公共财政管理重要内容的形式,所以,从政府采购资金最终来源来看,采购资金最终来源于纳税人的税收、公共服务收费以及其他公共借款等;而从政府采购服务的目的来看,政府公共部门通过采购公共产品、公共服务来确保政府的有效运转,其最终的目的是满足社会公众的公共需要。因此,在某种意义上说,政府采购就是公共采购,其活动过程本身都基于公共性要求而存在。

(二)采购主体的特定性

由政府采购的基本内涵可知,政府采购的主体是依靠国家财政性资金运作的政府机关、事业单位、社会团体等公共机构,而这些机构的最大特点就是通过财政性资金的使用向社会公众提供公共产品和服务,承担社会责任,追求社会效益。

(三)政府采购的非营利性

由于政府采购在资金来源和采购主体上都具有特殊指向,这就决定了政府采购不同于一般的私人采购,它不是简单的市场交易行为,尽管需要考虑采购效益,但是其效益并非单纯的经济效益而是社会效益,政府采购行为也并不是基于营利性。所以,在现实采购活动中,政府往往介入那些经济效率不高、私人不愿介入但社会效益显著的领域,其最终目的是为社会大众提供公共产品和服务,而非追求营利性。

(四)采购对象的广泛性

按照国际惯例,政府采购的对象有货物、工程和服务三大类,其中,既有有形产品也有无形产品,既有标准产品也有非标准产品,既有军用产品也有民用产品,包括从原材料到半成品再到产成品的一切政府及社会公共机构为提供公共服务所需的产品和服务,可谓包罗万象。随着政府采购管理活动的日益成熟,采购对象的范围越来越大,其广泛性在不断增强。

(五)采购行为的规范性

政府采购不同于一般的私人采购活动,因此,它不能像私人采购那样具有随意性,其资金使用必须严格按照批准的预算执行。在具体的采购过程中,也必须遵循政府采购法所规定的程序和方式进行,不得随意变更,采购过程也不能体现个人偏好,必须遵循国家政策的要求。

(六)政府采购的政策性

从国际社会看,越来越多的国家已经将政府采购作为调控宏观经济的重要手段加以运用,这就使得当前的政府采购承担了多项履行国家经济政策的任务,其功能日渐强大,包括最大限度地节约财政资金、支持民族产业、保护中小企业发展、保护生态环境等。伴随这样的发展趋势,政府采购的政策性导向日益显著。

(七)政府采购的公开透明性

《政府采购法》规定"政府采购的信息应当在政府采购监督管理部门指定的媒体上及时向社会公开发布"。所以,政府采购的整个过程,都是在公开的环境下运作的。如,在选择供应商时严格按照法定的招标程序进行;在决定供应商时,保证在公平、公正的前提下公开择取。

(八)政府采购的影响力大

政府采购是以公共机构作为一个整体而进行的购买行为。因此,从某种意义上说,它是国内市场上最大的消费者,其采购往往具有数量大、金额高、品类多的特点,这样的购买力无疑会对经济社会产生巨大的影响力。

（九）政府采购的竞争性

竞争是市场经济最为显著的特点，既然政府采购属于特殊的市场经济，那么，竞争也必然是政府采购的内在要求。从一定程度上说，政府采购之所以能够节约财政资金，也基于竞争性。按照《政府采购法》规定，供应商之间都是平等的，其通过竞争来达成最后的签约者。可以说，竞争不仅节约了财政资金，而且有效地预防了腐败行为，并刺激供应商提高产品质量和服务水平，进而提高政府采购水平和促进采购活动的良性循环，最终提高公共物品生产过程的效率。

需要指出的是，上述列出的众多政府采购特点，有些是根本性的，还有些则是派生的，如规范性、政策性等。事实上，政府采购最根本的特点在于公共性，这种公共性，不仅体现在资金来源的公共性、采购主体的公共性等方面，而且体现在采购客体的公共性上。

三、政府采购的方式

根据招标与否为标准，政府采购方式可分为招标采购方式和非招标采购方式。我国《政府采购法》规定，政府采购可以采用以下方式。

（一）公开招标方式

公开招标方式指的是采购人按照法定程序，通过发布招标公告的方式，邀请所有潜在的供应商参加投标，采购人通过事先确定的标准从所有投标中择优评选出中标供应商，并与之签订政府采购合同。从世界各国的采购活动看，公开招标是当前政府采购的主要方式。它具有下述特点。

（1）公开招标方式对参与者最具有制约性。根据"经济人假设"理论，政府采购人员在花公众的钱时，不会像花自己的钱一样精打细算。而公开招标方式使得整个采购过程均需在公开竞争的环境中进行，这样一来，可以大大增加潜在供应商的参与数量，避免个别供应商与采购人员之间的暗箱操作行为。同时，也因为公开性，采购人员的行为受到公众的有效监督，从而对其采购行为的选择形成有力的制约。因此，公开招标方式最能体现政府采购的公平、公正、公开原则。

（2）公开招标方式兼顾采购效益和资金节约。众所周知，竞争是提高效益和节约的有效途径，而公开招标正是一种最具竞争性的采购方式，充分竞争促使供应商在降低成本的基础上提高货物和服务的质量，从而达到节约资金与提高采购效益的双重目标。

（3）公开招标方式能够最大限度克服垄断。由于公开招标要求信息充分公开，让社会上合格的、潜在的供应商都能够平等地参与竞争，这就使得采购方可以在较广的范围内选择中标人，因此，公开招标可以有效防止和克服垄断。

当然，公开招标方式并不适用于所有的政府采购活动，它需要达到一定的条件才可运用。《政府采购法》规定，采购人采购货物或者服务应当采用公开招标方式的，其具体数额标准，属于中央预算的政府采购项目，由国务院规定；属于地方预算的政府采购项目，由省、自治区、直辖市人民政府规定。

（二）邀约招标方式

邀约招标，是指采购人根据供应商的资信和业绩，选择若干供应商向其发出投标邀请

书,由被邀请的供应商投标竞争,采购人依据事先确定的标准或条件,从中选定中标者并与之签订合同的招标采购方式。邀约招标通常在公开招标难以开展的情况下使用,如采购标的较小的项目若采用公开招标方式费用较高,得不偿失;采购对象专业性较强,具备资格的潜在供应商较少;等等。邀约招标方式具有如下特点。

(1) 邀约招标方式可以节省采购时间。① 从是否需要资格审查方面来看,邀约招标是从集中采购机构所设的供应商数据库中随机指定的,所指定的供应商都是过去经过资格审查而选进集中采购机构数据库的供应商,因此不再需要进行资格审查。而根据《政府采购法》的规定,对一个未列入集中采购数据库的新供应商的资格审查至少要两天时间,相比之下,在邀约招标方式下,利用原已审查过的供应商可以节约两天时间。② 从评标的时间长短方面来看,根据《政府采购法》之规定,邀约招标的供应商数只要选择三家以上就符合法定要求,由于采用邀约招标的方式对参与招投标的供应商数目要求较少,即只要三家以上即可,这样一来可以大大节约专家评审时间。

(2) 邀约招标可以大大降低招标费用。这也是邀约招标相对于公开招标较为显著的特点。如前所述,之所以应用邀约招标方式,原因之一就在于采用公开招标方式,其招标费用占政府采购项目总价值的比例较大,由此,邀约招标至少具有节约费用的特殊功能。毕竟,在公开招标方式下,召开招标会议是公开招标方式下一个必经的程序,准备会议需要一定费用,而邀约招标则无须召开招标会,只要组织一个符合要求的评标小组进行评标就可以了。

(3) 邀约招标方式操作程序简单。《政府采购法》第三十四条规定:"货物或者服务项目采取邀约招标方式采购的,采购人应当从符合相应资格条件的供应商中,通过随机方式选择三家以上的供应商,并向其发出投标邀请书。"因此,与公开招标相比,邀约招标减少了"召开招标会"等程序。

需要指出的是,邀约招标方式尽管可以节约招标时间和费用,但其适用范围较小:① 具有特殊性,只能从有限范围的供应商处采购,如保密项目和急需或者因高度专业性等因素使提供产品的潜在供应商数量较少,公开招标与不公开招标都不影响提供产品的供应商数量的。② 采用公开招标方式的费用占政府采购项目总价值的比例过大的。即采购一些价值较低的采购项目,用公开招标方式的费用占政府采购项目总价值比例过大的情况下,采购人只有通过邀约招标方式才能达到经济和效益的目的。

(三) 竞争性谈判方式

竞争性谈判,是指采购人或采购代理人就有关事项通过与多家供应商进行谈判,最后从中确定最优供应商的一种采购方式。这种采购方式,主要是对通过招标没有供应商投标或者没有合格标的、技术复杂或性质特殊不能确定详细规格等情形而采用。它具有下述特点。

(1) 竞争性谈判方式可以缩短准备期,能使采购项目更快地发挥作用。

(2) 竞争性谈判方式可以直接减少工作量,省去了大量的开标、投标工作,有利于提高工作效率,减少采购成本。

(3) 在竞争性谈判方式下,供求双方能够进行自主的谈判,使得政府在采购过程中更为灵活,同时使双方协议的过程中容易达成适当的价格。

（4）竞争性谈判方式有利于政府采购目标的实现，如实现对民族工业的保护等。

（5）竞争性谈判方式可以在选择供应商的过程中更加注重供应商过去的业绩，能够激励供应商自觉将高科技应用到采购产品中，在确保采购安全的同时又能转移采购风险。

竞争性谈判方式的适用范围主要有下面几种：① 招标后没有供应商投标或者没有合格标的或者重新招标未能成立的；② 需要采购的货物或服务技术复杂或者性质特殊，不能确定详细规格或者具体要求的；③ 采用招标所需时间不能满足用户紧急需要的；④ 不能事先计算出价格总额的。

（四）单一来源采购方式

单一来源采购，是指采购人拟采购数量虽达到招标采购数额，但由于项目的来源渠道单一，或者发生了不可预见的紧急情况，或者不能从其他供应商处采购等特殊情况，只能由一家供应商提供的采购方式。该采购方式的最主要特点是没有竞争性，所以也叫直接采购。因此，单一来源采购方式具有非竞争性、采购来源单一性和采购时效显著的特点。

从国际社会看，单一来源采购方式一般适用于下述范围：① 只能从唯一供应商处采购的，即采购的项目只有唯一的制造商和产品提供者，或者供应商拥有对该项目的专利权，并且不存在其他合理选择或者替代物的；② 发生了不可预见的紧急情况不能或来不及从其他供应商处采购的；③ 原采购项目的后续维修、零配件供应，由于兼容性或者标准化的需要，为保证原有采购项目一致性或者服务配套的要求，需要继续从原供应商处添购，且添购资金总额不超过原合同采购金额10%的；④ 涉及国家安全和机密的。

（五）询价方式

询价采购，是指采购人向有关供应商发出询价单，要求其报价，然后在对方报价的基础上进行比较，确定最优供应商的采购方式。这种采购方式也就是我们通常所说的货比三家，它具有两个特点：一是邀请报价的供应商至少应有三家；二是只允许供应商提供一个不得更改的报价。

通常，询价方式的适用范围有限，根据《政府采购法》第三十二条规定："采购的货物规格、标准统一、现货货源充足且价格变化幅度小的政府采购项目，可以依照本法采用询价方式采购。"即适用于采购现成的而并非按采购人要求的特定规格特别制造或提供的标准化货物，货源丰富且价格变化弹性不大的采购项目。

第二节　政府采购的管理

一、政府采购程序

（一）政府采购中的政府方关系人

1. 采购单位

采购单位是指依法进行政府采购的国家机关、事业单位、团体组织，即在财政监督下，部分或全部使用财政性资金维持机构运转的单位。

2. 财政部门

财政部门是政府采购的主管部门，主要负责：制定政府采购政策和采购管理办法，并监督它的贯彻落实;确定政府采购年度总规模及各采购项目预算的审查批准;收集、统计、发布政府采购信息;供应商的资格审查及办理采购项目的拨款;对大中型采购项目招标工作的监督和稽查;处理采购投诉及违规行为的处罚审核;与其他部门的协调工作等。

3. 政府采购中心

政府采购中心主要负责具体采购事宜,如:进行购物登记;组织招投标及非招标方法的采购;具体采购的商务谈判;发布政府采购物品目录及参考价格;监督定点单位服务质量等。其机构运作必须接受本级政府与财政部门的监督和指导。

(二) 政府采购的程序

从政府采购的基本程序来看,大致包括以下几个阶段。

1. 确定采购需求

采购需求由各采购单位提出,报财政部门审核,只有被财政部门列入年度采购计划的采购需求才能执行。财政部门在审核采购部门的采购需求时,不仅要考虑预算限额,还要考虑采购要求的合理性,如整体布局、产品产地、项目的社会效益等,从而从源头上控制盲目采购等问题。

2. 选择采购方式

当前政府采购的方式较多,包括招标采购、询价采购、单一来源采购、谈判采购等。在具体的采购过程中,到底那一种采购方式适用,需要视具体情况而定。

3. 资格审查

即对供应商的资格进行审查,只有合格的供应商才能参加竞标。

4. 执行采购方式

一旦确定了采购方式,就需要严格按照其程序要求进行操作,采购实体不得在执行过程中自行改变采购方式,如果确有必要改变采购方式,必须报有关部门批准,同时告诉供应商。

5. 签订采购合同

无论是采用何种采购方式,均需要签订采购合同。供应商在签订采购合同时,需要按照标准缴纳一定数额的履约保证金。

6. 履行采购合同

合同签订后,合同供应商需要按照合同的各项规定,向采购实体提供货物、工程或服务,采购实体和合同供应商都不得单方面修改合同条款。

7. 验收

合同执行完毕,采购单位对合同执行结果进行检验和评估。合同验收一般由组成的验收小组进行,验收结束后,验收小组做验收记录,并在验收证明书和结算验收证明上签字。

8. 结算

财政部门按验收证明书、结算验收证明书及采购合同的有关规定,与合同供应商进行资金结算。如果合同执行情况基本符合要求,在财政部门办理结算后,采购实体应将事先收取的履约保证金还给合同供应商。

9. 效益评估

采购实体及有关管理、监督部门对已采购项目的运行情况及效果进行评估,检验项目是否达到了预期目的。

在上述几个阶段中,确定采购需求、选择采购方式、资格审查、执行采购方式及签订合同,称为合同形成阶段;履行合同、验收、结算和效益评估称为合同管理阶段。具体政府采购流程如图 12-1 所示。

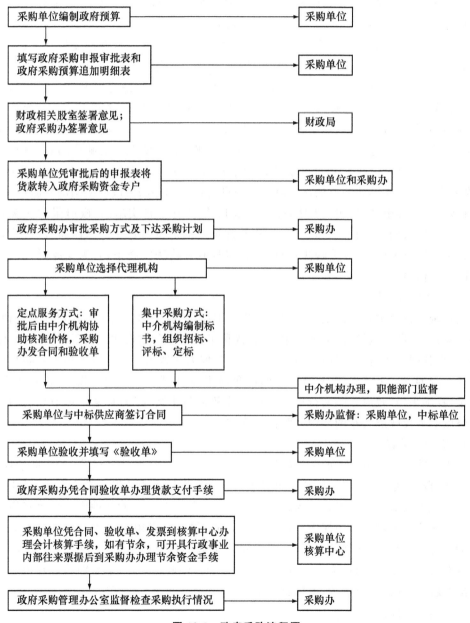

图 12-1　政府采购流程图

二、政府采购管理制度

(一) 主管机构

政府采购可分为民用产品采购和军用产品采购,军用产品采购的主管机构一般为国防部门,而民用产品采购的主管部门通常是财政部门,在中央为财政部,在地方为财政厅。

(二) 法律体系

为实现政府采购的政策目标和强化管理,按照国际惯例,政府采购一般都有一系列的法律和规章。其中,政府采购法或合同法又是其基本法规,如英国的《通用合同及商业法》,美国的《联邦政府采购政策管理办公室法案》《联邦采购条例》《合同竞争法案》等。而在基本法之外,各国还制定了大量的配套法规。另外,各部门、各单位根据政府采购的基本法规和配套法规的精神,结合本部门、本单位的具体情况和特定需求,制定补充条例。我国政府采购的法律体系,核心是2002年6月29日通过并于2003年1月1日起正式实施的《政府采购法》,与这部法同级的为《招标投标法》《合同法》《行政处罚法》《行政复议法》及《行政诉讼法》等。2004年之后,针对《政府采购法》在实践中的缺位问题,财政部又先后出台了《中央单位政府采购管理实施办法》《政府采购货物和服务招标投标管理办法》《政府采购供应商投诉处理办法》《政府采购信息公告管理办法》《政府采购法实施条例》等系列行政规章,其中,2014年12月通过、于2015年3月1日实施的《政府采购法实施条例》是对《政府采购法》的解释与补充,具有非常重要的地位与作用。总体而言,目前政府采购领域已形成了以《政府采购法》为核心、以《政府采购法实施条例》为支撑的完整的政府采购法律体系。

(三) 政府采购模式

按是否进行集中管理以及集中管理的程度类型,政府采购模式可大致划分为三种:集中采购模式、分散采购模式、适度集中模式,或称半集中半分散模式。由于国情不同、体制不同,世界各国的政府采购管理模式也并不相同,但大多数国家都采取了集中采购与分散采购相结合的混合采购模式,只是集中的程度、范围和方式有所不同。我国《政府采购法》也规定,我国采用"政府采购实行集中采购和分散采购相结合"的制度,"集中采购的范围由省级以上人民政府公布的集中采购目录确定"。

1. 集中采购模式

集中采购作为政府采购的一种组织实施形式,是由政府将具有规模(包括批量规模)的采购项目纳入集中采购目录,统一由集中采购机构进行采购的组织实施方式,以获得政府采购的规模效益。集中采购分为政府集中采购和部门集中采购两种形式。政府集中采购是指纳入集中采购目录中属于通用性政府采购项目的,必须委托政府集中采购机构代理采购,部门和单位不允许自行采购;部门集中采购是指集中采购目录中的属于本部门、本系统有特殊要求的项目,应当实行部门集中采购。除此之外,属于个别单位有特殊要求的,经省级以上人民政府批准,可以自行采购。

2. 分散采购模式

分散采购是相对集中采购而言的,是指市级国家机关、事业单位和团体组织(以下简称"采购人")使用财政性资金采购限额标准以上、未纳入集中采购目录的货物和服务的行为。从我国来看,市级分散采购限额标准为:货物类、服务类项目单项或同批采购预算10万元以上(含10万元);所有未纳入集中采购目录的货物、服务项目的采购金额达到此限额标准,均需按本办法实行分散采购。

分散采购实施前,由采购人提出项目申请,经主管部门审核后报市政府采购管理办公室备案,由采购人组织实施。如采购人不具备组织实施能力的,也可以委托采购代理机构代理采购(包括集中采购机构和政府采购招标代理机构),所委托的政府采购代理机构必须取得相应的资质,并且须经省级以上(含省级)财政部门认定。采购人应当与委托采购机构签订委托代理协议书,明确具体委托事宜。市财政局、市监察局等政府相关职能部门依法履行监督管理职能。与集中采购不同,采购人是否实行委托采购,是自己的权利,任何人都不得干预。

3. **适度集中模式**

适度集中模式,即半集中半分散采购模式,是指将集中采购与分散采购相结合、采购权适当集中与适当分散相结合的组织管理形式。该模式强调货物、劳务的采购权与使用权的适度分离,既有政府集中统一采购,也允许使用单位一定范围的自主采购,两种形式互为补充。这种模式兼采前两种模式之长,避免了两者之短,灵活性较强。如国家一方面通过集中采购来达成节约资金、调控社会等目标;另一方面又保留适当的分散采购,以满足各使用单位的特别需求、紧急需求或零星需求,灵活地兼顾各方利益,处理特殊问题。正是由于这种优势,世界上许多国家近些年逐渐把集中采购模式调适为半集中半分散采购模式。

(四) 质疑和申述

关于处理质疑与申述机构设置,目前各国差异颇大。有些国家将这类机构设在财政部门,如新加坡、韩国等;有些国家则交由法院负责,如英国;有些国家则另设独立机构,如加拿大。我国质疑与申述部门主要由财政部门负责,根据《政府采购供应商投诉处理办法》的规定,投诉人应在法定时限十五个工作日内,向财政部门提出投诉书,财政部门收到投诉书后,应当在五个工作日内进行审查,应当自受理投诉之日起三十个工作日内对投诉事项作出处理决定,并以书面形式通知采购当事人。

(五) 采购信息管理

采购信息管理作为政府采购管理的一个重要内容,不仅包括采购信息的发布,还包括采购情况的各项记录信息。根据我国《政府采购信息公告管理办法》的规定,政府采购信息的发布,应当首先在财政部指定的政府采购信息发布媒体上公告。地方政府采购信息可以同时在其各省级财政部门指定的政府采购信息发布媒体上公告。公开招标公告的信息应当包括下述内容:采购人与采购代理机构的名称、地址和联系方式;招标项目的名称、用途、数量、简要技术要求或者招标项目的性质;供应商资格要求;获取招标文件的时间、地点、方式及招标文件售价;投标截止时间、开标时间及地点;采购项目联系人姓名和电话。

(六) 采购监督管理

政府采购的监督机构包括管理机关、采购机关、资金管理部门、社会中介机构、审计部门;监督对象包括采购单位、采购资金、采购参与人员、采购代理机构、供应商。

1. 对监督对象的监督内容

(1) 对采购单位的监督重点在于以下两个方面:一是监督其预算收支情况,检查行政事业单位是否坚持专款专用原则,有无截留、坐支、挪用的现象;检查预算支出是否符合规定的原则和有关财务制度;检查决算收支平衡情况;等等。二是检查行政事业单位的预算外资金支出是否按照规定的范围和开支标准使用,有无未经批准而加以使用的情况。

(2) 对采购资金的监督指的是对采购资金预算的监督、使用及使用效果的监督。对采购参与人员的监督,一是监督其构成,看其是否符合采购管理机关规定的标准,如,招标代理机构的专业人员是否占总人数的60%以上,高级职称人员是否占20%以上等。二是监督采购参与人员的素质,看其专业知识和业务能力能否胜任采购工作。三是监督采购参与人员遵纪守法情况,看其是否存在违规操作。

(3) 对采购代理机构的监督,主要是检查它的规章制度、工作流程、采购方式等是否符合要求,有无违章办事的行为。

(4) 对供应商的监督重点在于下面几点:一是有无提供虚假资料以骗取采购资格;二是有无提供虚假投标资料;三是有无与采购机关或中介机构违规串通;四是有无向采购主管机构、采购单位、社会中介机构行贿;五是是否以不正当手段排挤其他供应商。

2. 对采购过程的监督内容

(1) 采购方式的监督,包括采用竞争性谈判方式的,看其是否已经实行公开招标而没有供应商投标或无合适标;是否出现了不可预见的紧急需要;是否供应商资格审查条件过于苛刻;是否对高新技术有特别的要求。采用询价采购方式的,要监督其采购的是否为现货商品,是否属于价值较小的设备或小型土建工程。采用单一来源采购方式的,要监督采购是否属于专利、独家供应、秘密询价;是否属于原采购的后期维修、零配件供应与更换;等等。

(2) 招标的监督,包括对招标通告、招标文件、招标程序的监督。其中,招标文件的监督,一是看其内容是否详尽、真实、合法;二是看其内容是否存在针对或排斥某一供应商的情况;三是监督技术规格是否明确、有无增加评标难度的因素;四是监督文件有无违规内容。招标程序的监督,就是监督招标是否发布了通告、是否进行资格预审、是否按照规定程序开展等。

(3) 投标的监督,包括投标资格的监督、投标书监督、投标过程监督三个部分。投标资格监督,最重要的是审查供应商履行合同记录、生产和供货能力、财务状况几个方面。投标书的监督,主要看它是否符合招标书的要求,内容是否真实可靠,作价与技术规格是否与投标人能力一致,是否加盖了公章,是否密封,等等。

(4) 开标的监督,主要在于监督开标日期、开标方式、参加者、开标程序、开标记录几个方面的内容。

(5) 评标的监督,一是看评标委员会的人数是否为5人以上的单数,受聘专家是否不少于2/3,评标人与投标人之间有无利害关系;二是监督评标依据和标准是否符合招标文件规定;三是评标过程是否完整合规。

(6) 对采购合同履行的监督,一是监督供应商是否按照合同规定的时间交货;二是监督供应商所提供的货物规格是否与招标文件的要求相合;三是监督采购单位是否按照合同规定及时足额付清货款;四是监督采购单位对所采购货物的使用情况。

三、有效管理政府采购的作用

政府采购作为财政领域的一个重要构成,它的有效管理可以产生多重功能,包括降低交易成本、提供激励机制、使外部效益内部化、抑制机会主义行为、刺激经济发展、保护生态环境、保护民族产业等。具体来说有以下三项。

(一) 节约财政支出、规范财政管理、增强财政资金使用效率

降低行政成本、节约财政支出、增强资金使用效率是市场经济条件下政府采购的基本功能。政府采购作为财政支出的主要构成,直接影响着财政资金的使用效率。就我国来说,长期以来财政支出控制不力的原因之一就在于行政成本过高。因此,要振兴公共财政,就意味着强化财政支出管理。而强化财政支出管理,建立有效的控制财政支出增长的一个重要手段就是推行政府采购制度。根据国际经验,有效的政府采购管理,因为其规模优势可以增强与供应商之间的谈判能力,而且是在公开、公平、竞争的环境下进行的,能够有效降低产品价格,减少机会成本。所以,它不仅可以使得政府得到物美价廉的产品和服务,实现采购费用节约10%,而且可以强化预算约束,减少资金流通环节,提高资金使用效率。从我国的采购实践来看,政府采购同样具有降低行政费用、节约财政支出、强化财政管理、提高资金使用效率的效果。据报道,我国第二次经济普查数据处理设备项目采购总预算达2.6亿元,通过公开招标,中标金额1.9亿元,资金节约率达21%,从中标结果看,台式计算机2个分包的中标产品单价分别是同期市场价格的44%和48%;激光打印机2个分包的中标产品单价分别是同期市场价格的41%和46%;PC服务器2个分包的中标产品单价分别是同期市场价格的64%和62%。显然,政府采购是将市场竞争机制和财政支出管理有机结合的一项活动,它使得财政管理从价值形态延伸到实物形态,将原属政府机构的单向采购行为变为企业之间以及政府与企业之间的多方竞争行为。因此,政府采购,不仅是财政支出管理适应市场经济体制发展要求的重大举措,也是加强财政支出管理和控制、降低行政成本的现实选择。

(二) 调控经济运行,实现政府政策目标

我国政府采购从1996年开始试点发展至今,实现了从制度探索、全面推行试点到法制化管理的三个阶段的历史性跨越,而伴随制度建设的不断完善,政府采购的功能已经从原来单纯的财政支出管理工具,发展为政府调节宏观经济的重要的政策手段。

而政府采购的政策功能,是在满足政府自身基本需要的前提下实现宏观调控目标。从我国来看,政府采购的政策功能主要包括:通过采购数量的扩张或收缩,调节国民经济运行,促进国民经济总量平衡;通过绿色采购活动的推行,实施环境保护、节能减排政策,建设环境友好型社会;通过给予适当优惠和优先购买权力,对经济不发达地区和少数民族地区等实施政策倾斜,为其发展提供更多机会,促进社会和谐;扶持中小企业发展,如规定中小企业在政府采购中的市场份额和优惠政策;保护本国企业,增加就业,促进民族企业的发展;通过优先采购企业自主创新产品,激励企业自主创新,推动科技进步,提升企业核心竞争力等。

从发展趋势看,正如岳宗文所言:"财政部一直把政府采购的政策性功能作为很重要

的关注焦点,如何发挥政府采购的政策功能、以什么样的方式来介入政府采购是各界一直思考的问题""从2004年出台的第一个节能产品的意见后,政府采购的节能政策、环保政策,紧接着自主创新政策、进口产品相关规定等一系列的政策功能都在政府采购中得以贯彻"。由此看,"政府采购虽然可以减低采购成本,并且在推动和促进市场方面,也具有积极的贡献,但是政府采购最主要的应该是在贯彻落实国家政策方面具有很大的意义"(赵泽蕊,2009),显然,发挥政策功能已经成为政府采购本身应该具备的主要使命。

(三) 加强财政监督,遏制腐败

由于政府采购遵循"公开、公平、公正"原则开展,所以,其采购活动不仅有严格的操作程序,而且整个活动过程置于全社会监督之下,这大大改变了过去主要靠道德自律来防止腐败的做法,因而能够有力避免暗箱操作、促进廉政建设、提升政府形象。从根本上说,政府采购中引入的招标、投标等竞争机制,意味着相关方之间的"合作型博弈"将转化为供应商之间以及采购者与供应商之间的"竞争性博弈",各方均在公平透明的游戏规则之下开展竞争,这也从制度层面上有效减少了政府官员的权钱交易现象。

第三节 国外政府采购制度简介

源于欧洲大陆的政府采购发展至今,在西方发达国家业已形成了各具特色且大体吻合的制度框架。比较各国的政府采购,可归结为:英国政府建制最早,美国法规较为完善,日本采购制度与国际接轨程度较高,韩国改制彻底,新加坡运作高效。

一、美国政府采购制度

美国是世界上最早对政府采购立法的国家,也是世界上政府采购制度最完善的国家之一。美国政府采购制度以完善的法制为基础。

美国早在1761年就颁布了《联邦采购法》,以立法的形式对政府采购进行规范的法制化管理。从颁布《联邦采购法》开始,美国先后颁布了《合同竞争法案》《购买美国产品法》《服务合同法案》《贸易协定法案》等一系列规范联邦政府采购行为的法律、法规。这些早期的政府法规在世界上产生了深远的影响,以至于以后政府采购法成为世界性的立法现象,而且政府采购法无论以何种立法和形式存在,在各国经济立法体系中均居于重要地位,成为建立和维护政府采购市场竞争秩序不可或缺的工具。

美国政府采购立法遵循的基本原则一贯奉行三大思想,即展开充分竞争、保持采购制度的透明度、维护采购信誉,这同时也是美国政府采购制度的思想精髓,这三大思想精髓在政府采购中又演化为竞争性原则、透明度原则及廉政性原则。

(一) 机构设置

美国政府采购可分为联邦采购、州政府采购和地方政府(县、市、镇、学区政府)采购三部分,组织管理机构较为完备。

联邦机构在政府采购方面的职责具体如下。

1. 国会

负责制定和通过有关政府采购的法律并对执法情况实施监督。国会对政府采购的立法始于 1809 年,当时的法律规定联邦政府采购合同要通过竞争方式订立。随着形势的变化,国会不断出台有关政府采购的法律,目前涉及政府采购方面的法律有 500 多部,其中影响力较大的主要有:《武器装备采购法》(1947 年),《联邦财产和管理服务法》(1949 年)及对其修订形成的《合同竞争法案》(1984 年),《联邦采购简化法》(1996 年),《小企业法》(1953 年)等。联邦采购法律及联邦政府采购制定的采购法规不适用于地方政府,但对地方立法有示范性。国会对联邦政府采购执法情况进行检查监督的机构有众议院政府改革委员会的技术与政府采购办公室和美国会计总署。前者专门对政府采购中的腐败、欺诈等行为进行监督、调查或组织听证会,重点对象是联邦服务总署。后者主要负责政府采购合同订立之前的投诉事务。

2. 联邦采购政策办公室

该办公室依法成立,是总统行政和预算办公室下属的一个职能机构,现有 25 名工作人员,办公室主任由总统任命经参议院批准。该机构为联邦政府采购的政策主管理机构,主要职责是制定政策,引导各政府部门建立政府采购机制。

联邦采购政策办公室在美国政府采购政策制定中发挥核心作用。主要表现在:该机构拟定有关法律草案,提出修改或制定法律的动议,代表政府各部门在国会立法时向国会反映意见和建议,组织制定联邦政府适用的采购法规,核批各部门依采购法规制定的补充规定,批准部门合同争议审理机构的设立等。该办公室是一个政策制定机构,不负责有关法律、法规执行监督事务。

目前联邦政府机构,含政府设立的独立机构和公司,遵循的法规除有关政府采购的法律外,主要是《联邦采购条例》(以下简称《条例》),《条例》由条例本身及各部门的补充规章构成。《条例》由联邦采购政策办公室负责组织制定和修改工作。修改《条例》的组织领导和程序是:联邦采购政策办公室下设《条例》理事会,办公室主任为理事会主席,成员有国防部、服务总署和航天航空局的行政首长。理事会下设民用机构采购委员会和国防采购委员会,前者主席为服务总署署长,成员来自各部门;后者由国防部长和航天航空局长共同担任主席,成员主要来自国防机构。这两个委员会下各设若干个小组。若一个小组提出修改《条例》,修改意见经两个委员会达到一致意见后报理事会,由理事会决定是否签署;如理事会无法作出决定,则由理事会主席裁定。

3. 美国总务署(GSA)

美国总务署是联邦政府从事采购的专职机构,负责联邦政府部门除国防部、海岸警卫队和国家航空航天局以外的所有政府部门通用商品及有关服务的集中采购工作,是美国政府采购管理体系中最高层次的管理机构。此外,该机构还可以依据《条例》制定部门采购规则,但在颁布前要获得联邦采购政策办公室的核准。

4. 联邦各部门

除美国总务署、国防部外,联邦各部门都是依法自主开展采购活动的分散采购机构。各机构首长还可以依据《条例》制定部门规章,但在颁布前同样要获得联邦采购政策办公室的核准。

5. 联邦附属机构

联邦附属机构主要指为社会提供公共服务的企业、科研院校、协会等。这些机构同样也要实行政府采购制度。

6. 联邦索赔法院

负责涉及联邦政府行政赔偿案件的裁定事务,包括税收争议和政府合同争议等。该法院现有 17 名普通法官,6 名高级法官。这些法官均由部级任命,参议院批准,任期 15 年,可以连任。此外,美国还存在各类为政府采购活动服务的中介机构,主要是为政府采购提供咨询、设计等服务的公司、律师事务所,没有专门的招标中介组织。

(二) 采购方式

美国联邦政府使用的采购方式主要有以下三种。

1. 简化方式

适用于 10 万美元以下的采购项目,具体形式有政府信用卡、订单及采购协议。无论何种形式,对于 2500 美元以下的小额采购,不管向任何公司采购,均无须考虑竞争和价格问题。对于 2500—10 万美元的采购项目,必须通过最大程度的竞争向小企业采购。

2. 密封投标、公开招标采购方式

适用于采购单位需要清楚、准确和全面表述采购需求的项目。评标标准主要是价格以及与价格有关的因素。

3. 谈判采购方式

包括竞争性谈判和非竞争性谈判(即单一来源采购方式)两种形式。竞争性谈判适用于征求建议书或评标标准包括价格因素和非价格因素的采购项目。由于这种采购方式更为灵活,质量有保证,且采购成本低于密封投标方式,还能更好地实现社会经济目标,因而成为常用的采购方式。

艾奥瓦州的采购方式要求充分体现竞争原则。主要方式有六种:一是州级合同。即通过竞争定点定价,定点期可长可短,但价格是固定的。二是联合合同。即参加州际采购联盟,利用规模优势,减少采购成本,加强合作。目前美国的州际采购联盟有三个:电脑、药品和电子产品。三是招标采购。适用于 2500 美元以上的通用商品和设备。四是竞拍。采用网上报价,在规定期限内报价最低者中标。该方式还处于试点期。五是竞争性谈判。适用于复杂的商品和服务。采用这种方式时,需要得到专家的协助,评标小组成员一般为 5—9 人,价格因素在评标时所占的比重为 20%—40%。六是非正式采购方式,主要是指合同单价在 2500 美元以下的小额采购。具体形式包括授予采购官员直接采购、询价或使用采购卡等。采购卡的金额通常是固定的,如艾奥瓦州立大学的采购卡,每卡的使用金额为 10 000 美元。

(三) 采购程序

美国政府采购过程由三个阶段组成。

1. 确定采购需求阶段

在该阶段,政府采购部门在(买方)要提出自己所需采购的商品或服务,并对这些商品或服务作出说明,如:商品或者服务的功能、采购数量、交货日期等。一般来说,政府通过两种方式提出它的采购需求,一是功能说明,二是设计说明。在具体的采购中,政府通常尽可能采用功能说明的方式采购,原因之一在于该方式风险小,而且风险主要由签约人承担,相比之下,设计说明方式的风险则主要由政府承担;原因之二在于功能说明可以激发报价方的创意以为政府提供更合意的产品或服务。从实践来看,功能说明几乎是美国商业性物品采购的普遍采用方式,它甚至可以用于采购导弹或飞机之类的国防用品。总之,只要政府清楚地说明了其所需的商品或服务,而且采购预算已经到位,那么,采购就可以进入第二阶段了。

2. 签订采购合同阶段

这个阶段政府各部门具体的签订采购合同的方式有所差异,至于具体采用哪种方式采购,主要取决于政府采购是否通过竞争的方式予以实现。

3. 采购合同执行阶段

这个阶段包括一切必要的、旨在监督卖方执行采购合同的过程。这一阶段是为了保证卖方所提供的商品或服务满足合同上的质量与性能要求,同时保证卖方按期定量交货。

(四)其他方面

1. 政府采购合同的特殊性

美国政府采购合同在很多方面与民事合同相同,都是平等主体,适用相同的法律,但也有区别,主要是当事人的地位和力量不一样。政府负有特殊职责,政府合同带有很强的政策性,因此,要适用一些特殊规定。如政府合同有变更的权利,只要政府对合同未作实质性的变更,即使供应商提出投诉也要继续履行合同,当然政府对合同价格也应作适当的调整。

2. 政府采购合同官员资格

美国联邦政府对政府采购合同官员有严格的资格要求。采购合同官员资格由政府资格审核委员会审核批准。美国政府采购人员资格认证机构主要有:公共采购认证理事会、全国采购管理协会、全国合同管理协会、后勤工程师协会。采购合同官员的基本资格条件包括教育水平、培训情况以及工作经历等。采购合同官员按级次管理,不同级次的官员有不同的要求,级别越高,要求也就越高。部门开展采购活动时,部门行政首长任命合同官员,并通过书面形式明确其职责。

3. 抗议及索赔

美国采购制度允许未中标的报价方或签约人对政府不合理的行为提出抗议,并由第三方即仲裁机构听取其抗议并作出裁决。美国联邦合同纠纷主要有投标抗议和合同索赔两大类。投标抗议的主体是未中标的报价方或潜在报价方,他们有权提出抗议,如果对抗议结果不满意,可以继续向美国总会计办公室、联邦索赔法院或联邦地区法院提出,但要求索赔的主体是执行政府合同的签约方。

从发展趋势看,美国联邦政府采购制度的一个总体改革方向是:简化法律和程序,建立政府与产业的伙伴关系,推选无纸化(电子化)采购,强调供应商过去的业绩,政府采购合同要采用商业性条款等。而艾奥瓦州政府采购的发展方向是:积极参加州际联盟,他们认为这是一种具有生命力的采购方式;推行采购方式的电子化,从网上发布采购公告和中标公告,在网上进行供应商注册。

二、德国政府采购制度

在德国,政府采购是指所有的国家机关和公共部门的集中购买,采购对象包括物品、服务和两者之间的结合物(例如道路和房屋建筑)。德国政府采购管理体制比较集中,发展水平很高,政府采购范围很广。在政府采购监督管理方面,机构设置比较完善,职能比较健全。总体上说,德国注重发挥政府采购在经济管理中的作用,注重政府采购项目的预算管理,注重采购人员的管理;其发展方向是现代集中采购,即电子化政府采购。

(一)法律体系

德国政府采购同样是在法制化环境中运作的,同时辅以预算调整。其政府采购原来由《预算法》调整,但缺陷是投标人的投诉权得不到保障,同时遭到欧盟其他国家和美国的反对。基于这两方面的压力,德国内阁通过了《政府采购更新法》,于1999年1月1日生效,规定在《反限制竞争法》中增加关于政府采购的内容,共33条。德国将《政府采购法》归入《反限制竞争法》,基础在于两法维护正当竞争的作用相同。同时,德国改变了《预算法》对政府采购法律关系调整不当的局面。总体上看,德国《政府采购法》制定了详细的采购法规,是政府采购活动的具体依据和规则,也充分保障了市场竞争的公平性,确保守法企业不受歧视地参与政府采购活动。

除了法律支撑,德国政府采购活动还配合预算编制进行。大体上说,德国政府编制动态、滚动的五年财政计划,以便协调年度间乃至上下届政府间的财政安排。五年财政计划的内容也随情况变化,不断调整、更新。更重要的是,五年财政计划要向社会公布。在五年财政计划的指导下,编制年度财政预算。可以说,提早编制细致的财政预算,直接为德国政府采购活动的计划性提供了前提和依据。

(二)采购目标及原则

1. 德国《采购法》规定的政府采购目标

(1)从经济性角度,要利用预算资金完成特定的任务;

(2)当市场出现混乱的竞争局面时,作为一种调控经济的保护性手段从预算中列支。

此外,《采购法》还规定了政府采购在国民经济发展中需达到的三个目标:公开性和透明度目标;促进和利用世界竞争的目标;使私人公司处于平等竞争水平的目标。

2. 联邦德国政府采购的基本原则

(1)私法原则:国家需要采购时,不能以国家身份出现,而要以私人身份出现;与私人公司打交道,要着眼于经济性角度与其签订采购合同。

(2)竞争原则:即国家要创造竞争环境和条件并采取招标方式,不能不通过招标而将合同送出。

(3)长期效益原则:要从长远的角度考虑,以最经济的方式采购设备。并不是说买最便宜的,而是着眼长远,多家比较,寻找最经济的产品。

(4)分散采购原则:每个有权采购的部门,都应自己招标,将合同进行分配。

(5)保守原则:政府应本着自身的经济能力,按照稳健的原则进行采购。

(6)预算法原则:采购项目和金额应严格按照批准的预算法进行。

(三)监督与管理

德国有专门的政府采购监督机构,设立审计署作为政府采购的专门监管机构。审计署不隶属政府,只对议会直接负责,可直接签署逮捕令。审计署对所有的官方账目都有审查权,惯用突击审查或抽查的工作方式,也根据需要对要害环节进行完整审计,并随时对其核查。

同时,为了防止政府采购活动出现问题,德国还出台了一些规定,如对确定容易产生问题的敏感领域进行风险分析,制定防范措施;采取"多只眼"原则,增加透明度;实行人员轮换制;将计划、发标、结算"三权分立";将每一细节记入档案;制定特殊表格填写采购情况归档。德国对政府采购违规的处罚相当重。政府采购官员一旦违规,舆论监督、媒体曝光,将迫使其引咎辞职,不菲的工资收入和相当高的社会保障也将随之失去。

(四)发展方向

从总体上说,德国在欧盟各国里在采购电子化上的发展较快。德国联邦内政部计划筹建由联邦内政部、经济、交通及建设部共同研发的网络招标系统,将所有政府采购相关作业完全统一电子化,并计划陆续扩展到国防、各邦及各级地方政府采购。未来政府部门所需的商品或服务也将全部通过网络招标采购。为顺利推行网络招标采购,德国政府要求政府采购信息系统具有统一性,全部实现电子化,州政府要通过法律、决议保证其操作性。而且,德国还在全面实施该计划前搞了一些实验项目,第一项是数据收集项目;第二项是由财政部组织、在互联网上完成150项采购计划;第三项是观察社会效应,确定5 000欧元以下项目,通过电子邮件或手机采购;第四项改变过去单一在报纸上公布政府采购计划,增加在互联网上发布的比率,观察反映情况。经过一段时间的试验,最终,德国联邦内政部宣布,未来联邦政府部门所需的商品或服务将全部以电子招标方式采购。

三、日本政府采购制度

日本作为最早参加关贸总协定《政府采购协议》的签字国之一,其政府采购具有透明性、公正性、经济性以及预算运用有效性特征,且基本上采用以各部门为单位的分散采购方式,通过招标实施。其内阁府、总务省、外务省、经济产业省、文部科学省等所有的政府机构以及国际合作银行、进出口银行、贸易振兴机构、道路公团等八十多个政府系统的经济实体和科研单位都在政府采购机构及实体范围内。

(一)法律体系

日本政府采购有一系列的法律法规。根据规定,当政府采购的货物、服务、工程超过一定金额时,需要以关贸总协定的《政府采购协议》为依据,按照它规定的程序进行。除了《政府采购协议》,日本政府采购的法律支持还包括《会计法》《预算决算及会计令》《国家物品等特定采购程序的特别政令》等。地方政府采购物品则按照《地方自治法》《地方自治法施行令》等地方法律法规采用招标的方式进行。

(二)信息披露

在日本,政府采购信息一般都要在《官报》(日本政府刊登政府公告,新制定或新修订的法律法规等有关政府的政策、法规等内容的出版物)和政府各部门的网页上刊登,只要打开政府采购网页就能看到各种采购项目。政府各部门需要采购的物品种类、数量、规格等具体数据均能够从网上获悉。想获得政府采购项目的企业可以从网上下载申请表,报名参加投标竞争。

(三)采购方式

日本政府采购主要有一般招标竞争、指名招标竞争、任意签约采购几种。

1. 一般招标竞争

一般招标竞争,也称公开招标竞争,它是日本中央政府的物品和劳役采购的主要方式。根据日本《会计法》规定,政府与企业之间签订采购以及工程建设承包合同应该优先采用"一般竞争方式"进行公开招标和签订合同。采用这种方式招标竞争,通常情况下是先将政府需要采购的物品种类与数量在《官报》上刊登,并规定参加投标企业必须具备的资质等级,注明投标以及开标截止时间等。开标一般都采用公开的方式进行,并由有关方面人士在现场进行监督。最后根据标价结果以及事先规定的条件决定中标供货商。一般招标竞争方式也是日本政府采购的一项基本原则。

2. 指名招标竞争

指名招标竞争主要用于一些特殊或者利用一般公开招标反而会影响效率的采购项目。通常,采用该采购方式的项目需要特定的专业技术或者特定的资格,例如特殊用途的大型计算机等物品,只能限定有能力、有实际业绩的相关企业进行投标,否则会给招标工作增添不必要的费用。从实践来看,被指名参加投标的企业一般是日本行业内的骨干企业,在业内具有一定的影响力,并拥有较好的业绩,可以证明完全能够提供良好的产品和服务。

3. 任意签约采购

任意签约采购是一种由政府相关部门同特定的企业或部门之间签订采购合同的方式。日本采用这种方式进行政府采购的主要理由是产品具有特殊性,如绝大多数企业都不能生产,或者技术水平和产品质量难以达到要求。另外,适用该采购方式的另一种情况是,虽然进行了公开招标,但没有企业参与投标,只好与有关厂家协商解决采购问题。

四、韩国政府采购制度

韩国作为新兴工业化国家,它的政府采购市场在其经济发展中占有较大比例,而政府也积极利用政府采购来有效影响消费和控制出口,并在集中采购和招标采购上取得了不错的成效。

(一)机构设置

韩国在1949年建立了第一个统一采购机构——对外援助临时供应办公室,该办公室还负责利用政府外汇基金向外购买政府所需的物品。到1955年,韩国对政府采购制度进行了较大的改革,将采购和供应集中到对外供应办公室。到1966年,韩国又建立了供应办公室,统一负责对外采购和国内采购、重点工程采购、对企业需要的重要原材料储存采购以及供应事务。而为了与国际接轨,1997年,韩国将供应办公室改为采购厅,专司政府采购,其主要职责为:从国内外市场上采购商品和服务,政府重点工程采购,存货管理,由采购厅负责进口商品的处理,政府资产管理等。财政厅内设一系列办公室和专业局,主要有计划和管理办公室、审计和检查办公室、紧急计划办公室、管理局、采购局、工程局、存货及对外采购局、中央供应办公室、地方供应办公室,以及驻纽约、东京等海外采购办事处等。

计划和管理办公室的主要职责有:供应计划和政策的制定、审查和分析;预算编制及预算执行的调节;采购人员及机构管理;审查有关采购制度、条例草案,并编辑、出版采购制度和条例；诉讼案件事务管理；对诉讼案件作出判决。

管理局的主要职责有：采购周转金管理；公司会计记录管理；国内价格研究及公布价格信息；进口商品的分配、储存以及到港索赔的清算；有关供应物资的数据加工处理；政府财产需求与供应计划的协调及对政府财产的经常性检查；对政府财产管理人员的培训；政府财产的标准化管理；商品编目分类。

采购局的主要职责有：用韩国货币进行的物资和服务的采购；采购物资和服务的规格审查及成本分析；利用政府权力提高中小企业效率；对新开发产品的购买。

工程局的主要职责有：重点工程项目采购过程及合同管理；对市政工程、建筑、电子设备、机械工程项目的技术规格和专业技术进行审查；对重点工程项目进行监督。

存货及对外采购局的主要职责是：主要原材料的储存及销售；对国际市场主要原材料的供求趋势的调查和分析，以及对海外市场资源的研究；对国内不能生产或提供、需要利用政府外汇基金或贷款通过竞标的方式采购的商品和服务从国际市场上采购；对所采购的商品和服务的规格进行审查及成本分析；对外国政府采购政策或世界市场研究情况进行收集和发布。

(二) 法律体系

韩国的政府采购法有基本法规，也有实施细则，各项规章十分详尽，法规对于招标采购前后的每一过程都有一个专门的条文或文件，总的说来有几十种。其中，直接规定招标程序方面的法律法规如下：

1. 《供货商或制造商的登记程序与资格的规定》

韩国实行参与招标的供应商或制造商的登记制度，由企业自愿申请，国家定期审查，合格的供应商或制造商将录入供应企业名单。政府招标采购时，名单内的供应商可参加投标，不必再进行资格审查。

2. 《标底制定的程序与方法》

《标底制定的程序与方法》用以保证标底制定得科学、合理，使招标达到预期的效果。

3. 《投标商资格条例》

主要用于在国际招标时对外国投标人的审查，其中规定了资格审查的标准和程序，因而保证了国际招标的透明度和公平性。

4. 《国内外采购条款》

规定采购应有的形式、招标的程序等。

5. 《投标文件、标单标准格式》

根据国际招标与国内招标的不同，招标项目的不同，设计制定出13种招标文件格式，作为招标采购法细则的一部分。

(三) 采购方式

韩国政府采购法规定，合同金额在2 000万韩元以上时，要使用竞争的程序授予合同，具体说，政府采购合同的签约方式被规定为以下四种：

1. 公开竞争合同

即通过公开招标授予政府物资、劳务和工程采购合同。

2. 有限竞争合同

指通过有限竞争招标授予采购合同。即在一定的范围内发出招标通告，进行投标人资格预审限定投标人数量，经过投标、评标，选出合格中标人并授予合同。

3. 指名竞争合同

即对于有特殊规格、技术要求的采购，特邀数个企业参与投标。

4. 随意合同

指当采购金额在 2 000 万韩元以下，或有采购内容机密等其他特别情况、符合有关法律规定的条件时，可用直接洽谈的方式签约。

总体上看，韩国的政府采购尤其是集中招标采购的效果非常显著，其制度建设可谓成功。从直观上说，它对提高政府采购效率、改进政府行政管理起到了重要推动作用。这主要在于通过招标使政府作业标准化、专业化，提高部门工作效率；实现了组织机构的集中；加强部门协调，方便统一管理，减少重复劳动；提高采购的职业化程度，人员分工明确，办事程序清晰，有利于工作人员的绩效提高；完善了法律法规，增强了透明度，有利于防止和克服政府采购中的腐败行为。从宏观上说，韩国的政府采购同样取得了很好的成绩，它推动了国民经济发展，节约了财政资金，贯彻了政府的政策调控意图，保证了政府资产使用的效率性和安全性；保护与促进了中小企业的发展；等等。

五、各国政府采购经验与借鉴

从各国政府采购制度看，尽管各不相同，采购方式选取与机构构建等均有所差异，但是，却也有一些共同的特征，而这些共同特征，在一定程度上也正是各国政府采购取得卓越成效的经验与做法，值得我国学习与借鉴。我们剖析国外政府采购制度，以对其加以总结并在理论上进行升华。总体上说，国外政府采购值得我们借鉴的经验有下面几点。

（一）完善的政府采购法律体系

为加强政府采购的管理和监督，各国都备有一套完整的政府采购法律体系。以美国为例，美国国会为了管理联邦政府的采购行为，通过了一系列管理政府采购的基本法律。这些基本法律主要包括1949年《联邦财产与行政服务法》和1948年《武装部队采购法》。另外，国会还制定了与政府采购相关的一系列法律，如1933年通过《购买美国产品法》，对美国的采购市场进行保护；《小企业法案》要求在政府采购中对小企业进行优惠。以上述基本法律为基础，由各行政部门制定的实施细则还包括：联邦服务总署制定和颁布的《联邦政府采购条例》以及《国防部制定的武装部队采购条例》。上述法律法规对政府采购的基本原则、范围标准、操作程序、优惠政策、争议处理等各个方面均作出了较为详细的规定。

（二）适合本国国情的采购模式

综观世界各国的政府采购，都具有各自的历史与国情特点，其模式不能一概而论。尽管如此，然而，总的来说，政府采购可分为三种模式：① 集中采购模式，即由一个部门负责本级政府所有的采购。② 分散采购模式，即由各支出单位自行采购，如新加坡，只有有限的物品如计算机、纸张等是通过集中采购的，其他物品都由各部门根据财政部（预算署）制定的《政府采购指南》自行采购。③ 半集中半分散采购模式，即除部分产品由专门部门采购外,其他则由各支出单位自行采购的采购模式。如英国规定,财政部的授权支出可在一定范围内使用(在资金总额内),但在大项目上的支出通常需要同财政部经费小组协商。在这三种模式之中,各个国家采用哪种模式为主、哪种模式为辅,需要重点考虑本国国情,只要切合本国国情,那么,任何一种模式都是卓有成效的。

(三) 良好的制度运行环境

1. 有明确的政府采购目标体系

如前所述,随着政府职能内涵的扩大,发达国家政府采购的目标日趋多元化,已不仅局限于最初的节约财政资金,包括:促进政府采购的经济有效性;促进政府采购中的廉洁和公众对政府采购制度的信心;促进实现其他特定的社会目标,如扶持小型企业和少数民族企业、对本国政府采购市场进行有效保护,还可以和其他政策配合实现多种经济和社会目标,如保护环境、促进就业等。而在如此繁杂的目标体系之中,发达国家的一个共同做法是对目标进行梳理,按照轻重缓急对目标进行排序,确定目标重点所在,而不是不加区分的眉毛胡子一把抓,否则,目标一多,层次又不清晰,则容易削弱政府调控能力。而这一点,恰是发展中国家政府采购管理常见的弊病,值得我们借鉴。

另外,除了清晰的目标体系,发达国家的政府采购还都秉持一些基本原则,包括公平竞争性原则、公开性原则、货币价值最大化原则等。这些基本原则的构建,直接为政府采购提供了思想精髓。因此,发展中国家也应在政府采购管理中贯彻这些基本原则。

2. 清晰且集中的采购管理体制

尽管支出管理是一个连续的过程,但对政府采购制度而言,管理的核心是政府合同的授予方式或程序。大多数国家政府采购法规都以规范政府采购具体操作程序和方法为主要内容。而清晰的采购程序与具体操作方式,又在更大程度上表现为集中的政府采购管理体制。最典型的例子是韩国,其中央部门的政府采购中,价值在30亿韩元以上的工程采购项目、5 000万韩元以上的货物采购项目,都必须由调达厅代为进行;地方政府采购中,价值在100亿韩元以上的工程采购项目、5 000万韩元以上的货物采购也应由调达厅代为进行。

此外,在政府采购管理上,发达国家一个共同做法是注重采用电子招标等先进手段。如,韩国制定了《电子交易基本法》和《电子签名法》,对电子交易活动作出了规范。而采用电子采购,比采用一般方法采购可降低30%的采购费用。

3. 注重对本国政府采购市场的保护

保护本国政府采购市场是一国政府采购制度的一项基本政策目标。如,美国至今仍执行着其1993年制定的《购买美国产品法》,规定联邦政府在签字购买物资采购合同或公共建设项目合同时,必须承担购买美国制造的产品的义务。国内产品优先是美国政府采购政策中的一条重要原则。事实上,通过对政府采购市场的有效保护,鼓励采购本国产品,对本国经济发展极为有利,日本、韩国都曾为其支柱产业的振兴立下过汗马功劳。如日本在振兴汽车工业时,其政府和公共团体采购资金均投入了本国汽车工业;在振兴电子工业时期,办公自动化建设和通信设备的采购为日本刚刚起步的电子工业提供了一个不小的市场,帮助日本企业顶住了美国跨国公司电子产品的冲击。由此观之,利用政府采购保护本国产业发展,不仅是发达国家促进其经济发展的必然途径,更是发展中国家利用政府采购政策手段时必须重视的一点。

第四节　我国政府采购管理状况与对策

一、我国政府采购进展与成效

我国政府采购自 1996 年开始试点,发展至今,已经实现了从制度探索、全面推行试点到法制化管理的三个阶段的历史性跨越,取得了很大成绩。全国政府采购规模从 1998 年的 31 亿元达到了 2016 年的 31 089.8 亿元。财政部作为政府采购监督管理部门,其主要职责是拟定和执行政府采购政策、审批政府采购预算和计划,拟定集中采购目录、限额标准和公开招标数额标准,指导政府采购业务、监督检查各项政府采购活动,负有依法对政府采购活动集中采购机构监督管理的重大职责。这些年来,财政部门在政府采购制度改革与科学发展上做了大量工作。经过努力,目前,我国政府采购实施范围已经覆盖所有中央部门和省、市、县级政府采购单位;政府采购的范围已由货物采购扩大到工程及服务领域。从制度建设看,我国政府采购制度包括采购政策、采购方法和程序、政府采购的组织管理、政府采购的救济制度等均已具备框架;从采购行为看,也越来越具规范性;从政府采购的开展效果看,提高了财政资金使用效益、预防了腐败、发挥了政府采购的政策功能,等等。总之,我国政府采购经过多年的推行,取得了显著成效,主要表现如下。

（一）法律框架初步形成并得到强化

我国政府采购的基本法是《政府采购法》,围绕着《政府采购法》这一核心,财政部会同有关部门陆续颁布了《政府采购货物和服务招标投标管理办法》《政府采购信息公告管理办法》《政府采购供应商投诉处理办法》《中华人民共和国政府采购法实施条例》等多个规章制度。各省、市、县级政府和大部分中央部门都结合各自情况制定了相应的具体实施办法。可以说,我国以《政府采购法》为核心的制度框架已初步形成。

（二）管采分离管理体制得到落实

1998 年,国务院根据国际惯例,明确财政部为政府采购的主管部门,履行拟定和执行政府采购政策的职能。随后,地方各级人民政府也相继在财政部门设立或明确了政府采购管理机构,负责制定政府采购政策、监督管理政府采购活动。到 2000 年,各地政府采购机构建设已基本完成。这意味着中国政府采购管理职能与采购执行职能已经实现了分离,基本上形成了机构分设、政事分开、独立运行、相互制约的工作机制。目前,中央级按照管理系统分别设置了中央国家机关政府采购中心、中共中央直属机关采购中心和全国人大机关采购中心 3 个集中采购机构,30 个省级政府和大部分市级政府也设置了政府采购中心。

（三）政府采购组织形式向集中采购转变

经过多年发展,我国政府采购由原来的分散采购迅速转变为目前集中采购与分散采购相结合的组织方式,且集中采购的组织形式在近年来越来越突出。可以说,我国集中采购与分散采购相结合的政府采购模式已经初步确立,且采购规模和范围在不断扩大。据统计,2016 年我国政府集中采购、部门集中采购、分散采购规模分别为 16 446 亿元、

6 132.9亿元、8 510.8亿元,占全国政府采购规模的比重分别为52.9%、19.7%和27.4%。

(四) 政府采购行为和程序得到规范

总体上看,政府采购已经日益深入人心,采购单位依法采购的观念和意识明显增强,随意采购的做法也逐渐减少,采购活动公开透明度不断提高。这种变化由政府采购方式和信息发布即可见一斑。据统计,2016年我国公开招标规模为19 935.3亿元,占全国政府采购规模的64.1%,公开招标采购、集中采购已经成为政府采购的主要方式和组织形式。

(五) 政府采购信息管理系统初步建造

为实现政府采购工作的公开和透明,我国中央和省级财政部门都指定了政府采购招标中标信息发布媒体。《中国政府采购》杂志、中国财经报、中国政府采购网的建立,则标志着杂志、报纸、网络三位一体的政府采购信息管理体系建设工作基本完成。各级政府也建立了市场调查和信息处理系统、招标投标和专家评审系统,有的地方还实现了网上招、投标,政府采购的运营效率不断提升。

(六) 节能环保等政府采购政策功能强化

各地区、各部门在开展政府采购中,开始落实节能环保、自主创新等政策要求,赋予节能环保和创新性产品优先采购的权利,以支持和促进国家政策目标的实现。中央财政以补贴方式对高效照明节能产品和家电下乡项目实行了政府采购,许多地方在采购节能环保产品、自主创新产品和支持中小企业发展等方面做了大量卓有成效的工作。据统计,2015年全国节能环保产品采购规模达到1 346.3亿元,占同类产品采购规模的71.5%。

(七) 政府采购电子化建设取得初步成效

基于解决政府采购时间长、监管难的问题,我国许多地方财政部门、集中采购机构在电子化建设上进行了创新性探索。北京、浙江、河南、广东等地方财政部门已经建立了涵盖采购全过程的电子化政府采购管理交易系统。广西、深圳等地方和中央国家机关政府采购中心则对协议供货、定点采购等集中采购组织形式实施电子化操作,实现了网上下载文件、网上投标等功能,这不仅方便了采购单位和供应商,也进一步规范了采购行为,提高了采购工作效率,增强了采购透明度。

二、我国政府采购存在的主要问题

政府采购作为财政支出管理的一个重要组成部分,在西方国家已有二百多年的历史了。相比之下,我国的政府采购从1996年试点至今不过十多年。因此,尽管我国政府采购在这十多年取得了明显进展,但由于处于起步阶段,我国政府采购无论是思想观念,还是法律体系、推开范围、采购规模以及管理技术等,都存在较多问题。归纳起来,主要有以下几个方面。

(一) 对政府采购的认识存在误区和偏见

总体上看,政府采购的观念已经日益深入人心,但是,还有小部分政府人员、纳税人对政府采购的认识存在误区和偏见。部分人员认为政府采购是恢复"计划经济",是"统分统配";是政府内部的行政行为,拥有绝对权力;等等。特别是政府采购主要是面向社会公开招标,通过竞争方式采购货物、工程和服务项目,这必然触及一些部门、行业和个人的既得利益,从而使得小部分人员有意识地规避政府采购。事实上,按照《政府采购法》规定,国家机关、事业单位和社会团体使用财政性资金采购货物、工程和服务时应当按政府采购规定执行,但实际工作中,有些采购单位以采购项目紧急、采购项目涉及国家秘密和属于工程项目为由不执行政府采购;有些采购单位则将政府集中采购目录内的项目委托给社会代理机构或自行采购以规避集中采购。而认识上的偏颇和利益的驱动,成为推进我国政府采购活动的阻碍。

（二）政府采购制度规定执行不到位

政府采购可以说是一场重大的分配体制改革,它涉及地方、部门、个人利益的划分。因此,相关人员在政府采购过程中,往往基于利益考虑而变相执行政府采购制度。例如:有些地方搞假投标、人情标或限制范围,搞地方封锁和行业垄断,使政府采购流于形式,在合法外衣下搞"暗箱"操作;有的政府采购计划在编制和执行上存在相当的随意性,导致盲目采购、重复采购;有部分专家为达到某种目的或利益违规评审,将其他投标商作废标处理,或只给中标供应商评审打分,以确保某特定供应商中标;有些则擅自变更采购方式,应当公开招标而未公开招标;有些则随意缩短招标时间,许多公开招标项目等标期明显违反不少于20天的规定,不按中标数额签订采购合同的现象也有出现;预算编制也不完全,许多单位未按照预算要求将所有政府采购项目编入部门预算,而是漏编采购预算,或年度执行中追加项目支出,超采购预算。

（三）政府采购从业人员业务素质参差不齐

政府采购工作是一项系统工程,由于政策性强、涉及面广,需要采购人员掌握经济、社会、科学技术等多方面的知识。而我国大部分机关、事业单位和社会团体的不少采购人员对市场经济条件下形成的买方市场的采购方式所必须具备和掌握的招投标、合同、商业谈判、市场调查及商品、工程与服务等方面的有关知识和技能知之甚少,集中采购机构人员与专业化要求差距较大,业务技能也参差不齐,对技术相对复杂和要求较高的采购项目不能独立操作完成,可以说,我国目前极其欠缺通晓国际通行采购方式的采购管理干部、招投标人员、机关采购人员,仅此而言,我国应尽快建设一支与市场经济相吻合的,熟悉政府采购制度的专职从业人员队伍。

（四）政府采购资金管理不当

由于受长期计划经济的影响以及传统的财政预算管理体制的制约,我国政府采购资金管理存在监督失控、预算约束力不强、浪费严重等问题。如,由于政府采购在我国运作时间短,各地经济发展不平衡,加之国外特殊政治经济环境的影响,我国目前的公共支出项目还未细化到政府集中采购目录,财政部门很难把握采购单位具体的政府采购资金额度,同时由于预算编制粗糙,导致预算追加频繁,重复采购和超标采购现象时有发生。

（五）大量工程项目未实行政府采购

《政府采购法》规定,除政府采购建设工程项目执行《招标投标法》外,其他采购项目应当实行政府采购。但在实际操作中,依然存在大量政府工程项目没有实行政府采购的现象。其中的原因,一是采购主体基于各种目的和利益有意识地规避采购;二是采购中心由于受人员素质等多种因素的制约,无法覆盖、开展所有政府工程项目的采购。

(六) 部分政府采购效果不佳

从当前情况来看,我们政府采购的作用主要还处在节约资金、消除腐败等层面上,相比之下,调节经济总量平衡、优化经济结构、参与国际竞争等作用还不明显,特别是对市、县级政府采购而言,其采购活动难以与节能环保、自主创新等政策调控意图相结合,这反映在政府采购信息统计管理系统上表现为关于产品节能、环保信息登记多为空缺。更有甚者,我国部分政府采购存在价格高、效率低的情况。这主要发生在集中采购活动中,在协议供货成为集中采购的主要实施方式的条件下,由于集中采购协议供货产品调整周期长、产品型号变动快、价格变动滞后,使得用高价产品替代低价中标产品现象时有发生,而一些采购单位不能及时确定采购需求,采购需求因不符合政府采购规定而调整等,拖延了采购时间。这也在一定程度上影响了采购价格和效率。

(七) 社会代理机构采购活动欠规范

从总体上说,我国社会代理机构的采购还是比较规范的,但是有部分社会代理机构为招揽业务获取盈利,迎合采购单位的不正当要求,普遍不签委托代理协议或委托代理协议签订内容不完整、不按规定在专家库中抽取专家、评审组织工作不规范等。而这些问题的产生,既有法律制度、管理体制不健全等客观原因,也有认识不到位、不按规定操作执行等主观原因。

就法律体系而言,首先,我国《政府采购法》在协议供货、电子化采购、专家库管理等方面存在制度空白,一些法律法规规定不够明确和具体,缺乏可操作性。其次,《政府采购法》和《招标投标法》之间对工程采购的规定不统一,而从欧美国家实践看,招标投标是作为一种采购方法在政府采购法律中予以规定的,不再单独制定法律。我国分别立法,并且在工程采购适用客体、内涵界定、监管职责范围等方面规定不一致或缺失,使部分采购单位应实行政府采购而不按《政府采购法》规定执行。

三、我国政府采购管理的对策

(一) 进一步完善政府采购法律体系

如前所述,重视政府采购的立法工作已经成为政府采购发展比较成熟的国家的共同点之一,所以,以法律的形式来规范政府采购的范围、方式、程序、政策及监督管理等事项,已经是大势所趋。对于我国而言,进一步完善政府采购法律法规体系,同时也是依法行政、依法采购的基本需要。鉴于我国政府采购还缺少相关实施细则及具体操作办法,笔者认为,要健全我国政府采购的法律法规体系,应该从完善各项与政府采购相关的配套法规和实施细则入手,因地制宜地制定地方性管理条例,并尽快建立以《政府采购法》为核心、遵循国际惯例、完善政府采购的法律法规体系。

具体来说,今后政府采购法律体系的建设重点应在于下述几个方面:一是不断完善《政府采购实施条例》,进一步细化和完善实施细则,充实和丰富政府采购法律体系。二是做好《政府采购法》和《招标投标法》的衔接。从世界发达国家来看,公共工程都属于政府采购管理范畴。而我国当前已加入政府采购协定(GPA)的谈判工作,协调《政府采购法》和《招标投标法》的关系已经迫在眉睫;将公共工程纳入《政府采购法》规范范围,不仅是规范国内工程采购行为、落实中央政府扩大内需的需要,也是防止发达国家和国际组织利用我国法律不协调而渔利的要求。三是完善《政府采购法》例外的政府采购法律法规。军事采购、紧急采购、安全和秘密采购、境外贷款采购这四类政府采购，可以不适用《政府采购法》，它们需要特殊的规章制度。而这些特殊的规章制度现在还很不完善。尤其是紧急采购，它对于应对突发事件具有特殊功效，因此，更应该有一套特殊的政府采购规则并将其以法律法规加以明确。

（二）建立有效的集中组织管理体制

目前比较有效的政府采购组织管理模式的特征是注重集中。基于此，我国可参照国际惯例，在最高层设立政府采购委员会，制定和统一全国的政府采购政策，统一管理全国的政府采购项目，下设专职机构，具体实施政府采购。为此，我们需要管理机构与执行机构分离，明晰其职责，不断完善机构分设、政事分开、独立运行、相互制约的运行机制，在机构分离的同时集中管理权限，赋予政府采购主体更大的市场自由以提高中国政府采购的管理水平。同时，根据专业化管理需要，在集中采购业务代理和管理上引入竞争机制，打破目前以行政隶属关系、按部门代理业务的垄断格局。总之，集中的组织管理体制有利于政府采购的规范化发展，可以使采购中出现的问题得到及时处理，进而提高采购效率。

（三）进一步深化预算管理制度改革

政府采购效果与预算管理息息相关。预算管理制度的不断完善有利于促进政府采购的规范化发展。就我国来说，当前需要进一步加强政府采购及部门预算和国库集中支付改革的协调与配套。为此，首先，有必要在加强预算监督的基础上，强化政府采购项目预算编制，将政府采购项目全部纳入预算管理，从源头上实现政府采购规范化管理，通过采购资金的国库集中支付，保证财政资金的安全使用。其次，要改革现行财政预算编制方式和拨款方式。一是在预算编制上尽快实行"零基法"，并细化预算科目；二是以项目定资金，对专项资金跟踪监督，年终以报表形式单独反映。

（四）实行目标管理，发挥政府采购政策功能

就当前世界政府采购的通行做法来看，各国都将政府采购作为一项重要的宏观调控工具加以使用。因此，政策功能已是政府采购在今后需加以强调的重点之一。就我国而言，政府采购制度同样具有这一功能，但是，由于我国是发展中国家，政府对经济的干预较多，因此，需要政府采购制度达成的政策目标也较多，如环保节能、自主创新、扶持中小企业发展、保护民族产业等。而在如此众多的目标之中，通过政府采购能够样样兼顾当然是最为理想的，但事实上，就任何一个政策工具而言，在特定的时期都有主次目标，都有目标实现的优先次序选择问题。因此，这就要求我国的政府采购，今后必须对目标体系加以梳理，只有明晰其目标的主次、先后之分，政府采购才能进一步发挥其政策功能。

（五）加强电子化政府采购制度建设

电子化政府采购在透明度、公正性和效率方面都比现行的政府采购方法具有优越性，它已经成为国际政府采购的基本发展趋势。例如，韩国已经从2000年11月起实行电子投标制度，形成了一个由电子招标、电子订货、电子合同和电子支付所构成的电子化政府采购系统；德国则要求从2006年1月起，德国联邦一级政府的所有通用货物和服务必须通过政府统一开发的电子平台进行采购；日本政府则规定，其政府采购必须通过中央政府指定的刊物或政府地方公报来发布招标公告、资格预审公告等信息，这些信息同时也要发

布在日本外部贸易组织的电子信息网上。相较之下,我国政府采购的信息化水平不足,在电子政府采购领域涉足未深,因此,我国的政府采购也必然需要走电子化道路。基于此,今后需要结合财政管理信息化建设,研究制定我国电子化政府采购发展规划,以实现采购管理各环节通畅、运行功能完善、操作交易公开统一、全过程监控和网络安全可靠为目标,集采购单位、代理机构、供应商、评审专家和管理监督部门电子系统于一体,建设全国统一的电子化政府采购管理交易平台,逐步实现政府采购业务管理交易全流畅电子化操作。

(六)增强政府采购的透明度

透明度原则作为世界各国政府采购中的一项基本原则,是政府采购竞争性和高效性的保障。我国要改变现行政府采购中的种种不规范行为,从根本上抑制"暗箱操作"行为的发生,需要增强透明度建设。基于此,一是尽早建立规范、科学、先进的政府采购信息披露系统,在政府采购过程中,做到公开采购程序、采购项目等,使信息渠道畅通。对于代理机构、供应商和评审专家的不良行为,要以适当方式向社会公告。二是建立强有力的监督约束机制。政府采购不仅是财政部门的事情,也是多家部门的共同责任。因而,政府采购强有力的监督与约束,不仅需要财政部门的监管,而且需要相关部门建立起惩防体系的长效机制,要重点发挥纪检监察和审计部门的监督作用,审计部门负责对各个部门、单位对政府采购政策的执行情况及采购资金的使用情况进行严格审计;监察部门则负责对政府采购相关人员实施监察并严肃处理违规违法问题;此外,还应该利用媒体和社会公众的力量,引导社会监督,整合各监督主体的监督力量以形成整体合力。

(七)建立科学的政府采购评估机制

我国政府采购管理上近些年来主要工作在于规范采购行为,即重视事前和事中的管理。事实上,从发达国家成功的政府采购实践来看,政府采购的规范化发展,必然包含事后管理。可以说,一套科学的政府采购评估机制是政府采购功能发挥的保障。因此,我国政府采购要更好地实现节约财政资金和政策功能的作用,需要正视其评估机制的构建。从当前来看,在严格实行职业资格管理的同时,应该对采购人、代理机构、集中采购机构、供应商、评审专家等采购各方当事人建立不同层次、不同方法的评估机制,分别用不同指标来评估,用以检验政府采购的成效,从而更好地引导政府采购发展。

(八)扩大政府采购的规模与范围

政府采购的范围和规模直接反映其制度发展的深度和广度,是衡量一国政府采购制度是否完善的重要标志之一。政府采购范围广、规模大是国外政府采购的特点之一,尤其是发达国家的政府采购,已经从过去仅满足专供政府部门使用的货物、工程及服务项目等物资需求,延伸至导弹、战机等军事装备,铁路、市政工程、电力、通信、机场、港口等公共基础设施,涵盖了公共机构和公共部门所有的采购活动,而且其采购范围仍然在不断扩大,甚至出现了向国际市场延伸的趋势。相对于大多数国家政府采购规模一般占年度GDP的10%—15%,占财政预算总支出的1/3左右的规模而言,我国政府采购在范围与规模上都远远低于这一水平。因此,逐步扩大政府采购的范围和规模势在必行。我国可以通过科学制定集中采购目录及限额标准,扩大政府采购项目的实施范围和采购品种;并考虑在政府采购试点中逐步扩大政府采购的范围,先是扩大易于操作的物品采购,进而加大非物品采购所占比重,探索其有效的运作方式。

总之,完善政府采购制度是我国在今后相当长一段时期内的重要工作,我们要善于借鉴国外政府采购的先进经验,并结合我国国情,建立一套既具有中国特色又能够与国际接轨的政府采购管理机制,从而有效解决我国政府采购法制化水平低、相关配套制度不完善、监督缺位、采购范围小、采购市场化程度低等问题。

本章小结

政府采购作为财政管理的一种专门技能,是指政府机关、事业单位、社会团体等公共机构,为从事日常的政务活动或满足公共服务的目的,使用财政性资金,按照等价交换原则从市场上采购货物、工程和服务的一种政府支出行为。在法治化管理下,政府采购具有资金来源公共性、主体特定性、非营利性、对象广泛性、行为规范性、政策性、采购过程公开透明性、竞争性等特征。我国政府采购已经形成以《政府采购法》为核心,以《中华人民共和国政府采购法实施条例》为支撑,以部门规章为补充的完整的政府采购法律体系。政府采购的有效管理能起到降低交易成本、提供激励机制、使外部效益内部化、抑制机会主义行为、刺激经济发展、保护生态环境、保护民族产业等多重功能。国外政府采购管理值得借鉴的有:完善的政府采购法律体系、适合本国国情的采购模式和良好的制度运行环境。我国今后需要进一步完善政府采购法律体系、建立有效的集中组织管理体制、深化预算管理制度改革、实行目标管理、加强电子化政府采购制度建设、增强政府采购的透明度、建立科学的政府采购评估机制、扩大政府采购的规模与范围。

本章主要参考文献

1. 谷辽海:《中国政府采购案例评析》,群众出版社,2004年。
2. 雷爱先:《公共支出论》,中国财政经济出版社,2000年。
3. 王亚星:《政府采购制度创新》,中国时代出版社,2002年。
4. 肖建华:《政府采购》,东北财经大学出版社,2016年。
5. 杨灿明、李景友:《政府采购问题研究》,经济科学出版社,2005年。
6. 《政府采购供应商投诉处理办法》。
7. 《政府采购货物和服务招标投标管理办法》。
8. 《政府采购信息公告管理办法》。
9. 《中国财经报》,2008—2016年。
10. 《中华人民共和国政府采购法》。
11. 中国政府采购网、财政部网站、中国金融采购网。
12. 《中华人民共和国政府采购法实施条例》。

第十三章 社会保障管理

第一节 社会保障管理概述

一、社会保障管理的含义

(一) 社会保障的含义及其基本内容

所谓社会保障,是指国家向丧失劳动能力、失去就业机会、收入未能达到应有的水平,以及由于其他原因而面临困难的公民以货币或实物形式提供基本生活保障的活动。

根据1952年国际劳工组织大会通过的《社会保障最低标准公约》规定,现代社会保障主要包括医疗津贴、疾病津贴、失业津贴、老龄津贴、工伤津贴、家庭津贴、生育津贴、残疾津贴和遗属津贴等,其中最主要的是失业津贴、工伤津贴、老龄津贴、残疾津贴和遗属津贴。根据公约规定,一个国家只要实行了三种津贴(其中至少包括最主要的一种津贴)就可被认为建立了社会保障制度。

我们国家把社会保障分为四个部分:社会保险、社会救助、社会福利和社会优抚。其中,社会保险是整个社会保障制度的核心部分。

(二) 社会保障管理的含义

社会保障管理是各级政府和有关机构为追求社会保障的经济有效,运用掌握的各种手段,经过计划、组织、指挥、协调和控制对社会保障活动施加有效影响的过程。

社会保障管理的这个概念包括管理的三要素:管理目标、管理主体和管理客体。

社会保障管理的目标是追求社会保障的有效性和经济性。所谓有效性,是指通过实施社会保障而使得社会失业和贫困减少;社会成员医疗、年老等有保障;人们的物质、精神满足程度提高;社会稳定。所谓经济性,是指在社会保障实施过程中,以较少的成本得到最大的效益。

社会保障管理的主体,是指实施社会保障管理活动的人和机构,包括各级政府、各种专业管理部门(如劳动社会保障部门、民政部门、财政部门)、各种经办机构(如社会保险公司)、各种社会监督机构(如审计部门以及社会舆论监督部门)等。从广义上讲,社会保障管理的主体还应包括社会成员。

社会保障管理的客体即社会保障的全过程,包括社会保障目标模式的选择,政策法规的制定,社会保障活动的具体实施(主要是社会保障资金的筹集及分配等),社会保障的监督、信息反馈及有关分析等。

二、社会保障管理的内容及其分类

社会保障管理的内容从性质上分,有资金管理、成本管理、效益管理、人力资源管理、信息管理、体制管理、政策管理、法制管理;从管理所用方法上分,有社会保障预算管理、社会保障会计核算、社会保障统计分析、社会保障审计监督;从管理的时间属性上分,有社会保障即期管理、社会保障预测管理。

(一)按管理内容的性质分类

1. 社会保障资金管理

社会保障资金管理是社会保障管理的核心内容。对社会保障资金进行管理,包括从宏观角度和微观角度对社会保障资金的收入、支出、结余及其平衡进行管理,对社会保障的资金调度安排管理,对资金的长期走势预测管理。目前,我国的社会保障资金以社会保险缴费为最大来源,对之实行收支两条线管理,且分为社会统筹和个人账户两部分;社会保险缴费目前有社会保险公司和地税局两种征收单位,征收上来的社会保险费要按规定及时存入财政专户。从长远来看,社会保障缴费不应由两个单位征收,应在全国统一征收单位。我国的社会保障资金除社会保险缴费为最大来源之外,就是财政部门拨付的资金了,但财政部门目前仅有中央财政的利息税、福利彩票收入可以固定用于社会保障支出,尚无其他来源渠道,而这两种收入远远不够社会保障拨付之需要。因此,开辟财政拨付社会保障资金的来源渠道是当前我国社会保障工作亟待解决的问题。

2. 社会保障成本管理

社会保障成本管理可以借由多个衡量的指标。"社会保障支出/GDP"这一指标被称为社会保障负担率,它表明全社会的社会保障负担水平,当然也体现出社会保障成本水平的高低。其分子"社会保障支出",可按直接成本、管理成本分项计算,也可按合计支出数计算,取决于考核分析的目的。社会保障成本也可由"社会保障支出/财政支出"的比重来体现,它表明政府的社会保障负担水平,反映政府的社会保障成本。社会保障成本还可由"社会保障支出/工资总额"的比重来体现,它表明劳动者的社会保障负担水平。

3. 社会保障效益管理

社会保障效益管理可分为直接效益和间接效益的管理,经济效益和社会效益的管理。社会保障效益可以通过社会保障成本的横向比较来体现。可以找出若干经济总量相近的国家作为参照系,然后比较这些国家的社会保障成本水平。在经济总量相近的前提下,当然社会保障成本水平越低,其社会保障的效益水平越高。也可反过来比较,找出一些社会保障负担水平相近的国家,然后比较这些国家的经济产出总量及人均产出总量。在社会保障负担水平相近的前提下,其经济产出总量越多,人均产出水平越高,则社会保障的效益越大。

4. 社会保障人力资源管理

社会保障人力资源管理包括人才培养、人才交流、职业培训等。社会保障专业人员应具备什么样的知识结构,目前全国尚无统一认识。大多数学者认为,社会保障专业人员应掌握社会学、劳动学、经济学、法学等方面的知识,社会保障专业人员培养的突出特点就是专业面宽、学科间跨度大,这是由社会保障工作本身的特点所决定的。

5. 社会保障信息管理

社会保障信息管理的基础是业务管理。以社会保险为例,社会保险业务管理是一个科学的系统工程,从缴费的核定、征集、记录到待遇审核、支付,涉及每一个参加社会保险的用人单位和每一个职工。每一个社会保险经办机构都承担着几十、几百乃至几千个企业,成千上万甚至几十万名职工与离退休人员社会保险业务的管理。特别是养老保险和医疗保险,实行社会统筹与个人账户相结合的模式,社会保险管理的基本对象由企业延伸到职工,使得社会保险业务管理工作量急剧膨胀。因此,提高社会保障业务管理的效率成为社会保障信息管理需要认真研究的课题。

6. 社会保障体制管理

社会保障采取什么样的管理体制,有哪些部门参与管理,如何管理,部门间关系如何协调等,这些问题本身就有着经济学的意义。管理体制本身就是一种成本,寻求体制成本最低也是社会保障管理的重要内容。

7. 社会保障政策管理

社会保障所涉及的内容庞杂,范围广泛,各种利益关系交错。如何制定社会保障政策,使社会以最少的投入取得最大的效果,也是社会保障管理的研究内容。而且,社会保险基金有节余归全体缴费者所有,一旦社会保险基金出现亏空,就要由国家来承担。因此,财政应该参与社会保障政策的制定,预测社会保险基金的收支及其缺口,做到未雨绸缪。

8. 社会保障法制管理

依据法制对社会保障实行管理是世界各国的通行做法。中国的社会保障法制建设还很滞后,至今还没有一部独立完整的社会保障法。目前国家颁布的有关法律法规有:《中华人民共和国劳动法》《国务院关于建立统一的企业职工基本养老保险制度的决定》《国务院关于在全国建立城市居民最低生活保障制度的通知》《国务院关于建立城镇职工基本医疗保险制度的决定》《中共中央、国务院关于切实做好国有企业下岗职工基本生活保障和再就业工作的通知》《失业保险条例》《社会保险费征缴暂行条例》。

(二) 按管理的方法体系分类

1. 社会保障预算管理

从财政角度将社会保障看作政府对经济实施宏观调控的政策工具,对其实行收支总额的控制、收支标准的调整、基金结余运作的管理等,让社会保障在调控经济过程中发挥重要作用。

2. 社会保障会计核算

对社会保障资金运动的全过程进行系统的反映和核算,监督社会保障资金的安全,提高社会保障资金的使用效益,形成社会保障资金的第一手数量信息资料,为整个社会保障管理提供数量依据。

3. 社会保障统计分析

收集汇总整个社会保障事业的数量信息,对其进行加工整理分析,找出其中的数量规律、数量界限,研究社会保障对经济的正面、负面影响及其程度等,寻求社会保障与经济发展之间的最佳组合。

4. 社会保障审计监督

社会保障直接接触百姓,对社会稳定意义重大。正因为如此,对社会保障进行审计监督就更加重要。尤其是对社会保障资金进行审计监督,更是重中之重。

在社会保障预算管理、会计核算、统计分析、审计监督这一管理体系中,预算管理是龙头、主体,会计核算是基础,统计分析是手段,审计监督是保证。实际工作中,应当按照社会保障预算管理的要求,设置社会保障会计科目、制定社会保障会计核算的目标,并使各种信息融于社会保障预算管理之中,使来自基层、来自四面八方的大量信息最终汇于社会保障预算管理的大系统中。

(三)按管理的时间分类

1. 社会保障即期管理

对社会保障的现实状况进行管理,前面所述大部分内容均为即期管理。

2. 社会保障预测管理

对社会保障的未来中长期发展进行趋势预测分析,主动调整有关政策,以减轻由于社会保障政策调整带来的社会震荡。社会保障涉及千千万万国民的切身利益,也涉及子孙后代的利益,而且福利支出本身又具有刚性,因此社会保障政策的调整难度相当大,如若调整不当,将会造成整个社会的震荡,甚至影响到子孙后代,故而对社会保障进行长期预测研究具有特殊重要意义。

第二节　社会保障制度的选择与构建

一、中国现行的社会保障制度

(一)中国社会保障制度的发展现状

中华人民共和国成立以来,我国逐步建立起城市的职工劳动保险体制,农村的"五保"制度、合作医疗制度,社会优抚制度等,并兴办了城市社会福利救济事业,开展自然灾害救济工作,从而形成了中国的社会保障制度体系。

改革开放三十多年来,中国社会保障制度伴随计划经济体制向社会主义市场体制的转型不断进行调整与改革,经过初期的恢复调整,20世纪80年代中期到90年代中后期的探索试点,1997年之后十多年的规范发展,实现了几大转变:首先,基本打破了国有企事业部门由单位办保障的旧体制,初步实现了社会保障制度的社会统筹和属地化管理,单位保障制度转换为社会保障制度。其次,打破了计划经济体制下主要对公有制单位正规就业职工实行社会保险的做法,新的社会保险制度覆盖面逐步向各种所有制类型的正规就业职工和部分灵活就业人员扩展,覆盖面不断扩大,并初步打破了完全以户籍划界的城乡二元社会保障制度,形成了现代社会保障制度的基本框架,并积极探索与社会主义市场经济体制相适应的现代社会保障制度的运行机制。

(二)中国社会保障制度存在的问题

目前中国社会保障制度还很不健全,更不完善,仍然存在诸多的问题与挑战。主要包括以下四方面。

(1)社保经办服务能力尚不能完全适应全覆盖的客观要求。随着各项社会保险制度覆盖面的快速扩大,社保经办机构服务对象急剧增加,各级社保经办机构基本上处于超负荷运转状态,经办能力不足的矛盾非常突出;社会保障基层平台(乡镇街道和村社区)经办能力薄弱。信息系统建设尚有不足,偏远地区的基层社会保险经办机构配备的计算机设备普遍老化,业务操作系统落后,信息系统的管理程度很低,严重影响办事效率;部分统筹地区不同险种之间信息数据尚未共享,信息"孤岛"问题突出,影响参保扩面。例如,城乡居民的基本养老保险、基本医疗保险数据不共享,使得生存认证、稽查重复参保领取待遇工作艰难开展。

(2) 社会保障历史债务缺乏明确的处置方案,建立多层次的社会保障体系还有许多困难。社会养老保险资金缺口日益增大,始终不能解决如何填补社保基金缺口的问题,这不仅关系到这一代的国民,还可能需要几代人共同分担。由谁来承担这个填补缺口的责任,这个问题解决不好,就难以继续推进社保改革,建立多层次的社会保障体系。

(3) 社会保障基金统筹层次不高,各地社会保障制度差异过大,建立统一的社会保障制度还有不小的阻力,社会保障关系转移接续十分困难。而社会保险的低统筹层次使得劳动力在流动时难以转移接续社会保障关系,限制了劳动力的流动。目前,养老保险、失业保险、医疗保险统筹方面,除少数省市以外,大部分地区仍停留在市县级统筹阶段。社会保险的社会化管理和服务也进展较慢,还有许多事务性的工作基本上仍由企业承担。与此同时,提升统筹层次又面临区域经济非均衡发展的制约,很难实现富裕的、职业年龄结构轻的地区与贫困的、职业年龄结构偏大地区的社会共济。由于历史原因、自然地理条件、优惠政策和各地政府间财力的差别,导致一些地区社会保障压力较大而财力相对不足,而另一些地区财力充裕反而社会保障压力相对较小。而且,客观情况决定了社会保障基本上还是中央定政策,地方具体负责管理落实,统筹的层次也就比较低。由于中央缺乏有力的手段来判断地方政府筹集社会保障资金的努力程度,为了避免全国统筹对富裕地区的"鞭打快牛"的不良效应,只好采取折中的办法,对于存在缺口的地区,通过谈判确定中央承担的比例,其余的事权要充分发挥地方的积极性来解决。

(4) 社会保障投入不足,保障水平明显低于实际需要,社会保障建设又面临人口老龄化、就业形式多样化的严峻挑战。中国目前还处于社会主义初级阶段,经济发展水平与发达国家还有一定差距,公共品供给不够,使社会保障一直处于低水平。同时,社会保障是目前财政收支项目当中一个非常重要的"缺位"领域,尽管财政投入日益增多,但近年来,社会保障支出占财政支出的比重基本保持在 10%—11%。社会保障支出增长速度几乎与同期财政支出增长速度同步,略低于财政收入的增长速度。有学者分析认为,随着社会主义市场经济体制及与之相适应的公共财政的建立和完善,财政支出结构尚有进一步调整的空间,使整个社会保障支出占财政支出的比例达到 15%—20%。同时,面临人口老龄化、就业形式多样化等严峻挑战,社会保障支出投入显得愈加渺小。

二、中西方社会保障差异的制度分析

(一) 财税制度的差异

在西方国家,社会保障的财政资金来源一般是通过指定税的方式进行筹集,同时也利用税收的手段对各种私有退休金的安排和个人退休账户储蓄的实际操作进行调节,以实现政府对社会保障责任分配的政策目标。因而,财税制度一方面是社会保障制度的内在组成部分,另一方面也是与社会保障极为相关的经济政策手段,它们共同发挥着对不同社会阶层的利益调整功能,形成了两个作用途径。社会保障的财政支持一般通过工薪税筹集资金,在不同的国家适用不同的比例,在雇主和雇员两方也进行着不同的比例分配。如美国,一般是雇员和雇主各承担一半的税。不仅如此,西方社会保障体系各个组成部分与税收的关系具有极其复杂的结构,从而构成了社会保障的财税制度安排以及其他的财政税收制度安排协调作用进行社会利益调整的重要途径。一般而言,社会福利资金主要有三种基本的获得途径:税收、自愿捐款和收费。其中税收构成了资助公共福利计划的主要资金来源。

在中国,运用税收财政手段调整社会政策希望达到的目标还处于初级阶段,开征社会保障税的计划还是一个正在探讨的命题。虽然社会保障税种是国际通行的措施,有很多国家的经验也可以借鉴,但基于中国的社会财富分配状况以及工资收入的特征,特别是受制于税制结构的影响,运用社会保障税的方式筹集社会保障基金还存在极大的局限性。个人工资收入在国民收入初次分配中只占较低的份额,以工资税作为社会保障的财政收入来源缺乏必要的经济基础。

(二) 政府作用与介入方式的制度差异

西方国家完善的市场经济体制决定了政府的主要职能是制定社会保障架构和运行的规则体系,主要承担社会保障立法及通过法律途径的调整,甚至直接通过法院判例的途径修正社会保障参与各方的责任和义务。政府一般并不直接介入企业和个人社会保障的具体事务。而在中国不完全市场经济条件下,由于社会保障立法至今仍然缺位,仅有一些法律权威相对较弱的条例规章等作为依据,并且社会保障制度体系依赖于行政干预才能够正常地运行,政府、企业和个人的分工责任并不明显,或者有分工的规定而难以落实,因而形成了政府主导型的社会保障运行体系。

中国社会保障制度体系的建立脱胎于传统的计划经济体制,由于完全市场经济机制的缺位以及特殊的国情,必然要求充分发挥国家的作用,依靠政府作为社会保障制度体系创新的主体。一方面,政府主导型的社会保障制度创新在中国目前阶段表现得极为明显,配合计划经济体制向市场经济体制的转轨,政府对传统计划经济条件下形成的一整套社会保障模式进行了重新的制度设计,建成了在城镇地区实行的一元化的多层次社会保障制度体系。这种制度体系的运行尽管出现了重重困难,但服务于国有企业改革的初衷还是卓有成效的,应该说很好地缓解了政府在推动改革的艰难时期承受的巨大压力,使改革开放能够顺利进行。但由此造成的社会不公平性也很明显,需要进行进一步的制度创新。另一方面,由于政府具有强势地位,并缺乏必要的法律规范及制衡机制,政府在社会保障领域失效的状况也比较严重。在中国,不完全市场经济条件下的政府行为经常由于各种偏差而形成政策租金,直接妨碍了社会保障制度体系整体功能的实现。

(三) 企业制度的差异

在西方发达国家,政府只提供企业福利制度安排的立法规定,因此,企业要根据自身的经济条件,针对雇员对于社会保障需求的不同特点,有针对性地提供社会福利制度安排的具体框架。实际上,对企业雇员提供了福利计划一般标志着公司对雇员工作和满意度的定价。在市场条件下进行这种定价,要考虑很多因素,包括企业产品和服务的市场价格、公司的利润以及相关企业提供工资福利报酬的情况等。企业福利计划不仅是企业提供给职工的激励机制的灵活形式,也是政府通过相关税收政策实施社会控制的一种途径。在西方发达市场经济国家,职业福利一般是税前支出,而个人购买的服务是税后支出,税前和税后支付的差距存在极大差异。在这些国家,企业福利计划普遍作为企业雇员的补充收入方式,并在第二次世界大战后的几十年中获得了迅速的发展。1940年,间接薪酬占直接薪酬的5%,1950年占20%,1980年几乎达到40%。1965—1973年,西方国家工资增长了72%,间接薪酬则增长了126%。1973年以后,工资因通货膨胀而迅速增长,职业福利增加更快。20世纪80年代,职业福利这种非工资的劳动成本增速更快,在典型的福利国家英国,非工资劳动成本从1965年的13.7%上升到1983年的26.5%。

中国由于受非严格市场主体性约束的影响,企业可能出现寻求职工福利最大化的社会保障选择偏好。由于企业经济成本收益分析对企业盈利不起应有的作用,最终评估企业的标准依赖于一些社会政治因素等非价格信号。因而企业在成本决策的过程中,会考虑软预算约束的预期,导致企业的工资收入分配和福利安排脱离企业可控制资源的约束,并且可以通过各种办法调整最终的利润,例如通过价格和税率等途径消化企业的成本支出,形成企业福利的过度发展,也由此造成了企业与企业之间、行业与行业之间存在的福利悬殊,形成了社会新的不平等,加剧了社会排斥的深度。这正是目前中国绝大部分国有企业进行企业福利安排时出现的现象。最为极端的例子是,国家的电力、电信等垄断行业仍然由进行计划性资源分配以至于被保护的行业或企业获得超额垄断利润,而这些利润又有相当部分通过企业福利的形式转化为这部分国有企业职工的个人受益权。

三、中国社会保障决策

改革开放以来,中国已经形成的不同利益群体对社会保障需求存在巨大的矛盾,很难在一个相同的标准上得到有效的利益整合。从理论上讲,制度创新的预期净收益超过预期的成本,一项制度安排就会被创新。只有当这一条件得到满足时,我们才可望发现在一个社会内改变现有制度和产权结构的企图。这同样适合于社会保障制度的创新机制,但事实并非如此。由于中国缺乏社会民主参与的传统,经济政策与社会政策的制定在很大程度上依赖于政府的干预,形成了政府对于社会保障制度创新的决定性作用。因而,在政府主导型社会保障制度创新的社会条件下,社会保障政策的决定取决于政府与特定社会阶层的社会联系程度。这种不同的联系程度,形成了政府政策决定所依赖的社会偏好状态,因而很难形成社会不同利益阶层共同的社会保障需求的均衡满足。在这个意义上,社会保障的决策实际上是政府宏观政策的一个组成部分,并且倾向于满足短期社会政策目标的需要,它与政府制定的社会主义市场经济的长远目标存在某种偏离。造成中国社会保障决策困难的社会原因来源于社会阶层划分的相互交叉甚至矛盾的标准。在社会保障实施的主要地域城市,社会分层的依据是身份,既包括就业职工身份,也包括城乡居民身份,尤其是传统形成的以国有企业职工和以机关事业单位干部的身份构成了社会意见表达的强势群体,并且一直处于强势群体的地位,因而造成了以收入为社会保障制度期望实现的转移支付和再分配标准的扭曲,形成了社会保障决策的"中国特色"。

四、中国社会保障体制的选择与构建

（一）通过立法来明晰主体各方的社会保障责任

在政府的主导下，需要通过立法机关制定相应的社会保障法规，来明确规范主体各方的社会保障职责。如果无法制定综合性的社会保障法规，也可以让基本养老保险甚至是企业职工养老保险法规、包括工伤保险制度在内的雇主赔偿法、包括失业保险制度在内的就业促进法等法规先行出台。

（二）建立综合性的城市社会救助系统

从现阶段最低生活保障制度的实践内容及保障效果出发，面向城市贫困人口的社会救助制度主要是最低生活保障，它所解决的只是根据当地消费水平确定的最低营养需求问题，而事实上，相当多的贫困人口需要的是一个综合性的社会救助体系。因此，应当在积极推进户籍制度改革的条件下，以政府财政为后盾，以现行城市居民最低生活保障制度为基础，在全国城镇构建一个包括最低生活保障、公共房屋、疾病医疗救助及其他相关救助措施在内的综合性社会救助体系。

1. 进一步完善城市居民最低生活保障制度

在坚持维护最低工资标准的条件下，取消"虚拟收入"，建立有效的家计调查系统，将居民受助以当期收入状况为条件调整为当期收入与家庭资产及其他收益状况相结合，并明确贫困居民申请救助的权益与程序，在严格监管中维护受助者的尊严与体面。

2. 尽快确立城市公共房屋政策

针对贫困人口居住条件恶劣的现实，在继续推进住房制度改革并引导居民购房的同时，政府应当建设公共房屋，帮助贫困居民改善其居住条件。目前部分城市推出的廉租房政策应当作为全国性的公共房屋政策出台，并将其纳入社会救助体系。在制定统一的公共房屋政策时，应当坚决遵循公平、公正、公开的原则，坚持低标准和统一人均住房面积，不能延续计划经济时代的实物分房等级制，从而既保证住房条件极端困难的低收入居民能够获得有限的住房保障，同时也使其他居民自愿放弃这种待遇。

3. 确立贫困人口医疗援助政策

贫困人口的疾病医疗是一个日益突出的社会问题，疾病不仅使贫困人口的生活状况更加恶化乃至陷入绝望境地，而且容易使一般城乡居民陷入贫困之中。因此，建立一个面向贫困人口的疾病医疗援助制度既是缓解其生活压力的必要举措，也是社会发展进步与社会公平的重要内容。

4. 实施其他相关援助措施

在义务教育还未能真正免费的条件下，基于部分贫困家庭的未成年子女因贫失学的现实，政府有必要制定贫困家庭子女义务教育补贴政策，并通过这一政策实现义务教育机会均等的目标。针对遭遇天灾人祸的贫困人口，还有必要建立紧急救助机制。

（三）迅速、全面地推进社会保险制度建设

社会保险并非以弱势群体为中心，但社会保险通过向劳动者提供养老保险、医疗保险、失业保险、工伤保险、生育保险等，有效地解除了居民的后顾之忧，并为避免受保者沦为弱势群体创造了条件。因此，必须摒弃只要社会救助不要社会保险，或者只重贫困救助

而忽略社会保险的倾向,根据现实国情和就业格局新变化,在完善现行制度的条件下迅速推进各项社会保险制度的建设,力争使社会保险制度覆盖到符合法定资格条件的所有劳动者。

在基本养老保险方面,由于历史包袱重、就业方式变化大的影响,基本养老保险制度目前面临扩大覆盖面难度增大、资金压力持续增大的困难。因此,应当在划清历史责任与现实责任并对历史责任采取其他措施加以化解(以免危及新制度的安全)的条件下,尽快降低缴费率,将管理责任与基金统筹层次迅速提升到以省级为本位,将重点放在构建制度平台上。国家可以逐步将现行的基本养老保险改造成普惠式的国民养老金和差别性的职业养老金,前者将逐渐成为全体国民共享养老保障的制度平台,在这一平台基础上,现阶段可以考虑多元化的养老制度安排,以适应就业结构、就业方式的发展变化。

在失业保险方面,随着下岗职工基本生活保障制度向失业保险并轨,这一制度面临增强抗风险能力的内在要求,应当开辟新的资金供应渠道,而不能将结构调整带来的高失业率风险由正常的失业保险基金来承担。同时,鉴于劳动力资源在相当长时期内均属严重过剩,以及经济结构调整和工业化、城市化进程中大量劳动力(尤其是乡村劳动力)转移所带来的就业压力,现行失业保险应当强化其促进就业的功能,包括:① 适当收缩覆盖对象范围,以适应各种非正规就业的发展;② 强化培训功能;③ 强化就业服务系统。失业保险促进就业功能的强化,将使这一制度在维护失业工人利益的同时,由消极干预转向积极干预,其效能将因此而大幅度提升。

从层出不穷的工伤事故到规模惊人的职业病群体,以及由此而导致的数不清的劳资纠纷,表明工作伤害与职业病已经构成现阶段工业劳动者尤其是农民工的重大风险。这种风险不仅直接损害着劳动者的健康与生命,亦往往使受害者及其家庭陷入难以自拔的生活困境。因此,在传统的劳动保险制度已经退出现行社会保障体系、多数单位未执行原有的工伤保障政策的同时,针对工业及其他非农产业劳动者尤其是农民工的工伤保险制度,应当作为中国最基本的社会保险项目优先得到确立,尽快确立农民工及能够覆盖所有工业及其他非农产业劳动者的工伤保险制度,政府在工伤保险中的责任主要是制度设计和依法强制推行。

在医疗保险方面,应结合现行的医改,进一步扩大覆盖面,加大保险深度。疾病已经成为加剧弱势群体生活困难的重大因素和导致贫困的重大致因。因此,应当尽快推进医疗保险改革。值得考虑的深化改革措施包括:① 在医疗保险政策中真正注入福利公平原则,取消按身份确定等级待遇的旧规定,在发展私立医院和私人医生的条件下,促使部分高收入群体自愿放弃医疗保险待遇,以便让更多有需要者享受医疗保障;② 坚定不移地实行医疗保险、医疗(医院)体制、医药体制三项改革同步推进,在割裂医疗方借医谋利的利益链条的同时,适当引入竞争机制以便实现公共卫生资源的优化配置,对药品供应进行计划调控;③ 在医疗保险改革中摒弃片面的效率观念,应当以全民健康保障作为长远目标来确定,在现阶段可以采取多元化的制度安排,以适应不同群体的疾病医疗保障需要,最终目标应当是全民健康。

(四)进一步完善社会保障责任共担机制

在中国新型的社会保障体系中,责任共担的原则已经得到确立,但利益各方的具体责任划分并不明晰,责任分担的模糊状态已经对整个社会保障制度的建设产生了很大的消极影响。因此,必须尽快完善社会保障责任共担机制。

1. 明确政府的责任

毫无疑问,政府承担着保护弱势群体和主导整个社会保障制度的当然责任。这种责任不仅体现在推动社会保障立法、监管社会保障运行等方面,而且直接、具体地体现在政府承担的财政责任上。同时,合理划分中央与地方政府的财政责任已经成为迫在眉睫的任务。从近几年中央财政对社会保障的投入持续大幅度扩张而地方政府仍然缺位或半缺位的现象出发,应当通过立法明确地方政府的社会保障财政责任,摒弃劳民伤财的所谓"政绩工程""形象工程",将有限的财政资金用在促进就业和保护弱势群体上,这是一个负责任的政府必须承担的公共职责所系。

2. 明确企业的责任

企业缴费是支撑社会保险制度的重要经济基础,但目前的缴费率不仅极不公平,而且畸高,构成了市场经济公平竞争环境的破坏因素和企业竞争力的损害因素。以基本养老保险费率为例,一方面,参加养老保险的国有企业负担沉重,而未参加的企业却无须支付社会保险费用;另一方面,由于历史负担的不同,各地企业的负担亦极不平等,深圳企业的缴费率仅为工资总额的6%,北京为19%,沈阳等老工业基地却高达24%以上,高低之间相差竟达18个百分点。对此,在划清历史责任与现实责任的条件下,应尽快明确界定企业的责任并迅速实现企业负担平等化,新型社会保障制度应按统一的费率标准向所有符合法律规范的企业征收社会保险费,包括企业应当承担的基本养老、失业、医疗、工伤及生育保险费等,总费率宜控制在工资总额的30%以内,住房公积金宜纳入工资范畴;鼓励但不强制企业建立企业年金、补充医疗保险等机制。在控制企业责任的前提下,应根据社会保障资金的需求量提高政府财政和个人负担的比重,或者在支出剧增的现阶段采取发行长期国债的办法来弥补,以保护企业的竞争力并实现就业增长。

3. 明确界定个人责任

增强国民自我保障意识和个人责任,既是世界社会保障改革的潮流,也是中国社会保障制度改革的重要目标。因此,让劳动者分担相应的社会保险费是必需的举措。目前需要落实的措施包括:① 规范工资统计范畴,根据实际工资收入征收各项应当征收的社会保险费,杜绝瞒报、漏报收入的现象;② 扩大社会保险覆盖面,让年轻的劳动者分担起中老年职工的部分责任;③ 在维护孤老残幼等极端弱势群体的生活权益的同时,按照不营利的原则对相关社会福利收取服务费。此外,还应通过完整个人所得税、利息税及制定遗产税、赠与税、特别消费税制等措施来适度调节国民个人收入分配,借此让先富起来的居民更多地分担一些社会保障责任。

4. 国家积极引导社会各界分担相应的社会保障责任

在这方面,政府可以扩大彩票发行规模,并积极、稳妥地尝试赛马之类的博彩业,同时用税收优惠的政策来调动各界参与慈善公益事业捐献的积极性。这种非强制性的筹资方式将能够筹集到大量的资金,它们是政府、企业、个人直接负担能力不足的重要且有益的补充,值得政府考虑与充分运用。

5. 分化中老年职工老年保障的历史责任

基于中老年职工老年保障的历史责任已经成为困扰整个社会保障制度改革、发展的重要因素,国家应当找到分化历史责任的途径。在对历史责任进行合理测算的条件下,一方面,通过积极、稳妥地推进国有股减持来筹集相应的资金;另一方面,还应当发行长期国债来消化这种历史责任。前者体现的是国有资产存量对中老年职工老年保障的责任,后者则是利用未来经济发展所带来的增量消化历史责任,同时也是年轻一代职工对中老年职工历史责任的分担。现阶段社会保障(主要是基本养老保险)制度所遭遇的困境表明,对于历史责任,与其说继续模糊化而心中无底、无所适从,还不如合理界定、清晰测算、合理化解。对历史责任的处理,已经成为整个社会保障制度能否健康发展的关键。

(五)分类分层保障农民工等流动人口的权益

以农民工为主体的流动人口,已经成为中国现阶段一个人口数量达1亿多人的规模群体,他们的共同特点是流动性强、非正规就业者多并处于相对弱势地位,与流动性较弱的传统型正规就业者在社会保障需求方面存在较大差异。因此,有必要对流动人口采取分类分层保障的办法,以逐渐有效地保障这部分弱势群体的生活权益。应当从速确立工伤保险制度并强制覆盖全体工业及其他非农产业劳动者,尽快建立面向农民工及其他流动劳动者的大病或疾病住院保障机制,并建立相应的社会救援制度(包括遭遇天灾人祸时的紧急救济、特殊情形下的贫困救助、合法权益受损或遭遇不公待遇时的法律援助等)。对于养老保险,则应在适当分类的条件下根据制度多元化的原则来设计相关方案供其选择,并作为全国性政策出台。

(六)积极推进农村社会保障制度建设

城乡居民收入差距的扩大化和农村居民地位的相对弱势化,既体现了农村对建设社会保障体系的客观要求,也反映了农村居民生活风险的累积与社会风险的累积。因此,要真正保护农村居民中的弱势人口并促使绝大多数农村居民免于沦为弱势群体,就有必要积极推进农村社会保障制度建设。建议以乡村最低生活保障制度的确立并促使城乡最低生活保障制度一体化为基础,以互助合作为原则构建新型的乡村医疗保障体系,以农村计划生育户夫妇为突破口构建乡村社会养老保险制度,以农村五保户集中供养为基础逐步发展乡村福利事业。

第三节 社会保障项目的收支方法选择

一、社会保障资金的筹资形式

一般而言,世界各国的社会保障资金筹集的财务模式可分为三类:缴税制、缴费制、储蓄制。

(一)缴税制

缴税制是以开征社会保障税,即以立法形式,以政府为主体筹集社会保障资金,而且征税的形式也多种多样:有专门开征社会保障税的,如美国、英国等;还有的通过征收个人所得税和其他税收筹集社会保障资金,如法国将烟酒税、医药广告税的收入专门用于社会保障事业。缴税制的最大特点是纳税与受益直接挂钩,资金缴纳和支付均需要依据统一的规则,既注重了公平(减轻了社会统筹条件下国有企业相对于其他企业较重的社会保障负担,为不同所有制企业间的公平竞争创造了条件),又强调了效率(由于各种类型企业职工都享有合法的社会保障,使得整个社会人才资源的合理配置成为可能,同时又强调了个人的责任和对个人的激励);缴纳直接构成政府的财政收入,管理纳入财政预算进行,避免了社保资金与财政资金相互挤占,有利于资金的专款专用,使得资金管理进一步规范化、科学化;缴税制较缴费制更强的约束力有利于克服社会保障资金筹集过程中存在的各种阻力,保证筹资工作的顺利进行。

(二)缴费制

缴费制即缴纳社会保险费,是企业和个人为自身需要,分担风险,按照规定的保险费率缴纳社会保障资金,由政府专门的部门对此进行管理和运作,但不直接构成政府的财政收入。世界各国的社保缴费制可以分为四类:① 账号型缴费制,如美国、法国、荷兰、卢森堡、西班牙、葡萄牙等,它们没有设立个人账户,只有一个账号,这些国家强调的是个人和单位供款的连续性的记录;② 账户型缴费制,如智利、新加坡等;③ 名义账户型缴费制,如瑞典、意大利、蒙古等;④ 积分型缴费制,如德国、法国等。后三种类型强调的个人供款的多寡,带有很明显的储蓄性质,尤其是账户型缴费制和名义账户型缴费制。

(三)储蓄制

储蓄制可以看作缴费制的一种特殊形式,它要求雇主和雇员分别按照政府规定的标准把社会保障费存入雇员的个人账户,社会保障费本金和利息归雇员所有,由社会保障机构统一管理,政府有权在一定的范围内进行适当的调剂。储蓄制将社会保障金融化,强化了参与者的利益关系,新加坡目前实行这种方式。

二、社会保障的支出

(一)社会保障支出内容

在理论上,世界各国对社会保障支出内容和范围的提法差别很大。根据《世界经济导报》的解释,社会保障支出亦称社会安全支出或社会福利支出。德国一些专家认为,社会保障支出主要包括和平与安全支出,使在竞争中失败的人不致遭受灭顶之灾,并能重新获得参与竞争的机会,并为那些由于失去劳动能力或遭受意外困难而不能参与竞争的人在生活上提供保障。我国理论界主流观点认为,目前我国的社会保障支出主要用于满足公民最基本的生活保障支出,包括社会保护支出、国家救济支出、社会福利支出和公共医疗卫生支出等四个方面。

(二)社会保障支出与预算

发达国家的社会保障支出在财政总支出中都有专门科目列支,并单独编制社会保障预算。我国长期以来将社会保障资金分别划入各行业、各部门,没有单独编制社会保障预算,只在财政总预算中由"抚恤和社会救济"支出代表社会保障支出,但其比重非常小。我国这种预算体制未能真实反映隐藏在各行业、各部门的实际社会保障支出。我国新修订的《预算法》明确规定:政府的全部收入和支出都应当纳入预算。预算包括一般公共预算、政府性基金预算、国有资本经营预算、社会保险基金预算。社会保险基金预算是对社会保险缴款等各类收支模式,专项用于社会保险的收支预算。之所以将"社会保障预算"修改为"社会保险基金预算",是因为社会保障中的社会救济、社会优抚、社会福利等是在一般公共预算中进行安排的。

（三）社会保障支出的类别

在欧洲发达国家,社会保障支出分为五类:① 家庭补助支出。它有两种形式:一种是以发放家庭补助形式支出,通常只根据家庭人口数,有时根据家庭成员年龄或孩子个数发放。这与西欧各国鼓励生育的政策相适应。另一种是提供税收减免,它主要取决于家庭收入。目前也有人提出将二者相结合的负所得税制度。② 失业补助支出。主要是针对失业人口发放的社会保障支出。该部分支出资金主要是由雇员、雇主、国家三者共同承担。③ 医疗补助支出。主要是根据家庭成员年龄、孩子和负担人员的人数确定,因而该体制对收入和家庭人口数量具有非常有利的调节作用。④ 工伤事故补助支出。它通常是根据各个行业或部门所遭受的不同风险,而给予不同程度的补助。⑤ 养老金支出。在欧盟大部分国家,公共养老金由政府以社会保障税的形式筹集资金。同时,还有一些其他的补充性养老金体系,它们可以是公共建立的,也可以是私人或企业建立的。在我国,财政用于抚恤和社会福利支出只是笼统地分为"抚恤支出""离退休费""社会救济福利费""救灾支出"和"其他支出"等支出类别。

（四）社会保障支出的管理

西欧国家的社会保障支出管理制度层次分明,各部门职责明确,其中以德国最为典型。德国的社会保障支出管理分为联邦社会保障支出管理部门和经办执行机构两大层次。联邦社会保障支出管理部门由三个部门构成:联邦卫生部——负责医疗和护理保障支出;劳动事务部——负责养老金和事故保障支出;劳动（就业）部——负责失业保障支出。经办执行机构即公共保险公司和私人保险公司,具体负责各项社会保障支出。德国负责医疗和护理保障支出的公共保险公司基本上是按行业设置——养老保障支出由国家养老保险局承办,事故保障支出由行业保险合作社承办;失业保障支出则由联邦劳动（就业）部负责。我国由于社会保障方面的工作起步晚,虽单独设立了人力资源和社会保障部,但条块分割现象仍然存在,而且负责社会保障支出管理的基层组织还未完全建立,管理还不够健全。

三、西方国家的社会保障项目的收支方法及其优劣

（一）德国

德国的社会保障事业主要不是由政府,而是由社会承担。政府和慈善机构负责的各种补贴和社会救济只占总开支的 1/3,2/3 的开支由具有法人地位的各种社会保险管理机构承担,是一种社会自治形式。每个保险管理机构都必须成立一个代表大会和一个理事会作为自治管理的机关,一般来说自治管理机关由投保人和雇主各推选半数代表组成,社会保障的自治管理机关每 6 年进行一次新的选举。政府在社会保障方面放弃直接干预的做法,只是制定大的原则,创造良好的环境,并在不违背"社会自治"的前提下,推动社会各方协调行动。这样做的好处是国家既不大包大揽,主要矛盾从政府转移到社会团体,同时国家又通过立法、司法、协调等方式把握了社会政策导向。

德国设有以下社会保障管理机构：联邦职员保险局、23个州保险局、海员保险局、联邦铁路保险局、联邦矿业保险局负责法定养老保险方面的事务；联邦劳动局负责失业保险方面的事务；分布于全国各地的600个医疗保险公司负责管理法定医疗保险方面的事务；35个工商职业合作社、20个农业职业合作社和54个官方事故保险机构负责管理工伤保险方面的事务；抚恤局负责社会抚恤；地方社会局负责社会救济。德国的养老保险、失业保险和医疗保险资金统一由医疗保险机构征收，然后按征收的数额划拨给各保险机构，以减少企业麻烦和管理费开支。

德国社会保障费用约占国内生产总值的1/3。此笔开支，1/3由各级政府负担，2/3由企业雇主及雇员分担。雇员工资中得扣除养老、医疗及失业三项社会保险费，高额社会保障支出给家庭和国家造成了负担。

（二）美国

美国的社保基金征收通过"工薪税"的形式进行，雇主和雇员各负担7.65%。养老保险采取"现收现付"的筹资模式，已覆盖了大约95%的职工。目前的积累部分投资只能购买政府债券，由财政部进行管理。

美国的保障范围较广，包括医疗服务、残疾保险、退休及残疾人子女教育补助金、社会保障与福利金、失业救济金以及对低收入家庭子女的津贴、对失业者的工作训练补助以及学童营养补助等。为此，每年联邦政府花在这方面的数目颇为可观。在整个联邦政府各项支出中，养老保险占17.6%，医疗保险占24.2%，失业与残疾人补助占6.4%，总计达到了48.2%，而国防开支仅占20.5%。

美国的医疗保险制度受到美国医疗制度的高度市场化影响，往往不能满足居民的就医需求，并且医保费用颇高，给企业造成了很大的压力，在2008年的金融危机中许多企业的倒闭跟高额的职工医保费用不无关系。美国社会保障的很多福利计划由各个州自己管理，自行确定领取条件和支付水平等，使得州与州之间福利计划差异很大。同时，各种福利制度之间缺乏统筹协调，有些家庭能够得以交叉领取福利，导致了效率不高，制度成本上升。

（三）英国

英国社会保障体系由社会保险、社会救助和专项津贴三个子体系构成。在英国，每个劳动者（包括雇佣劳动者和自谋职业者）都要向社会保障部门缴纳社会保险费，称为"国民保险捐"，雇佣劳动必须由劳资双方共同承担缴费责任。社会保险主要由养老保险、失业保险和疾病保险三大块组成。社会保险的主要收入来源是国民保险捐，国民保险捐分为四类五项。其中，第一类分为两项，分别由员工和雇主缴纳；第二类是自谋职业者（非雇佣劳动）按工资水平的缴纳；第三类属于自愿捐，任何人都可以缴纳；第四类也是自谋职业者按盈利水平的缴纳。社会救助专项基金则是社会捐款与政府财政为资金主要来源。

将英国社会保障支付划分为一般性支付（即与工薪收入无关）和与工薪收入相关支付两大类，视其经济效应，表现各有利弊。总体上，与工薪收入相关支付对减轻贫困、达到社会保障本质目的较为有利，但对工作积极性的负面作用较大，为调查收入所花费的成本也较高。而一般性支付在减轻贫困方面的效应不确定，如儿童津贴与家庭收入无关，穷人家庭有儿童津贴，富人家庭也有儿童津贴，但同时对工作积极性的影响也较小，管理成本低。

由此也说明,社会保障各项内容具有互补性。如同欧洲其他国家特别是北欧国家,英国的社会保障和社会福利也给政府财政背上了沉重的包袱。社会保障和社会福利一样,就像一杯香浓的咖啡,既好闻又好喝,一旦上瘾,难以戒掉。社会保障和社会福利的受益家庭达到 3/4 以上,推进改革也是一件十分艰难的事。

四、适合中国国情的社会保障项目的收支方法

(一) 社会保障费还是税

1. 三种社会保险筹资手段的共性和差异

社会保障税、社会保障缴款、工薪税,三者的形式名称虽然不同,实质上并无根本差别。它们的共同特点一是强制性。无论名称为税或缴款,都由法律明确规定,强制征收。二是基金性。所征得的收入形成专门基金,专款专用。三是以雇员的工薪收入为征收依据。至于是由税务机关统一征收,还是由统一的社会保障部门征收,或是由各个不同种类的社会保险机构分别征收,并不影响这些实质上的共性。在实际运作中,只要坚持了这三个特征,无论何种形式都能履行社会保险的筹资作用。

无论是社会保障税,还是社会保障缴款,实际上都与税或费的原有含义相去甚远。社会保障费是一种特殊的缴费,不同于一般财政收入中的规费,并非公民为直接交换某种政府服务付出的代价;而是在政府强制规定下,在为自身需要进行积累,同时又带有一定程度互济性质的缴纳。社会保障税也不同于一般的税收,它的专用性和直接返还性是一般税收所不具有的。因此,无论在理论上和实践上都不应该用一般的费或税的概念来认识与区分两者的内涵。但是,就管理形式上看,社会保障税这种形式具有较强的统一性和相对的稳定性,尤其是便于进行收支两条线式的预算管理。这一特点有助于解决我国目前社会保障筹资方面存在的某些问题。

2. 开征社会保障税对改善我国社会保险筹资的作用

由于现行缴费方式所存在的缺陷,使得社会保险资金来源缺乏保障,并且给资金管理和收支平衡带来困难。在这种情况下,开征社会保障税将有助于解决我国社会保险筹资中存在的问题:

(1) 有利于增强社会保险筹资的强制性,加强社会保险基金的征收力度。目前很多人认为征税的形式比缴费的形式更具有强制性,实际上就这两种形式本身而言,只要有政府统一制定的法规,其法律上的强制效力应当是相同的。我国目前已由国务院颁发了《社会保险费征缴暂行条例》,表明社会保险征费和税收一样具有法律的强制力。从我国的实际情况来看,真正的区别在于实际征收过程中,由于社会保障费征收机构的力量、征收人员的业务素质还比较薄弱,难以保证实际达到应有的与税收相同的法律强制力。在近年的改革过程中,一些地方采取了由地方税务部门代征的办法,收到了较好的效果。如果改为开征社会保险税的形式,可以充分实现社会保险的强制性,有助于从征收方面减少漏洞,提高社会保险基金的收缴率。

(2) 有利于建立一个比较规范稳定的收入来源渠道,保持社会保险筹资政策的统一性、连续性和相对稳定性。开征社会保险税,规范化的征收方式有利于贯彻政府统一的社会保障筹资政策,一方面可以促使负担社会保障缴纳义务的单位和个人及时、足额缴纳,另一方面也可避免因费率不统一和欠规范造成企业负担过重和负担不均,从而实现对企业政策上的统一性。

(3) 有利于对社会保险基金实行收支两条线预算管理,建立社会保险基金管理的监督机制,保证社会保险基金的安全性。在我国目前的情况下,开征社会保险税与征收社会保险费的最重要差别在于:两种筹资方式形成了不同的资金运动路径以及与此相应的不同监督管理机制。在缴费方式下,社会保险资金收支都由社会保险机制一手经办,只是由于财政部门的要求,才存入财政专户管理,列入社会保障预算。这是一种外加的监督机制,收支两条线往往徒有虚名,资金挪用和浪费很难避免。很多地方发生的滥用和挪用社保资金案件,都是经办机构擅自使用社会保险基金的现有余额造成的。用税收形式筹集社会保险资金,则可从根本上将收和支分为两个独立的系统,便于加强资金运用中的管理,减少滥用和挪用现象,有效避免社保资金筹集发放中诸如差额拨付等的不规范行为,有利于将社会保险基金的收支活动比较全面地纳入规范的预算管理,有利于人民的监督。

(4) 有利于降低社会保险基金的征收成本。在我国,开征社会保险税可以利用现有税务部门的组织机构、物质资源和人力资源进行征管,充分利用税务部门在征管经验、人员素质、机构系统方面的优势,可以大大提高社会保障资金的筹资效率。

(二)完善我国社会保障支出体系

1. 单独编制社会保障预算,将社会保障支出在预算表中独立反映出来

严格规范预算编制,将该划归保障支出的列于其下。同时可以借鉴西方的做法,在该预算表下按其具体用途分为不同的科目。这样有利于我们清晰地看到社会保障资金支出的方向及比例,加强社会保障资金的监督管理,同时有利于预测经济的发展态势,使社会保障制度充分发挥其"自动稳定器"作用。

2. 建立"覆盖面广,起点低"的社会保障支出体系

首先,覆盖面宜广。我国的问题是农民问题,我国要发展还得发展农村。我国是农业大国,但同世界其他国家相比,我国的农业还属于"幼稚产业"。随着我国加入WTO,农业面临巨大的挑战,而我们所能采取的最好的合法保护措施是让WTO确认我国农业确属"幼稚产业"。我们认为将最低生活保障线推广至农民将是一个最佳举措——它既关照到了农民,又有利于我国的世界贸易。其次,起点宜低。由于社会保障支出的"刚性"特点,再加上我国财力的限制,起点不宜高。西欧的高福利国家(如瑞士、丹麦、瑞典)已出现了"福利病",这不利于一国经济的发展。同时,我国人口众多,政府的边际负担重,而且我国尚属于发展中国家,财力有限。

3. 建立起各司其职的社会保障支出体系,确保各项工作及时、到位

各部门各有其优点,如劳动部门在与企业打交道时更为游刃有余,民政部门则长于协调基层社区和社会团体,如果把所有与社会保障相关的业务往一个部门推,恐怕效果会大打折扣。若各部门能各尽其职,充分发挥各自的优势,则会获得最大的社会效益。

4. 建立统一的社会保障支出法律体系

加快制定和出台社会保障法,实现规范化和法制化。目前,我国还没有一部统一的社会保障法,各地政府自行其是或将社会保障资金挪作他用,极大地削减了社会保障资金应发挥的作用。这些情况若不处理好,将会影响到我国政治的稳定、经济的长足发展。

5. 建立多元化的社会保障支出体系

充分调动社会各部门、各阶层的力量,行政手段与市场手段并举;政府与非政府共同分担;使全社会都能积极参与。否则,保障的社会化不能形成,所谓的社会保障最终也只能是政府保障。

6. 坚持"公平优先,兼顾效率"的社会保障支出原则

社会保障制度是逆市场而行的一种制度,市场讲求效率,允许贫富两极分化,而政府的职能则是维护社会公平。故而,我们在建立、完善该体系时应以"公平"为首要目标,应纳入该体系的就要纳入,同一体系内的人要公平对待,这样才能有效地弥补市场原则的缺陷。通过对社会财富的二次分配,实现相对公平,缓解社会矛盾,维持社会安定。在"公平"的基础上我们要讲"效率"。但这里的"效率"绝非指望社会保障本身能产生多少直接的经济效率,而是指资金的发放要合理,使它真正起到解困扶贫的作用,还要严格管理、杜绝浪费。

7. 提高社会保障支出效率

应通过加强监督管理,统一社会保障支出管理机构,在人力资源和社会保障部领导下由各社区统一发放。还要健全法制,降低社会保障支出成本,使社会保障支出的每一分钱都能用在刀刃上。

第四节 社会保险基金的经营管理

一、我国社会保险基金的管理现状

我国现行社会保险资金在管理上仍没有克服多元化和分散化的弊端,而表现为自设机构,多头管理。目前我国社会保障的管理格局为:劳动部门负责城镇企业职工的养老、失业、工伤、生育、医疗、死亡等的政策制定和基金管理;人事部门负责机关事业单位工作人员的部分社会保险政策的制定;卫生部门负责机关事业单位的公费医疗保险;民政部门负责农村养老保险和社会救济、优抚工作;各级工会特别是基层工会,承担了相当一部分职工福利的事务性管理和服务工作。另外,铁路、邮电、金融、电力、煤炭等行业和系统还自行实行社会保障,各有各的管理办法。这种各自为政、分散管理的体制导致机构重叠,执行成本高昂,而且使社会保障资金在管理上缺乏强有力的宏观协调平衡机制和监督制约机制,客观上不利于保证社会保障资金的安全性。

二、加强我国社会保险基金的管理

作为国家战略储备,全国社会保障基金必须达到一定规模才能发挥应有作用。但目前,全国社会保障基金总量不大,人均占有额只有100多元人民币。从其历史任务来看,远远不敷需要,必须加快发展的速度。

(一)完善法律环境

一个良好的法制环境,是全国社保基金持续健康发展的基本前提。当前,全国社保基金管理运作的法律依据是2001年颁布的《全国社会保障基金投资管理暂行办法》,该办法在全国社保基金建立初期,对规范运作起到了积极作用。现在看来,其中的一些规定已经

难以适应社保基金发展的需要,突出表现在两个方面:一是对全国社保基金的战略储备性质强调不够,筹资目标不明晰,缺乏稳定的资金来源;二是投资范围较窄,不利于分散风险提高收益。因此,急需尽快制定一部较高法律层级的行政法规或法律,明确全国社保基金的性质、投资管理、资金来源以及支取办法等重大问题。

(二) 壮大全国社保基金的规模

全国社保基金的主要来源是财政预算拨款和国有股减持收入,但从这几年的执行情况看,这两项收入都不稳定并呈逐年递减态势。预算拨款不稳定,主要是财政部目前还没有一个补充社保基金的长期规划和有效机制。近年来,我国财政收入占 GDP 比重逐年提高,中央财政收入连年增长,超收较多,正是充实社保基金的有利时机。

国有股减持收入的不确定性则是由于政策方面的原因。2001 年,国务院颁布相关办法,规定凡国家拥有股份的股份有限公司在首次发行和增发股票时,要按融资额的 10% 出售国有股,将收入划入全国社保基金。该办法实施后不久,正值国内股市下滑,后来国务院决定除境外上市公司外停止执行该办法,从此全国社保基金失去了一个重要来源。

为了支持社会保障事业的发展,党的十六届三中全会决定划拨部分国有资产充实社保基金。这是一项重大的决定。理事会围绕国有资产划转做了一些基础性工作,对相关问题进行调查研究。2004 年 9 月,经国务院批准,成立了包括理事会在内多部门组成的划转工作小组。今后,应该适当加快推动国有资产划拨工作,使得划拨国有资产成为社保基金今后重要的资金来源。

(三) 继续拓宽投资渠道

降低投资风险、提高投资收益的最好办法,就是不把鸡蛋放在一个篮子里。社保基金成立之后,在确保资金安全的前提下,在有关部门支持下,经过国务院的批准,开展了一系列多元化投资的探索和创新。自 2016 年 5 月 1 日起施行的《全国社会保障基金条例》规定:全国社会保障基金理事会应当按照国务院批准的比例在境内外市场投资运营基金,合理配置经国务院批准的固定收益类、股票类和未上市股权类等资产。从实际效果来看,从 2000 年 8 月国务院设立全国社会保障基金以来,截至 2015 年 12 月底,全国社会保障基金规模已由设立时的 200 亿元发展到 15 085.92 亿元,累计投资收益额为 7 133.34 亿元,年均投资收益率为 8.82%,超过同期年均通货膨胀率 6.47 个百分点。

本章小结

社会保障管理是各级政府和有关机构为追求社会保障的经济有效,运用掌握的各种手段,经过计划、组织、指挥、协调和控制对社会保障活动施加有效影响的过程。由于财税制度、政府作用与介入方式、企业制度等方面的不同,中西方社会保障体制存在较大差异。中国社会保障体制的构建主要是通过立法来明晰主体各方的社会保障责任;在建立综合性的城市社会救助系统的基础上推进养老、失业和医疗社会保险制度建设;在进一步完善社会保障责任共担机制的基础上,分类分层保障农民工等流动人口的权益;积极推进农村社会保障制度的建设。各国社会保障资金的筹措方式主要有缴税制、缴费制和储蓄制三类,社会保障支出的管理也因保障模式的选择不同而各有特色。中国应选择适合国情的社会保障筹资方式,并进一步完善社会保障支出体系的构建;在完善法律环境的条件下,拓宽社会保险基金投资渠道,加强社会保险基金的保值管理。

本章主要参考文献

1. 财政部社会保障司课题组:《社会保障支出水平的国际比较》,2007年。
2. 陈庆海、徐月英:"中西社会保障支出比较与思考",《学术交流》,2003年第2期。
3. 丛树海:"英国社会保障制度框架和运行效果分析",《财政研究》,2001年第6期。
4. "德国社会保障的主要做法",《党建研究》,2007年第5期。
5. 《国务院关于建立城镇职工基本医疗保险制度的决定》。
6. 《国务院关于建立统一的企业职工基本养老保险制度的决定》。
7. 《国务院关于在全国建立城市居民最低生活保障制度的通知》。
8. 赖扬恩:"和谐社会的基础工程:福建社会保障制度改革研究",《福建论坛》,2006年。
9. 林治芬:《公共财政下的社会保障管理》,东北大学出版社,2001年。
10. 1952年国际劳工组织大会通过的《社会保障最低标准公约》。
11. 《社会保险费征缴暂行条例》。
12. 《失业保险条例》。
13. 四川省社保局网站,http://www.scsi.gov.cn。
14. 宋娟:"美国社会保障制度的启示",《政府管理参考》,2005年第10期。
15. 苏明:《财政理论与财政政策》,经济科学出版社,2003年。
16. 唐钧:"中国的社会保障政策评析",《东岳论丛》,2008年第1期。
17. 万明国:《不完全市场经济与中国社会保障制度建构》(武汉大学博士学位论文),2004年。
18. 王川、邢蕙玲、陈涛:"德国社会保障制度现状以及对我国的启示",《行政与法》,2008年第1期。
19. 王延中:"社会保障的改革与发展",《经济学动态》,2009年第2期。
20. 项怀诚:"关于全国社会保障基金的几个问题",《中央财经大学学报》,2006年第1期。
21. 叶振鹏、张馨:《公共财政论》,经济科学出版社,1999年。
22. 于团叶:《我国社会保险资金筹集的财务模式研究》(同济大学博士学位论文),2007年。
23. 袁涛:"医疗社会保险制度运行动态分析及启示——以贵州为例",《贵州财经学院学报》,2007年第1期。
24. 赵丽华:"我国社会保障基金监管体系存在的问题与对策",《浙江金融》,2009年第4期。
25. 《中共中央、国务院关于切实做好国有企业下岗职工基本生活保障和再就业工作的通知》。
26. 《中华人民共和国劳动法》。

第十四章 国库管理

第一节 国库管理概述

一、国库的概念和内涵

(一) 国库的概念

一般认为,国库就是负责办理国家财政收支的出纳机构,是国家财政储备的汇总、出纳、保管机关。除此之外,还有一些其他的定义,如黄挹卿和王传纶将国库的概念表述为"国库是负责办理政府预算收入和支出的出纳机关,它是政府预算执行工作的重要组成部分,是政府预算执行的基础"(黄挹卿和王传纶,1994:第 4 页);包丽萍将国库定义为"国库是办理财政收入的收纳、划分、留解和库款支拨的专门机构,分为中央国库和地方国库,政府的全部财政收入都由国库收纳入库,一切财政支出都由国库拨付"(包丽萍,2000:第 195 页);张明将国库定义为"国家金库(nationaltreasury,简称国库),是政府财政资金的出纳保管机构,国库担负着政府财政收入收纳、划分、报解、退库以及政府财政支出支拨,报告政府预算执行情况的任务"(张明,2002:第 269 页)。

现代意义上的国库,是指政府将所有的财政性资金(在我国包括预算内资金和预算外资金)集中在指定的代理银行开设的账户,进行归口管理,所有财政性资金的收支都通过这一账户进行集中收缴、拨付和清算的运作模式。

(二) 国库的内涵

(1) 国库首先是国家财政资金的总出纳机关。由国家性质决定,国家自身并没有收入来源,只能通过税收等方式集中财力资源,将这些资源用于履行国家职能,维系正常的运行。因此,作为这些财力资源的出纳者,国库必然和国家各级职能机构发生紧密联系,其不仅有责任确保国家税款收缴的及时和高效,而且有责任确保国家各级职能机构和部门使用税款的便利、适当和高效。

(2) 国库担负着执行国家预算的繁重任务。国库面对遍布全国的各级预算单位,要按照财政分级预算的规定,在各级财政之间进行收入的划分和分成留解;要按照预算收入分类的规定,每天向财政部和地方同级财政机关报告预算收入入库的情况;要及时办理库款的支拨,定期报告财政库存;等等。这些工作,无疑反映着国家主要财力的集中和分配过程,以及余存情况和结果。可见,国库的工作,实质上是整个国家预算执行工作的一个重要组成部分,是为圆满实现国家预算的收支任务服务的。

(3) 传统意义上的国库,仅是经管国家预算收入和支出的机关,担负办理国家预算资金的收纳和支拨,反映和监督国家预算执行情况的任务。但是在现代市场经济条件下,传统意义上消极的、以"库藏管理"为中心的国库制度已经不能适应现实需要。在收支核算的基础上,凭借所掌握的全面、准确和及时的收支信息,对收支活动展开全方位的管理和控制,便成为现代市场经济国家国库的核心职能。因此,现代意义上的国库不再仅仅作为政府资金托管者而存在,而是一个主动的政府现金、财务的管理者,并在此基础上凭借全面及时的信息优势,成为对政府财政收支活动进行全方位管理的机构。这种理解实则隐含对政府财政资金和财政活动进行规范、控制的意义,也与经济民主和财政法制化、规范化的趋势相一致。

二、国库管理的概念和内涵

(一) 国库管理的概念

传统的国库管理就是对国库出入库资金的控制和调节活动。现代国库管理,就是以国库单一账户为基础,对国库集中收付活动进行的一系列管理活动和相应的管理制度。现代国库管理主要包括国库集中收付制度、政府采购制度、国债管理、国库现金管理制度等组成部分,其中以国库单一账户为基础的国库集中收付制度是现代财政国库管理制度的核心。

(二) 国库管理的内涵

理解现代国库管理的内涵,要注意以下几个方面。

(1) 国库管理是通过设立国库单一账户及其配套使用的国库分类账户,最大限度地反映各预算单位的预算执行情况。

(2) 国库管理是集中收入管理,就是把所有的财政性收入以及政府行政收入全部纳入国库单一账户,统一管理。

(3) 国库管理是对尚未支出的国库资金的管理,目的是实现国库资金的时间价值,提高资金的使用效率。

(4) 所有政府支出都通过国库单一账户支付。

三、国库管理的意义

(一) 有利于政府相关决策部门及时掌握预算收支执行情况

通过对国库部门的统计报表统计数据的分析,可以及时掌握财政资金的收支变化与结余情况,了解政府预算支持下的各项公共事务提供计划的执行情况,并为相关决策部门制定科学合理的宏观经济决策提供依据。

(二) 有利于财政收支平衡

国库可以通过对预算收支的执行和监督来保证各级政府预算任务的完成,也可以通过限制各种非预算支出和进行短期借贷来保证各级预算收支的平衡。

(三) 有利于中央银行制定和执行信贷货币政策

在中央银行代理国库的情况下,中央银行可以通过管理国库来掌握财政收支情况,有利于中央银行更好地使货币政策与财政政策相配合。

(四) 有利于国债管理

通过国库组织代理国债的发行、兑付和余额管理,有助于国债发行、兑付的顺利进行,有助于更加科学地控制国债的规模。

第二节 国库管理的职能与内容

一、国库管理的历史演变

国库是随着政府财政的产生而产生,随着财政职能的逐步加强而形成和发展的。在历史上,最早的国库形式可以追溯到公元前11世纪的周王朝。

公元前11世纪,周朝建立了财政组织机构,六官中的"天官"和"地官"均兼管财政和财务,行使财政收入和支出管理职责。

秦汉时期专司管理财政的"治粟内史"到东汉时则改为大农令,库藏制度则是"钱入少府,谷入司农"。秦朝设立"少府"负责皇室财政的收支,"治粟内史"掌管国家财政的收支。汉朝更多地沿袭了秦制。

魏晋南北朝时中央设"度支尚书"为管理国家财政的最高长官。

隋朝为适应国家统一和中央集权制度的需要,将皇室库与国库分开。

唐朝设立了主管全国财政的户部(度支部),下设度支、金部、仓部,其中度支计账,金部掌管钱帛出纳,仓部负责谷粟出纳。财政国库主管部门、审计部门和监察部门三足鼎立,既有专职分工,又相互牵制配合。

宋朝和元朝时财政也归户部管理,宋朝设立"三司使"主管中央财政,重要的收入多集中在皇室库。在元朝,田赋开始用金银支付,因此国库不仅有实物库,也有了金银库。中央财政国库包括国库和皇室库,分别由中书省和宣徽院、中政院、内宰司负责,地方财政国库由行省负责。

明朝设立了户部管理中央财政,地方财政的存留起运以及余缺调剂完全由中央负责,并加强了财政财务监督。清朝前期的财政国库主要沿袭明代体制,仍分为国库和皇室库,但两者在管理机构上截然分开。清朝的国库分别按中央和地方不同行政管理权限设置,中央库又分为内府库(皇室库)和户部库(国家库),内府库由广储司办理,户部库由户部管理。

1905年,清政府成立户部银行并行使中央银行职能,办理国库。1908年户部银行改为大清银行,进一步明确了中央银行办理国库事务及户部款项的出入。

1912年,北洋政府成立了直接隶属于大总统的财政部,总辖财务、租税等事务,下设税赋司、会计司、库藏司等机构。1913年,北洋政府颁布了《金库条例草案》,对现金保管与出纳、总库与分库的账簿设置以及出纳细则等作出了明确规定。

1927年,南京国民政府设立财政部,隶属于国民政府,负责"管理全国库藏、税收、公债、钱币、会计、政府专卖金银及一切政府收支事项,并监督所辖各机关及公共团体之财政"。1928年,财政部下设税务署、公债司、国库司等机构。1938年国民政府颁布《公库法》,1939年颁布"公库法实施细则",严格实行代理银行制度,并规定政府因政事需要可临时透支挪借。此外,1948年国民政府还公布了《国库法》。

1949年中华人民共和国成立后,随着国家经济体制的不断变革,财政国库管理制度也随之不断变化。至20世纪末,我国一直沿用与传统计划经济体制相适应,以预算单位和执收单位分散、多头设置账户为特征的财政国库管理制度。

二、国库管理的职能

现代国库管理的职能已由传统的"库藏"管理发展为对国库资金运动全过程的控制和监督,全面履行着财政管理的职能。现代国库管理的职能主要包括以下四方面。

（一）财政收支执行职能

国库是各级政府的财政出纳机关,担负着执行国家财政收支的重要任务,国库出纳资金的过程就是实现财政收支的过程。

（二）保管和库藏职能

任何国家在任何时期都需要有一定的储备以应付不时之需,因此,对物资和货币的库藏保管也就成为国库的一个重要职能。

（三）提供决策信息职能

从宏观而言,国库提供的数据直接反映一个国家、一个地区的财政实力,以及国民经济各部门的经济发展水平和发展趋势;从微观而言,国库提供的数据可以反映一个企业、一个单位的生产经营水平及对国家的贡献大小。国库提供的数据对于各级政府综合分析经济形势、作出正确的宏观决策有着极其重要的意义。

（四）监督职能

国家的财政收支大都通过国库办理,国库可通过日常收付活动反映及监督资金和财物的使用情况,并按期向政府有关部门报告财政收支信息,有利于加强对财政资金使用情况的监督管理。

此外,还有观点认为国库管理职能包括收支管理职能、监督管理职能、管理财政职能、管理货币职能等四个职能。

三、国库管理的内容

根据国库管理的业务内容来看,可以把国库管理活动分为以下四方面。

1. 预算收入的入库管理

通过预算收入的入库管理可以保证征收机关征收的各类预算收入及时、足额入库,保证财政资金的调度,以利于中央银行财政库款的稳定,具体内容包括以下四方面。

（1）督促经收处及时足额报解预算收入。

（2）严格清理基层税务部门在商业银行设立税款过渡账户以套取利息。

（3）保证税收缴款书填写正确。

（4）督促经收处按规定正确使用会计科目。

2. 预算支出的出库管理

预算支出的出库管理不仅要保证国家预算资金及时、足额地收纳报解,还要保证预算资金及时、准确地拨付。预算资金支拨的出库管理主要包括事前、事中和事后监督。

（1）事前监督主要包括:预算支出必须有计划,按支出计划进行拨款,按预算执行计划进度拨款;审查支付命令的签发是否做到精打细算、量力而行,是否贯彻"收支平衡、略有节余"的原则;预算支出安排顺序上,是否做到统筹兼顾、合理安排企业流动资金、支农资金、科技、文教、卫生等各项事业经费,为预算支出按计划拨付使用打好基础。

(2) 事中监督是指在办理库款支拨的过程中,按照国家的方针、政策和有关的会计核算制度,对各项财政预算资金的拨款进行严格审查、核定拨付,是预算资金拨款监督管理的重要环节,包括审查同级财政机关签发的拨款凭证,审查其是否按计划拨付,有无突破预算支出计划指标,用途是否符合计划要求等。

(3) 事后监督是指预算资金支付以后,对资金的使用效果和计划执行情况进行分析研究,发现问题,采取措施。包括编制国库支出统计报表,研究预算支出中的有关情况和问题,分析产生问题的原因,制订加强支拨管理的措施,协助有关部门解决存在的问题。

3. 收入的退库管理

退库管理是国库管理的一个重要内容,按现行的财政管理体制,一部分退库在预算收入日报、月报、年报上单独反映;另一部分退库则在预算收入报表上轧差反映,即预算收入大于退库时,用贷方余额反映,反之则用借方余额反映。在我国,以下几种情况可以办理退库:① 由于工作疏忽,发生技术性差错需退库的;② 改变企业隶属关系办理财务结算需要退库的;③ 企业按计划上缴税利,超过应缴数额需要退库的;④ 根据批准的企业亏损计划,弥补企业事业单位的亏损,需要退库的;⑤ 财政部明文规定或专项批准的其他退库项目。

凡是不符合规定的收入退库,各级财政机关、税务机关,不得办理审批手续,各级国库对不合规定的退库均有权拒绝办理。

根据现代国库管理的对象来看,可以把国库管理分为国库现金管理、国库国债管理、国库账户管理等。

1. 国库现金管理

所谓国库现金管理是指,以认可货币的时间价值和现金的机会成本为基础,以国库现金余额的集中为前提,通过详细记录政府收支、科学预测政府现金流入与流出,以实现国库闲置现金最小化和投资收益最大化为目标的一系列财政管理活动。

国库现金管理的对象主要包括库存现金、活期存款和与现金等价的短期金融资产。国库现金管理的操作方式包括商业银行定期存款、买回国债、国债回购和逆回购等。通过实行国库现金管理,可以减少闲置现金、弥合资金缺口,最大限度地提高国库库存资金使用效率。

2. 国库国债管理

国库国债管理就是对国债发行规模、国债结构、债务余额以及债务风险的控制和调节。国债管理的内容包括国债规模管理、国债品种结构管理、国债余额管理以及国债风险管理等内容。

国债规模管理就是通过一定的技术方法科学合理地确定国债发行规模,从量上确定国债发行的最优规模。国债结构管理就是通过调整不同国债品种、利率以及期限进而实现国债结构的合理化,国债结构管理包括对品种结构、利率结构以及期限结构的管理。国债结构是否合理,将直接影响到国债的发行成本、投资人结构、市场流通性、债务偿还以及相关宏观经济调控政策的实施。

3. 国库账户管理

国库集中收付管理的基础是建立和完善单一的国库账户体系,国库单一账户体系包括国库单一账户、预算外资金财政专户、财政零余额账户、预算单位零余额账户以及特设专户等五类账户。现代国库管理制度要求财政部门国库管理机构、央行国库管理机构、预算单位和代理银行都要建立相应的账户、账册和凭证管理的制度。各部门之间的管理必须相互协调,账册管理最终归口于财政集中支付中心管理。

此外,也有观点认为国库管理的内容包括国库账户管理、国库收支管理、财政资金的计划管理、财政活动的效率管理、统计分析管理和监督管理等。

四、国库的监督控制系统

(一)依法规定不同责任人在国库资金运作管理中的责任

遵纪守法、硬化责任是西方市场经济国家致力于追求的目标之一。如法国对支出决策人、公共会计、财政监察专员等在有关国库资金的使用、支付及监督过程中的权利和责任都有明确的规定,并用规范的监督程序和严厉的制裁措施,有力地保证责任的执行和权利的实现。完善的制度应该具有系统控制、市场评价和激励监督的功能。

(二)建立分工明确、相互制衡的监督审计控制系统

西方国家特别是OECD国家一般都设立了专门的审计监督机构,对国库资金的管理运作过程实施严格的监督控制,形成了严密的监督体系。如法国,目前已经形成了一套议会宏观监督、财政部门日常业务监督和审计法院事后监督相结合、分工明确、协调互补的财政监督体系。议会主要负责对政府预算和决算的监督,直接审查到部门、单位。财政部日常业务监督包括国库内部的控制监督,财政监察专员的专项监督以及财政检察总署对国库司、预算司等业务司的账目和执法质量及工作效率的检查。审计法院是法国最高的经济监督机关,独立于议会和政府,除了审计政府决算,审计法院的主要工作还有依法对公共会计和公共支出决策人进行监督,若发现问题,则视情节轻重,分别处以经济处罚、行政处罚直至追究刑事责任。

我国的国库监管体制主要由财政部监督、政府监督和人民代表大会监督构成。财政部监察局与监督司负责国家财政资金收入拨付的检查和监督;政府审计机关负责对同级各部门预算与下级政府预算执行情况及预算外资金的管理和使用情况进行审计监督;各级人民代表大会常务委员会负责监督各级政府预算的执行。

第三节 国库集中收付制度

国库集中收付制度是目前世界大部分国家实行的一种国库管理制度。除了美国、日本、英国、法国等在内的OECD国家,一些发展中国家也选择实行或正在研究试行这种国库管理制度。

一、国库集中收付制度的含义与特征

(一)国库集中收付制度(国库单一账户制度)的含义

所谓国库集中收付制度,国际上统称为"国库单一账户制度"(treasury single account system,TSAS),美国统称为"国库总账户"(the treasury general account,TGA),法国称

为"国库特别账户"。国库集中收付制度是指政府在国库或国库指定的代理银行设置国库单一账户体系,所有财政性资金均纳入国库单一账户体系收缴、支付和管理的制度,其核心是通过国库单一账户对财政性资金进行集中管理,财政收支均通过单一账户进出,从而实现对财政资金的流向、流量的全程监控,所以这种制度一般又称作国库单一账户制度。国库集中收付制度包括国库集中支付制度和收入收缴管理制度。

国库集中收入制度是指对公共收入(包括税收入、公债收入及其他收入等)从取得到划入国库全过程的监控制度,包括对收入收缴和集中汇缴等业务进行全面规范的一系列制度。

国库集中支付制度是对财政性资金支付从预算分配到资金拨付、资金使用、银行清算,直至到达货物或服务供应商账户全过程的监控制度。资金支付分为财政直接支付和财政授权支付两种方式。其中,财政直接支付是指由财政部向代理银行签发支付指令,代理银行根据支付指令通过国库单一账户体系将资金直接支付到收款人或用款单位账户;财政授权支付是指预算单位按照财政部的授权,自行向代理银行签发支付指令,代理银行根据支付指令,在财政部批准的预算单位的用款额度内,通过国库单一账户体系将资金支付到收款人账户。

国库集中支付制度提高了财政资金使用效益,规范了财政预算执行,促进了预算编制水平的提高,增强了财政资金运作的安全性和资金调度的从容性,同时对提高预算单位的财务管理意识和管理水平也产生了重要作用。

(二)国库集中收付制度的基本特征

国际货币基金组织总结认为国库集中支付制度具有以下主要特征。

(1)所有的财政收入都要进入国库单一账户,所有的最终付款都必须从国库单一账户的总账户或者地区分账户中支付。

(2)总账户、分账户应该由财政部门管理。其他机构均不应开设有财政业务的银行账户(由财政部门基于公共利益考虑专门授权开设的账户除外)。

(3)从国库单一账户总账户、分账户中的提款只能在要求政府付款的最终阶段才能发生,在中间环节不发生支付,只有最终支付拨款时,资金才从单一账户直接支付到商品或劳务供应商在银行开设的账户上。

(4)国库可以对政府资金最终付款进行有效控制。

二、国库集中收付制度运行体系

(一)国库机构的设置

西方国家国库机构的设置一般分为两种类型:一类是设有单独的国库机构,如美国、英国、意大利等;另一类是国库作为财政部的下属机构设置在财政部内,如法国、日本等。我国的国库机构自中华人民共和国成立以来一直设在中国人民银行内部,不设人民银行的地方,在商业银行设国库经收处。

(二)国库职能的定位

西方国家的国库已不单纯是国家金库,国库的职能已由传统的"库藏"管理发展成包括控制政府预算内、外资金,管理政府现金和债务,处理政府的支付,开发、维护相应的管理信息系统等宏观财政管理和微观财政控制领域,实际上是在全面履行财政管理的职能。

在我国,按照《中华人民共和国国家金库条例》(以下简称《国库条例》)有关规定,中国人民银行具体管理国库。国库的主要职责是负责办理国家预算资金的收纳、划分、报解、支拨、结算,并向上级国库和同级财政机关反映预算收支的执行情况。我国的国库具有明显的收纳和拨付财政资金的代理性质。

(三)构建国库单一账户体系

国库单一账户是我国专有的称呼,在美国称这一账户为国库总账户或一般账户,在法国则叫作国库公共会计账户或国库特别账户。国库单一账户并不意味着财政库仅设置一个账户,它可以根据资金的性质等标准开设多个账户,是一个多级多层的账户体系。国库单一账户系统包括政府财务信息系统、现金支付账户、转账支付账户、明细账户等。

三、国库集中收入制度

国库集中收入制度是指对公共收入(包括税收收入、公债收入及其他收入等)从取得到划入国库过程的监控制度,是对收入收缴过程的规范,是国库集中收付制度的一个重要组成部分。

(一)国库集中收入制度的基础

国库集中收入制度的基础是国库单一账户和政府财务信息系统。国库的集中收缴、上划都要建立在国库单一账户和政府财务信息系统的基础上,即所有公共部门收入必须存在国库单一账户,同时也记入政府财务信息系统。

(二)国库集中收入的操作方式

由于目前世界各国电子化程度不同,政府公共收入收纳、上划至国库单一账户的具体操作方式也存在一定的差异,总括起来可以分为两大类:一类是直接征收方式,即由税务部门直接征纳入库,税务人员开具纳税单,寄给纳税单位和个人,纳税单位和个人持纳税单到税务部门直接缴纳,也可通过邮局将纳税单和支票寄给税务部门。另一类是间接征收方式,其做法是通过一个作为政府公共收入收纳、上划的代理机构来完成收纳工作。具体又表现为以下几种形式。

(1)任何一家商业银行都可作为政府公共收入收纳、上划的代办机构,通过银行间电子网络系统将政府公共收入收纳、上划至中央银行的国库单一账户。在计算机网络发达和银行间资金清算系统完善的国家如美国、英国、法国等,纳税人根据有关的税收规定,可以将应纳税款和纳税单交至任何一家商业银行,商业银行将纳税人应缴纳的税款,通过银行间的电子网络系统将政府的各项收入上划至中央银行的国库单一账户。

(2)选定授权的商业银行作为政府公共收入收纳、上缴的代办机构,通过银行间电子网络系统将政府公共收入收纳、上划至国库单一账户,即由授权的商业银行负责政府结算收入的收纳和上划业务。如日本由一般代理点和收入代理点具体收纳政府各项结算收入,并层层汇总至日本中央银行。

(3)选定授权的邮局作为代办机构,采用邮箱方式将政府公共收入收纳、上划至国库单一账户。即选定邮局作为代办机构,由邮局采用邮箱方式把纳税人所缴纳的税款集中后交给开户商业银行,由开户行通过同业银行票据清算系统将资金汇入国库单一账户。

（三）国库集中收入的操作过程

世界上不同的国家和地区，由于具体条件的不同，国库集中收入的具体操作过程也有细微的差别，但总的来说其操作过程有以下五个阶段。

1. 收入的申报

即收入的缴纳者按照政府收入的有关规定，向收入的执收部门申报缴纳。

2. 收入的审核

即政府收入的执收部门（如税务局等），按照政府收入的有关规定，审核收入缴纳者上报的有关申报材料，最终核定应缴纳的收入款项。

3. 收入的缴纳

政府执收部门核定应缴纳的收入款项后，由缴纳者到任何一家商业银行或授权的银行、授权的邮局缴纳收入。

4. 收入的集中

政府执收部门通过计算机信息系统将收入信息上报国库部门，各收入交纳人将资金划转到已授权的国库收入代理商业银行，代收机构通过商业银行间的银行结算系统在国库收入代理商业银行内部进行层层汇集。

5. 收入的上划

即国库收入代理商业银行在规定的期限内将收入上划至中央银行的国库单一账户。

四、国库集中支付制度

（一）国库集中支付的类型

国库集中支付大致可分为以下三种类型：

1. 集中性支付

这种形式主要用于支付政府部门经常性或临时性的大宗商品或劳务购买。具体支付过程为：① 商品或劳务购买申请。即支出部门根据财政部门的预算批复，向财政部门提出购买商品或劳务的申请。② 商品或劳务供应。即根据各支出部门商品或劳务的需求情况，由政府采购中心或支出部门与供应商签订商品或劳务供应合同。供应商根据合同按照各支出部门的需要供应商品或劳务。各支出部门按期向财政部门发出付款申请单，并附供应商开出的供货发票。③ 款项支付。财政部门接到拨款申请单，经审核无误后，向国库代理部门签发拨款通知，国库代理部门审核后，由国库单一账户将款项直接拨付给供应商。

2. 工资性支付

这类支付主要用于公务员的个人工资性支出，包括工资和国家规定的个人补贴。这类支付由各支出部门每月向财政部门报送所有公务员的工资和补贴情况，经财政部门审核后，直接通过国库单一账户支付给公务员在商业银行的个人信用卡或金融账号。

3. 零星支付

这类支付主要用于各支出部门日常的、零星的费用支付。这类支付一般控制在预算总支出的一定比例之内。

（二）国库集中支付的工具

国库集中支付的工具主要有支付凭证、国库支票和电子转账三种。

1. 支付凭证

支付凭证是一种自制的拨款通知书。可以根据财政部门和其他有关各方的需要,设计凭证的内容、联数。填写的要求不太严格,可以进行异地划转;其缺点是必须通过手工清算,不能使用机器自动清分。

2. 国库支票

国库支票主要有财政部门签发、国库代理部门签发和支出部门签发三种。

3. 电子转账

电子转账是在建立政府财务管理信息系统的前提下,支付大额政府支出的一种工具。其优点是准确、快捷、方便,减少资金周转的时间,提高资金的使用效率;不足是对政府、银行的管理水平要求较高。如澳大利亚的大额政府支出一般采用电子转账的方式,在财政部的政府财务信息系统对大额支出审核后,指令联邦储备银行采用电子转账的方式办理支出。联邦储备银行通过商业电子清算系统,将需要支出的资金从联邦公共账户划转到用款单位在商业银行开立的账户。同时,联邦储备银行将信息反馈给政府财务信息管理系统进行信息处理,再由该系统将处理过的信息传送到支出部门的财务管理信息系统进行账目核对。

（三）国库集中支付的运作程序

1. 第一阶段:承付款项

支出部门签订购买商品或劳务合同。由于这一阶段是引发国库支出的直接根源,因此它是整个国库集中支付运作中最重要的一个环节。

2. 第二阶段:审查核算

支出部门审核供应商提供的商品或劳务是否与合同相符。

3. 第三阶段:支付申请

经审核无误后,由支出部门向同级财政部门提交支付申请,并附相关的支付数据、承付情况及辅助凭证。

4. 第四阶段:签发支付命令

财政部门审核支出部门提出的支付申请,并签发支付命令。

5. 第五阶段:实际支付结算

国库代理部门依据财政部门开出的支付命令,通过银行结算系统,将资金从国库单一账户支付给商品或劳务供应者的结算过程。

第四节 发达国家国库管理制度

一、法国财政国库管理制度

（一）财政资金账户设置

法国财政资金实行国库单一账户制度,即由经济财政部在中央银行(法兰西银行)开立国库单一账户,将所有政府现金资源(包括税收和其他预算内外收入)集中在国库单一账户统一管理,同时设置国库分类账户与国库单一账户配套使用。国库分类账户是国库为所有政府支出部门分别开设的,用以记录政府资金变动和各政府支出部门资金运用的分账户。当实际涉及付款时,则通过国库单一账户来处理。

(二)财政收入收纳、报解程序

国库收入的收纳、报解程序可概括为:纳税人向税政管理部门申报,若无异议,纳税人向征税机关或任何一家银行以支票的形式缴纳税款,再通过银行清算系统将支票上划到国库单一账户。

(三)财政资金支付程序

对财政资金的拨付实行的是控制实际支出资金的方式,即只有当国库资金实际支付给商品供应商或劳务提供者后才将资金从国库单一账户中划转出去。具体支付程序可以归纳为四个阶段。

(1)由支出部门签订购买商品或支付劳务的合同。

(2)支出部门审核供应商出具的发票,计算国库实际应支付的金额。

(3)支出部门向负责办理公共支出的出纳署签发支付命令,并附上相关的凭证。

(4)出纳署或由出纳署通过银行清算系统将资金由国库单一账户实际支付给供应商或劳务提供者。

(四)机构及管理

法国的国库资金管理具体由经济财政部公共会计司负责操作。经济财政部公共会计司在政府部门和全国各地区都派有公共会计师,全国公共会计师约3 000名,全部是财政部的公务员。各级地方政府的预算由地方政府负责制定,但收支账由财政部派出的公共会计师负责管理。每个政府公共部门都在法兰西银行开设一个账户,这些账户全部与法兰西银行总行联网。每日营业终了,经济财政部公共会计司与法兰西银行通过计算机汇总各部门支付总额,并确定国库资金余额。

(五)监督机制

法国的国库监督目前已经形成了以经济财政部日常业务监督和审计法院事后监督所组成的监管体系。日常业务监督包括三方面。

(1)财政监察专员对中央各部门和大区的财政监督。

(2)公共会计师在公共支出拨付时的监督。

(3)财政监察总署税务总局、海关总署及国库司、预算司等业务司的账目和执法质量与工作效率进行检查。

法国的审计法院是国家最高的经济监督机关,独立于议会和政府,除审计国家决算外,审计法院的主要工作是依法对公共会计师和公共支出决策人进行监督。公共会计师每年都要把账目送交地方审计法庭或审计法院接受详细审计,发现问题视情节轻重予以赔偿损失、撤销会计资格、开除公职、取消退休金保障等处罚,严重的要追究刑事责任。对支出决策人的监督同样严格,如果发现其在决策过程中有违反财政法规行为或其他问题,视情节轻重,由审计法院通过检察长向财政预算法院或刑事法院提起诉讼。

二、日本财政国库管理制度

(一) 财政资金账户设置

日本实行国库单一账户制度,主要是通过国库管理的两大原则来体现。一是国库统一原则,即所有国库收支都必须通过国库单一账户,各部门的出纳官在限额范围内保留小额度手头现金除外。二是存款原则,即国库资金全部存入日本银行,其出纳事务原则上由日本银行经办,以日本银行为支付人,通过开具支票,办理国库资金支付。

(二) 国库资金收纳、支付运作程序

(1) 国税的收缴。一般实行由纳税者自行计算、缴纳应缴税金的纳税申报方法。如果是非税的岁入金,由交纳义务人根据岁入征收官的征收命令进行缴纳。具体程序:① 纳税者自行计算应纳税金,填写"缴纳书",在岁入代理店窗口(相当于我国国库经收处)缴纳税款。② 出纳机构向纳税者出具收据。③ 岁入代理店层层向上汇总至日本银行本店(总行),在本店进行国库金的会计处理,并收入国税整理科目——"国税收纳金整理资金",成为国家财政收入资金,并进行"资金会计处理",使日本银行本店的政府存款得以增加。

(2) 支付程序。① 部门负责人向支出官发出支付计划指令。预算一经国会批准,各部门即根据预算拟定"支付计划表"(相当于资金使用计划),并提交大藏大臣;大藏大臣根据国库金整体收支状况,批准支付计划,通知各部门负责人,并同时通知日本银行,各部门负责人就批准的支付计划向支出官作出指示。② 支出官在各部门负责人指示的支付计划额度内进行支付。③ 收款人出示支票,出纳机构办理支付。收款人将收取的支票向日本银行代理店出示。代理店就事项确认无误后,即按支票所示金额办理支付。④ 国库支付资金账务处理。代理店从事规定的国库支付业务后,向日本银行支店汇报,再将其内容集中到日本银行本店,进行会计处理,结算国库单一账户余额。

(三) 国库业务的相关机构

日本经办国库业务的机构有两类:一是命令机构,即根据国家预算决定的收入与支出发出收纳和支付的指令。命令机构中收入与支出由不同系统予以经办,具体由岁入征收官、支出官等操作。二是出纳机构,即根据命令机构指令,实际收纳、支付国库金。两个机构职能划分明确,命令机构不得自行进行库款出纳。

岁入征收官、支出官等职务,除政府各部门负责人担任外,大多任命各部门的会计负责人(大臣官房课长等)、各部门派出机构职员(地方建设局总务长、国立医院事务长、税务署长等)以及各都道府县的会计负责人担任。

三、意大利财政国库管理制度

(一) 财政资金账户设置

意大利于1986年开始实行国库单一账户制度。将政府部门所有财政性资金,包括税收收入和其他预算内、外收入,全部集中到国库部在中央银行开设的国库单一账户;每一笔政府部门的实际支出,均由中央银行通过国库单一账户直接划拨给商品和劳务的供应者。

(二)财政收入收缴程序

(1) 申报缴纳过程。纳税人先向税务部门申报纳税,税务部门核定应纳税额后,由纳税人到任何一家商业银行缴纳税款。

(2) 税款集中过程。一方面,税务部门通过计算机系统将纳税信息上报国库部;另一方面,商业银行通过银行清算系统,将资金划转到已经授权的国库收入代理银行。

(3) 税款上划过程。国库收入代理银行在所收税款到达限缴日期时,将税款上划到中央银行的国库单一账户。

(三)财政资金支付程序

(1) 申请和审核程序。预算单位在年初要向国库部提交资金使用计划,国库部根据国库资金状况审核批准使用限额。支出单位在实际支付每一笔资金时,再向国库部提出支付申请,国库部进行合规审核并核实国库单一账户的资金余额后,决定是否予以拨款。

(2) 支出资金的清算过程。不同级别的预算支出单位,具体的资金清算方式不同。作为一级预算单位的政府各部门,用款时向国库部提出付款申请,国库部审核后,通过中央银行办理支付,中央银行将资金直接划拨到商品或劳务供应者的银行账户。二级及以下预算单位用款时,向国库部提出支付申请,国库部审核后,通知国库收支代理银行支付资金,国库收支代理银行通过其为预算单位开立的过渡性账户垫款,将资金划转到商品或劳务供应者的开户银行。每三天,代理行同中央银行进行资金结算,中央银行按市场利率支付代理银行垫付资金的利息。

(四)机构及管理

意大利在政府机构中设立了国库部,并在中央银行中设立了国库关系司,在商业银行中设立了相关机构,配合国库部管理国库单一账户的相关业务。

国库部内设预算局、国库局、国家拨款局和一般事务局,主要职能是收支规划、预算编制和审批、预算拨款、经济管理等。其中,国家拨款局的职责是按法律规定进行拨款,并对拨款的执行情况进行监督检查。为切实完成检查任务,国家拨款局向20个政府部门派驻监督代表800人,并配备了130人的专职检查队伍,根据各种举报或日常监督发现的信息,专门对一些比较大的问题进行立案检查,一经核实则移交审计法院审理。

中央银行及分行受国库部委托办理国库业务,负责国库单一账户和分类账户的开立和记账,办理财政收入和财政支出的资金清算,控制国库单一账户资金余额,以及相关的财政代理业务。

商业银行代理的国库业务包括:债券的买卖和回购,利率风险管理,国债、欧洲债券和国际债券业务等。

四、美国财政国库管理制度

(一)美国国库集中支付机构设置

美国国库管理的主要机构设置包括三个部门。

(1) 管理部,主要负责客户管理、政府采购和内部审计。

(2) 会计部,主要负责总账及部门明细账。

(3) 预算审计部,主要负责预算审计和收账。

(二)国库单一账户体系构成

美国的国库单一账户体系是由国库单一账户与分类账户组成的。国库单一账户是现金管理账户,记录现金结算的收付状况和余额。分类账户则以部门预算为基础,用于识别各部门的预算支出权限,反映预算部门支出执行情况。

美国的国库单一账户和部门预算具有不可分割的联系。美国的政府收支科目也是以部门为基础的。在国库单一账户体系下,所有政府现金资源(包括税收和其他预算收入)集中在一个银行开户,所有政府的收支都通过这唯一的账户办理,各预算单位不再设置单独的账户。资金集中在财政部门在商业银行开设的国库单一账户中,各预算单位见不到资金,克服了资金松散管理的弊端,扩大了预算控制范围,增强了预算控制力度。

(三)严格按照预算规定进行资金的直接支付

美国国库的每笔支出必须有预算才可支付,而且必须在实际需要使用时才可以由国库单一账户支付。根据资金的不同用途和性质,将支出分为三类。

(1)购买支出。各预算部门在实际支付购买商品或劳务的资金时,提出付款申请,连同采购合同等有关资料汇总后交送支付机构,支付机构负责审核付款申请的要素以及支付款项是否符合预算、支付金额和收款人等事项,经审核无误后,签发支付令,将资金直接支付到收款人。

(2)工资支出。工资是由支付机构通过签发个人支票或通过银行直接汇入职工个人账户。

(3)其他支出。各预算部门一般保留一定数量的备用金,用于支付金额较小的零星费用。

(四)实行资本运作

采用国库单一账户制度以后,资金集中在国库单一账户中,提高资金的使用效益成为国库单一账户体系的一个重要内容。对于沉淀在银行的国库资金,银行要给付利息。对于国库结余资金也可以进入资本市场进行投资,以提高资金的使用效率。

(五)发达的政府信息管理系统

美国有一套先进的政府信息管理系统(简称GFMIS),所有的财政拨款均通过这一系统进行,即国库单一账户所有资金的流入和流出均通过这一系统进行。该系统还实现了对所有财政资金进行控制,特别是对财政拨款进行严格控制和管理,对政府财务信息进行统一处理。

五、英国财政国库管理制度

(一)进入货币市场进行日常运作

英国财政部只在英格兰银行开设存款账户,目前日终现金余额保持在2亿英镑左右。根据每天的国库收支预测,若央行账户日终现金余额低于2亿英镑,英国债务管理局在发行短期债券外,会卖出或回购所持有的金融工具,筹集国库所需现金。回购是指债务管理局暂时卖出优质金融工具,并放弃所有权,待约定时间过后再按既定价格购回金融工具,并收回所有权。若央行账户日终现金余额高于2亿英镑,英国债务管理局会买入或回售优质金融工具,并拥有所有权,待约定时间过后再按既定价格售出金融工具并放弃所有权。

（二）保证国库现金安全性的做法

为了充分保证国库现金的安全性和所持金融工具的流动性，从而随时保证国库支出的需要，英国债务管理局规定：

（1）回购或回售交易，必须具有十足的优质金融工具作为抵押。

（2）买入或卖出的优质金融工具，其剩余期限最长不能超出半年。

（3）优质金融工具包括英国政府债券，信誉卓著的商业银行发行的英镑短期票据，以及美国政府债券和德国、法国发行的欧元政府债券等。

（4）按照《马斯特里赫特条约》的规定，欧盟各国的央行不能向本国财政部发行隔夜信贷来弥补其预算收支差额，为此英国债务管理局与几家大型清算银行签订了《备用透支协议》，以应付国库的资金急需。

六、发达国家国库管理制度的主要特点

（一）单一化、集权化的国库管理运作机制

国库管理运作机制的这一特点主要体现在两个方面。

（1）普遍设置国库单一账户。尽管由于各国的政治、经济、文化背景不同，从而对国库单一账户的称谓也各不相同，如法国叫"国库特别账户"，OECD国家多称之为"单独账户"，但其内涵基本是相同的，即将所有政府现金资源（包括预算内和预算外资金，税收收入和其他非税收入）集中在中央银行账户，不准在其他银行开设账户。

（2）集权化政府支出模式。财政部门设立专门的支付机构进行资金支付。与集权化政府支出模式相适应，在财政部门设立专门履行国库现金管理和支付职能的执行机构，实现对财政资金流向全过程监控，确保财政资金在支付行为实际发生前都保存在国库单一账户中，中间环节不发生支付业务，以提高财政资金的运行效率。

（二）效率化、透明化的国库资金使用原则

国库资金使用效率最大化是国库管理的根本目标，财政资金使用公开化、透明化是保证国库资金高效率运转的基本前提。

（1）国库资金的使用注重效率化原则。西方发达国家在提高国库资金的使用效率上，一方面采用"成本-效益分析法"和"最低费用选择法"，尽可能地降低国库资金运用成本；另一方面要求国库资金能以最快的速度发挥最好的效益，防止国库资金运转中的挤占、挪用、沉淀现象的发生。同时，当国库出现现金余额时，允许国库现金进入货币市场进行日常运作，实现国库资金的增值目标。

（2）国库资金的使用坚持透明化原则。在这些国家中，一方面要求财政资金必须按照政府部门和公共机构的支出指令使用，通过国库对财政资金的管理来实现国家的政治、经济和社会目标；另一方面财政部门必须向社会公开财政资金的具体使用情况。国库资金使用的透明化原则，使公众切实感受到公共财政资金是为公民和社会服务的，便于政府财政监督部门、审计机构和全民对国库资金使用情况进行监督，防止国库资金使用中的各种腐败和浪费现象的发生。

（三）债券化、货币化的国库现金管理模式

在这些发达国家中，国库现金管理通常是国家财政部门通过定期发行短期债券和每天运作国库现金等方式，实现熨平国库现金流量波动和提高国库现金使用效率的目标。

(1) 定期发行短期债券，实现国库现金管理与债务管理的有效结合。财政部门定期发行短期债券的目的是平衡年度内季节性国库收支的余缺。这些发达国家的财政部门在管理国库现金操作中，一般是根据预算收支状况在年度内的季节性变化规律，并结合分析经济运行态势对当前及未来一段时间的预算收支状况进行科学预测后，决定短期债券的发行时机和发行规模，相机决定如何有效地管理国库现金。

(2) 发达成熟的货币市场为国库现金的日常操作提供了必要前提。发达国家的国库现金日常操作有两种模式：一种是美国模式，即国库大量现金存入大型商业银行的"税收与贷款账户"，赚取利息收入；另一种是英国模式，通过卖出或回购所持有的金融工具，以及买入或回售所持有的金融工具直接进入货币市场进行日常操作。

（四）可控化、责任化的国库监督控制系统

(1) 建立相互制约的国库资金监控体系。政府资金来源的公共性，客观上要求财政部门必须对财政资金进行有效的监控和管理，按照经过议会批准的预算规定使用资金。为此，这些国家一般都设立了专门的审计监督机构对国库资金的运作全程实施严格的监督控制，形成了严密的监督体系。

(2) 建立分工明确的国库资金责任体系。这些国家中的国库支付机构和各部门、各单位的财务责任都是由有关的法律、法规明确划分的，并用规范的监督程序和明确的奖惩措施来有力地保证责任的履行和权利的实现。

七、西方发达国家国库管理制度的经验借鉴

（一）建立国库单一账户制度，实行财政资金集中管理

建立国库单一账户制度，将政府各部门所有的财政性资金都集中到中央银行或委托其他商业银行设立的"国库存款账户"，取消各预算单位独立开设的预算账户，可以有效地实现财政资金的集中管理和财政收支的"双直达"。我国在现代国库管理制度的建设中，必须注重以下配套改革，即：以预算完整性为原则，加快预算外资金管理制度改革；以财政统一性为原则，完善部门预算制度；以决策法制性为原则，健全预算、决算的审批程序，从而实现预算完整性、财政统一性、决策法制性和国库集中性的有效结合，构建起符合市场经济要求的公共财政管理制度。

（二）建立财政管理信息系统，加强国库的信息收集与处理功能

计算机网络系统已成为现代财政管理的必要工具和手段，目前财政系统的计算机硬件配置是比较好的，但应加紧进行充实和改造，特别是加强软件开发工作，逐步建设成具有以下三个方面功能的财政管理信息系统。

(1) 负责政府部门（机构）的分类账户管理，及时掌握各部门和单位的财务状况。

(2) 与银行结算系统连接，利用银行部门发达的结算系统，处理政府部门的财务活动。

(3) 强大的信息收集和处理功能，为财政管理、宏观经济形势分析和政策制定提供依据。

（三）实行预算、执行和监督三分离制度，完善国库监督控制体系

我国的国库监督体系主要由财政监督、政府监督和人民代表大会监督组成。财政部监察局和监督司负责国家财政资金收入拨付的检查和监督。政府审计机关负责对同级各部门预算和下级政府预算执行情况及预算外资金的管理和使用情况进行审计监督。人民代表大会常务委员会监督中央预算和地方预算的执行。这种监督体制存在的主要问题是权责利既不明确也不对称；审计机关隶属于各级政府，缺乏独立执法的能力，权力之间缺乏制衡，监督约束软化。针对这种状况，完善国库监控体系应主要从以下三个方面着手。

（1）加强预算收支执行系统各行为主体之间的协调，预算部门只管计划不管执行，单独设立机构负责预算的执行和各项支出业务，并给予相应的执行预算的权力和明确的责任。

（2）加强国库系统内部的制度性管理控制。预算必须按法定程序编制，并且要细化到具体拨款项目，以方便国库管理和控制预算执行的全过程。

（3）建立独立的审计监督系统，实行各部门之间的责任制。这样不仅保证了预算编制工作的统一、全面，而且执行部门也能够全力搞好预算的执行工作，有利于加强管理、提高工作效益。

（四）加强国库现金管理，探索建立与债务管理的协调配合机制

目前，我国还没有充分开展国库现金管理工作。当国库现金较多时，大量现金会沉淀在人民银行国库账户上，造成资金闲置浪费；当国库入不敷出时，往往是靠发行中长期债券予以弥补，筹资成本较高而且灵活性差。为了尽可能地提高国库现金的使用效益，并尽可能降低政府债券筹资成本，今后我国在改进政府债券发行的同时，应当借鉴国际通行做法，逐步开展国库现金管理。

（1）定期、均衡、滚动发行短期债券。每次发行额要相对稳定，具体数额根据对国库收支预测情况确定；逐步提高短期债券余额占全部可流通债券余额的比重，相应减少中长期债券余额，以降低债务总体筹资成本；重点发行3月期和6月期国债，逐步形成短期债券的基准收益率。

（2）积极开展国库现金的日常运作。由于我国财政资金收支压力较大，国库现金闲置率较低，加之我国货币市场和债券市场尚处于初级发展阶段，因此现阶段对国库现金进行日常操作还存在相当困难。但是，我们可以进行尝试，不断积累经验。在国库现金日常运作模式上，我们可以采取美国模式与英国模式相结合的操作方法，既在商业银行账户存款，又进行货币市场运作。

进行货币市场运行，能够增加货币市场和债券市场参与主体的类型，有利于提高市场流动性；在两大市场不够完善的条件下，财政部通过在商业银行开设存款账户，可在一定程度上减轻对货币市场和债券市场产生的压力。

本章小结

国库是负责办理国家财政收支的出纳机构，是国家财政储备的汇总、出纳、保管机关，其管理的对象包括国库现金管理、国债管理和国库账户管理。国库集中收付制度是指政

府在国库或国库指定的代理银行设置国库单一账户体系,所有的财政性资金均纳入国库单一账户体系收缴、支付和管理的制度。国库集中收付制度是现代财政国库管理制度的核心,是对国库资金运动进行全过程控制和监督的重要财政管理工具。发达国家的国库管理一般都具有:单一化、集权化的国库管理运作机制;效率化、透明化的国库资金使用原则;债券化、货币化的国库现金管理模式;可控化、责任化的国库监督控制系统。我国应进一步完善国库单一账户制度,实行财政资金集中管理;建立财政管理信息系统,加强国库的信息收集与处理功能;实行预算、执行和监督三分离制度,完善国库监督控制体系;加强国库现金管理,探索建立与债务管理的协调配合机制。

本章主要参考资料

1. 包丽萍等编著:《政府预算》,东北财经大学出版社,2000年。
2. 程丹峰:"关于中国国库现金管理的若干基本问题",《财政研究》,2005年第3期。
3. 黄艳卿、王传纶主编:《中国国库业务全书》,中国财政经济出版社,1994年。
4. 刘新超:"国外国库集中支付制度经验及借鉴",《财会通讯》,2016年第22期。
5. 马海涛:"新预算法与我国国库集中收付制度改革",《中国财政》,2015年第1期。
6. 马洪范:"国库制度历史演进及其现代化",《地方财政研究》,2014年第2期。
7. 秦绍峰:"近现代中国国库制度的变迁与历史经验",《地方财政研究》,2015年第12期。
8. 申学锋:"清代国库制度述略",《财政科学》,2016年第3期。
9. 王保安:"加快建设功能完善的现代国库管理制度",《中国财政》,2013第10期。
10. 王立中:"西方国家中央银行国库管理职能对我国的启示",《预算管理与会计》,2015年第7期。
11. 项怀诚等:《中国财政通史——中华民国卷》,中国财政经济出版社,2006年。
12. 詹静涛:"现代财政国库管理制度理论与实践",《财政研究》,2006年第4期。
13. 张明编著:《政府预算与管理》,西南财经大学出版社,2002年。
14. 中国人民银行国库局:《国库理论与实务》,中国金融出版社,2010年。
15. 中国人民银行合肥中心支行国库处课题组、翟光明:"西方发达国家国库现金管理经验及启示",《金融纵横》,2016年第11期。
16. 钟伟:"国库现金管理:国际经验、我国实践及未来取向",《中国财政》,2015年第1期。

第十五章　财政风险管理

第一节　财政风险管理概述

罗威(Rowe,1977)把风险定义为"一件事或活动产生的消极结果的概率",风险包含消极的结果和这一结果产生的概率两个含义,是一种可能发生的消极结果。因此,对风险的管理,一是要对可能产生消极结果的内容进行确定,二是评估这些消极结果的发生概率,进而选择有效的规避措施。财政风险的管理,首先也需要对财政风险的内容进行分析。

一、财政风险的定义

财政风险是指政府不适当的财政行为或财政活动领域中各种不确定因素,给政府进一步的财政活动以及社会经济带来的各种潜在危害的可能性。我们可以从两个方面理解这一含义。

第一,财政风险可能是由于政府部门不适当的特定行为(财政活动)引发的,那么,减少或规避风险的途径主要在于改变和管控政府部门的不当行为。

第二,财政风险是由于客观的不确定性因素的影响而产生的,那么,减少或规避风险的主要途径就应该是改善环境因素或是改变财政决策行为以适应环境因素。

二、财政风险的分类

(一) 以财政风险成因为标准的分类

以财政风险成因为标准,可将财政风险分为内生性财政风险和外生性财政风险。

1. 内生性财政风险

内生性财政风险是指由于公共部门和财政系统内部的各种不确定因素所引发的财政风险,如公共部门的财政财务工作人员的选拔不当、财政制度的制定不妥和财政政策的推行不力等一系列内部工作所产生的风险。

2. 外生性财政风险

外生性财政风险是指由于财政系统外部各种不确定性因素所引起的财政风险,如自然灾害、社会动荡、经济波动等,这都属于财政活动过程中的外部环境不确定性。

从风险管理的角度看,人们最有可能有效防范、化解的财政风险是政府财政活动过程中的风险,也就是内生性风险。只要找到诱发内生性财政风险的具体原因,就可以选择有针对性的制度或技术手段来规避风险和降低特定财政风险的影响程度。但对于相对不可控的外生性风险,其有效规避的方法也在很大程度上取决于政府对客观外部环境的正确认识,并有针对性地对财政行为作出主动的调整。实际上,各种财政风险有时往往是由内生性因素与外生性因素共同作用的结果。因此,从风险管理的角度来看,按照公共财政活动的具体类型来划分财政风险的内容更有利于建立和选择恰当的防范与化解的措施。

(二) 以财政活动的具体内容分类

1. 财政收入风险

财政收入的内生性风险包括:① 中央地方收入划分不合理:中央政府可调控财力不合理;地方主要收入来源不稳定;财政收入占 GDP 的比重不合理、中央财政收入占国家总财政收入的比重不合理;预算外资金管理漏洞。② 税制中:税种选择不当、税负设计不恰当,税收征管不力等。这些风险的发生会导致中央政府或地方政府以及相关公共部门因为财政收入无法保证而不能履行职责。这些风险对于整个政府而言,是内生性的。但在财政权力比较集中的政治体制下,对于地方政府而言,体制性收入风险则是外生的。因为中央政府制定或改变收入制度而带来的收入风险,与地方政府的行为无关。财政收入的外生性风险主要来自经济的波动、自然灾害、社会动荡等。

2. 财政支出风险

财政支出的风险主要分为两类:一类是不切实际的支出安排造成的收不抵支,支出缺口过大,如不能有效控制的行政支出的不断膨胀、好大喜功不切实际的基础设施投资、社会福利与社会保障制度设计不合理所致规模内容不适当等;另一类是支出过程的公共资源浪费流失,主要表现为公共项目和公共部门在支出过程中由于管理监督的不力而出现的各种舞弊、贪腐、浪费等。支出风险更多的是内生性的:一是决策制度的缺陷。在相对集中和专制的决策制度下,领导者个人的偏好会造成财政支出结构的严重失衡,同时规模也会不断扩张;而在相对民主的决策制度下,选民、官僚和政治家各自利益博弈的结果最终也会造成财政支出规模不切实际的增长。二是公权力的滥用。在不透明的财政制度设计中,公共部门以及官员的权力会被严重滥用,这不仅造成舞弊、贪腐和公共资金的严重浪费,同时大量的财政投资项目也极大地增加了财政赤字与债务的风险。

3. 财政赤字风险

赤字就是财政支出膨胀和收入不足的结果,是收支矛盾的集中表现,当不能平衡收支,又没有很好的弥补赤字的手段时,就容易发生风险。

4. 债务风险

长期的支大于收,必然要借助于债务。大量的投资性支出也必须依靠债务融资。债务在一定程度上化解了上述的三种风险,但又产生了债务风险。当债务累积到一定程度,超过了债务人的偿还能力而出现可能的违约时,就产生了债务风险。

5. 社会保障风险

在现代西方国家,社会保障制度一旦形成,社保支出就是一种政府必须依法按时足额支付给法定领受人的一种支出,政府如果没有科学的制度构建和精准的管理,很容易造成刚性支出的巨大压力和支出中的舞弊,也是造成社会不安定的重要因素。

(三) 特定财政因素造成的风险

1. 财政制度风险

财政体制设计不合理导致各级政府财政行为的不规范、不合理:中央政府收入集中度过高造成地方政府对转移支付、土地财政及地方债务的依赖。比较突出的制度风险主要表现为财政管理制度建设不透明、不科学、不完善,财政法规建设滞后等。而这些风险本身也正是造成财政收入与财政支出风险的内生性因素。

2. 财政政策风险

财政政策风险主要是指由政府政策选择不当,特别是宏观调控政策与手段选择的错误,从而导致的社会公众心理预期变化,进而自发地采取"理性"或"非理性"行为给政府财政活动带来的不利影响。如:税负过重导致经济凋敝,资金外逃;就业不足,社会民怨过大;不合理的财经政策导致国企过度垄断,民企生存艰难,产业结构严重失衡等。

3. 官员道德风险

政府财政活动的各种权力实际上是通过政府官员来行使的。如果政府官员不能正确地使用权力,就会将其权力转变成为官员们谋取私利或集团利益的工具。这种官员的道德风险也是造成公共部门(单位)和公共项目中财政风险的最主要原因。

(四) 以财政风险行为主体为标准的分类

以财政风险的行为主体为标准,可将财政风险分为中央财政风险、地方财政风险和特定公共项目与公共部门的风险。中央财政风险是指中央财政存在的风险;地方财政风险是指地方财政存在的风险。地方财政风险按照主体级次的不同,又可分为省、市、县、乡财政风险。由于各级财政在政府职能实现过程中担当的任务各不相同,因而不同级别的财政在财政运行过程中所面临的风险内容也各不相同。公共项目与公共部门的支出决策不当,执行中的管理漏洞都会造成特定项目和特定部门的财务风险。

三、财政风险管理

(一) 财政风险管理的含义

瓦萨马基斯等(Valsamakis,1992:p.14)认为所谓风险管理"是一种管理职能,旨在保护机构、人员、资产、利益免受风险影响,实际上是尽可能地降低受影响的程度和损失"。正是由于财政风险对社会经济的影响是巨大而广泛的,因此公共部门必须对财政活动进行风险管理,来规避和减少财政风险,以利于财政收支活动的稳定和公共资源的有效使用。

(二) 财政风险管理的内容

科尔(1989)认为,一个良好的风险管理系统应包括三个关键部分。

1. 一个拥有训练有素员工的管理机构

政府公共部门要建立风险管理机制,首先要设立相应的管理部门并配备胜任风险管理工作的管理人员。每一级政府的财政管理部门内部都应设立专门的风险管理部门。除此之外,许多国家公共部门的主要负责人都是专业风险管理机构的主要成员,负责本部门的风险管理。而专业风险管理机构负责提供风险管理和保险的相关信息。风险管理部门的主要职责包括:① 充分考虑风险事件对政府职能及部门业绩的影响;② 为控制风险及其影响设计一些可供选择的战略方案;③ 将设计方案与政府及各部门的总体工作结合起来。

2. 规范的管理制度和明确的管理政策

对于政府公共部门而言,针对其职能及业务工作的需要建立一套规范的管理制度与明确的管理政策是至关重要的。这些管理政策包括：① 风险管理的目标与理念；② 风险的类型与规避方法；③ 选择保险的评判标准；④ 部门能够预期的风险类型；⑤ 安全的政策指导；⑥ 风险管理主管的职责。这些管理政策一旦明确就应详细记录在管理程序手册之中。

3. 运作良好的会计系统

在风险管理中，详细的会计记录是最为重要的管理依据。因为精确的记录对于识别、衡量和控制风险都十分必要，对于评估公共部门与公共项目的有效性也不可或缺。在政府总会计和部门会计中的信息内容虽有所不同，但对其会计信息记录的规范要求都是一致的。

（三）财政风险管理的步骤

由于所有事物的风险都具有一定的共同性，所以财政风险的管理应在借鉴一般风险管理理论的基础上来建立财政风险管理的机制。财政风险管理可分为以下三个主要步骤。

1. 风险确认

风险确认是风险管理的第一步，也是最重要的环节。倘若不能确认风险所在，就无法分析及预测财政危机，当然也就无从制定对策以控制财政风险。一般来说，所有风险都可以由自然环境、社会经济环境、政治及法律因素风险、经营风险、意识及沟通等五大类环境或因素引发。财政风险的确认也应当围绕这些基本因素进行，只是需要引入公共财政领域的特殊背景和制约条件。

2. 风险评估

当财政风险被确认后，就需要进行风险评估。风险评估就是对确认后所存在的风险做分析及量度，然后再做进一步的管理，从而将可能发生的财政危机所造成的直接和间接损失减到最低，并将其控制在可接受的水平之内。财政风险评估一般包括风险损失的划分和风险类别的定位，运用的分析方法包括定量分析法和定性分析法。

3. 风险控制

风险控制是财政风险管理过程中的最后一个步骤，也是整个财政风险管理成败的关键所在。风险控制的目的在于改变政府财政所承受的风险程度，而财政风险管理的主要功能是帮助政府规避风险，避免损失或减低损失的程度。因此，财政风险控制的主要方法就是针对不同类型的财政风险选择有效的规避、转移和减轻的措施。当财政危机造成的损失不可避免时，风险控制就是务求尽量降低风险对财政体系和经济社会运作所带来的不良影响。

第二节　地方政府财政风险的管理

本节我们主要以各级地方政府作为风险主体来讨论风险管理。

一、财政风险的确认

前面讲过对于某一特定的政府层面而言，财政活动的收入风险、支出风险和赤字风险最终都会通过政府债务的风险表现出来。因此，政府层面的风险管理通常都会把重点放在对债务风险的确认上。从探讨财政风险的结构因素出发，以分析政府债务为切入点，世界银行专家白汉娜提出了著名的"财政风险矩阵分析法"。白汉娜认为政府债务均具有以下四个特征中的两个,即显性与隐性、直接与或有的特征。显性特征是指建立在某一法律或者合同基础之上的、政府具有偿付的法定义务的债务,而隐性债务是指政府的一种道义上的偿付责任,它不以某一法律或者合同为基础,而是产生于政治压力、公众预期和社会理解意义上的应由政府承担的义务。

（1）直接显性负债,是指在任何情况下都会发生的政府法定或是合同规定的责任,如欠发教师工资、社会保障金不能足额及时支付等。这类债务是确定的、透明的,一般都有相应的补救措施,出现风险的可能性很小。

（2）直接隐性负债,是指在任何情况下都会发生,但并非基于法律或合同关系的政府责任,如社会保障资金支出缺口的存在。这种债务表现为政府道义上的一种责任,其形式较为隐蔽,容易被忽视,一旦发生,则会使政府因面临公众预期的强大压力而陷入被动之中,对财政形成较大的冲击。因此,其不确定的概率较大,风险也相对较高。

（3）或有显性负债,是指在某一特定事件发生的条件下政府应履行的法定责任或合同约定的责任,如被剥离的国有银行不良资产等。这类负债,由于它在某一特定事件发生的条件下必然产生,其风险较高；另一方面由于它不是政府法定或合同约定的支出责任,其不确定性较小,风险又较低。

（4）或有隐性负债,是指在某种特定情况下政府承担的非法定性的责任或义务,如产业保护政策支出等。政府只是在市场失灵、迫于来自公众和利益集团的压力,或者不这样做的机会成本过高的情况下才会承担这些负债。由于这类债务是在特定事件发生的条件下产生的,并且不属于政府的法定支出责任,因此,其不确定性概率最大,风险也最高。每一种财政风险从广义上都可以定义为政府负债。

依照白汉娜对政府债务分类和我国地方政府财政的实际情况,可对地方债务进行以下分类,如表 16-1 所示。

表 16-1　我国地方政府债务类别矩阵

债务	直接债务 （在任何条件下存在的债务）	或有债务 （在特定事件发生情况下的债务）
显性债务（由法律和合约确定的政府债务）	1. 来自中央政府的国债转贷 2. 政府统借统还外债 3. 从中央借的专项借款 4. 拖欠上级财政周转金 5. 拖欠行政事业单位人员工资和离退休费 6. 拖欠工程款 7. 应由地方承担的粮食亏损补贴挂账	1. 政府担保的外债 2. 政府担保的国内债务
隐性债务（反映公众和利益集团压力的政府道义责任）	1. 改善基础设施建设滞后状况的支出 2. 社会保障资金缺口	1. 地方金融机构的债务 2. 地方国有企事业单位的亏损、欠债及损失挂账 3. 自然灾害和环境危机债务 4. 下级政府的债务

二、财政风险的评估

财政风险的评估流程可以表示为:收集样本数据——选取预警指标——根据评估模型确定警戒值——监测预报。其中,预警指标的选择和评估模型的建立,关系到此流程能否正常运转并真正达到风险评估的目的,是建立财政风险预警系统的核心和基础。样本数据的收集必须围绕这一核心基础来展开,为预警指标的测算和建立评估模型服务;而正确的监测预报则是建立科学的预警指标体系和评估模型的必然结果。

(一)财政风险监控指标的构建

1. 债务指标的选取

债务指标的选取依照简洁、明确、实用的原则构建。

(1) 以具有完整统计数字的债务(即债务矩阵中直接债务部分)为核心。地方财政债务数据既应有反映地方与中央的纵向关系的负债,如国债转贷;也应包含本级地方财政和金融机构、企事业单位、居民个人之间横向关系的负债,如拖欠的工资、社保基金等;同时应该有向外国政府及世界金融机构举借的债务。

(2) 以财政收入和 GDP 为主要参考变量。国际上认为 GDP 反映了一个国家最终的偿债基础,而地方政府的偿债基础直接来自财政收入,且我国地方政府债务风险主要表现为流动性困难,所以财政收入变量是最重要的参考变量。

(3) 以流动性和清偿能力的指标为主要指标。对于地方政府而言,如果能够及时、足额偿还债务,则可认为地方财政具有流动性和清偿能力,否则存在债务风险。

(4) 对债务矩阵中的或有负债部分应全额统计,但在进行综合评估时,可根据政府或有负债的规模和实际发生的可能性,以及这些或有负债发生后,债权人对偿债方式的具体要求,将其转化为风险加权后的政府或有负债 $RACL = \sum r_i \times CL_i$,其中,$r_i$ 是或有负债 CL_i 风险权重的预测值。根据有关财政专家建议,可对政府担保的普通国内或有债务取 $r_i = 0.5$;政府担保外债取 $r_i = 0.8$,因为被担保方无力偿还外债时,政府出于自身形象往往会出面挽救;而对于地方国有企事业单位的亏损、欠债及损失挂账等或有负债取 $r_i = 1$,因为财政必须承担偿付责任。

2. 综合指标的选取

综合考虑地方财政收支整个系统,按不同的特征将地方财政风险的综合指标分为五大类。

(1) 财政调控指标是财政从社会汲取资源的能力,这种能力越强,财政风险越小。

(2) 财政收支指标反映本级财政收入能否满足财政支出的需要以及预算外收支的比例,说明财政收支规模和结构是否正常,它反映了地方财政的稳定性和抵抗外来不确定性因素的能力。

(3) 财政赤字是财政吃紧的集中体现,赤字越大,表明财政债务危机的可能性越大,财政风险就越大。

(4) 金融指标主要反映当地金融部门的风险,在我国预算软约束制度下,金融市场以及金融结构基本属于国有,一旦金融部门出了问题,政府必然出面解救,因此,金融部门风险越大,对财政带来的潜在威胁也就越大。

(5) 宏观经济指标主要反映地区经济综合实力,经济实力越弱,其风险向财政转移的可能性越强。

财政风险综合指标集如表 16-2 所示。

表 16-2 财政风险综合指标集

总风险	风险层	风险指标	风险相关性
地方财政风险(F)	财政调控风险 F1	财政收入/GDP	−
		财政收入与 GDP 的增长弹性系数	−
		税收收入/财政收入	−
	财政收支风险 F2	财政支出/财政收入	+
		财政支出与财政收入的增长弹性系数	+
		预算外支出/财政支出	+
	财政赤字风险 F3	财政赤字/GDP	+
		财政赤字/财政支出	+
		财政赤字与财政支出的增长弹性系数	+
	金融风险 F4	金融部门贷款余额/金融部门存款余额	+
		(金融部门贷款余额−金融部门存款余额)/财政收入	+
	经济风险 F5	GDP 增长率	−
		第三产业增加值/GDP	−
		固定资产投资增长率	−

(二) 政府财政风险的预警模型

财政风险的严重程度,即发生警情的程度就是财政风险的警度。建立预警系统的最终目的是预报警度,这就要求除了必须建立科学的指标体系,更重要的是确定一个与预警指标体系适应的合理测度,即预警界限值。

1. 信号灯预警法

(1) 划定预警区间。划分预警区间包括划分警区和确定警限。风险预警可分为五个预警区,即 Ⅰ 区(低风险区)、Ⅱ 区(较低风险区)、Ⅲ 区(中等风险区)、Ⅳ 区(较高风险区)、Ⅴ 区(高风险区)。对于风险评判等级一般采用 5 分制,即"很好""好""一般""差""很差",评判得分为 5,4,3,2,1。于是得到评判向量 $C=[5,4,3,2,1]^T$。因此,若 $4<C\leqslant 5$,则项目风险处于低风险区;若 $3<C\leqslant 4$,则处于较低风险区;若 $2<C\leqslant 3$,则处于中等风险区,需要关注;若 $1<C\leqslant 2$,则处于较高风险区,需要监控;若 $0<C\leqslant 1$,则处于高风险区,考虑到采取相关措施。

(2) 信灯号显示系统。预警系统可采取类似交通管制信号灯的灯号显示法。如系统有五个预警区间,故可设计五灯显示系统,即"蓝灯""绿灯""黄灯""橙灯""红灯"五种标识进行单项预警。针对不同的预警区间,灯号显示所表现的警情也会有所不同。

根据表 16-1 和表 16-2 所列的指标,可以根据经验,通过量化的数值(包括绝对值指标和相对值指标),来对应相应的警区,以使通过计算机系统管理的信号灯显示与调整更加精确。

2. 区间估计法

除了信号灯法,还可使用相对比较客观的"区间估计"的方法确定预警界值,这一预警系统通过调整置信度,为不同风险偏好的地方政府提供了各自的预警界值。区间估计方法的基本思路是,确定时点前后预警指标或综合指标的正常区间,判断它们是否落在正常的区间内。如果不落在正常的区间内,就要采取相应的措施和政策加以调节和控制。

设 $x_i,\cdots,x_q$ 为预警指标,记 x_i 的取值为 $X_t^{(i)}(i=1,\cdots,q;t=1,\cdots,t_0)$,式中,$i$ 为变量序列号;t 为年序号。记 x_0 的 t_0 年的取值序列为 $\{X_t^{(i)}|t=1,\cdots,t_0\}$,由于时间是无限的,可以把 x_i 的 t_0 年的取值看成是一个无限正态总体,而把 x_i 的 t_0 年的取值 $x_1^{(i)},\cdots,x_{t_0}^{(i)}$ 看成是来自无限总体的一个样本,样本容量为 t_0。记 μ 为总体均值,样本均值则为:

$$\overline{X}_t^{(i)} = \frac{1}{t_0}\sum_{t=1}^{t_0} X_t^{(i)}$$

样本方差为:

$$\frac{\overline{X}_t^{(i)} - \mu}{S_t^{(i)}/\sqrt{t_0}} \sim t_{d/2}(t_0-1)$$

得到总体均值 μ 的置信区间:

$$\left(\overline{X}_t^{(i)} - t_{\frac{d}{2}}(t_0-1)\times\frac{S_t^{(i)}}{\sqrt{t_0}}, \overline{X}_t^{(i)} + t_{\frac{d}{2}}(t_0-1)\times\frac{S_t^{(i)}}{\sqrt{t_0}}\right)$$

如果指标值 x_i 的实际值落在控制区间之外,即小概率事件发生了,则说明指标 x_i 变化不正常,应及时分析原因,加以控制。

从而,只要知道政府财政债务指标的历史值,就可以描绘该地方政府过去几年的财政状况,同时,政府可以根据下一年的财政预算、政府工作安排等估计该指标第 t_0+1 年的值,进而用该区间估计模型衡量该指标是否在安全区间内,以对该地方政府下一年的财政支出安排进行调整。

(1) 单个指标评价值的确立和预警。针对政府财政债务指标集(L)和财政风险综合指标集(F)中的各个单个指标。首先,根据预先设定的债务核算规则,计算出各指标历年的实际值;其次,政府根据自己的财政风险偏好,用上述区间估计方法,求出不同置信度下各个指标的预警区间;再次,绘制各个指标实际值以及其预警区间的折线图,该指标实际值的折线图趋势反映了未来政府该指标的走势,而该指标在预警区间的变化情况及相对位置反映了当年该政府财政的健康程度;最后,根据政府下一年的工作目标、财政预算等信息估计出各个指标的预测值,同样用上述方法对下一年该指标的健康度进行预警,以期对政府行为进行指导。

(2) 监控指标权重的确定。由于选取的指标集的层次较多,而最底层指标个数太少的缺陷,使得层次分析法在风险指标这最低一层的运用失效;同时,就风险指标层中的单个指标之间的重要性并没有明显的区别。为了保证整个模型的精度,对风险指标层采用简单平均的赋权方法,而对风险层采用较为科学的层次分析法赋权。这样也就避免了二次使用层次分析法带来的更大的不确定性。

(3) 评价结果的确立。首先,对各个指标进行标准化处理,否则赋权将失去意义。对于风险相关性为正的指标 x_i，通过 $\frac{x_i - x_l}{x_u - x_l}$，其中，$x_l$ 为当年 x_i 预警区间的下界，x_u 为当年 x_i 预警区间的上界。同理，对于风险相关性为负的指标 x_i，通过 $\frac{x_u - x_i}{x_u - x_l}$ 进行标准化处理。然后，将这些标准化处理的指标通过指标权重的确定方法，计算得到债务风险值 $L = \sum_{i=1}^{n}(W_{i1} r_{i1})$（$W_{i1}$ 表示债务指标的权重，r_{i1} 表示 i 个债务指标的评价值），政府财政综合风险值 $F = \sum_{i=1}^{n}(W_{i1} r_{i1})$（$W_{i1}$ 表示财政风险指标的权重，r_{i1} 表示第 i 个财政风险指标的评价值）。L、F 值越大则表明风险越大。

三、地方政府财政风险的控制

风险确认与评估的目的是控制风险，所以控制和防范风险是风险管理最重要的一环。地方政府财政风险的控制与防范主要可以从以下几个方面入手。

（一）从财政体制上进行防范与控制

财政体制对地方政府财政风险的产生既是外生性的，又是内生性的。外生性是地方政府在体制调整上无能为力，因此对于规范性收入的获取也无能为力，但是地方政府可以针对既定体制中的漏洞从体制外去寻找财政资源，其不规范性在很大程度上会加剧风险的发生。因此控制地方政府的财政风险首先必须考虑财政体制的完善。

1. 完善分权体制

明确划分各级政府的事权与财权，并保证分权框架的可信度和必要的弹性，应在法律层面对财政分权的规则加以清晰化、条文化。分权安排中，应赋予地方政府更多组织本地财政收入的权力，如赋予地方政府部分税收立法权、收费选择权、借债权等。地方政府可在法律范围下，建立独立的地方税收体系，同时加强对预算外收入及其他非税收入的管理与运行。这样既增加了地方财政收入，也避免了地方由于支出过大，而不得不通过各种隐形、违规的借债融资手段来增加财政收入的行为，从源头上防范了财政风险的发生。

2. 规范政府转移支付制度

科学、统一、规范的转移支付制度可以增加地方政府对转移支付的合理预期，从而减少因对上级财政依赖而产生支出规模不当的财政风险。应根据各级政府的职能大小、各地公共服务的提供标准、支出责任的大小以及财政收入的多少来计算地方政府收支缺口，公平合理地确定各地的支出水平以及财政转移支付数额，缩小各地由于经济发展水平与资源禀赋不同而存在的财力差异。

（二）从收入管理上控制和防范风险

充裕且不断增长的地方财政收入是防范和减少财政危机的基础，而收入的增长必须依靠当地经济的持续发展和居民收入的不断提高。地方政府在财政权限内要合理选择收入手段来促进地方经济的长远稳定增长。地方税种税负的选择一定要有利于保证企业通过市场中的自由竞争来确定产业发展的方向和规模。收费制度的构建也要以有利于按收益来分担财政支出为主要原则。

(三)从支出管理上控制和防范风险

1. 对支出总量的控制

地方政府总体上应该依据本级财政收入总量,量入为出地来安排当地的公共支出,控制支出规模的过快增长。当需要通过增加支出来刺激当地经济增长时,地方政府应依据经济形势的发展态势,衡量当地今后的财政收入状况,在保证政府职能正常运行的前提下,适度地进行债务融资。

2. 优化支出结构

明确地方政府职能,合理界定地方财政支出的范围。在财政体制对地方政府事权进行更加清楚的界定后,地方政府在支出安排上仍然有优化地方财政支出结构的空间,通过优化,更加合理地分配财政资源。应按政府支付责任的排序来安排支出,控制那些风险系数较大的支出安排,如大型基础设施投资。

3. 支出的使用效率管理

首先要加强财政统筹安排资金的能力,将全部财政资金纳入财政预算管理。明确财政权力和财政责任的对应性,提升财政部门在地方预算资金分配上的科学性,控制各种经费特别是经常性项目上的资金分配,提升政府行政事业单位的效率,同时促进行政事业单位支出使用的内部风险控制机制的建设。对于投资性项目,在项目的考察阶段要做好项目的可行性分析与评估工作,做好项目的成本-效益分析;在项目的决策阶段,必须按照资本项目预算管理的程序更加严格地进行评审;在项目的执行过程中,专项监管项目的资金使用情况,跟踪项目的实施进展,做好事前与事中的资金风险控制,保证资金全部专款专用;在对资金执行过程进行监督的同时,建立健全资金投入产出的绩效考核机制,提高财政资金的使用效率,同时也可根据考核机制的执行反映相关部门的绩效成果;在项目完工投入使用以后,发现任何资金使用问题都能追溯到责任人,对于投资效益差或建成使用后工程质量存在问题的项目,可依据问责制度追究相关人员责任。

(四)从地方债务融资管理上控制防范风险

为了加强对地方政府财政风险的管理控制,国务院发布了《关于加强地方政府性债务管理的意见》(国发〔2014〕43号),其主要的制度安排包括以下方面:

1. 加快建立规范的地方政府举债融资机制

(1)规范举债权限。经国务院批准,省、自治区、直辖市政府可以适度举借债务,市县级政府确需举借债务的由省、自治区、直辖市政府代为举借。

(2)地方政府举债必须采取政府债券方式。公益性事业发展由地方政府发行一般债券融资,以一般公共预算收入偿还。有一定收益的公益性事业发展由地方政府通过发行专项债券融资,以对应的政府性基金或专项收入偿还。

2. 对地方政府债务实行规模控制和预算管理

(1)对地方政府债务实行规模控制。限额根据各地区债务风险、财力状况等因素测算。

(2)严格限定地方政府举债程序和资金用途。地方政府在国务院批准的分地区限额内举借债务,必须报本级人大或其常委会批准。

(3)把地方政府债务分门别类纳入全口径预算管理。地方政府要将一般债务收支纳入一般公共预算管理，将专项债务收支纳入政府性基金预算管理，将政府与社会资本合作项目中的财政补贴等支出按性质纳入相应政府预算管理。

3．控制和化解地方政府性债务风险

（1）建立地方政府性债务风险预警机制。财政部根据各地区一般债务、专项债务、或有债务等情况，测算债务率、新增债务率、偿债率、逾期债务率等指标，评估各地区债务风险状况，对债务高风险地区进行风险预警。

（2）建立债务风险应急处置机制。要硬化预算约束，防范道德风险，地方政府对其举借的债务负有偿还责任，中央政府实行不救助原则。各级政府要制定应急处置预案，建立责任追究机制。

4．完善配套制度

（1）完善债务报告和公开制度。完善地方政府性债务统计报告制度，加快建立权责发生制的政府综合财务报告制度，全面反映政府的资产负债情况。各地区要定期向社会公开政府性债务及其项目建设情况，自觉接受社会监督。

（2）建立考核问责机制。把政府性债务作为一个硬指标纳入政绩考核。对脱离实际过度举债、违法违规举债或担保、违规使用债务资金、恶意逃废债务等行为，要追究相关责任人责任。

（3）强化债权人约束。金融机构等不得违法违规向地方政府提供融资，不得要求地方政府违法违规提供担保。

5．加强组织领导

（1）政府主要负责人为第一负责人。

（2）财政部门为地方债的归口管理部门。

（3）发展改革部门控制政府投资计划与审批项目。

（4）金融监管部门对金融机构融资行为进行监管。

（5）审计部门加强对债务规模、风险状况、使用效益的审计。

例：浙江省地方政府性债务管理实施暂行办法中风险指标预警值

负债率（负债率＝政府性债务余额/地区生产总值）安全线为10%
债务率（债务率＝政府性债务余额/当年可支配财力）警戒线为100%
偿债率（偿债率＝当年偿还政府性债务本息额/当年可支配财力）警戒线为15%

（五）地方政府性债务风险应急处置预案

为了更好地实施地方政府债务风险防控，提高地方政府动态监测、实时预警的能力，提前妥善做好政府债务风险事件应急政策储备，推进风险防控工作科学化、精细化，确保债权人和债务人的合法权益，牢牢守住不发生区域性系统性风险的底线。国务院办公厅2016年10月27日发布了《地方政府性债务风险应急处置预案》（以下简称《预案》）。主要管理措施有四点。

1．风险事件等级划分

《预案》明确我国将把地方政府性债务风险事件划分为四个等级，实行分级响应和应急处置,必要时依法实施地方政府财政重整计划。《预案》规定,根据政府性债务风险事件的性质、影响范围和危害程度等情况,风险级别划分为Ⅰ级(特大)、Ⅱ级(重大)、Ⅲ级(较大)、Ⅳ级(一般)四个等级。市县政府年度一般债务付息支出超过当年一般公共预算支出10%的,或者专项债务付息支出超过当年政府性基金预算支出10%的,必须启动财政重整计划。

2. 财政重整计划

《预案》要求,地方政府实施财政重整计划必须依法履行相关程序,在保障必要的基本民生支出和政府有效运转支出的基础上,通过清缴欠税欠费、压减财政支出、处置政府资产等一系列短期和中长期措施,使债务规模和偿债能力相一致,恢复财政收支平衡状态。

3. 债务责任划分

《预案》明确,地方政府对其举借的债务负有偿还责任,中央实行不救助原则,省级政府对本地区政府性债务风险应急处置负总责,省以下地方各级政府按照属地原则各负其责。

同时,对地方政府债券、非政府债券形式的存量政府债务、存量或有债务、新发生的违法违规担保债务等不同债务类型,将实施分类处置,实现债权人、债务人依法合理分担债务风险。

4. 债务风险责任追究

《预案》提出,发生Ⅳ级以上地方政府性债务风险事件,应当适时启动债务风险责任追究机制。省级政府应当将地方政府性债务风险处置纳入政绩考核范围。属于在本届任期内举借债务形成风险事件的,在终止应急措施之前,政府主要领导同志不得重用或提拔;属于已经离任的政府领导责任的,应当依纪依法追究其责任。

(六)控制防范财政风险的相关管理制度建设

1. 完善财政活动的监督与问责机制

建立财政公示制度,增强财政透明度,加强各级人民代表大会对各级政府预算的审查与监督。将财政活动的监督职能向公众开放,使财政运行接受公众的监督与质询,实现公众对财政决策的参与和监督。将风险控制的要求贯穿于财政活动进行的全过程,形成由立法、行政以及公众组成的纵向复合型财政监督模式。进一步明确地方各级政府及其各政府部门的风险责任。各项财政决策出台之前都应该进行可行性及风险评估与分析,完善项目可施行性与风险评估报告。地方政府及其各部门负责人要为自己制定的决策与运行的项目承担风险责任。

2. 完善预算管理制度

全面推行部门预算及绩效预算,一个部门只对财政编制一本预算,一个部门经费归口财政部门一个业务机构管理,一对一负责。在编制部门预算时,部门预算应完整地反映该部门的各项收支项目。同时,各级财政部门要加强调查研究,全面掌握预算单位的收支情况,合理制定各部门定员和经费定额标准,建立完善项目库,努力提高预算的科学性和准确度,防止预算分配的随意性,使预算编制更加科学化、制度化和规范化。与此同时,公开预算的编制、执行与监督,加强对预算执行的监控,防止冲击预算正常执行的行为。建立财政资金绩效评价体系,对各种财政专项资金开展绩效评价,将评价结果作为下一年度预算安排的依据和参考。建立资金使用绩效奖励制度和责任追究制度,提高资金使用效益的积极性和主动性。

3. 以权责发生制作为政府会计基础

政府会计必须通过权责发生制来真实地记录政府当下的财政收支、资产、负债与绩效情况,把隐性或有负债都纳入会计管理范围,全面反映政府财政的风险状况。只有完整的会计信息记录才能及早鉴别与防范非正常支出的发生,以提升有效预防和降低财政支出风险的能力。政府须根据自身拥有财政资源的情况来衡量可以负担的政府或有债务的最优数量。也就是说,政府需要对任何一项可能导致隐性或有负债的财政活动负责并作出可以承担这一债务的有效解释。这就在源头上有利于财政风险的预测、监督和控制,这也是全口径预算体制得以实行的基础。

第三节 政府行政事业单位的风险管理

本节主要讨论以各级政府所属行政事业单位为主体的风险管理。

一、行政事业单位风险的特殊性

在我国,各级政府的各种公共管理与公共服务的职责,主要是通过构建各种行政事业单位来完成的。因此,这些单位是各级政府财政资金的主要使用者,也是公众所需消费的公共产品的直接提供者。这些单位所占用的资产和支配的资金都是通过公共收入手段主要是税收筹集的公共资金,因此,他们的服务态度与质量直接关系到公众对政府的信任和满意程度,关系到纳税人对于政府征税行为的认可与遵从;他们对于各类资产和财政资金的合理占用与节约使用,是公共资源安全性和效率性的要求。

然而,我国的行政事业单位机构庞杂,每一种公共权利与公共职能的独占性却使得各单位的行政管理职责和事业服务的业务都具有相对的独特性,基本不存在来自外部的竞争压力;同时资金获得的无偿性和工作业绩的难以量化,使得这些单位通常不具备努力提高效率和保护资产安全的主动性。这除了会导致资产配置不合理,财政资金浪费,也自然增加了行政事业单位遭遇意外风险(如火灾、偷盗等造成的资产、货币的丢失、损坏、滥用等财产损失)的可能性。

行政事业单位负责人和员工的自利性所产生的道德风险,会使他们将其拥有的权力转变为谋取私利或集团利益的工具。从而在行政事业单位的服务过程中,很容易出现贪污腐败、挪用公款、采购舞弊、合同欺诈等造成的单位公共资金大量流失的风险。

二、行政事业单位风险管理的基本程序

行政事业单位的风险管理的基本程序仍然包括风险确认、风险评估和风险控制三个步骤。

(一)风险识别与确认

行政事业单位是在一定的社会经济环境中履行自身的社会管理职能和为社会提供公共服务活动的,因此,与市场上的任何主体一样都会面临各种来自外部和内部的风险。行政事业单位的风险识别和确认应该考虑相关风险的迹象,包括管理层面和服务活动层面。

1. 行政事业单位的外部风险因素

(1) 经济形势、行业政策、政治环境、同行业的行动、资金供给等经济因素。
(2) 法律法规、监管要求等法律因素。
(3) 安全稳定、文化传统、社会信用、教育水平、消费者行为等社会因素。
(4) 科学技术进步、装备改进等科学技术因素。
(5) 自然灾害、环境状况等自然环境因素。
(6) 其他有关外部风险因素。

2. 行政事业单位的内部风险因素

(1) 单位领导及高级管理人员的职业操守、员工专业胜任能力等人力资源因素。
(2) 组织机构、服务方式、资产管理、业务流程等管理因素。
(3) 研究开发、投入、信息技术运用等自主创新因素。
(4) 财务状况、管理服务成果、资金来源等财务因素。
(5) 稳定安全、员工健康、环境保护等安全环保因素。
(6) 其他有关内部风险因素。

3. 上述风险因素可能带来的损失

(1) 财产损失。这类损失包括单位的各种有形资产,如建筑物、设备等固定资产和办公用品,计算机、公用汽车等流动资产,无形资产如存款、现金、票据、支票等。
(2) 责任损失。主要指公共服务过程中造成第三方损害所要承担经济赔偿的责任。
(3) 员工损失。单位职工由于受伤、生病、死亡以及失业,而需要由单位承担的补偿。
(4) 经济损失。主要指由于单位领导人和员工的不诚实造成的挪用公款及公共财物,伪造账目、合同欺诈、信用诈骗造成的贪污腐败;不切实际的借债造成的无力偿还的债务。
(5) 因服务中断造成的损失。前面的四种损失达到一定的程度都有可能造成公共部门的服务中断,这会因此给社会带来更大的损失。

(二) 风险测量与评估

行政事业单位应当采用定性与定量相结合的方法,按照风险发生的可能性及其影响程度等,对识别和确认的风险进行分析和排序,确定关注重点和优先控制的风险。对风险的测量与评估可以采用一个"5×5 矩阵图"(见图 16-3)(AAT,1992:p.174)来对发生的可能性和损失的大小进行评估。

可能性

损失程度	1. 不可能	2. 可能性小	3. 有可能	4. 很可能	5. 极有可能
1. 没什么损失					办公设施损坏
2. 轻度损失			偷窃	小额公款挪用	员工轻度受伤
3. 中度损失		欺诈	火灾	交通事故	损失程度
4. 高度损失	重大洪灾	公共信誉受损	员工受伤		
5. 后果严重	地震	大风暴			

图 16-3 风险管理的"5×5 矩阵图"

单位可以将各种风险按上面的两个因素进行测量和评估,但这也并非易事,而是风险管理中最难的一部分。因此,单位必须对一些特定的风险数据进行及时的保留和整理形成风险数据库。这些数据包括:① 一段时间内(通常为五年)较常发生的事故;② 同一时期中事故引发损失的严重程度;③ 同一时期中发生风险事故的种类。

（三）风险控制

风险控制是风险管理最重要的一环,最主要的工作是要根据不同风险发生的频率和发生后所带来的损失程度去选择不同的控制方法。

1. 风险频率与风险损失程度分类

根据上述测量可以将风险根据发生频率与损失程度进行归类。

(1) 第一类:发生频率低,损失轻。

(2) 第二类:发生频率低,损失重。

(3) 第三类:发生频率高,损失轻。

(4) 第四类:发生频率高,损失重。

2. 可选择的风险控制方法

(1) 风险规避或消除。对于行政事业单位而言,规避和消除风险的主要方法就是取消那些存在较大风险而又不是必需的活动。比如不切实际的大型投资项目、大型公共活动等。

(2) 风险转移。风险转移的最主要方式是购买保险,对于发生频率较低损失较重的风险,可以采用购买保险的方式来转移风险。比如员工意外伤害险、第三者责任险等。

(3) 风险的减少。由于行政事业单位所具有权利的独占性和财务资源的公共性,使得其主要的经济风险都是由内部人员和内部业务工作的特性所引发的,因此,减少行政事业单位经济风险的主要方法就是加强内部控制。

三、行政事业单位风险管理内部控制规范

（一）内部控制的规范

为了进一步提高行政事业单位内部管理水平、规范内部控制、加强廉政风险防控机制建设,根据《中华人民共和国会计法》(以下简称《会计法》)、《预算法》等法律法规和相关规定,财政部于 2012 年 11 月 29 日以财会〔2012〕21 号印发《行政事业单位内部控制规范(试行)》(以下简称《规范》)。《规范》分为总则、风险评估和控制方法、单位层面内部控制、业务层面内部控制、评价与监督、附则,共 6 章 65 条,自 2014 年 1 月 1 日起施行。规范的主要内容包括:

1. 明确了单位内控的主体、含义、目标、原则和组织责任

(1) 单位内部控制的主体是各级党的机关、人大机关、行政机关、政协机关、审判机关、检察机关、各民主党派机关、人民团体和事业单位(统称单位)。

(2) 单位内部控制,是指单位为实现控制目标,通过制定制度、实施措施和执行程序,对经济活动的风险进行防范和管控。

(3) 单位内部控制的目标:合理保证单位经济活动合法合规、资产安全和使用有效、

财务信息真实完整,有效防范舞弊和预防腐败,提高公共服务的效率和效果。

(4) 单位内部控制的原则是全面性、重要性、制衡性和适应性。

(5) 单位负责人对本单位内部控制的建立健全和有效实施负责。

2. 确定了单位风险评估和控制的内容与方法

(1) 单位应当建立经济活动风险定期评估机制,对经济活动存在的风险进行全面、系统和客观的评估。

(2) 单位管理层面的风险评估重点包括内部控制工作的组织情况、内部控制机制的建设情况、内部管理制度的完善情况、内部控制关键岗位工作人员的管理情况、财务信息的编报情况、其他情况。

(3) 单位经济活动业务层面的风险评估重点包括预算管理情况、收支管理情况、政府采购管理情况、资产管理情况、建设项目管理情况、合同管理情况、其他情况。

(4) 单位内部控制方法包括不相容岗位相互分离、内部授权审批控制、归口管理、预算控制、财产保护控制、会计控制、单据控制、信息内部公开。

(二) 行政事业单位风险管理内部控制建立的程序

根据《规范》,地方财政管理部门提出了以下的单位内部控制建立的程序。

第一步:成立单位内部控制规范建设领导小组。

第二步:收集单位现行的各项制度包括国家颁布的和单位内部订立的。

第三步:梳理单位各项经济活动的具体内容。

第四步:系统分析经济活动风险,确定风险点和风险类别,形成风险数据库和风险评估报告。

第五步:针对确定的风险,① 完善业务流程,绘制业务流程图;② 选择具体的控制措施。

第六步:综合业务活动与风险评估数据,结合本单位实际,修订和完善单位层面的相关制度,为经济活动流程和控制措施的有效执行提供保障。

第七步:将所有建设结果按相应层次编制成册,形成单位内部控制规范管理手册。

本章小结

财政风险是指由于政府不适当的财政行为或财政活动领域中的各种不确定因素,给政府进一步的财政活动以及社会经济带来的各种潜在危害的可能性。财政风险对社会经济的影响是巨大而广泛的,因此公共部门必须对财政活动进行风险管理。财政风险管理系统应包括的三个关键部分是:一个拥有训练有素员工的管理机构,规范的管理制度和明确的管理政策,以及运作良好的会计系统。财政风险管理的内容包括风险确认、风险评估和风险控制。地方财政风险和行政事业单位内部风险的管理都应按此进行。我国对地方财政风险的管理主要表现为对地方政府债务风险的预警与控制;对行政事业单位的风险,则主要通过内部控制规范来加以防范。

本章参考资料

1. 2013高会考试《高级会计实务》各章节知识点精讲汇总。

2. 《关于加强地方政府性债务管理的意见》(国发〔2014〕43号)。

3. 《关于转发〈行政事业单位内部控制规范(试行)〉的通知》,中华人民共和国财政部网站,2012年12月18日。

4. 〔南非〕C.B.维萨、P.W.艾瑞斯莫斯著,马海涛等译:《公共财政管理学》,经济科学出版社,2006年。

5. 裴育、欧阳华生:"地方债务风险预警程序与指标体系的构建",《当代财经》,2006年第3期。

6. 《行政事业单位内部控制规范(试行)实施细则》,中华人民共和国财政部网站,2012年12月18日。

7. "重拳!债务高风险地区将被要求实施财政重整",中国政府网,2016年11月15日。

8. http://www.hebcz.gov.cn。

9. www.zjczt.gov.cn。

第十六章 财政监督

第一节 财政监督概述

一、财政监督的定义

对于"财政监督"一词的确切定义,国内学术界并未给出明确的界定。西方财政学者更注重从法律角度对其进行定位,因为在他们看来,财政职能是政府的重要经济职能,而现实中的财政监督是国家政权机关的政治职能,其更多地表现为一个法律概念,而不属于经典财政学论述的范畴。

然而在社会实践中,西方发达国家都极为重视财政监督工作,均建立了比较完善的财政监督体系,只是在体制设计和范围界定上存在较大差异,也正是因为这种差异,"财政监督"没有现成的概念。

从某种意义上讲,财政监督是一个具有国别特色的概念。财政部"财政监督"课题组所编著的《财政监督十年》中把财政监督定义为"国家为保障财政分配活动正常有序运行,对相关主体的财政行为进行监督、检查、稽核、督促和反映的总称。从理论上说,财政是政府为实现其职能而凭借政治权力进行的分配活动,在财政分配过程中,就必然会形成以代表国家整体的政府对其他相关主体的一种控制和制约关系"。因此,上述定义把财政监督概括为:在实现财政分配基本职能过程中体现的国家主体对其他相关主体的一种制约功能。

就上述分析而言,财政监督的主体似乎只能是代表国家的政府。然而从实践来说,它可以由更广义的国家机关和政府机构来实施,因此监督主体又是多元的。我国财政监督主体主要有人民代表大会及其常务委员会、审计部门、财政部门、税务部门、资金使用单位以及相关的社会机构、社会民众等,这些与财政管理工作内容密切相关的各个监督主体共同构成了具有中国特色的财政监督体系。广义的财政监督包括上述各不同监督主体的财政监督,其中由人民代表大会及其常务委员会为主体的财政监督是一种代表社会公众对政府的监督,一般又称为外部监督。相对于广义的财政监督而言,我们在财政管理中所说的财政监督主要是指狭义的财政监督,即指政府财政管理部门为了提高财政管理水平、保证财政资金分配活动的正常进行,在财政分配过程中依法对国家机关、企事业单位、社会团体和其他组织或个人涉及财政收支、财务收支、国有权益及其他有关财政管理事项的真实性、合规性和有效性进行的监控、检查、稽核、督促和反映。

二、基本问题概述

（一）财政监督的主体

在我国,目前存在多个财政监督主体,概括起来,主要有各级人大及其常委会、财税机关、审计机关、社会中介机构以及财政收支的部门、企事业单位。这种多头监督的财政监督体制存在监督主体多元化、主体关系平行化和监督职能重叠化的问题。财政监督主体的多元化,在一定的条件下对维护财经纪律有着积极意义,但从我国现行财政监督体系运行情况来看,多头化、平行化的财政监督主体,对财政管理的整体来说弊大于利。弊端之一,造成了执法单位职能的相互交叉与混淆,甚至出现财政监督"越位"与"缺位"并存问题;弊端之二,影响了财政监督执法的统一性和严肃性,不符合依法行政的要求;弊端之三,造成了重复检查和多头检查,影响了经济与社会发展环境;弊端之四,增加了监督成本,降低了财政监督的工作效率。

(二) 财政监督的目的

在传统的监督概念中,监督的目的被认为主要是发现并确认缺点、错误、偏差或是给公共财产造成的损失。这是一种典型的事后监督状况。但是从财政监督的目的来讲,这是很不全面的。随着公共财政体制的建立和相关改革的推进,我们有必要改变对财政监督目的的看法。首先,重新确定"发现问题"和"预防问题发生"之间的关系。需要认清的是,财政监督的主要作用不应该局限于发现和确认偏差以及已经存在的问题和事实,而应当是如何有效地预防并阻止问题的发生。其次,监督的结果是要通过监督检查来改进现行的制度措施,以及通过监督检查来改进监督检查的方法。最后,财政监督不仅要立足于现实,更要着眼于未来。

(三) 财政监督的对象范围

关于财政监督的对象和范围,从一些地方性法规、规章规定来看,均为涉及财政收支、财务会计管理事项的部门和单位,监督的范围涉及预算的编制、执行、调整,预算收入的征收与解缴,预算内和预算外资金的使用,国库有关事项,财务会计等。其实,财政部门作为国民经济情况的综合反映部门,与社会各部门的各种经济活动虽然都或多或少有着直接或间接的关系,但财政监督的对象尤其是范围不能过于宽泛。与我国目前建立的公共财政框架体系相适应,公共财政管理也应当只限于"市场失灵"的领域并在此范围内发挥作用。否则,财政则极有可能再次"越位"。鉴于此,财政监督的对象只能是与公共财政分配有直接关系的部门,监督的范围也只能限于与财政收支管理过程直接相关的事项,如预决算编制,预算的执行,财政收支是否合法、合规与有效率,税收征管与解缴,财政资金的使用,国库办理预算收入的收纳、划分、留解和预算支出的拨付,国有资本金基础管理等。

(四) 财政监督的职能

1. 预警职能

财政状况是整个宏观经济状况的综合反映,如果财经秩序存在问题,也必然反映到整个宏观经济层面上来。财政监督的首要任务是通过对财政资金运行的监督,来对整个财政运行状况进行分析预测,分析其中存在的问题,及时反馈信息,发出预警信号,同时预测整个宏观经济的未来发展趋势。政府部门可以通过财政监督活动获得信息,及时作出决策,从而促进国民经济持续、健康、协调发展。

2. 监控职能

财政部门按照国家法律法规的规定,通过对财政资金运行状况以及国有资产、企事业单位财务状况的监测和控制,监督各单位是否执行国家有关财务规章制度。对于存在的问题进行分析与归纳,并将建议通过适当的机制反馈到决策层,通过财政管理制度的进一步完善来尽量避免类似问题的再次发生,从而有力地控制财政活动,使其健康发展。

3. 评价职能

财政监督的评价职能就是通过对预算方案执行状况的分析,评价财政资金的使用效益;通过对国有资产配置现状的分析,评价财政资金以及国有资产的配置结构是否符合既定时期的政府经济发展目标,是否具有预期的经济效益和社会效益。根据评价结果,被监督方可以通过健全内部控制制度等方式不断改进自身的管理水平。

4. 纠偏职能

财政监督的纠偏职能就是财政监督具有对被监督单位违反财经法纪的行为进行纠正的功能。财政监督在实施过程中,财政监督工作人员有权要求被监督单位或者个人停止或纠正各类违反财经法纪的行为,并要求其按现有的法律法规执行。对缺少相应内部控制制度的被监督单位,财政监督机关有权要求其建立相应的内部管理制度。

5. 制裁职能

财政监督的制裁职能是指财政部门通过监控,对发现的违反财经法纪的单位和责任人,按照国家有关法律法规进行经济处罚、行政制裁或移送司法机关处理的功能。

6. 反馈职能

财政监督的反馈职能是向有关方面反映监督成果的功能。主要指审查财政收入完成情况、财政支出执行情况以及财政政策贯彻落实情况等,随时将问题和信息反馈到财政管理层,分析监督中发现的问题并提出制度完善建议,以达到提高财政资金使用效率以及提高财政管理水平等目的。这是财政监督工作深化的重要标志,是一种更高层次的监督。

第二节 财政监督的机构设置

一、我国现行财政监督体系的设置

从我国当前的财政监督体系构成来看,广义的财政监督的主体主要包括人民代表大会对政府财政预算的监督、审计部门对财政资金的监督、财政部门对财政资金使用管理过程的监督、税务机关对税收征管活动的监督和会计师事务所及注册会计师的社会监督几个方面。每个监督部门都有其各自的职能和监督重点,财政部门的监督只有突出自己的特色,才能发挥财政监督的作用。

(一) 人民代表大会对政府财政预算的监督

人民代表大会监督作为财政监督体系中最高层次的监督,主要是国家权力机关依据《宪法》及相关的法律,对财政部门执行财政政策、法律的情况和预算编制执行情况实施的一种立法权对行政权的管理监督。人民代表大会对政府财政部门预算编制、执行情况的监督主要包括:从人民代表大会对财政部门编制的预算草案予以审查和批准,到人大常委会对其执行过程的常规性监督和对预算调整或变更情况的审查与批准,再到人民代表大会对其执行情况及其结果的审查和批准(也包括人民代表大会授权人大常务委员会对决算草案的审查和批准)的全过程。人民代表大会监督财政的职权是由《宪法》赋予的,并通过人民代表大会制度来实现。

(二) 审计部门对财政资金的监督

审计机关对财政资金的监督是指政府审计机关依据《中华人民共和国审计法》(以下简称《审计法》)的授权,对被审计对象在使用政府财政性资金过程中执行国家财政政策、法律、法规、规章和制度的情况,以及财政收支、财务收支和有关经济活动的真实性、合法性和有效性进行审计,以评价经济责任、维护财经纪律、维护国家利益和被审计对象的合法权益。审计机关的职能主要包括经济监督、经济评价和指导内部审计,其中经济监督职能是审计机关的基本职能,具有很强的独立性。审计部门的监督权限包括检查和调查权、制止权、提请处理权。

(三) 财政部门对财政资金使用管理过程的监督

财政监督是财政机关的重要职责之一。作为财政监督主体的财政机关,法律依据是《会计法》《预算法》《中华人民共和国注册会计师法》(以下简称《注册会计师法》)、《财政违法行为处罚处分条例》等一系列法律、法规。财政部门的财政监督分为两个部分:① 财政部门各业务机构既承担财政资金的管理职能,同时又承担监督职能,监督寓于管理之中。② 财政部门内部专门监督机构对财政资金使用的监督,财政内部专门监督机构对内执行内部监督,主要是监督各业务部门是否制定和执行相关的规章制度,是否严格执行相关的工作流程;对外执行外部监督,主要监督各部门各单位是否严格执行国家相关的法律法规,通过发现问题提出改进工作方法的建议。从监督的对象来看,不仅涉及财政收入,同时涉及财政支出的各个方面;从监督范围看,既涉及法人(政府部门、企事业单位、社会团体),又涉及自然人;从财政监督主体的具体执行者来说,是熟悉各种财政法律、法规、制度的专门机构和专业人员。财政部门的财政监督权限主要有检查和调查取证权、异地调阅会计资料权、处罚权、强制执行权和建议权等。

(四) 税务部门对财政税收资金管理活动的监督

税务机关依据《税收征管法》的授权,在税收征收管理的过程中,对纳税义务人和扣缴义务人执行税法、履行纳税义务和扣缴义务的行为,以及影响纳税的各工作环节实施检查(稽查),以保障国家税收收入,保护纳税人合法权益。税务部门的财政监督职责主要体现在税务管理和税务检查两大税务部门基本职能中。税务部门的监督权限主要包括检查权、处罚权、强制执行权和建议权。

(五) 会计师事务所及注册会计师的社会监督

社会监督主要是指由以会计师事务所及其注册会计师为主的社会中介机构依据《注册会计师法》以及国家相关法律、行政法规、规章制度,接受财政部门以及有关经济管理部门和各经济组织的委托,对生成和使用财政性资金以及配置国有资产的部门、单位执行国家财政政策和相关法律、行政法规、规章制度的情况,及其发生的财政收支行为、财务收支行为和有关经济活动的真实性、合法性和有效性进行的审计。会计师事务所及其注册会计师实施社会监督完毕后,以中介人的身份评价被审计对象的经济责任,并出具具有法律效力的审计报告。作为中介机构,会计师事务所及注册会计师的业务工作范围主要包括审计业务、会计咨询业务和会计服务三个方面,其财政监督职责主要体现在其审计业务中,主要包括:审查企业的会计报表以及与会计报表内容相关的有关资料,验证企业的注册资本和实收资本，办理企业的合并、分立、清算等活动过程中发生事宜的审计业务，办理国家法律、行政法规规定的其他审计业务。会计师事务所及其注册会计师的监督工作权限主要包括查阅权、反映权和拒绝权。

在我国现行财政监督体系中，除了上述主要财政监督主体，还包括纪检、监察机关的监督和司法机关的监督等。纪检、监察机关依据党纪、政纪等有关法律、法规要求，对财政违规、违纪责任人进行党纪及行政上的监督与处罚，司法机关依照《中华人民共和国刑法》对财政违法责任人的法律责任进行追究。严格地说，纪检、监察机关的监督和司法机关的监督并非真正意义上的财政监督，而应属于党纪、政纪监督和司法监督。

二、财政监督与其他监督的区别

（一）财政监督与审计监督

财政监督是国家为保证财政分配、调节活动的正常进行和社会经济的健康发展，凭借政治权力对能够产生直接影响的各种经济活动进行检查、督促、矫正、制裁和反映，它的本质主体是各级政府，实施主体是各级财政机关。财政监督是财政的一项重要职能，是财政管理的有机组成部分和重要内容，也是财政运行机制的重要构成因素。财政监督是围绕财政管理展开的，它的运作方式表现在对财政运行的提前介入、同步性监督，它的作用也主要体现在对财政收支监督的连续性和时效性上，并且它在对财政收支全过程即资金的筹集、分配、使用等各环节所实施的法制化、制度化、规范化的监督检查，是与财政履行职能紧密联系在一起的。因而财政监督是日常的、不间断的监督，具有直接性和及时性，与财政管理紧密地结合在一起，突出体现了财政监督的管理特色。

审计监督是依据国家法律、法规对财政、财务以及相关经济活动的真实性、合法性、有效性进行的审查、鉴证、评价，用以维护财经法纪、改善管理、提高效益、促进加强宏观调控的独立性经济监督活动。从审计监督对财政、财务管理的监督而言，它是对财政监督的再监督。它一般是对财政、财务运行结果实施监督，属于高层次的事后监督，它的独立性较强，无论是对财政部门还是对机关、企事业单位，都属于外部监督，监督的形式以事后监督与间接监督为主。

财政监督与审计监督作为社会经济监督体系的两个重要组成部分，既有相同点又有不同之处。相同点表现在：① 监督的主体相同，都是代表国家进行监督，具有相同的权威性、强制性和广泛的影响力。② 监督的目的相同，都是维护财经秩序和保证市场经济秩序的稳定发展。③ 监督的对象相同，都是各机关、企事业单位的经济活动。④ 执法的标准相同，都是依据国家制定的财经法规。两者最大的区别在于，财政监督是财政管理的重要组成部分，参与到财政分配、调节的整个过程中，属于社会再生产过程中围绕市场经济运行而展开的一种内在监督，与财政履行职能紧密联系在一起，这是审计所不具备和难以替代的。审计监督是对财政运行结果实施监督，它不参与经营和分配活动，是社会再生产循环过程的外在监督。

（二）财政监督与税务稽查

财政监督与税务稽查是两个不同的经济管理职能，在履行职能上代表的都是国家政权，具有权威性和强制力。税收稽查是保证税收收入顺利实现的重要手段，但财政监督与税务稽查在内涵与外延上有所不同。财政监督涵盖财政预算收入缴纳、征管、入库、退库以及对财政支出的全方位、全过程的监督,即对国民收入分配再分配和宏观调控的监督。而税收稽查主要是对纳税人履行纳税义务的真实、正确、合理、合法性以及税收征管机关贯彻落实税收政策情况进行监督检查,以保证财政收入及时足额入库。

（三）财政监督与社会监督

社会监督是指经批准的社会中介机构在履行各自的职能、开展业务,提供鉴证和咨询等服务过程中,对监督对象的财政经济行为实施的监督。社会中介机构主要包括会计师事务所、审计师事务所、会计信息服务中心、税务咨询公司、税收事务所、税收代理所、国有资产评估中心等机构。中介机构依法履行验资、查账、资产评估、业务代理、审核预决算等监督职能。其中,注册会计师监督是凭国家授权以第三者身份对有关经济组织的财务会计、财政收支活动独立进行的具有法律效力的审查、督促、鉴证和处理,而财政监督则包含对社会中介机构的再监督。

第三节　财政监督的主要方式与基本程序

一、财政监督的主要方式

传统的财政监督主要侧重于专项的、事后的、突击性的监督检查方式。公共财政框架体系的建立,则要求财政监督向着经常性的、全过程的监督方式转变,立足于财政管理,着眼于财政活动的全过程。通过进行日常监督检查,发现财政管理过程中存在的问题,对财政收支进行包括事前监督、事中监督、事后监督在内的全方位监督,真正形成监督与管理并重、日常监督管理与专项监督检查相结合的财政监督工作新方式,进而确立规范的财政监督模式。与此同时,还要强化财政监督手段,赋予财政机关更多的监督权限。具体来说,在《财政监督法》中应当赋予财政机关以相应的执法监督权。当然,在赋予财政监督机关权力的同时,为防止其滥用权力,有必要对其行使权力的程序和要求作出明确规定。

在实施财政监督的过程中,财政监督机构及其工作人员为了完成工作任务,要对监督检查对象涉及的有关信息进行搜集、加工,为使搜集的各种资料合理而全面,检查人员往往要根据被检查单位的具体情况及特点采用不同的方式来完成任务,这种搜集证据的手段也就是财政监督检查的方式的总称。简言之,它是财政部门围绕财政监督的目的或工作任务的完成而形成的一种专门的工作形态。

（一）日常监督、专项监督与个案检查

财政机关依照国家法律、行政法规和财政规章的规定,根据财政管理需要确定年度财政监督检查计划,按计划开展财政监督检查,或根据日常财政管理过程中发现的问题,及时组织开展财政监督检查,其工作方式主要表现为日常监督、专项监督和个案检查。

1. 日常监督

日常监督主要是对预算执行和财政管理中的某些重要事项进行日常监控。财政机关业务机构的日常监督检查是结合预算编制,对财政资金分配进行事前的审查、评估,以及对资金拨付、使用进行事中的审核、控制,加强对预算的监督约束,主要包括:预算编制是否符合《预算法》有关规定;对预算执行情况进行分析、预测的依据是否可靠,新的重大的财政经济措施对预算收支的影响是否考虑全面,预测是否准确、合理;预算收支的安排是否符合国家预算指标和管理体制的要求;通过建立预算收支旬报、月报、季报制度,定期分析预算执行情况;等等。

财政监督专门机构的日常监督是根据财政管理的需要,对预算编制和预算执行进行必要的延伸监督核实,对财政管理和资金运行的重要环节及时进行重点监控和实地检查。在中央财政日常监督管理中,财政部财政监督专门机构和财政部驻各地财政监察专员办事处根据财政管理的需要,对涉及中央财政收支的问题随时进行调查和检查核证,参与财政政策制定的前期调查、评估工作,对财政管理和财政政策实施中暴露出的薄弱环节和问题及时予以纠正和反映,为中央财政建立健全制度和进行科学决策提供依据。业务机构和专门监督机构的日常监督构成了覆盖财政资金运行全过程、全方位的监督管理机制。而地方财政部门内建立的监督机构也同样要履行对地方政府财政资金日常运行和使用进行检查督促的职能。

2. 专项监督

专项监督是深化管理、制定政策、加强法治的重要手段,是日常监督检查的补充。从现实情况看,经济转轨时期各种经济关系和经济利益重新调整、组合、变化,相应的法规制度和约束机制还没有及时建立或不尽完善,经济领域的某些层面甚至还存在监督的"断面"和"真空"。财政部门根据财政管理的需要和监督检查工作中暴露出的难点、热点和重大问题,采取指令性计划和指导性计划相结合的工作方式,有针对性地开展专项监督检查,从而改善财政监督检查的综合效果。

3. 个案检查

个案检查是根据上级批示的群众举报案件,以及日常监督检查和专项检查中发现的线索,组织力量进行检查核证。检查结束要向上级和有关部门报告查处情况,并对查处的违法违纪问题进行严肃处理。

(二)内部监督与外部监督

根据财政监督的执行主体与对象的不同,可以分为财政内部监督与外部监督两种方式。财政内部监督主要指由财政部门中履行财政监督职责的机构及其检查人员,根据本部门决策层的授权,对财政部门内部设置的其他机构、业务单位开展的管理活动以及产生的业务行为的合法性、合规性,以及真实性、完整性实施监督检查的一种经济管理活动。财政外部监督是指包括立法机构监督在内的与财政部门的监督机构、管理机构,共同依法对国家机关、企事业单位、其他经济组织等财政管理相对人在资金的筹集、分配以及使用过程中所发生的财政收入、财务收支、国有资产管理行为,及其经济活动过程以及成果的合法性、合规性,以及真实性、完整性实施检查与监控的一种经济管理活动。

(三)事前监督、事中监督与事后监督

一切经济活动都离不开发生、发展、终结的运行过程,要对经济活动运行的全过程加以有效的控制,就需要不断追寻经济事项运行的整个轨迹,对经济活动过程中的各环节开展全方位、多层次的监督。将财政监督分为事前监督、事中监督与事后监督,形成"三位一体"的监督工作方式,正是适应了这一全过程控制的要求。

1. 事前监督

财政事前监督是指财政监督机构参与财政管理和改革的前期工作,对财政资金项目立项的可行性、财政改革的措施、政策的出台进行足够的调查研究、科学论证,强化事前审核,切实提高财政资金的使用效率。通过财政事前监督,可以及时地控制即将在监督客体中发生的错误行为,预防存在于计划、决策项工作中的错误,对可能产生于事中和事后环节上的某些问题起到一定的抑制和防范作用。

2. 事中监督

财政事中监督是指建立跟踪监督机制,随时掌握财政资金运行情况,对资金的去向和使用实行有效的监督检查,确保财政资金的安全运行和高效使用。通过财政事中监督,既可以及时地分析监督客体在经济运行中是否存在工作上的偏差,从中评价财政事前监督工作的效果,从而促进财政事前监督工作水平的提高,又可以通过对存在于监督客体中的问题的纠正来有效地预防问题的延续,为财政事后监督奠定一个好的基础。

3. 事后监督

财政事后监督是指对财政资金最后的使用情况、绩效等要有一个权威的结论,而财政监督部门应该承担起这样的责任。通过财政事后监督,一方面可以有效地制约监督客体在经济活动中产生的不合法行为,不断地对财政事前监督和事中监督施加影响,保证以后开展的事前监督和事后监督不会再重蹈覆辙;另一方面通过对监督客体经济活动结果的审查、分析和研究,又能为规范财政事前监督和事后监督提出改进及完善的合理建议。

(四) 稽核、督促和监控

1. 稽核

稽核是指财政部门在财政监督过程中对监督对象进行观察、审核把关的过程。如对国库集中支付的审核,对国储粮食、棉花贷款利息补贴的审核,财政贴息事项的审核等。

2. 督促

督促是指财政部门对财政监督对象执行财政法规、政策、制度的督导、敦促,其目的是促使某一目标的实现或某一财政事项的完成。如财政部委托各财政专员办,督促对专项基金的催缴入库,对检查问题的整改等事项。

3. 监控

监控是指财政部门要按照国家法律法规的规定对预算执行和财政管理中的某些事项进行监控,以确保财政资金的分配合理、使用安全,并确保财政资金的使用达到预期的目的。

(五) 就地检查、送达检查、告知检查、突击检查

财政监督按监督检查形式分为就地检查、送达检查、告知检查、突击检查,这几种方式是财政部门在实施专项检查中最常用的具体检查方式。

1. 就地检查

就地检查是指财政部门派出检查人员在被检查单位进行现场监督检查的方式。

2. 送达检查

送达检查是根据规定或通知,由被检查单位将指定的资料报送给指定的财政部门进行审核的方式。如对被检查单位按期报送来的预算、用款计划、会计报表及有关资料等进

行的监督检查。

3. 告知检查

告知检查是指财政部门按照财政检查工作规则的有关规定,在实施财政监督检查之前,把检查的目的、主要内容和检查日期预先通知被检查单位的检查方式。

4. 突击检查

突击检查是指财政部门按照财政检查工作规则的有关规定,在实施财政监督检查之前,不预先把检查的目的、主要内容和检查日期通知被检查单位。该方式主要应用于对贪污盗窃和违法乱纪行为进行的财经法纪检查。

二、财政监督基本程序

财政监督程序是财政机关或人员实施财政监督活动中,办理财政监督事项时必须遵循的工作顺序和操作规程。它具有广义和狭义两种含义,广义的财政监督程序是指财政监督工作从开始到结束的整个过程,狭义的财政监督程序是指在实施财政监督具体工作中所采用的财政监督步骤、规程、方法。本章阐述的财政监督程序,主要侧重于广义的财政监督程序。

(一)财政监督程序的分类

由于财政监督以审核审批、检查、调查、督促等不同的手段实施,财政监督的程序也有所不同,具体可分为财政监督的审核审批程序、调查程序、督促程序和检查程序。

(二)财政监督程序的步骤

1. 财政监督审核审批程序

财政监督审核审批程序是财政部门根据国家现行财经法规对财政事项进行审理核定或批准的工作步骤,一般包括受理、初审、复核、审批、办结五个阶段。

(1)受理。根据规定对需要办理财政事项单位的申请,审核上报材料的完整与真实与否。

(2)初审。主要是对需要办理财政事项单位的申请的处理意见。

(3)复核。由专职人员或分管领导对初审工作进行复核,提出复核意见。

(4)审批。初审和复核意见上报,由主管领导或领导集体研究,对申请单位作出审批,并签发。

(5)办结。下达批复文件,并对相关财政审核批复的文件资料进行归档。

2. 财政监督调查程序

财政部门为实施财政监督与管理,对财政事项进行调查研究的工作步骤,一般包括拟订调查计划或方案、实施调查、完成调查报告等阶段。

(1)拟订调查计划或方案。针对财政调查事项或专题拟定调查计划,包括调查目的、调查时间、人员组织、方式方法、调查需搜集的资料、注意事项等。

(2)实施调查。根据调查计划或方案对财政调查事项或专题,进行具体的调查,搜集调查素材、资料和证据。

(3)完成调查报告。在实施调查的基础上,对调查中取得的素材、资料和证据进行归类、汇总和分析,写出调查报告。

3. 财政监督督促程序

财政监督督促程序是指财政部门为督促国家财政政策、法规的执行,落实财政检查意见的整改情况,对被监督单位进行的敦促和督导的工作规程,一般包括设岗、检查催办、反馈、办结等阶段。

(1) 设岗。按照因事设岗的原则,财政部门对被督促单位需整改落实以及其他需督办的事项,建立岗位并明确工作内容、工作责任和工作手段。

(2) 检查催办。对一般性的督促事项,由经办人定期或不定期地了解督促事项的进展情况,督促被监督单位按要求落实;对涉及财政重大政策和重要的工作部署,以及社会反映比较强烈的热点、难点问题,必要时成立督促小组,开展专项督促检查。

(3) 反馈。对被监督单位的督促情况以及被监督单位对财政政策、法规和财政检查意见的落实情况进行反馈,形成意见上报领导。

(4) 办结。督促事项办结后,承办人要整理办结报告或填写督促项目办结单,报送领导审核,对不符合要求的事项,还要继续督促落实。

4. 财政监督检查程序

财政监督检查程序是财政部门人员实施财政检查工作所履行的步骤和规程。一般包括准备阶段、实施阶段和终结报告三个环节。

本章小结

从公共财政管理的视角看,财政监督主要是指在实现公共财政基本职能的过程中由国家与政府主体对其他相关主体和财政相关行为的一种制约功能。我国财政监督的主体包括各级人大及其常委会、审计部门、财政部门、税务机关、社会中介机构等。财政监督的主要方式包括日常监督、专项监督与个案检查;内部监督与外部监督;事前监督、事中监督与事后监督;稽核、督促和监控;就地检查、送达检查、告知检查、突击检查。财政监督基本程序包括审核审批程序、调查程序、督促程序和检查程序。

本章主要参考文献

1. 财政部"财政监督"课题组:《财政监督十年》,中国财政经济出版社,2003年。
2. 段景全等:《财政监督学概论》,武汉大学出版社,1992年。
3. 冯俏彬、张明、周雪飞:"我国财政监督向何处去?",《财贸经济》,2008年第9期。
4. 顾超滨主编:《财政监督概论》,东北财经大学出版社,1996年。
5. 贾康:"关于财政监督问题的探讨",《经济纵横》,2007年第2期。
6. 李武好等:《公共财政框架中的财政监督》,经济科学出版社,2002年。

第十七章 审计管理

第一节 审计管理概述

一、财政审计的含义

财政审计,是独立检查财政会计账目,监督财政收支真实、合法、有效的行为。

财政审计,从审计学科体系角度讲,是一门专业审计。除了具有与其他审计的共同点,还具有其独特的审计理论和方法。从审计工作角度讲,它是审计工作的重要组成部分,是对财政收支活动所实施的监督活动。

按照《审计法》的规定,执行财政审计的主体是各级国家审计机关,财政审计的对象是中央政府和地方各级政府的预算执行情况、地方各级政府的财政决算以及其他财政收支活动。具体地说,主要包括:① 各级人民代表大会批准的预算和各级财政部门向本级各部门批复的预算,税务、海关征收部门的年度收入计划,以及中央、地方政府各部门向所属各单位批复的预算。② 各级财政部门会计凭证、会计账簿,以及其他有关会计、业务资料。③ 各级财政部门收支执行和税务、海关收入计划完成情况月报、决算和年报,以及预算外资金收支决算和财政有偿使用资金收支资料。④ 综合性财政税务工作统计年报,情况简报、财政、税务、财务会计等规章制度。⑤ 各级政府所属部门汇总编制的本部门决算草案。

审计机关只有通过对上述资料的审核检查,才能对财政预算执行情况和决算,以及其他财政收支作出真实性、合法性、有效性的评价。

二、财政审计的地位

财政审计是公共财政管理的一个重要环节,是国家各级审计机关的首要职责。

(一) 财政审计是公共财政管理的重要手段

我国当前的财政体系实行全口径预算管理,这也是建立现代财政制度的基本前提。全口径预算包括一般公共预算、政府性基金预算、国有资本经营预算、社会保险基金预算。这其中,收入是全口径的,不仅包括税收和收费,还包括国有资本经营收入、政府性基金收入等;支出也涵盖了广义的政府所有活动。与此同时,全口径预算还将地方政府债务纳入预算管理,避免地方政府债务游离于预算之外、脱离人大监督。

在推行全口径预算管理的过程中,必然涉及对上述方面收支活动的管理,财政审计监督也必然包括对它们的监督。按照现代管理理论,无论是财政管理还是预算管理,都应当包括计划、组织和控制,而控制就是制约和监督。2015年1月1日正式施行的新修订的《预算法》规定了预算编制、预算执行、预算调整、决算和监督等管理环节,且第八十九条明确规定县级以上政府审计部门依法对预算执行、决算实行审计监督。

凡此种种充分说明,财政审计是公共财政管理、预算管理的一个重要手段。

(二)财政审计是国家各级审计机关的首要职责

关于国家审计机关的职责,《宪法》和《审计法》都有明确的规定。《宪法》第九十一条规定"国务院设立审计机关,对国务院各部门和地方各级政府的财政收支,对国家的财政金融机构和企业事业组织的财政收支,进行审计监督"。这里,《宪法》把对财政收支审计摆在各项职责任务中的首要位置。《审计法》第二条规定"国务院各部门和地方各级人民政府及其各部门的财政收支,国有的金融机构和事业组织的财务收支,以及其他依照本法规定应当接受审计的财政收支、财务收支,依照本法规定接受审计监督"。第四条规定"国务院和县级以上地方人民政府应当每年向本级人民代表大会常务委员会提出审计机关对预算执行和其他财政收支的审计工作报告"。这些都充分说明财政审计不同于其他审计,它在审计监督中占有重要的地位。

第二节 财政审计的内容

财政审计的内容,是指财政审计所审核检查的范围。其中包括对财政内部控制系统评价、财政预算编制、财政预算执行情况、财政决算,以及其他财政收支的真实性、合法性、有效性进行的审计监督。

一、财政内部控制系统评价的内容

财政内部控制系统评价,是独立检查财政内部控制系统,监督其健全性、有效性,评定其价值高低的行为。

(一)财政内部控制系统评价的内容

(1)评价财政内部控制系统具备前提条件情况。
(2)评价财政内部控制系统符合现代管理原理情况。
(3)评价财政内部控制系统的健全性。
(4)评价财政内部控制系统的有效性。

(二)财政内部控制系统评价的步骤和方法

(1)确立财政内部控制系统评价标准。
(2)调查财政内部控制系统现状。
(3)描述财政内部控制系统。
(4)测试财政内部控制系统。
(5)综合评价财政内部控制系统。

二、财政预算编制审计的内容

财政预算编制审计,目的是促进预算编制的合法、合理、真实和准确。因此,预算编制审计的重点内容应当包括以下五个方面。

（一）预算编制是否合法、细化

主要审计预算编制是否符合《预算法》等法律、法规和国家的有关政策，是否坚持了量入为出、收支平衡的原则，预算编制有无细化到明细科目、细化到具体部门。

（二）预算编制依据和标准是否充分、合理

主要审计"人员经费"标准是否准确，"公用经费"定额是否合理，"专项经费"政策依据是否充分，重大项目支出是否经过科学论证、是否有可行性预测。

（三）预算收入是否真实、可靠

主要审计收入是否包括纳入预算管理的所有一般预算收入及基金预算收入，是否在对国民经济和社会发展进行科学预测的基础上对预算收入的增长进行科学预测，是否将上年的非正常收入、本年度已减少的收入纳入预算收入的范围。

（四）预算支出是否合法、合理

主要审计支出结构是否优化合理，是否在保工资、保运转、保稳定的基础上，围绕政府中心工作，按轻重缓急合理安排教育、科技、农业、卫生、环保等重点支出。财政供给范围是否规范，财政资金是否退出竞争性、经营性领域，是否将经营性事业单位、公司或行业协会的单位和部门逐步推向市场，与财政供给脱钩。预备费的设置是否符合预算法的规定，按照本级预算支出的1%—3%安排。上级专项拨款的安排使用是否符合规定，是否按预算管理体制办理对下级财政返还和转移支付等。

（五）部门预算编制是否真实、准确

由于部门预算组成了政府预算，因此，进行预算编制审计，除了审查财政部门编制的预算草案，还应抽查部分政府部门编制的部门预算。对部门预算编制审计的重点：一是审查部门预算编制是否经过"两上两下"的程序。二是审查部门预算是否按零基预算方法编制，彻底改变"基数加增长"的做法。三是审查部门预算编制的内容是否完整、真实，各项收入是否全部纳入预算，行政性收费和预算外收入是否列明具体单位和项目，各项支出是否真实，是否多报、虚报项目支出。

三、财政预算执行情况审计的内容

财政预算执行情况审计，是监督地方各级政府在财政预算实施过程中，筹集和供应财政资金活动的真实、合法、有效的行为。它是财政审计的重要任务，其具体内容可以按预算执行情况审计监督暂行办法进行概括，也可以按预算收入、支出科目进行概括。

（一）按预算执行情况审计监督暂行办法的规定

（1）各级财政部门按各级人民代表大会批准的预算向同级政府各部门批复预算的情况，各级预算执行中调整情况和预算收支变化情况。

（2）各级财政、税务、海关等征收部门，依照有关法律、行政法规和国务院财政税务部门的有关规定，及时、足额地征收应征的各项税收收入，企业上缴利润，专项收入和退库拨补企业计划亏损补贴等预算收入情况。

（3）财政部门按照批准的年度预算和用款计划，预算级次和程序，用款单位的实际用款进度，拨付本级预算支出资金情况。

（4）财政部门依照有关法律、行政法规和财政管理体制，拨付补助地方支出资金和办理结算情况。

（5）财政部门依照有关法律、行政法规和财政部门的有关规定,管理国内外债务还本付息情况。

（6）中央和地方政府各部门执行年度支出预算和财政、财务制度,以及相关的经济建设和事业发展情况;有预算收入上缴任务的部门和单位预算收入上缴情况。

（7）中央及地方国库按照国家有关规定,办理本级预算收入的收纳和预算支出的拨付情况。

（8）各级政府授权审计的按照有关规定实行专项管理的中央级财政收支情况。

（二）按照预算收入科目、支出科目审计执行情况

（1）预算收入审计。主要包括各类税收审计,非税收入审计,专款收入审计,国有资本金收入审计,债务收入审计等。

（2）预算支出审计。主要包括基本建设支出审计、企业挖潜改造资金审计、科技三项费用审计、支援农业生产支出审计、农林水利气象等部门的事业费审计、工业交通等部门的事业费审计、城市维护费审计、文教卫生事业费审计、科学事业费审计、其他部门的事业费审计、抚恤和社会福利救济费审计、行政管理费审计、公检法支出审计、价格补贴支出审计、其他支出审计、总预备费审计、专项支出审计等。

四、财政决算审计的内容

财政决算,是财政预算执行的总结,是国家和各级政府经济活动在财政上的集中反映。它反映一年来政府活动的范围和方向,体现现代化建设的规模和成果。

财政决算审计,对于保证财政决算的真实性、完整性、及时性,维护国家和地方政府的利益,促进财税部门合理地筹集和供应资金,提高财政管理水平和财政资金的使用效益,都具有重要的意义。

财政决算审计的范围和主要内容,与财政预算执行情况基本相同。因此这里仅就财政决算审计的特殊内容和与预算执行情况审计的异同进行阐述。

（一）财政决算审计的特殊内容

1. 收支决算表审计

各级政府年度财政决算表,是财政决算的核心内容。它反映各级政府预算执行和经济活动的总体状况及结果,同时也是财政决算审计审核检查的主要资料,是运用逆查法进行财政决算审计的重要一环。收支决算表审计主要包括财政收支决算总表审计、财政收支决算明细表审计、最后调整的支出预算和结余结转下年使用数情况表审计、财政决算年终资金活动表审计、其他决算表审计。

财政收支决算表审计,是独立检查财政收支账表,监督其真实、合法、效益的行为。

2. 财政决算审计的主要内容

（1）审核财政决算的完整性和准确性。

（2）审核财政收支年度预算调整的合法性。

（3）审核财政收支决算的合法性和真实性。

（4）审核财政决算收支平衡的真实性。

(5) 审核有无将预算内资金转作预算外资金。
(6) 审核财政结算资金、补助资金计算的正确性。
(7) 审核财政决算编制程序、方法和计算口径是否遵守统一规定。

(二) 财政预算执行情况审计与财政决算审计的联系和区别

1. 预算执行情况审计与财政决算审计的联系

(1) 两者的审计程序、审计依据、审计目的、审计任务相同。预算执行情况审计和财政决算审计，都应当在国务院和各级政府行政首长的领导下，按照《审计法》规定的程序进行审计。其审计依据主要是《宪法》《审计法》《预算法》《中央预算执行情况审计监督暂行办法》(以下简称《暂行办法》)，以及其他有关法律、法规和制度规定。其审计目的都是维护财政法律、法规和制度规定的严肃性，促进国务院、地方人民政府各部门严格执行《预算法》，发挥各级财政在宏观调控中的作用，保证经济和社会健康发展；有利于国务院及各级政府对中央和地方财政收支的管理及各级人民代表大会常务委员会对各级预算执行、决算和其他财政收支的监督，有利于各级财政税务部门和其他部门依法有效地行使预算、决算管理权；有利于实现财政审计的法制化。其审计任务，都是依法对各级预算执行情况和决算，以及其他财政收支的真实、合法和效益，进行审计监督。

(2) 两者是一个监督过程的两个阶段，其审计范围和主要内容基本上是相同的。从预算执行情况审计和财政决算审计的含义上说，它们是财政审计全部过程的两个阶段，前者属于事中审计，后者属于事后审计。从某种意义上说，前者是后者的基础，后者是前者的继续，彼此相互联系，相互结合，进而形成完整有效的审计监督。

(3) 两者采用的审计方式方法相同。不论在预算执行情况审计中，还是在财政决算审计中，通常都需要采用审阅法、比较法、分析法、详查法、抽查法、顾查法、逆查法、核对法、复算法、查询法等方法，此外，还应当采用延伸审计和审计调查。各级政府的财政收支活动，涉及多种渠道、多种环节和各个部门。所以，为了把问题查清查远，往往需要对一些有关部门及单位的收入、支出和专项资金使用情况进行延伸审计或审计调查。此外，金融审计、固定资产投资审计、行政事业审计、企业审计、外资审计、专项资金审计等，都与预算执行审计和财政决算审计紧密相关。这样，还需要审计机关各个业务部门协调工作，相互配合，突出重点，加大力度，使财政审计形成一个统一体，进而保证财政审计任务的圆满完成。

2. 预算执行情况审计与财政决算审计的区别

(1) 两者执行审计的主体有所不同。根据《审计法》的规定，预算执行情况审计既可以由上级审计机关实施即"上审下"，又可以由同级审计机关实施，即"同级审"。而地方政府的财政决算审计只能由上级审计机关实施，而同级审计机关则无权审计。

(2) 两者审计的侧重点有所不同。预算执行情况审计，一是侧重于预算收入、支出执行的进度审计。例如，通过对财政预算执行的某一特定时期与年度预算、本期与上年同期、历史同期的对比分析，观察财政收支的发展趋势和方向，财政收入是否与经济发展速度同步，财政支出是否与各项事业发展相适应等，进而肯定成绩、总结经验，或找出差距，查明原因，提出建议。二是侧重于财政收支完成的均衡情况的审计。重点是审核检查财政部门在编制季度收支计划中坚持收支平衡原则的情况，收支计划执行的均衡性，有无超支情况,或未经批准动用预备费的问题,以及有无人为编造的虚假平衡问题。而财政决算审计,一是侧重于预算执行结果的审计,包括对收入、支出、结余、结转、资金活动情况等执行的最终结果,以对财政预算执行结果的总体情况,作出全面的概括分析和评价,以使各级领导、各个部门对财政决算有个总括的、清晰的认识。二是侧重于对收支决算的合法性、真实性、完整性、准确性和有效性的审计,以确保法定预算计划安排与执行结果的统一,维护中央和地方各级政府的合法权益。

五、其他财政收支审计的内容

其他财政收支,是指各级财政部门管理和使用的预算外资金和有偿使用的资金,以及中央、地方政府各部门管理和使用的预算外资金。

这些资金来源渠道广,项目繁多,且零星分散,具有自收自支、专款专用、比较分散的特点。同时,它又是重点建设资金的补充,是某些专项事业所需资金的保证。目前,由于宏观调控体系不够健全,法规制度不够完善,又缺乏有效的经济手段,致使一些地区和部门存在管理混乱、收支失控、用于消费方面的支出增长过快等问题,没有充分发挥其应有的作用。

其他财政收支审计,是独立检查财政监督预算外收支和地方财政有偿使用资金真实、合法、效益的行为。具体审计过程中,应当做好对预算外收支和有偿使用资金的审核检查,促进各级财政部门和行政事业单位加强对这部分资金的管理,在正确处理国家、地区、部门利益分配关系的基础上发挥这类资金弥补地方建设资金的不足,以提升地方社会经济发展水平的社会效益和经济效益。

第三节 财政审计的方法与一体化模式

一、财政审计的方法

(一)"账户入手,下审一级"的方法

从账户入手,下审一级是我国财政审计的基础方法,其方法运用的先决条件是要搞清财税部门和预算单位在各银行开设账户的基本情况。随着市场经济的发展和经济体制改革的不断深入,以银行账户为载体的资金运动方式已取代了现金直接流动的方式,银行账户是各项资金活动的关键。

从账户入手,通过账户之间的资金运动的联系和账户与现金流动的内在联系,把握资金运动的全貌和整体状况,不仅克服了从凭证入手和账簿入手的缺陷,而且可以顺藤摸瓜追踪资金运动轨迹,有利于控制和降低审计风险;从账户入手,可以从源头上全面摸清和掌握预算单位的资金总量和总体的财政财务收支状况,进一步检查财政性资金的真实性和合法性,通过对财政性资金收支账户所反映的内容进行观察和分析,系统地掌握财政性资金收支渠道、内部资金分布与管理状况及其使用效益情况,为评价财政性资金的使用效益提供可靠的依据。

从账户入手,下审一级可根据预算管理的主体单位(财政部门)的收支活动中的大宗

资金走向,每年有选择地追踪审计一级预算执行单位,延伸部分二、三级单位,既可以发现深层次的问题,又能遏制违纪违法问题往下转移的状况。

实施账户入手,下审一级存在一定难度,除了受金融管理、财政管理、审计管理等体制的制约,还存在政府行为的干扰。审计机关要加大宣传力度,向政府领导说明审计的目的和内容,取得领导和有关部门的支持。从财政审计工作现状看,财政审计要有新的突破,根据银行账户所反映的情况和线索有重点地深入到具体用款单位和项目,跟踪资金活动的轨迹,了解其资金的管理和使用情况,对财政资金特别是重点资金的使用效益情况作出判断和分析,是财政审计实现"深、细、实"的基本要求。

(二) 财政同级审与专业审计相结合的方法

财政同级审是指财政部门对本级预算执行及财政资金运行情况与结果的审计。由于内容多、任务重、时间紧,因此需要与专业审计密切配合,形成一个既有分工,又有合作,相互协调,审计效益明显的整体。同级审与专业审计相结合,关键是选好审计的对象,找准"结合点"。先是根据当年政府经济工作的重点、热点,确定预算执行审计的重点和综合评价年度财政收支预算执行情况总目标;然后应从预算执行审计的重点和总目标中,分解出专业审计的分目标,这些分目标即为"结合点",再据此确定审计的对象和重点内容。只有选准"结合点",才能真正将各专业审计对部门、单位的审计与预算执行审计的内容和目标相衔接,形成合力。财政审计与专业审计相结合的方法很多,不同地区,不同资金,不同的管理方式,结合的方法各不相同,但具体操作中通常应注意以下四方面。

(1) 对一些涉及与本级财政有关的重大审计事项,既可作为同级审的一个事项,也可作为专业审计下年度一个独立的审计项目,这样可以使同级审与专业审计在计划安排上形成一个有机的整体。

(2) 将预算执行审计需要延伸的审计对象融入专业审计中去,作为专业审计项目或调查项目,从而避免重复劳动。

(3) 为了使专业审计的成果在"同级审"的报告中得以体现,专业审计在实施时间上要与预算执行审计衔接好,其中同级预算执行审计和专业审计在完成的时间上要做到基本同步。

(4) 要注意与查处大要案结合起来。审计实施时不能停留在查死账、死查账的阶段,不仅要揭露财务收支中不真实、不合法和舞弊腐败等问题,还要注意查处重大经济犯罪案件,这样可以高起点、全方位、多层次发挥审计监督的威慑作用。

(三) "同级审"和"上审下"相结合的方法

"同级审"和"上审下"相结合是财政审计的重要方法。当前,我国正处于新旧体制转轨时期,财政收支活动处在上下级政府之间的利益纽带链上,审计组织体系的局限性,造成了"同级审"与"上审下"不能互相替代,各自在不同的领域、不同的内容上发挥着应有的作用,强化"同级审"和"上审下"相结合的审计方法,既是正确处理上下政府之间利益关系的需要,也是构建不同层次、不同角度的审计监督,健全和完善财政审计制度的需要。两者配合时应注意以下三方面。

(1) 发挥两者优势取长补短。"同级审"的优势在于审计机关对同级的财政经济状况熟悉,集中的审计力量与实施的审计时间相对充裕,审计的面广、针对性强、周期短。同时,人大、政府等领导机关重视,易于实现经常化、制度化。其不足在于基层审计机关人员宏观意识、全局意识不强,执法的独立性较差,对违纪违规问题处理力度不强。向上级审计机关、本级人大乃至政府反馈的问题难以同质同量。"上审下"的优势在于审计人员的综合素质较高,审计执法的独立性和权威性强,财政审计经验丰富。其不足则在于投入人员少,时间相对紧,周期长,审计任务与审计力量不对称等。从某种意义上讲,"上审下"是对同级审的检验和鉴证,起到很大促进和帮助作用。从客观上讲,上级审计机关的执法力度要比下级审计机关的执法力度大得多,"上审下"也是对"同级审"的有力支持。

(2) 审计内容上要有所侧重,有机结合,发挥整体效应。具体说,"同级审"应围绕本级政府的指导性意见,考虑上次"上审下"的情况,抓住一些政府关心的单位、部门或行业,顺着资金的走向,查深查透,并做深入的研究分析,指出问题的症结,提出解决或遏制的措施,提高审计质量的审计效果;"上审下"也要充分考虑"同级审"的情况,在充分运用"同级审"审计成果的同时,对"同级审"检查过的单位或部门进行必要的抽查,选择一些热点、难点或死角的单位、部门,深入细致地审计,做到优势互补,对下级审计机关"同级审"中没有发现的问题,或忽略的审计事项,以及本次"上审下"的处理结果等,与下级审计机关讲清楚,既避免不必要的重复和矛盾,又达到监督与促进的目的。

(3) 具体工作的相互沟通,相互支持。上级审计机关要做下级审计机关的有力后盾。在"同级审"遇到难点、疑点问题,或由于主、客观条件的限制,不宜或无法深入时,上级审计机关要结合决算审计予以介入,为"同级审"创造条件,支持下级审计机关正常开展本级预算执行审计。下级审计机关也要积极配合上级审计机关开展地方财政决算审计工作,在审计人员的调配、有关情况的沟通、违纪问题的处理等方面,主动协助,在地方财政审计工作中真正形成上下协调的整体力量。

二、财政审计一体化

(一) 财政审计一体化简析

从审计实践来看,我国自 2003 年开始正式推进财政审计一体化进程,当时主要是中央补助地方支出、基础教育经费和财政支农资金三个专项审计的结合,审计署专门成立财政审计协调领导小组对各专项审计进行组织协调。主要做法是传统的财政审计与其他专业审计共同实施联合审计,使审计工作一体化。而这种一体化仅限于审计计划和审计方案制定、审计实施、审计报告和审计考核等与具体审计项目有关的审计全过程整合,其基础是与具体审计项目有关的审计程序,其核心与纽带是传统的财政审计而不是作为审计客体的政府预算,其结果是这种一体化随审计项目而定,具有临时性的特点,不利于财政审计的持续深化。

我国财政改革的目标是构建与社会主义市场经济相适应的公共财政制度。预算是政府对公共资源进行配置与分配的重要工具,是对政府职能范围进行选择与调整的主要手段。所以我国公共财政框架的构建也从现行的政府预算制度改革入手,经历了由财政收入改革向财政支出改革的转变过程,并全面实施了政府收支分类改革。在此背景下,财政审计要实现促进财政管理改革的目标,也应当转变工作思路,建立以支出为导向的财政审计模式。

财政审计一体化是以促进公共财政制度的建立健全和提高财政资金使用效益为目的，以财政支出预算为主要内容，以政府预算为纽带，围绕政府预算的编制、执行、调整、决算等环节确立的新型审计模式。根据审计机关内部职能部门的设置情况，它可以分为两个发展阶段。

第一个阶段是以计划经济体制下沿袭下来的分行业对口设置的职能部门为基础，以传统的财政审计为主，与其他专业审计、派出审计机构和派驻部门审计机构之间相结合的联合审计。在这个阶段，财政审计的一体化是建立在具体项目的基础上，随着审计项目的完成而结束，没有稳定的组织体系作保障。具体审计项目结束后，参审人员再返回原部门，是临时性、过渡性的一体化。

第二个阶段则需要适应市场经济条件下转变政府职能、建立健全公共财政体系的总体要求，调整审计机关内设机构及其职能，改变分行业对口设置模式，考虑按被审计单位管理和使用资金的性质分类设置专业审计部门，并以此为基础，形成涵盖政府预算全过程的审计模式。在这种模式下，财政审计以稳定的组织机构为平台，以政府预算为主线，不仅对预算的编制和执行进行审计，还要对财政资金的使用效益进行评价，有利于强化审计人员的归属感和工作投入积极性，实现实质上的"一体化"，以持续提升财政审计的质量。受制于既有的机构设置状况，目前我国的财政审计一体化仍处于第一个阶段，随着公共财政制度的建立和政府预算改革的不断深入，财政审计一体化需要尽快向第二个阶段转化。

（二）财政审计一体化的现状

从实际情况看，当前的财政审计一体化模式，是在财政审计协调领导小组的领导下，以审计财政部门具体组织预算执行为核心，由其他审计业务部门、派出审计局或驻地方特派办共同协作完成。这种模式在综合利用审计资源、提高工作效率和效果方面确实发挥了积极作用，由于组织机构设置的原因，其不足主要是缺乏财政审计与其他专业审计和部门审计局之间长期持续的一体化，受机构设置的约束，审计资源的利用并未达到持续优化。由于各单位设立了各不相同的年度工作目标和考核体系，财政审计一体化只是其目标之一，主要体现在财政部设定的审计期间，这与财政预算的持续性和整体性不相符合。

从预算的周期来看，当前财政一体化中的专业审计和部门预算执行审计主要是对"预算执行"环节和"决算"进行审计，主要对象是财政资金实体，通过审计督促相关部门和单位严格执行既定预算，是对已编制预算的"维持"。由于审计对象只限于政府的某个或某几个部门或某项专项资金，它们对预算编制的科学性、公正性、合法性等方面无法作出总体判断。而财政审计除具有与其他专业审计部门类似的职能外，还要对预算的编制进行审计，它不仅要揭露财政部门预算执行和调整的问题，还要按照建立公共财政体系要求，对既有的预算管理制度提出建设性意见，是对预算的"改良"。按照"维持"与"改良"的逻辑，它们应当是连续性的，财政审计是在维持的基础上改良，其他专业审计和部门预算执行审计是对改良成果的维持。目前的财政审计一体化虽然在一定程度上实现了两者的结合，但受制于审计机关机构设置形成的目标多元化格局，这种一体化不能持续进行，只是在一年的一段时间内实现了结合和一体化，不利于财政审计整体效能的持续发挥。因此，采取一定措施、改变财政审计一体化观念、保持财政一体化的持续性成为财政审计改革的可行选择。

（三）财政审计一体化的改进思路

公共财政支出管理制度改革的特点，就是整个预算过程从编制到执行再到结果全部规范化、制度化。为了适应公共财政支出管理改革要求，财政审计需要对预算编制、执行和决算实施全过程的监督，逐步实现从单一的事后审计转变为事前、事中和事后审计相结合，从单一的静态审计转变为动态审计和静态审计相结合，建立以综合财政预算为主线，财政部门具体组织预算执行情况为主导、部门预算执行情况为基础的财政审计一体化审计模式，不仅要重视部门、单位的预算执行情况和决算的审计，而且要重视和加强对从事财政预算收支管理的部门履行财政管理职责的审计监督；不仅要搞好对同级财政的审计，还要加强对下级政府财政的审计，掌握转移支付资金运行情况，真正做到"上、下结合"；不仅要审计各项财政专项资金使用的真实、合法，而且要积极探索财政资金效益审计的路子。

本章小结

财政审计，是独立检查财政会计账目，监督财政收支真实、合法、有效的行为。财政审计是公共财政管理的一个重要环节，是国家各级审计机关的首要职责。财政审计的内容，包括对财政内部控制系统评价、财政预算编制、财政预算执行情况、财政决算以及其他财政收支进行的审计监督。财政审计的方法，包括"账户入手，下审一级"的方法，财政同级审与专业审计相结合的方法，"同级审"和"上审下"相结合的方法。财政审计一体化，是以促进公共财政制度的建立健全和提高财政资金使用效益为目的，围绕政府预算的编制、执行、调整、决算等环节确立的新型审计模式。适应公共财政管理改革要求，我国应建立财政审计一体化审计模式。

本章主要参考文献

1. 财政部"财政监督"课题组：《财政监督十年》，中国财政经济出版社，2003年。
2. 国务院：《中央预算执行情况审计监督暂行办法》，1995年。
3. 李武好等著：《公共财政框架中的财政监督》，经济科学出版社，2002年。
4. 刘正均："财政审计一体化研究"，《审计研究》，2009年第1期。
5. 赵玉华、迟捷主编：《实用财政审计》，经济科学出版社，1996年。

教辅申请说明

北京大学出版社本着"教材优先、学术为本"的出版宗旨，竭诚为广大高等院校师生服务。为更有针对性地提供服务，请您按照以下步骤通过**微信**提交教辅申请，我们会在 1~2 个工作日内将配套教辅资料发送到您的邮箱。

◎扫描下方二维码，或直接微信搜索公众号"北京大学经管书苑"，进行关注；

◎点击菜单栏"在线申请"—"教辅申请"，出现如右下界面：

◎将表格上的信息填写准确、完整后，点击提交；

◎信息核对无误后，教辅资源会及时发送给您；如果填写有问题，工作人员会同您联系。

温馨提示：如果您不使用微信，则可以通过以下联系方式（任选其一），将您的姓名、院校、邮箱及教材使用信息反馈给我们，工作人员会同您进一步联系。

联系方式：

北京大学出版社经济与管理图书事业部
通信地址：北京市海淀区成府路 205 号，100871
电子邮箱：em@pup.cn
电　　话：010-62767312 /62757146
微　　信：北京大学经管书苑（pupembook）
网　　址：www.pup.cn